Luzes da África

Haroldo Castro

Luzes da África

Pai e filho em busca da alma de um continente

CIVILIZAÇÃO BRASILEIRA

Rio de Janeiro
2012

PROJETO GRÁFICO E DIAGRAMAÇÃO DE CAPA
Axel Sande

FOTO PRINCIPAL DA CAPA
Três braços de guerreiros Maasai, Il Ngwesi, Quênia © Haroldo Castro

FOTO DA CONTRACAPA
Vista de Gebel Barkal, Sudão © Haroldo Castro

COLLAGE DA CAPA
(em sentido horário) Nandi (África do Sul), Corné atirando flecha (África do Sul), menino com penas de flamingo (Quênia), leoas em Ruaha (Tanzânia), gorila em Bwindi (Uganda), monges sufis (Sudão) e mulher Hamer (Etiópia) © Haroldo Castro

PROJETO GRÁFICO E DIAGRAMAÇÃO DOS ENCARTES
João Makray e Ana Muriel

FOTOS DOS ENCARTES FOTOGRÁFICOS
© Haroldo Castro (© HC)
© Mikael Castro (© MC)

MAPAS
Daniel Viana e Haroldo Castro

CIP-BRASIL. CATALOGAÇÃO-NA-FONTE
SINDICATO NACIONAL DOS EDITORES DE LIVROS, RJ

Castro, Haroldo
C351l Luzes da África: pai e filho em busca da alma de um continente / Haroldo Castro. – Rio de Janeiro: Civilização Brasileira, 2012.
il.

Apêndice
ISBN 978-85-200-1073-0

1. Castro, Haroldo – Viagens – África. 2. África – Descrições e viagens. 3. Fotógrafos – Viagens – África. I. Título.

12-0432 CDD: 916
CDU: 913(6)

Este livro foi revisado segundo o novo Acordo Ortográfico da Língua Portuguesa.

Direitos desta edição adquiridos pela
EDITORA CIVILIZAÇÃO BRASILEIRA
Um selo da
EDITORA JOSÉ OLYMPIO LTDA.
Rua Argentina, 171 – Rio de Janeiro, RJ – 20921-380 – Tel.: 2585-2000

Seja um leitor preferencial Record.
Cadastre-se e receba informações sobre nossos lançamentos e nossas promoções.

Atendimento e venda direta ao leitor:
mdireto@record.com.br ou (21) 2585-2002

Impresso no Brasil
2012

A meu querido pai, Armando,
que me ensinou a confiar na vida
e a buscar o caminho luminoso,
sempre com entusiasmo.

A todos os viajólogos,
apaixonados por descobrir o mundo,
audaciosos vencendo medos.

Sumário

Prefácio

Conheci Haroldo Castro na capital norte-americana, quando fiz um show na Universidade George Washington em 1989. Ele entrou no camarim para me pedir um autógrafo para sua filha. Na noite seguinte, jantei com Haroldo e sua família e me comprometi a participar de um programa mundial de televisão que ocorreria em 5 de junho de 1990, Dia Mundial do Meio Ambiente. Criei uma música para o evento — Terra 90 — e Haroldo veio ao Brasil para produzir o segmento de 12 minutos no qual eu cantava ao vivo e defendia um maior cuidado com o planeta.

Nas últimas duas décadas, nossos passos se cruzaram outras vezes, quase sempre na frente ambientalista. Até que, em 2009, ele contou que iria passar quase um ano na África, com seu filho Mikael, viajando por terra.

Conheço vários países da África e minha passagem pela Nigéria em 1976 foi vital para minha carreira. Lá conheci Fela Kuti e comecei a descobrir o continente que está em meu sangue. Desde então, visitei bastante a África, como artista e como ministro. Cada vez que piso nesse continente, meu sangue vibra com as cores, notas e luzes. A África, para mim, é o próprio símbolo da força vital, o grande laboratório natural processando seres e inventando mundos, gestando no seu ventre generoso os embriões de tantas gentes e culturas.

As luzes africanas que Haroldo mostra neste livro reafirmam a ideia de que o continente é muito mais rico do que grande parte dos brasileiros pensa. Na última década, seis dos dez países que mais cresceram no mundo são africanos. Durante oito dos últimos dez anos, os países da África cresceram mais que os do Leste da Ásia. O FMI calcula que a média de crescimento do continente será de 6% em 2012. Os investimentos desde 2002 foram multiplicados por dez; nos próximos três ou quatro anos, a classe média vai dobrar. O entusiasmo africano pela tecnologia também cresce: existem mais de 600 milhões de celulares.

A riqueza que Haroldo narra não se limita a números. Ele conta que a Namíbia é um exemplo na conservação de espécies (como a do rinoceronte-negro) e no estabelecimento de parques e reservas (todo o litoral do país está protegido). Seu relato sobre o Sudão, país agora dividido em dois e com o conflito de Darfur ainda a ser resolvido, revela que os habitantes podem ser dos mais hospitaleiros. As igrejas esculpidas nas rochas de Lalibela, na Etiópia, comprovam que o continente possui uma história prodigiosa, embora desconhecida. Haroldo também traz boas notícias sobre os gorilas-das-montanhas: antes em declínio, as populações dos primatas, protegidas em Uganda e em Ruanda, seguem crescendo.

Além das aventuras ao rodar 40 mil quilômetros, o mais notável no livro é o constante clima de otimismo. Decididos a não reforçar o estereótipo negativo, pai e filho deixam de lado as histórias sombrias de um passado pontilhado por guerras e fomes para relatar os aspectos admiráveis do continente. Gosto de enfatizar esta África positiva, pois, apesar do sofrimento imposto pelo furacão colonial, ela mantém-se fonte inesgotável de alegria e júbilo, tendo doado ao mundo seu elã e sua fibra, fundamentais na confecção de tudo aquilo que faz a Terra cantar e dançar.

Luzes da África mostra um continente digno e nobre: uma África que os brasileiros levam em seu sangue, uma África da qual eu me orgulho.

Gilberto Gil
Janeiro de 2012

Introdução

"Que incrível sua aventura na África, Haroldo! Acompanhei a jornada através das matérias", me disse um amigo de longa data. "E como será seu livro?"

Penso nessa pergunta e não encontro respostas conclusivas. Viajar é uma experiência tão pessoal, tão interna, que transformar esta vivência em palavras pode tornar tudo banal. Então, como contar minha história?

Os quatro diários de bordo e meu caderno de capa preta serviram apenas para registrar os dados fundamentais da viagem — centenas de páginas repletas de datas, horas, *rands*, *kwachas*, nomes de pessoas e de parques, litros, quilômetros e altitudes. Nada mais. Informações como "acordei às seis da manhã, comi uma banana com granola, visitei isso, fotografei aquilo" interessariam, no máximo, a um par de amigas. Nem meus filhos teriam paciência de ler.

Ainda na África, publiquei uns 70 posts no blog Viajologia, redigidos nas situações mais inusitadas. Durante o périplo, escrevi quase uma dezena de matérias. Mas um livro que recopile o que está na web não faz sentido. Seria melhor distribuir o link e não gastar papel. E, por outro lado, não posso criar apenas um livro-reportagem, um mega-artigo, como se fosse mais uma tarefa jornalística. Não.

Por isso — posso garantir — este livro não é apenas uma longa reportagem; não é uma coleção dos melhores posts, não é meu diário de bordo, nem um guia de turismo.

É difícil sair das trilhas conhecidas. Mas a essência de *Luzes da África* me permitiu vagar por outros caminhos. Ter descoberto tantos países nas últimas décadas me obrigou a compreender melhor tradições complexas e distantes da nossa cultura. A parceria com meu filho Mikael foi fascinante e nossa constante troca de impressões transformou a jornada e as 675 horas ao volante em uma interminável conversa sobre trabalho, saúde, amor e vida. Muitos diálogos chegaram até o livro.

A maior riqueza da jornada é a rede de amigos que se forma ao longo do trajeto. E, nesse sentido, *Luzes da África* revela encontros fascinantes. Todos os personagens reais possuem nome e sobrenome. Não existem figuras fictícias na obra. Nas raras ocasiões em que precisei respeitar o anonimato, usei apenas um primeiro nome, obviamente de fantasia. Mas, para quebrar a regra, nem todos que têm um único nome são anônimos. O nome verdadeiro de Maeka, uma mulher Himba da Namíbia, por exemplo, é Maeka mesmo.

Um componente vital da obra são minhas elucubrações sobre a arte e a ciência de viajar. Mergulhei nesta paixão pela viagem — minha fonte de conhecimento, minha legítima universidade — e consegui digitar quase um milhão de toques em um só fôlego. Aquela vontade de criar me deu a energia para terminar o original em seis meses. Foi um autêntico download; momentos de inspiração com muita alegria. E, apesar de o livro não ser um "Tratado de Viajologia", as dicas que apresenta podem ser usadas em qualquer estrada ou vilarejo.

Como fotógrafo, necessito de imagens para colorir meus relatos, torná-los reais e me convencer de que tudo que vivi aconteceu. Mesmo se publicadas em pequeno formato, as fotos desta obra cumprem a função de arredondar o texto. Para quem tem fascínio por fotografia de viagem, os subsídios técnicos e artísticos espalhados pelos capítulos farão que o livro seja, um dia, referência bibliográfica na disciplina.

Agora, a jornada é sua. E, quando terminar de ler, pé na estrada. Porque Viajologia é encarar desafios, é realizar sonhos, é viver com entusiasmo.

Safari njema, boa viagem.

Haroldo Castro

Capítulo 1

A magia do Gobi

Fantasmas Famintos

Existem dias mais longos do que outros. Não apenas na quantidade de minutos, mas na concentração de acontecimentos. São dias intensos que atraem, para suas limitadas 24 horas, uma sequência de experiências marcantes. Como hoje, dia em que colecionei conhecimentos, sonhos e decisões.

Acordo dentro de uma *ger*, uma cabana nômade mongol. Abro a portinhola, abaixo a cabeça para sair e quando levanto o rosto observo uma planície desolada. Caminho descalço no deserto de Gobi e meus olhos são fulminados pelo primeiro jato de luz que irrompe no horizonte. O sol nasce. O céu está limpo de nuvens, o ar transparente, não há ruídos. Sou o único acordado.

O frescor da manhã delicada me convida a caminhar. Impossível fazer isso mais tarde, dentro de cinco horas. O verão no deserto é tão drástico quanto sua noite invernal. No Gobi, tudo acontece em extremos.

Coloco um par de tênis e um boné e, na mochila, um litro de água. Saio com uma vaga ideia de onde quero ir. Passo pelos dois templos do monastério budista Khamar: o da Escola dos Chapéus Amarelos e o da Escola dos Chapéus Vermelhos. As portas estão fechadas. Voltarei mais tarde, quando não mais suportar o calor e precisar do conforto espiritual de uma sombra. A estátua de um Buda dourado repousa em paz entre os dois templos.

Encontro a trilha que procurava, marcada por pequenas pedras enfileiradas. Avisto ao longe uma estupa pintada de branco. É para lá que devo ir. A estupa é uma construção budista que simboliza a organização do universo e a mente divina. Estupas guardam relíquias e têm tamanhos, formas e cores diferentes, dependendo do canto geográfico onde são erguidas. Aqui em Khamar, no sul da Mongólia, elas possuem uma base quadrada, sobre a qual se eleva uma torre cônica, coroada por um pináculo. As pequenas devem ter dois metros.

O ponto branco aumenta de tamanho. Passo ao lado da estupa com respeito. Continuo a caminhar e uma segunda surge atrás de um monte. Elas representam minha bússola nessa peregrinação matinal. Outras aparecem durante os próximos 40 minutos.

As sombras ainda são longas quando chego a um pagode sustentado por seis pilares e coberto por telhas. No interior, pendurado a uma viga, mora um pesado sino. Para arrancar um som, arremesso com força um pedaço de madeira contra a lateral de cobre. As três batidas no sino ecoam graves pelas terras desérticas.

Mesmo se o calor ainda não começou, mereço um gole de água. Sento à beira do pagode hexagonal e observo a paisagem que não faz parte de meu repertório. Não é uma planície lisa e homogênea, como se esperaria de um deserto. E nem dunas de areia fofa. O relevo tem textura e as cores variam do vermelho das pedrinhas ao verde da grama que nasceu graças a gotas de chuva do início de verão. O solo tem tons ocres, marrons e beges. O céu mostra nuvens de algodão descansando no horizonte. Ainda não vejo nenhuma alma humana em um raio de um quilômetro.

Continuo a peregrinação com o apoio das estupas. Elas me conduzem a Shambala. Não o reino mítico, no qual a paz e a felicidade são soberanas e todos os habitantes iluminaram mentes e corações — esse Shangri-La ainda não foi encontrado no mundo da matéria. Aqui, Shambala é o Jardim das Estupas. São 108 santuários dispostos em um quadrado, que criam uma mandala, uma forma sagrada.

Chego pelo caminho de cima, passando pelo topo de um morro, e tenho uma vista singular da geometria do lugar. A mandala se divide em quatro partes, cada uma com 27 estupas; a escala é maior do que a do ser humano e as construções medem de 4 a 6 metros.

Em poucas horas o lugar receberá dezenas de visitantes. Peregrinos locais e estrangeiros — devotos do budismo ou não — concordam que Shambala é um poderoso centro de energia telúrica. Vejo um ponto alaranjado e aparece alguém vestido com um hábito açafrão. É um dos monges do monastério. No dia anterior, fui apresentado aos 12 residentes, incluindo esse velhinho sorridente. Ele dorme em uma casa na vizinhança e cuida do quadrado mágico.

Caminho em direção ao lama e nossos sorrisos se encontram dentro do Jardim das Estupas, perto de um monte de pedras. Com gestos e as poucas palavras que ele sabe em inglês, o lama sugere que eu me aproxime das rochas.

— Aqui, pedras dos Fantasmas Famintos. Você conta problemas e carma fica limpo — diz o monge.

Ele põe a mão no bolso e traz, de volta, o punho fechado com grãos de arroz. Pega minha mão aberta e transfere, com suavidade, os grãos para minha palma. Com um movimento de braço para cima e para frente, ele mostra o que devo fazer: lançar ao ar o cereal, símbolo de riqueza e prosperidade.

Realizo o ritual como o monge me sugere: me agacho em frente às pedras do carma e encosto a cabeça. Nenhum problema pessoal aparece na mente. Mas tenho uma pergunta que toma forma. Estou no início de um semestre sabático, mas, e depois, o que devo fazer com minha vida? Devo voltar a trabalhar em um escritório, para alguma organização? Oferecer consultorias de comunicação ou conservação? Dar início a uma nova carreira?

Respiro fundo e cochicho minhas perguntas, como se dialogasse com as pedras mágicas que prometem aliviar meu destino. Também escolho fazer um pedido amplo, daqueles que não podem dar errado: consciência mais clara, paz interior e não ficar apegado a coisas bobas.

Volto a ficar de pé, dou três passos para a frente e arremesso os grãos de arroz em direção ao azul. Vejo os pontinhos brancos caírem em câmera lenta. Pedido realizado, flecha lançada.

O lama sorridente pega meu braço e me leva para outro monte de pedras, bem maior, na posição oposta à entrada de Shambala. Cruzamos o espaço sagrado e, ao alcançar o monte, ele pede que eu dê uma volta ao redor.

— Uma vez? — pergunto.

— Não, três vezes. Esquerda para direita.

As pedras empilhadas chegam a um metro de altura e o local é chamado *ovoo*. O ritual de circundar uma estátua, um mosteiro ou um monte de pedras, sempre em sentido horário, é uma tradição do budismo Vajrayana, o budismo seguido na Mongólia, no Tibete ou no Butão. O lama conta que a circunvolução também pode acontecer ao redor do Jardim. Os fiéis devem parar e rezar em frente às 108 estupas. O lama se abaixa, escolhe três pedras no chão e estende o braço. Compreendo. A cada volta devo jogar uma pedrinha no monte. Assim, os montes sagrados não param de crescer. Cumpro a orientação e dou as voltas ao redor do *ovoo* de Shambala.

Pedrinhas vermelhas

Enquanto não chega o primeiro grupo de devotos mongóis, minha visita personalizada continua. O monge me conduz para um lugar repleto de pedras vermelhas. Parece que uma erupção natural geológica provocou o surgimento e a pulverização das pedrinhas, que contêm óxido de ferro.

Sigo as indicações do lama — como dizer não a um velhinho tão simpático? — e retiro a camisa e os tênis. Com cuidado, me deito sobre as pedras, de barriga para cima e braços abertos. As pedrinhas pontiagudas não chegam a machucar as costas. Dá para aguentar alguns minutos, mas não tenho vocação para faquir. Fecho os olhos e tento relaxar. Percebo calor no corpo. O sol está mais forte e já não passa despercebido. Estou deitado para receber algum tipo de energia. Energia telúrica, que vem de dentro do planeta, assim dizem. Uma parte de mim é cética sobre esse tipo de esoterismo nova era — estou apenas deitado no chão e pronto. Outra face de meu cérebro esquece o racional e curte a magia da natureza, dos números e dos astros.

Forço três respirações profundas, meu corpo se encaixa na terra acolhedora e deixo a mente partir, divagar. Como se estivesse navegando no Google Earth, subo a uma grande altitude no espaço, de onde posso ver meu corpo como um simples ponto em Shambala. Dou outro impulso, subo mais alto e observo agora a imensidão do deserto de Gobi. Decido voar e parto em direção ao oeste. Percorro a Rússia e vejo lagos, florestas e plantações geométricas. Passo por cima do mar Negro e me aproximo da Grécia. Sobrevoo Roma, minha cidade natal, e, da ponta da bota italiana, cruzo o mar Mediterrâneo. Ainda a milhares de quilômetros de altitude, penetro no espaço aéreo do continente africano. Procuro o delta do Nilo, uma mancha verde entre o azul do mar e o amarelo do deserto. Encontro o majestoso rio, as Grandes Pirâmides de Gizé e desço rumo ao sul, seguindo a veia verde que corta o Saara. Deslizo pelo planalto da Etiópia e pelas savanas do Quênia e da Tanzânia. Continuo o sobrevoo até encontrar a costa do oceano Índico em Moçambique. Contorno o sul da África, chego à ponta do continente, à Cidade do Cabo, e de lá...

— Você dormiu? — diz o monge, mexendo, com cuidado, em meu braço entregue à força da gravidade.

Em uma fração de segundo rebobino a viagem mental, regresso na velocidade da luz da África à Mongólia e aterrisso em Shambala. Abro os olhos devagar, como se fosse a primeira vez no dia. Preciso de um instante para os ajustes quem-sou e onde-estou. Não sei se é a ação das pedrinhas vermelhas, mas o estado de relaxamento em que me encontro é profundo — extremamente profundo. Mexo as pernas e os dedos das mãos e dos pés; me sento no chão.

Que jornada! Deixei minha mente vagar e ela partiu pelo mundo afora. Até a ponta da África. Se o monge não tivesse me despertado, teria eu cruzado o Atlântico e chegado ao Brasil? Será que é isso que chamam de viagem astral?

— Onde você estava quando chamei você? — interrompe, mais uma vez, o lama.

— Eu viajava pelo planeta. Estava na ponta da África do Sul — respondo, sem saber se ele conhece ou não o mapa-múndi.

— África? Onde é África? — pergunta.

Passo a mão no solo, nivelando o terreno, e retiro as pedras do quadro-negro improvisado. Com o dedo indicador, desenho, de forma simples, os contornos da Ásia, da Europa, do Mediterrâneo e da África.

— Estamos aqui — faço um ponto no sul da Mongólia. — Embaixo China, em cima Rússia — sei que ele me acompanha. — Meu sonho me levou por este caminho — conduzo meus dedos pelo trajeto — e cheguei aqui nesta pontinha. Este continente é chamado África.

— África. Você quer ir à África? — pergunta o monge, sorridente, como se estivesse lendo minha mente.

Calo, não sei responder.

Ainda sentado, alcanço a mochila, retiro a garrafa de água e bebo um gole. Passo um pouquinho no rosto, para refrescar. Olho para trás e o primeiro grupo de gente, uma dúzia de mongóis, penetra no recinto. O monge avisa que deve receber os visitantes e vai embora. Só me resta colocar a camisa e os tênis.

Jardim das Estupas

Volto a estar só. Depois da viagem-meditação, me sinto diferente. Mais calmo e sereno. Resolvo dar a volta ao redor das 108 estupas espalhadas pelo imenso quadrado. Não pretendo parar ou rezar em frente a cada uma, mas vou fazer a circunvolução como manda a tradição, no sentido dos ponteiros do relógio. Volto à entrada de Shambala, no leste. Bebo água, coloco o boné e começo a andar.

Adoro caminhar. Quando morava em Washington, nos Estados Unidos, meu exercício predileto era andar à beira do rio Potomac, pelas trilhas do Parque Nacional do Canal Chesapeake e Ohio. Era a melhor oportunidade para colocar em dia as conversas com Flavia, minha companheira, discutir os projetos e as crises na organização na qual trabalhávamos, atualizar o calendário profissional dos próximos meses e pensar nas viagens futuras com nossos filhos Tamino, Mayra e Mikael. Quantas decisões importantes não tomei nas trilhas do Potomac? Até mesmo, após um passeio de 10 quilômetros, a resolução de deixar os Estados Unidos depois de 19 anos de residência. Caminhar faz bem às pernas e à alma.

Contorno o primeiro ângulo da gigantesca mandala, viro à direita e descubro uma nova fila de santuários brancos. Pelo espaço entre as estupas, percebo que outro grupo de mongóis entra em Shambala. Estão todos vestidos com um mesmo uniforme de cetim branco. Devem pertencer a um grupo espiritual.

Volto à minha meditação de andarilho. A frase “Caminhante, não há caminho, se faz o caminho ao andar” sai pelos lábios. Uma segunda estrofe do poema do sevilhano Antonio Machado, menos conhecida, também é inspiradora: “Caminhante, não há caminho, apenas estrelas no mar.” Estou fascinado com Shambala, uma estrela no deserto.

Viajar é minha paixão vital, minha religião. Moldei minha equação de vida para poder sempre ter espaço e tempo para manter o pé na estrada. Ou o pé no avião, no barco, no carro ou no trem. Isso vem de infância. Armando, meu pai, viajava comigo nas férias em um Aero Willys vinho. Com ele descobri lugares que hoje não existem mais, como o salto das Sete Quedas, tragado pelo lago da barragem de Itaipu. Quando eu tinha 10 anos, Armando adicionou a meu sobrenome a palavra “Andarahy”, para homenagear seu avô, o Barão de Andarahy, que viveu no Rio de Janeiro em meados de 1800. Mais do que um capricho aristocrático, ele moldava meu nome para eu *andar-ahy*, caminhar mundo afora. Deu certo. Caminhante, não há caminho, minha natureza é viajar.

Com o tempo, meus preceitos tomaram forma e criei o conceito de Viajologia, a arte e ciência de viajar. É fora de casa e da escola onde mais aprendo. Não apenas história, geografia ou economia, mas também a entender melhor outras tradições e a não compactuar com intolerâncias raciais, culturais e religiosas. A viajologia passou a ser minha universidade preferida.

Terminam as estupas dessa fila. Uma guinada à direita e aparece o terceiro lado do quadrado de Shambala. Diminuo o passo e bebo um pouco de água; o sol está forte. Paro ao redor do *ovoo,* o monte de pedras onde eu já tinha estado no início da manhã, e acompanho as rezas de devotos. Meu monge risonho organiza um ritual com o grupo vestido de branco. São seguidores da prática Reiki, de cura pela imposição das mãos, e estão em Shambala para realizar rituais de energização do corpo e do espírito. Noto que trazem lenços sagrados — chamados *khatag* —, os quais são amarrados no monte de pedras, como oferendas. No Tibete, eles são brancos, aqui os *khatags* são azuis como o céu.

A dez passos do *ovoo*, em um santuário dedicado ao sábio do Gobi, Danzan Ravjaa, o monge pede que os fiéis façam um semicírculo. Ele entoa uma música composta pelo místico Ravjaa e os fiéis acompanham, alguns com a letra escrita em um pedacinho de papel. Todos estão de mãos dadas e lançam as vozes com vontade. Para os mongóis, Danzan Ravjaa é o Lama do Gobi.

Mais água e sigo em frente. A caminhada incita mais diálogos internos. Por que estou na Mongólia? O mito do imperador Gêngis Khan — conquistador de meio mundo há oito séculos — contribuiu um pouco para minha vinda, assim como a possibilidade de assistir de perto às festividades do Naadam, as olimpíadas das estepes.

Mas o elemento detonador fora a necessidade de iniciar e consolidar um semestre sabático, uma parada total para reavaliar as prioridades de vida. Após 16 anos de trabalho, com paixão e sem tréguas, em uma ONG ambientalista norte-americana, uma divergência provocou minha saída. Alforriado, decidi embarcar — sem culpa de viver feliz — em uma aventura que pudesse abrir novos horizontes. A Mongólia, um país de vastas dimensões e de estepes sem cercas, foi a terra da liberdade que escolhi. E aqui estou, completando a terceira lateral do Jardim das Estupas.

Mais uma esquina e entro na quarta e última face de Shambala, com mais uma fileira de 27 estupas. Quero estar bem presente, no aqui e no agora, para absorver intimamente a experiência de caminhar pelas terras do Gobi. Mas não resisto e volto ao mundo dos pensamentos. Se decifrei a razão de estar na Mongólia, a pergunta seguinte, aquela que cochichei aos Fantasmas Famintos, ainda está sem resposta. Não tenho pressa, mas preciso descobrir qual será a próxima etapa de minha vida.

Arcas sagradas

Encerro a circunvolução e regresso ao acampamento onde dormi. Visitantes mongóis em uma van têm compaixão e me oferecem uma carona até o monastério. A distância é curta e não chego a estabelecer um diálogo mais sólido. Eles revelam que residem na capital Ulaanbaatar, a 400 quilômetros, e que os oito membros da família vieram aqui para conhecer Shambala.

No acampamento, já de café da manhã tomado, o sueco Jan Wigsten me espera, dentro da *ger*. Foi Jan que insistiu que viéssemos a Khamar. Ele tem 30 anos de experiência na Mongólia e organizou grupos turísticos quando o país ainda estava sob o jugo soviético. Hoje, casado com uma mongol, sua parceira na operadora, Jan passa seis meses em Ulaanbaatar e os outros seis meses viajando pelo mundo.

Conversamos um pouco sobre minha caminhada a Shambala e Jan explica que o Jardim das Estupas é relativamente novo, pois foi reconstruído depois de 1991.

— Todos os prédios do monastério foram destruídos no verão de 1938 pelo Exército soviético. A política stalinista da "Grande Limpeza" também atingiu a Mongólia e mais de mil templos e mosteiros foram arrasados naquela época. Sobraram apenas três — conta Jan. — Mesmo perdido no meio do Gobi, Khamar não escapou. Mas o Lama Tuduv, responsável pelos bens do templo, conseguiu salvar objetos religiosos, manuscritos sagrados e obras de arte de Danzan Ravjaa. Antes da invasão, guardou os artefatos em arcas de madeira. À noite, sem ser visto, carregava sozinho uma arca pesada e a enterrava nas areias do deserto — diz o sueco. — Tuduv conseguiu esconder 64 arcas. Quando os soviéticos atacaram, só teve tempo de fugir. O Exército Vermelho destruiu todos os templos, queimou artefatos budistas, fuzilou 160 monges e prendeu 300. Não sobrou nada, a não ser as 64 arcas escondidas e a memória de Tuduv — completa.

Escuto o relato de Jan com atenção. Não é uma aventura cinematográfica, como um filme de Indiana Jones. Essa é uma história real de arcas sagradas. Quero saber mais.

— O lama, com receio de que alguma informação caísse nas mãos dos soviéticos, preferiu memorizar a localização das 64 arcas. Não escreveu nada em papel. Utilizou o jogo de sombras de formações rochosas para mapear seu tesouro — conta Jan. — Passaram-se décadas e o lama foi envelhecendo. Precisava encontrar um sucessor, alguém de confiança que pudesse manter o segredo. Se desaparecesse, todas as arcas estariam perdidas. Em 1960, sua filha deu à luz um terceiro bebê. Quando foi encontrado um sinal específico no corpo do menino Altangerel Zundui, uma espécie de "D" ao contrário, a mesma marca que Tuduv possuía, o destino estava selado. Altangerel era quem deveria desenterrar o tesouro, no momento adequado — relata.

— E as arcas ainda estão enterradas? — pergunto, aflito com a história.

— A partir de 1991, quando os soviéticos foram embora e o governo mudou, mais da metade das arcas foi retirada por Altangerel. O avô morrera poucos meses antes. Grande parte dos tesouros está agora no museu em Sainshand, a 30 quilômetros. O resto está aqui no templo. Vamos falar com Lama Dosh Tsend, o chefe dos monges, para que ele mesmo mostre a peça mais bonita, o Buda das Dez Mil Facas — afirma Jan, já se levantando e partindo em direção ao templo.

— Buda das Dez Mil Facas? — pergunto, boquiaberto. Jan apenas sorri.

Saímos no sol forte, cruzamos a esplanada e entramos no templo da Escola dos Chapéus Amarelos. Lama Dosh está sentado em uma cadeira colorida, tão ricamente decorada que parece um trono. Jan explica, em mongol, que eu gostaria de ver a estátua do templo da Escola dos Chapéus Vermelhos. O monge aceita, pois ainda não começou o ritual cotidiano.

No altar principal, dentro de uma caixa de madeira entalhada, protegida por um vidro, vejo uma estátua cor chumbo, quase metálico, medindo uns 50 centímetros. Sua cabeça dourada está ornada por uma coroa com pedras semipreciosas. Os olhos estão arregalados e seus ombros cobertos por um tecido vermelho. É uma figura que impõe respeito, quase medo.

Lama Dush explica o motivo do nome, Estátua das Dez Mil Facas. Na época áurea de Danzan Ravjaa, há uns 180 anos, a harmonia espiritual do mosteiro foi interrompida quando um chinês morreu apunhalado. Ravjaa solicitou que todos trouxessem uma faca. O desarmamento da população do mosteiro fez com que milhares de facas fossem entregues nas mãos de Ravjaa. O santo reuniu os artistas e os fundidores da região e transformou o símbolo do assassinato em uma imagem sagrada de Padmasambhava — ou Guru Rimpoche —, o sábio que levou o budismo ao Tibete e ao Butão.

— O venerável Danzan Ravjaa é o Quinto Lama Reencarnado do Gobi. Foi ele que tornou sagrado este lugar no deserto — conclui Lama Dosh, com reverência.

Ravjaa não era um simples monge. Possuía uma alma holística. Conhecia as escrituras tibetanas, curava doentes e possuía dons de poeta e dramaturgo. Mas também vivia para consumir vodca, admirar mulheres e praticar sexo tântrico. O povo do Gobi tem uma verdadeira adoração pelo santo homem e muitos acreditam que ele falava com os mortos, podia se tornar invisível e, quando precisava de uma planta medicinal que só existia no Tibete, voava até lá para buscar o remédio.

O teatro era outra paixão de Ravjaa. No vazio do deserto, ele construiu uma casa de espetáculos onde dirigia obras tão ricas em figurinos e cenários como em mensagens filosóficas. Seus espectadores eram nômades montados a cavalo, peregrinos a camelo e pastores que vagavam com cabras e ovelhas. O carisma de Ravjaa transformou o lugar em um precioso centro cultural e um cobiçado polo espiritual. A fama do monastério Khamar cruzou fronteiras e em 1830 cerca de 500 monges residiam no complexo.

Lama Dosh lembra que precisa iniciar a cerimônia. Quando chego ao santuário, dezenas de mongóis enchem as laterais e a parte traseira do recinto. Depois da visita a Shambala, todos vêm aqui para receber uma benção adicional. A família que me deu carona nota que entro no templo com o chefe espiritual do lugar; cochicham entre si.

O lama senta no trono e os demais monges passam a ler *sutras*, escrituras sagradas. Os fiéis precisam dar uma volta completa no interior do templo. Sempre que passam pelas rodas de preces, fazem girar o cilindro que contém rezas no interior. No altar, depositam bilhetes de mil ou 5 mil *tugriks* (7 reais) e acendem bastões de incenso. Para completar o ritual, ao se aproximar de Lama Dosh, cada devoto abaixa a cabeça e é abençoado com um leve toque com um manuscrito antigo, envolto em um tecido amarelo. Certamente, esse é um dos *sutras* que foi desenterrado de uma arca sagrada.

Em um canto do templo, tentando passar despercebido, fotografo fiéis, monges, benções e tambores. Lama Dosh havia permitido o uso da câmera, mas prefiro ser discreto. Jan, que conhece melhor os mongóis, sabe que minha cautela é demasiada: os mongóis adoram ser fotografados, seja dentro de um templo ou durante uma festa.

A decisão

Terminada a cerimônia e após um leve almoço, não há nada para fazer até as 16h. O calor de verão é insuportável. Aproveito a sombra de uma *ger* para tomar nota dos acontecimentos do dia. Jan também se protege dentro da cabana.

— Haroldo, quais são suas próximas viagens? — pergunta Jan, puxando conversa para evitar cair no cochilo.

— Depois da Mongólia, vou à China e ao Tibete. Isso se eu conseguir a permissão para ir a Lhasa sozinho. O governo chinês não quer estrangeiros soltos por lá.

— E no ano que vem? Algum plano para ir à África? — continua.

— África? Por que você pergunta isso?

— Vou fazer uma consultoria de ecoturismo para o governo sueco e irei à Tanzânia, ao Quênia e à Etiópia no ano próximo. Quem sabe não nos encontramos lá? — Jan revela.

— Da Mongólia para a África do Leste, parabéns! É verdade que os princípios do ecoturismo servem para qualquer lugar do planeta — ressalto.

— Você conhece bem a África? — Jan volta ao assunto.

— Conhecer bem um continente é quase impossível em uma só vida. Mas visitei e documentei 27 dos 53 países, o que dá uma boa metade. Gostaria de ir à África do Leste, pois na região só conheço a Etiópia. Tanzânia, Quênia e Uganda merecem uma bela viagem — explico.

— Então viaje! Agora que você está livre das ONGs, faça o que você mais gosta — enfatiza Jan.

— Que curioso você falar sobre o assunto agora. Hoje de manhã, quando me deitei sobre as pedras vermelhas de Shambala, para receber energia, tive um meio-sonho, meio-meditação, em que voava daqui até a África. Cruzava o continente do Cairo à Cidade do Cabo. Parei na ponta da África, pois o monge me chamou — conto.

— Todos os mongóis juram que Shambala é um lugar mágico. Se a revelação aconteceu em Shambala, é bom respeitar a ideia — avisa Jan.

— Mas a África não estava em meus planos — digo, com relutância.

Passo a tarde pensativo; tantos eventos durante o dia! A caminhada até Shambala de manhã cedo; os cochichos e pedidos às pedras dos Fantasmas Famintos; o voo até a África; as reflexões sobre a vida, a viagem e a razão de estar na Mongólia enquanto dava a volta ao redor do Jardim das Estupas. No templo, mais descobertas: a história do Lama Tuduv e das arcas enterradas no deserto, a Estátua das Dez Mil Facas, o legado de Danzan Ravjaa e até a conversa sobre a África com Jan.

Posso estar meditativo, mas não deixo de fotografar paisagens, pessoas e templos que marcam meus olhos. Sinto até que estou mais inspirado e busco ângulos e enquadramentos diferentes dos usuais. No incensário do templo, encontro um aprendiz de monge de 10 anos, Iderbat Sugardoch. Ele veste uma túnica de cetim amarelo-ouro. As mangas largas da túnica estão dobradas, deixando aparecer a bainha azul-marinho. Nas costas ele leva um xale laranja, um pouco mais escuro do que a túnica. Iderbat tem a cabeça toda raspada, como todo monge.

— Você vai Shambala? — pergunta, usando suas poucas palavras em inglês.

Respondo que sim e ele me dá a mão. Pronto, tenho um novo amigo, o Pequeno Buda. Ele quer me mostrar um caminho diferente, não o da trilha que eu havia feito de manhã. Subimos um morro e, ao chegar ao topo, avisto dois montes de pedras, de uns dois metros de altura. Eles estão lado a lado e possuem a forma inequívoca de dois seios. Iderbat confirma com gestos que, sim, são duas mamas femininas.

— Meu avô Buyantogtoh construiu — diz o Pequeno Buda.

Sinto no ar um cheiro azedo, mas só decifro o odor minutos mais tarde. Aquela família mongol, já de partida de carro, faz um desvio para passar pelo *ovoo* dos seios. Homens não devem fazer pedidos, apenas mulheres. Uma senhora e uma jovem saem do veículo com uma garrafa plástica com um litro de leite. Usando a tampinha da garrafa como recipiente, elas aspergem as pedras com pingos, que escorrem pela superfície do santuário. O sol ardente faz o líquido evaporar em poucos minutos. O que sobra na pedra são a gordura, a caseína e a lactose; o *ovoo* fica repleto de manchas verticais brancas de leite evaporado. Ao me aproximar do *ovoo,* entendo a razão do cheiro forte: é leite coalhado pelo sol do Gobi.

O Pequeno Buda toma minha mão e caminhamos em direção a Shambala. Quando chego ao Jardim das Estupas, calculo a posição onde o sol irá se esconder e escolho as construções que fotografarei como silhuetas. Tudo está preparado, só preciso ter paciência e esperar o sol descer. Algumas nuvens não muito distantes, quando iluminadas, poderão glorificar ainda mais o pôr do sol.

Como tenho vinte minutos pela frente, entro novamente no recinto quadrado e me deito de costas sobre o solo — dessa vez mantenho a camisa e os tênis. Coloco minha cabeça na direção leste e meus pés apontam para o sol que desce. Cruzo os braços embaixo da cabeça para servir de apoio. Estou confortável e olho para a imensidão do céu, que, lentamente, muda de cores. Procuro nuvens e começo a acompanhar seus movimentos. Um peixe aqui, um dragão acolá. Repentinamente, duas nuvens ovais — uma horizontal, outra vertical — juntam suas formas e criam uma maior. A nova figura gerada tem a forma do continente africano! Claramente, vejo o sul ovalado, o oeste com a entrada do Golfo da Guiné, a imensidão do norte e até mesmo a pontinha do Chifre da África, no nordeste. A imagem fica inerte por alguns segundos, tempo suficiente para que eu perca o fôlego e entenda a mensagem. Em Shambala tudo fica óbvio: devo viajar à África.

Entre 1974 e 1975 eu havia realizado com Flavia uma viagem intercontinental de seis meses com um Renault 5, de Paris ao sul da Índia. Entre 1977 e 1979 demos a volta na América do Sul, durante quase dois anos, em uma Kombi montada com cama e fogão. Mais de três décadas depois das jornadas na Ásia e nas Américas, aparece o continente que faltava ser descoberto por terra. Quero preparar uma expedição de carro à África. Do Cairo à Cidade do Cabo, como na visão de Shambala.

Minha alegria confirma a decisão. Levanto do chão com um sorriso nos lábios, falando sozinho e afirmando que é isso mesmo que preciso fazer. Lógico, como não pensei antes? As pedras dos Fantasmas Famintos também respondem minha pergunta: minha nova etapa de vida será realizar viagens significativas.

O estonteante entardecer em Shambala e um longo raio verde que surge depois de o sol desaparecer celebram minha escolha.

Capítulo 2

Procura-se viajante

Barão Geraldo

Barão Geraldo é o distrito universitário de Campinas, sede da Unicamp e de outras faculdades que contribuem para o aumento do QI per capita do bairro de 80 mil habitantes. A cidade também abriga vários grupos artísticos, formados por ex-universitários e pelos que foram atraídos pelo Instituto de Artes da Unicamp.

Não escolhi aterrissar em Barão depois de viver duas décadas nos Estados Unidos. Foi minha filha Mayra a primeira a trocar Washington por Barão, quando veio morar com seu companheiro, João Makray. Flavia seguiu e eu fui com o fluxo.

Passo a conhecer Barão Geraldo só depois da jornada sabática à Mongólia. Um dos restaurantes naturais que frequento é o Valise de Cronópio, embutido em uma garagem e parte de um brechó. Toninho, dono do comércio alternativo, explica que o inusitado nome reverencia a obra do argentino Julio Cortázar.

— Os cronópios são pessoas sonhadoras, sensíveis e que não se adaptam aos padrões da sociedade. São os viajantes e os andarilhos criativos. Por exemplo, você é um cronópio, Haroldo — diz Toninho, entre uma garfada e outra de arroz integral.

É no Cronópio que encontro Sílvio, um cliente assíduo. Ele passa por uma etapa de transição, como eu. Trabalhou durante 14 anos como representante de uma empresa de autopeças. A firma decidiu mudar de modelo de negócio e, em alguns meses, ele irá deixar a operação cotidiana. Em troca, receberá uma bela bolada como compensação pelos anos de serviço.

Quando Sílvio, em uma mesa ao lado, ouve minha conversa com Toninho sobre a decisão de viajar de carro à África, ele quer ouvir mais. Combinamos um almoço para o dia seguinte. Trago mapas da África e explico a ideia: comprar uma camionete 4×4 e dar uma grande volta documentando o continente.

— Não seria mais fácil viajar com uma mochila nas costas? Um carro montado, cheio de equipamentos, não atrai muita atenção na África? Não é um chamariz para ladrões? — pergunta Sílvio.

— Temos mais segurança dentro de um carro do que a pé. Viajar como mochileiro traz mais inconvenientes do que parece — respondo. — Com uma camionete temos independência de transporte, de hospedagem e de alimentação. Você dorme e come quando e onde quiser. O mochileiro fica refém dos transportes públicos, que na África são limitados.

Conversamos sobre planos e sonhos. Aos 40 anos, Sílvio não é casado, não tem filhos, vai entrar em um ano sabático e tem cacife para realizar uma viagem como essa.

Saio do almoço animado. Poucas pessoas possuem os componentes essenciais para entrar em uma aventura como essa. Ele parece ser uma pessoa madura, fala inglês e tem recursos. Mas ele avisa que a namorada pode não gostar da ideia.

Na reunião seguinte, entre mapas e websites, decidimos montar o roteiro a partir da Cidade do Cabo, subindo a África pela costa leste, por Moçambique, e descendo pelo oeste. O Plano A é a rota Cidade do Cabo–Cairo, com um *ferry* complicado entre o Sudão e o Egito. O Plano B é mais curto: apenas até o Quênia.

Contabilizamos a quilometragem entre as principais cidades, adicionamos 40% para os desvios, calculamos os dias necessários e, duas horas depois, temos uma primeira estimativa. Da Cidade do Cabo ao Cairo são 25 mil quilômetros e precisaríamos de cinco meses. Mais três para voltar. A viagem precisa ser realizada em um passo calmo para não ficarmos apenas no asfalto ou em cidades. O mais valioso da África está fora da capital, nas estradinhas de terra e de areia, em parques nacionais e em vilarejos de difícil acesso. Para isso, precisamos de tempo, muito tempo.

Na semana seguinte, Sílvio e eu entramos no mundo da burocracia. Enquanto ele procura quais vistos serão necessários, pesquiso como obter o Carnê de Passagem em Alfândegas. O carnê é um documento internacional que possibilita a entrada temporária de um veículo em um país estrangeiro. Conheço o documento, pois, nas duas viagens intercontinentais, o Renault 5 e a Kombi ganharam o passaporte alfandegário. No website da Associação Automobilística da África do Sul, encontro as informações necessárias.

— Sílvio, temos um problema grave com o Egito! — exclamo. — A garantia para entrar em qualquer país africano, até mesmo no Sudão, é de 820 dólares (1.450 reais). Mas, para o Egito, é preciso depositar uma caução de 200% do valor do carro! Isso inviabiliza nossa ida até o Cairo.

— Um depósito de trinta mil dólares? Isso é uma loucura! — diz Sílvio.

Melhor descobrir a limitação agora, quando ainda estamos no primeiro esboço do itinerário. Sem piedade, cortamos o Egito do programa. Volto à planilha de quilometragem, refaço os cálculos e chego a um novo total: sete meses e 40 mil quilômetros. O ponto final agora é o Sudão.

Dúvidas

Um convite para participar de um congresso de jornalistas ambientais na Itália cria um recesso nos trabalhos de preparação da jornada. Depois do evento perto de Roma, visito Eleonora, minha mãe, que, apesar de idosa, mora sozinha em Paris. Faz dois anos que não a vejo. Por telefone, ela parece continuar com a mesma voz bem-humorada, apenas um pouco esquecida.

Minha chegada a seu apartamento marca um dos momentos mais tristes de minha vida. Quando a vejo, entendo que sua situação de saúde é mais grave do que uma simples perda de memória. Como filho único, só existe uma pessoa que pode ajudá-la: eu.

A semana que eu pretendia passar com Eleonora, com visitas a geriatras e reuniões com assistentes sociais, se transforma em um período de seis meses, entrecortado por várias idas e voltas ao Brasil.

E a expedição à África? Continuo trocando e-mails com Sílvio, mas as notícias não são alentadoras. Sua namorada entra em crise e desaprova a jornada, com ultimatos "a viagem ou eu". Além disso, conta que a burocracia para fechar a empresa é mais complicada do que o esperado. A cada e-mail, o entusiasmo de Sílvio se debilita. Finalmente, decide se desligar do projeto. Por ser o irmão mais velho de uma família de dez filhos, alega não poder largar suas obrigações e sair do Brasil durante tantos meses. É o peso de ser o primogênito. Ele encerra com "o projeto da África é demais para mim neste momento, quero pegar mais leve".

Volto à estaca zero. Se a realidade com minha mãe é penosa, agora nem tenho o sonho da viagem. Se Sílvio estivesse animado, eu encontraria forças para seguir adiante. Trabalhar nos planos do tour africano representaria um momento de prazer nesse período de tensão. Será que devo esquecer a ideia? Apenas uma coisa está certa: a jornada fica adiada. Quando resolver a situação de minha mãe, voltarei a pensar no assunto. Por agora, terei um problema a menos na minha mente estressada e triste.

Mas nem tudo na vida depende de decisões pessoais. Assim como Shambala conspirou para que eu começasse a pensar na África, um e-mail inesperado lembra que não posso duvidar do projeto. Uma empresa de consultoria alemã me convida para participar de um workshop de comunicação ambiental. Não serei remunerado, mas os organizadores pagam a passagem aérea e o alojamento. Se a reunião acontecesse nos Estados Unidos ou na Bélgica, talvez recusasse o convite. Mas o evento será realizado em Nairóbi, no Quênia, e todos os participantes serão africanos. Tenho certeza de que encontrarei pessoas interessantes.

O workshop ocorre na sede do Programa das Nações Unidas para o Meio Ambiente (Pnuma), no bairro Gigiri, fora do centro de Nairóbi. O tráfego em Nairóbi é caótico e os congestionamentos são monstruosos. A falta de educação no trânsito intensifica os engarrafamentos. Passo a ver os motoristas de São Paulo ou do Rio como respeitáveis cidadãos do Primeiro Mundo. Aqui cada um faz o que quer na avenida.

Aproveito os longos trajetos de 90 minutos entre o hotel e a sede do Pnuma (e vice-versa) para conversar com colegas no ônibus. É assim que descubro Robby Gass, um sul-africano de origem escocesa, fazendeiro de plantas medicinais, com alma de aventureiro.

— Não sei se você já decidiu que carro vai comprar, mas insisto em uma Land Rover Defender. Tenho uma ano 1999, com mais de 300 mil quilômetros rodados, uma fiel companheira — diz Robby.

— E o Toyota Land Cruiser? Você não gosta? — pergunto.

— Na África existem dois times: os que gostam do Land Cruiser, um carro forte, pesado e bebedor de diesel. E os *landies*, os adeptos da Land Rover, que preferem o modelo tradicional. Os dois carros são bons. Não compre nenhum outro. Mas sou um *landy* — diz ele, sorrindo.

Robby explica que é fácil comprar um veículo na África do Sul, sem burocracias.

— Se você quiser um Land Cruiser, encontrará maior oferta em Gauteng, a província de Johannesburgo. Já a Cidade do Cabo é o centro dos *landies*. A cidade onde vivo, Hermanus, a 120 quilômetros da Cidade do Cabo, tem a maior concentração per capita de Land Rovers do país — diz ele.

Robby faz uma pausa, pensa no convite que vai fazer e completa:

— Se você quer uma Land Rover, posso ajudar. Em uma semana, você estará com o carro. E pode ficar esse tempo hospedado em minha casa.

Saio do ônibus eufórico e durante o workshop só penso na conversa com Robby. Essas informações já valeram a ida a Nairóbi. A oferta de apoio para encontrar uma Land Rover e a hospedagem em sua casa, perto da Cidade do Cabo, voltam a tornar a viagem uma realidade. Não é apenas um sonho — o qual estava quase murchando. Agora a viagem vai acontecer.

As discussões durante o workshop ajudam a conhecer o perfil de outros participantes. Um deles, Peter Munyi, chama minha atenção. Ao contrário de muitos africanos francófonos, de países onde se fala o francês, que adoraram discursar e chamar atenção com piadas, Peter é um anglófono que só abre a boca para trazer à tona assuntos fundamentais. É um advogado ambiental queniano que participa de todas as reuniões africanas nas quais são discutidos o uso e o valor da biodiversidade.

Durante o jantar, sento ao lado de Peter e conto que, se meus planos derem certo, dentro de um ano estarei de volta a Nairóbi.

— Quero realizar uma longa viagem pela África para mostrar aos leitores brasileiros a riqueza natural e cultural do continente — explico, me apresentando como jornalista.

— O que os europeus, americanos e asiáticos sabem sobre a África é muito superficial, apenas o que a mídia internacional mostra. Existe uma tendência a repetir os mesmos clichês de guerra civil, fome, pobreza e caos. Seria bom que um jornalista pudesse mostrar algo que vá além dessa mesmice — afirma, enfatizando a sensação de injustiça da qual os africanos padecem.

Concordo e discutimos as razões dessa perspectiva: falta de profundidade da mídia, interesses políticos dos países mais ricos, continuidade da mentalidade colonial, preconceito de que as sociedades africanas estão destinadas ao fracasso etc.

Também conversamos sobre o cotidiano em Nairóbi, os problemas de segurança e dos congestionamentos; pergunto se devo começar a viagem pelo Quênia, pela África do Sul ou por outro país onde eu possa comprar e montar um carro. Sua experiência no continente — ele conhece quase metade da África — pesa nesse momento:

— O melhor lugar para iniciar a viagem é mesmo a África do Sul. Muitos dos produtos que você compra aqui vêm de lá. Os preços dos carros são mais baixos e a oferta é maior. Para você, vindo do Brasil, fica mais fácil aterrissar na Cidade do Cabo ou em Johannesburgo do que em Nairóbi — afirma. Com receio de que eu possa entender que ele está menosprezando seu país, ele continua: — Mas é indispensável que você visite o Quênia durante sua jornada. Quando passar por Nairóbi, fique hospedado em casa. Mesmo com a chegada de nosso bebê, ainda teremos um quarto disponível para os amigos.

Os ventos sopram a favor e aceito o convite, com um largo sorriso. Deixo Nairóbi com meu entusiasmo multiplicado e com vários pontos esclarecidos. A viagem volta a fazer parte de minha agenda. Confirmo minha intuição anterior: a Cidade do Cabo e Nairóbi serão as duas bases da viagem.

Um futuro parceiro

De volta ao mundo familiar, na França, encontro minha mãe em um estado aceitável, satisfeita com os enfermeiros que trazem suas pílulas diariamente e podendo dialogar com eles. Ela come pouco, mas come. Se não acontecer nenhuma crise, o sistema funciona. Mas por quanto tempo?

Aproveito um momento raro de lucidez de minha mãe para explicar que, dentro de poucos meses, ela não poderá mais viver sozinha em Paris e que terá de ir para uma casa de repouso no interior da França. Subitamente, inspirada por alguma luz, ela dá seu veredicto:

— Não vou para uma casa de repouso. Isso não se discute. Mas posso morar no sítio de seu pai Armando, em Teresópolis — diz ela, parecendo se lembrar do lugar e de seu encanto tropical, que ela conheceu nos anos 1960.

A decisão, tomada por vontade própria, modifica radicalmente o destino de sua vida. E da minha também. Eleonora repetia, até então, que nunca mais voltaria a morar no Brasil e que morreria na França. Depois da surpresa, preparo seu novo passaporte. Dois meses depois, Eleonora parte definitivamente de Paris e dá início a um novo ciclo de existência, gozando do bom clima e dos bons cuidados no sítio na Cascata do Imbuí.

Os meses com minha mãe foram vitais para eu compreender melhor a fragilidade da vida. Eleonora, que se mantinha em bom estado de saúde física até seus 80 e poucos anos, vê seu estado mental, em poucos anos, ser consumido pela idade e perde, gradativamente, a conexão com o mundo exterior. É duro.

Do drama, vivenciado em preto e branco, retiro uma conclusão: nossa existência é curta. Todo minuto, hora ou dia precisa ser saboreado. Toda paixão — incluindo a paixão por uma viagem — merece ser degustada. Agora, com mais certeza ainda, quero realizar a jornada. Mas quem será meu companheiro de viagem?

Por obra do acaso, meus três filhos — dois deles moram nos Estados Unidos — se encontram em Barão Geraldo. Flavia organiza um almoço de família para comemorar a coincidência. Relato como foi a maratona com a avó deles e declaro que vou realizar uma expedição à África. Sílvio, o primeiro candidato, desistiu e a vaga de copiloto está desocupada. Faço o convite a Tamino, Mikael, Mayra e Flavia.

— Ainda estamos, João e eu, construindo uma casa. Tenho vontade de ir, mas não há tempo nem dindim para isso — diz Mayra, a primeira a discursar, como sempre.

— Pai, eu adoraria. Mas o trabalho em Nova York é intenso e não posso deixar os projetos de lado por tanto tempo. Poderia passar um mês, talvez um mês e meio. Mas vai ser melhor ter um só companheiro durante todo o percurso — anuncia Tamino, filho mais velho, que trabalha como diretor de arte e editor de vídeo.

— Tenho um compromisso de trabalho com a Sociedade Internacional de Ecoturismo e um congresso para organizar dentro de alguns meses. Mas poderia passar um mês com você. Seria ótimo. Talvez um esquema de dividir a viagem em quatro segmentos, com quatro companheiros diferentes, possa dar certo — afirma Mikael, que continuou a morar em Washington.

A última palavra é de Flavia. Ela foi a flamejante companheira de duas viagens intercontinentais na década de 1970 — de Paris à Índia e a volta pela América do Sul — e tem experiência de sobra.

— Os tempos mudaram, Haroldo. Tenho compromissos e não posso sair daqui — ela afirma.

Não é surpresa que nenhum membro de minha família aceite a oferta. Não será fácil encontrar uma pessoa com disponibilidade de tempo para uma viagem tão longa.

Meu próximo passo é informar os amigos que busco alguém para a jornada. Escrevo uma carta explicando a iniciativa e envio a 50 e-mails escolhidos a dedo, com cópia para a família:

> Oi, gente querida,
>
> Escrevo esta mensagem aos amigos e amigas mais próximos. Não é uma corrente, apenas uma tentativa de encontrar um(a) companheiro(a) de viagem para minha jornada na África por terra. Não quero e nem posso viajar sozinho. Os detalhes da aventura na África serão definidos com o futuro parceiro, mas alguns elementos são básicos. A duração deve ser de seis

a oito meses. A saída e a compra do carro acontecerão na África do Sul. O trajeto deve ser da Cidade do Cabo a Nairóbi (Quênia), com extensões ao Sudão e a Uganda. Meu objetivo é produzir material jornalístico de qualidade (texto, fotos e vídeo) para diversos meios.

Viajar não é tarefa fácil. Os desafios quando estamos fora de nosso ambiente conhecido são maiores. Ainda mais na África. Por isso, é indispensável que o futuro companheiro possua um profundo espírito de aventura e que não tenha medo do desconhecido. Deve considerar a viagem como uma escola de vida e ter uma profunda ânsia de aprender e descobrir.

É indispensável que fale inglês — não apenas inglês de internet, mas que possa se comunicar com o mundo. Que saiba dirigir e goste, pois será uma jornada de 40 mil quilômetros. Que goze de uma excelente saúde física e mental e seja uma pessoa preparada para confrontar os mais diversos desafios.

O ideal seria que esse companheiro estivesse entre projetos de vida — entre dois empregos ou em um ano sabático — pois será necessário ter disponibilidade de tempo. Também é importante que ele ou ela possua uma razoável estabilidade econômica e que não esteja vivendo com o cinto apertado, pois terá de cobrir custos pessoais e outros gastos óbvios da jornada.

Se você acha que está preparado(a) para essa aventura que irá abrir novas portas em sua vida — assim como abrirá na minha — entre em contato comigo. Infelizmente essa viagem não se encaixa para você caso esteja enrolado(a) com filho pequeno, não tenha tempo disponível, não conte com grana suficiente e não fale inglês. Mas se você conhece alguém que pode se encantar com o projeto, repasse essa mensagem para ele ou ela.

Abraços,

Haroldo

Clico no *send* e o e-mail parte como uma flecha. No mesmo dia recebo as primeiras respostas. Todas se encaixam em uma das categorias “filhos pequenos”, “sem tempo” ou “sem grana”. Alguns amigos vibram com o projeto, desejando boa sorte. Outros, quase como pais e mães carrancudos, sublinham o perigo de viajar à África. A mensagem mais taxativa chega no segundo dia: "Você deve estar maluco quando diz que vai até o Sudão. Você se esqueceu do genocídio que acontece em Darfur? Não sei como você tem coragem de convidar alguém para essa sua loucura pessoal. Tô fora."

Fico atento à caixa de entrada de e-mails e a semana se encerra com quatro propostas que merecem atenção.

Kito é um publicitário carioca, não tem filhos, acaba de romper com a namorada, fala inglês e italiano, já viajou duas vezes como mochileiro na Europa, pretende dar uma volta de moto pelo Brasil em 2015 e por ser filho de mãe branca e pai negro — ponto positivo — tem paixão pela África. Não tem grana disponível, mas vai procurar. Prefere uma viagem mais curta, de seis meses.

Pablo é fotógrafo e desenhista gráfico, um argentino que vive no Brasil há cinco anos, conhece toda a América Latina, fala espanhol, inglês e francês, seu sonho é conhecer a Ásia, mas topa a África. Foi casado quatro vezes e está apaixonado por uma gaúcha que poderá ser sua quarta esposa. Se a relação não der certo, ele viaja.

Helena é uma jornalista de renome, escreveu livros e viajou pelo mundo. Tem uma filha casada, fala bom inglês e possui uma poupança à espera de uma oportunidade como esta. Não tem carteira de motorista, mas afirma que pode aprender a dirigir em poucos meses.

Valeria é uma blogueira multimídia, escreve e fotografa, tem fascínio por carros e viagens, foi piloto profissional de automobilismo, participou do Rally dos Sertões dirigindo 5.600 quilômetros em 12 dias, diz ter excelente saúde e adorar animais. Não tem dinheiro disponível, mas tem contatos com patrocinadores do mundo automobilístico e sabe onde conseguir.

Contato outros viajantes. O aventureiro Toco Lenzi, com quem eu já havia trocado dicas de viagens, ouve atentamente meus planos. Ele adora o continente e criou a iniciativa Saara a Pé. Pelas areias do deserto, pretende caminhar da Mauritânia até o Egito. Já realizou três etapas e usa o mês de janeiro — inverno no Saara — para completar cada segmento. Quando discutimos datas, concluímos que nossos calendários não se encaixam.

André Porto também tem seu projeto e vai passar seis meses na Índia. Quer documentar o Maha Khumba Mela, uma reunião de dois milhões de hinduístas no rio Ganges. Depois vai ao Nepal, ao Ladakh e a outros lugares sagrados. A viagem dele também coincide com o itinerário da jornada africana.

Aos quatro principais interessados envio um e-mail adicional com mais informação, incluindo o orçamento. Explico meus objetivos, tanto profissionais como pessoais. Menciono que devemos encontrar um bom equilíbrio entre trabalho e lazer. A expedição não pode se tornar uma viagem estressante de produção, na qual a busca por materiais jornalísticos seja mais importante do que o bem-estar de cada um. Por outro lado, a jornada não é um passeio de férias, no qual apenas o mínimo é realizado. No final, sugiro que cada um descreva o que espera da jornada. Depois de alguns dias, chegam as respostas.

Para Kito, o valor a ser investido é muito alto e ele não conseguirá arrecadar a quantia, mesmo com seis meses pela frente. Sem recursos, a ideia fica para a próxima.

Pablo conversa com sua namorada e a possibilidade da viagem apressa o plano de casamento dos dois. Funcionei como cupido. O amor fala mais alto.

Helena está empolgada. Tem uma enorme capacidade profissional e uma boa bagagem de viajante. Com ela, o problema é outro: não tem carteira de habilitação e não vai conseguir aprender a dirigir bem em tão pouco tempo. Um carro pequeno, talvez. Mas não me sentirei seguro deixando uma camionete de três toneladas nas mãos dela. Dirigir sozinho todo o percurso de 40 mil quilômetros é impossível. Helena, por que você não aprendeu a dirigir há dois anos?

Valeria responde meu e-mail com inteligência e humor. Ela abre o jogo, é honesta sobre o dinheiro disponível e sua confiança em conseguir patrocínio cresce diariamente.

Dos candidatos, Valeria Zopello é a que possui as maiores chances de emplacar. Por isso, concordamos em comer uma pizza juntos em São Paulo, onde mora.

Chego à pizzaria na Vila Madalena. No fundo da sala, ela acena. Ela me identifica pelos cabelos brancos.

— E aí, vamos encarar uma África? — pergunto, quase tratando a jovem de belos olhos verdes como um motorista de caminhão.

— Haroldo, estou empolgada. Pesquisei na internet e precisamos conversar sobre vários assuntos. Tenho muitas perguntas — diz Valeria.

— Preparei uma agenda sobre o essencial que você precisa saber e o que devemos decidir nas próximas semanas. O tempo pode ser um de nossos inimigos.

Abro a pasta e retiro uma folha de papel com 11 itens, desde itinerário e calendário até patrocínio e orçamento. Discorro sobre cada um e estou pronto para responder às perguntas de Valeria.

— Quem são os outros candidatos?

— Os dois homens desistiram, um por falta de grana, o outro por excesso de amor. A jornalista está interessada e é uma excelente profissional, mas tem um problema vital: não sabe dirigir. Ela acha que basta tirar a carteira de habilitação. Mas dirigir uma 4×4 não é como conduzir um Celtinha — explico.

— Você tem razão, conheço o desafio na prática. Já pilotei uma Land Rover em um rally — enfatiza Valeria.

— Para você, a única coisa que falta são os recursos, não é?

— Isso mesmo. Preciso de sua ajuda para montar uma apresentação em PowerPoint e enviar para alguns contatos. Pode demorar um pouco, mas vou conseguir os fundos. Tenho certeza.

Ficamos na pizzaria das seis da tarde até a meia-noite. Abordamos cada um dos itens e mais outros tantos fora da agenda. No final da conversa, nos comportamos como amigos de longa data. Não sei o que ela sente pela viagem, mas estou feliz por ter encontrado uma excelente candidata, com vários trunfos. Valeria lê meus pensamentos e conclui:

— Haroldo, vou digerir o que conversamos e vamos nos falar por e-mail ou por telefone. Se precisar, posso ir a Campinas para trabalhar na apresentação — diz ela. E continua: — Essa viagem é uma decisão importante em nossas vidas. Vai trazer grandes mudanças para os dois. Precisamos ter a cabeça fria para refletir se somos os parceiros certos um para o outro — afirma. Após uma pequena pausa, ela prossegue: — Mas essas decisões não podem ser tomadas apenas com a cabeça. O coração também precisa ser escutado.

Fora do restaurante, nos despedimos com um abraço, comemorando o encontro. O contato é carinhoso. Entro no carro para regressar a Campinas, feliz por ter descoberto a companheira que eu procurava. Difícil encontrar alguém melhor.

Na semana seguinte, Valeria vem a Barão Geraldo para um almoço e uma tarde de trabalho. Peço a Flavia que capriche na comida, pois Valeria é a candidata mais preciosa que tenho no momento. Minha filha Mayra está convidada.

Sentados à mesa, conversamos sobre tradições africanas. Flavia aproveita para explicar que é umbandista:

— Adoraria ir à África, mas tenho muitos projetos no templo e não posso ficar tanto tempo fora.

Enquanto nos servimos de salada, Mayra começa a entrevista:

— Valeria, você deve saber que o Haroldo é vegetariano. Você também é? Como você pensa fazer na África?

— Sou quase vegetariana. Ainda como um frango ou peixinho de vez em quando. Mas sou flexível e, se precisar, deixo de comer carne. Gosto de saladas, verduras e frutas. Também adoro cozinhar, o que pode ser útil durante a viagem — responde Valeria, com convicção.

— Uma coisa importante que você precisa saber — diz Mayra, fitando os olhos de Valeria. — Na família, Flavia e eu não temos surtos de Tensão Pré-Menstrual. O Haroldo conhece pouco sobre essas flutuações de humor que muitas mulheres demonstram. E você, tem TPM? — pergunta Mayra, com a maior naturalidade.

Mayra vai diretamente na veia. Esse pode ser um ponto delicado. Respiro fundo e espero a resposta de Valeria.

— Mayra, para ser sincera, minha TPM não se manifesta. Talvez eu possa ficar um pouco mais cansada um dia ou outro. Mas não sou de crises de choro nem de entrar em parafuso — responde ela, sem ficar incomodada com a pergunta.

Gosto da resposta, que denota franqueza e autoconfiança. Mayra muda de tática:

— Como você nunca viajou com meu pai, preciso contar algumas coisas sobre ele. É a pessoa mais intensa que conheço. Quando ele está fotografando, não espere por uma parada para almoçar. Ele pode continuar no pique o dia todo. Só vai sossegar quando o sol for embora. Você está preparada para aguentar esse ritmo? — pergunta Mayra.

— Quando estamos viajando as oportunidades que aparecem são únicas. Por isso, entendo a postura do Haroldo. No pior dos casos, se eu sentir muita fome, como uma barra de granola ou um biscoito. Mas é bom que você me avise. Sabendo disso, vou sempre andar com alguma coisa no bolso — responde, em tom de brincadeira.

Valeria consegue sobreviver ao almoço e ao interrogatório da Mayra. A conversa se suaviza e passa para os cuidados com saúde e segurança. A tarde é de trabalho, para que Valeria possa apresentar um projeto aos patrocinadores potenciais. Definimos que teremos um mês para decidir se queremos ou não viajar juntos.

À noite, depois da partida da Valeria, pergunto a Mayra o que ela achou da candidata:

— Para começar, ela é muito bonita. Isso pode até ser um problema na África. Mas, sério, achei a Valeria uma mulher bacana, comunicativa e sem medo de responder às minhas perguntas, que foram diretas. Gostei do astral. Por mim, ela está aprovada.

Flavia concorda com a cabeça e sorri. Mayra acrescenta a seu veredicto:

— Mesmo que vocês tenham alguns meses até a partida, na minha opinião é um desafio levar, para uma viagem tão longa, uma mulher que você ainda não conhece. É uma caixa de surpresas!

O destino conspira

A notícia sobre a quase aprovação de Valeria como candidata chega rapidamente aos ouvidos de Mikael e de Tamino. Eles fazem uma pesquisa na internet e mandam alguns links, com suas atividades de automobilismo e de modelo.

Mas outra notícia deixa Mikael mais preocupado. A Sociedade Internacional de Ecoturismo (TIES), na qual ele trabalha como diretor de Eventos, está em crise. Não há dinheiro para pagar salários e o Conselho Diretivo entra em pânico. A única solução é diminuir a folha de pagamentos. Mikael, com bons contatos entre os conselheiros, descobre que ele pode ser um dos cortados. Por isso, toma a dianteira e escreve uma carta de demissão, negociando seu desligamento e o pagamento dos salários atrasados. O último a sair do barco pode ficar sem boia de salvamento.

Essa conspiração do destino faz Mikael rever suas prioridades. Um dos elos que o prendiam a Washington era o trabalho. O outro é sua namorada Samanta de Sousa, uma brasileira que estuda pedagogia na Universidade do Distrito de Columbia. A cada dia que passa Mikael demonstra maior interesse pela viagem. Finalmente, em pleno processo de saída da TIES, ele me surpreende com um e-mail formal:

> Haroldo,
>
> Quero ser considerado um candidato para sua viagem à África. Sou viajólogo com mais de 50 países visitados e estou entre dois ciclos na minha vida. Tenho experiência na área de ecoturismo e excelentes contatos na África. Pretendo, durante a viagem, alimentar um blog em inglês, associado com a TIES, a mais importante organização de ecoturismo no mundo (mesmo se está em crise neste momento). Com uma base acadêmica em antropologia, estou empolgado com a oportunidade de conhecer mais sobre as culturas africanas. Sou fotógrafo amador — herdei de meu pai a paixão pela fotografia.

> Sou um jovem maduro e em boas condições físicas. Sei lidar com situações delicadas e perigosas. Sou responsável, mas também brincalhão e vamos rir muito durante a viagem. Adoro dirigir, falo quatro línguas e tenho três passaportes. Estou com o "cinto apertado", mas você pode considerar os gastos de minha viagem como um investimento, não é mesmo? Durante a viagem, você não pode ficar de saco cheio de mim, porque sou seu filho. E eu conheço você o suficiente para não entrar em crise quando sua intensidade sobe a mil. Seremos excelentes parceiros. Posso viajar com você?
>
> Seu filho Mikael

Tomo o maior susto e pergunto, por *chat*, se ele está falando sério. Ele responde que sim e que quer participar da viagem. Ligo para ele por Skype. Ele toma a palavra:

— Desde que você começou a organizar a viagem fiquei pensando que eu não poderia deixar essa oportunidade passar. Até para minha carreira, conhecer a África é algo essencial. Se eu não viajar com você, ficarei arrependido para o resto da vida — explica Mikael.

— Concordo. Você já está livre do emprego, mas e Samanta, como vai reagir? — pergunto.

— Ela não vai gostar da ideia. Sei disso. Mas vou explicar, com carinho, a importância da viagem para mim. De qualquer maneira, quer ela goste quer não, já decidi que vou — diz Mikael.

— Mika, meu melhor companheiro seria um de vocês três. Essa é uma excelente notícia! Estou pronto para explicar essa mudança de planos para Valeria. Mas não posso avisar a ela que você será o viajante e depois você furar comigo. Você tem certeza de que vem?

— Tenho, sim. Eu vou. Fique tranquilo. Pode avisar a Valeria — decide Mikael.

Demoro um dia inteiro para processar a nova configuração. Tomo coragem, escrevo uma palavrinha para Valeria e depois nos falamos por telefone. Um lado meu está triste por ter de dizer "não" a ela. Mas estamos dentro do prazo que havíamos estipulado. Ela reage de maneira impecável e entende que filho tem preferência.

O tempo voa. As reuniões por *skype* com Mikael se multiplicam. Fazemos listas e listas de tarefas, vistos, equipamentos, compras e roupas a levar. Discutimos a essência da viagem, seu conteúdo, e precisamos encontrar um bom nome para o projeto. Para compreender melhor o continente diretamente dos africanos, envio e-mails aos colegas que havia encontrado em Nairóbi, com perguntas sobre a importância e o futuro da região. Mouhamed Drabo, um comunicador ambiental de Burkina Faso, é o primeiro a responder:

> Para conhecer a África é necessário entender como nós, africanos, consideramos a família — a família tem um papel vital no equilíbrio da sociedade. A vida na África não é possuir muito dinheiro no banco, ter vários carros ou colecionar bens materiais. O mais importante é a boa relação entre as pessoas e fazer parte de uma família grande e saudável.
>
> Na próxima década, acredito que a África precisa abraçar, de verdade, os conceitos de democracia e de boa governança. As comunidades precisam ter o direito de escolher suas prioridades e fazer com que a participação das pessoas aconteça em todos os níveis. Enfim, minha mensagem é que você acredite na África. Somos muito mais do que um continente de miséria.

Mohamed Bakarr, um conservacionista de Serra Leoa, hoje residente nos Estados Unidos, escreve:

> Apesar da publicidade contrária, a África floresce. Possui culturas nativas autênticas, como a dos Maasai, e também modernas metrópoles. Por necessidade, os africanos são ino-

> vadores e extremamente criativos. Possuímos um traço em comum entre todos, mas é importante enfatizar que a África tem uma riqueza e uma diversidade cultural imensas. Hoje, somos 53 países. Mesmo que as fronteiras coloniais não tenham sido desenhadas da melhor forma, as nações estão se desenvolvendo com uma forte perspectiva nacional.

Repasso as mensagens a Mikael. Percebemos que existe, na alma de cada africano, uma sensação de frustração em relação ao estrangeiro. Por que vocês, de fora, sempre veem o lado negativo do continente? Por que nossa miséria é mais importante do que nossa cultura radiante? Por que a mídia internacional só enfoca tragédias e guerras? Por que não acreditar na África?

Havia escutado palavras semelhantes de Peter Munyi. Os clichês gastos e ultrapassados de guerra civil, fome e caos não fazem mais sentido. Não quero ir à África para escrever sobre ditadores, epidemias e guerrilhas. Tudo isso existe, mas deixo as manchetes negativas sensacionalistas para as agências de notícias. Quero buscar o outro lado da moeda.

— Mikael, nosso material jornalístico precisa enfocar o lado positivo e luminoso da África — digo por telefone.

— Concordo, Haroldo. As pessoas devem estar cansadas de ouvir as mesmas coisas ruins. Acho que o nome do projeto deve refletir isso.

Mikael e eu tínhamos pensado em alguns nomes, do tipo "Caminhos da África", "Acreditar na África" e "Luzes da África". Como devemos registrar os domínios dos sites, em português e em inglês, precisamos decidir o nome com rapidez.

— "Acreditar na África" é meio religioso. Prefiro um dos outros dois — responde Mikael.

— "Luzes da África" tem mais a ver com nosso trabalho: a luz das fotos, das imagens e das câmeras. São também as luzes e as cores africanas. Vamos nesse? — pergunto.

— Acabo de checar on-line se o site está livre. O *ponto com ponto br* foi tomado por um fabricante de velas. Mas o *ponto com* está livre — Mikael declara.

— E para a versão em inglês, *Lights of Africa ponto com*?

— Também está livre. Então, já temos o nome decidido. Comprarei os dois domínios em dez minutos! — exclama Mikael.

Capítulo 3

Preparativos na ponta da África

Bye-bye, Brasil

Uma jornada de nove meses pede uma boa festa de despedida. Uma não, várias comemorações. Como parto para os confins da África, sempre existe a remota possibilidade de que o encontro entre amigos seja um adeus de verdade. Tenho uma alma que transborda de entusiasmo, saboreio o lado positivo da vida e expulso os pensamentos produzidos por nossos diabinhos mentais. Mas a aventura que estou prestes a iniciar vai me levar a terras nunca dantes percorridas por mim. Confesso que, quando não ativo minha dose diária de endorfina, uma perguntinha arrepiante aparece na mente: por que me meti nessa loucura? Sempre espanto a questão, mas não nego que, algumas vezes, sinto um pouquinho de medo. Isso mesmo, um receio de que estou entrando em uma canoa furada.

Tenho, então, uma excelente ideia: preciso de vibrações positivas e levarei à África amuletos de boa sorte, presenteados pelos amigos. Assim, no convite dos bota-foras que acontecem em Brasília, no Rio de Janeiro, em São Paulo e em Barão Geraldo, peço, sem cerimônia, que os convidados tragam algum feitiço ou santinho — com tamanho máximo de cinco centímetros — para que eu leve na bagagem.

Mais de 150 amigos das quatro cidades vêm ouvir meus planos e muitos trazem os amuletos. Recebo um pêndulo, uma flauta inca, uma oração de Maria Nossa Mãe Passa na Frente, fitas coloridas do Senhor do Bonfim, uma fofolete, talismãs tibetanos e uma dezena de outros protetores. Pavitra, um monge hinduísta e líder do grupo musical Ungambikkula, me dá uma pequena pedra comprida, símbolo da força masculina — na Índia, é chamada *lingam.* O talismã da Flavia é um colar nas cores de Ossãe, o orixá responsável pelas plantas medicinais e pelas curas.

Os bons ventos começam a soprar imediatamente. Alguns dias antes de decolar, combino com o Canal Futura que produziremos dez reportagens de dois minutos cada. Com a revista *Época,* acerto que enviarei cinco reportagens que farão parte de uma série. Os respectivos diretores, Lúcia Araújo e Hélio Gurovitz, aceitam minha proposta de que o conteúdo trate apenas do aspecto positivo do continente e concordam que eu não enfoque a África bélica, aidética e famélica. Liana John, da revista *Terra da Gente*, pede quatro artigos sobre a conservação na África. Como de costume desde 2007, continuarei a alimentar o blog *Viajologia.*

Para tornar oficial minha partida, Alexandre Mansur, editor de ciência e tecnologia de *Época* e criador do Blog do Planeta, publica uma entrevista realizada por Juliana Arini intitulada "Alguém precisa mostrar o lado bom da África". Dois trechos definem bem o conceito da jornada:

> **Blog do Planeta — Mas (na África) a pobreza e a violência não são meros clichês, são fatos.**
>
> **Castro** — Não estou afirmando que são mentiras, mas não quero ir à África para cobrir miséria. É lógico que elas existem, só não quero escrever sobre isso. A miséria, a guerrilha, os conflitos e a Aids estão lá, mas minha opção de pauta vai ser mostrar as luzes da África, nome do projeto.
>
> **Blog do Planeta — E não é perigoso? Não dá medo de cruzar a África?**
>
> **Castro** — Viver é perigoso. Você pode estar em São Paulo e um avião cair na sua cabeça, como já aconteceu. Não é por causa de um conflito ou de uma instabilidade política que vou

> deixar de viver a vida. É lógico que vou tomar medidas de segurança. Existem estradas onde não viajaremos sozinhos e seguiremos um comboio.

Adalberto Marcondes, criador do portal ambiental Envolverde, também celebra a aventura africana e pede à jornalista Neuza Àrbocz que me entreviste. A reportagem "Jornalismo feito com alma" fala dos sonhos e da importância de viajar:

> O maior benefício das viagens é desenvolver o respeito às diferenças e promover a paz e o entendimento entre os povos. Mente e coração abertos são condições imprescindíveis para um bom contato com outras realidades.

Faltam 50 horas para a partida. É o momento de preparar as bagagens. Olho as duas malas vazias em cima da cama. Até hoje a viagem foi pura conversa: frases chamativas sobre uma expedição que habita meus pensamentos e povoa a imaginação dos amigos. Olho as malas novamente. Está na hora, Haroldo, de passar da teoria onírica à vida real. Parto para uma jornada de nove meses. Começo a empilhar calças e camisas.

Preparar a bagagem de mão é mais prazeroso. É um quebra-cabeça no qual encaixo duas câmeras, uma poderosa lente, quatro *hard drives*, adaptadores para diferentes países, dois celulares desbloqueados e carregadores para os equipamentos. No final da tarde, tenho tudo organizado.

A última etapa é a mochila que irá às costas. Deixo a angústia de lado à medida que arrumo os documentos: carteira internacional de habilitação, carteira de imprensa da Federação Internacional de Jornalistas, cartas de apresentação dos órgãos de imprensa e de organizações, passaportes, passagem aérea e um pacote de dólares. Com os quatro volumes fechados, relaxo.

O movimento de e-mails nos últimos dois dias é intenso: confirmo com Robby Gass o horário de chegada e agradeço o convite para passar uma semana na casa dele. As horas voam e finalmente estou no saguão do aeroporto de Guarulhos, preparado para cruzar o Atlântico Sul rumo a Johannesburgo. Mando um torpedo para Mikael, em Washington. Ele me encontrará na África do Sul em duas semanas. Bye-bye, Brasil.

Chegada a Hermanus

Da janela do avião, posso ver a Table Mountain, a Montanha Mesa — o Pão de Açúcar dos habitantes da Cidade do Cabo. Antes do pouso, sobrevoamos a infindável vila Khayelitsha. Com mais de 400 mil pessoas, é uma das maiores favelas do país e sua população é composta por 90% de negros e 10% de mestiços. Ainda nem aterrissei, estou a 500 metros de altitude e fico chocado com o contraste visto do céu. Perto das mansões à beira-mar, um oceano de casebres de zinco e de retalhos de madeira. Bem-vindo à África do Sul.

Mesmo que esta seja minha nona entrada no país — o que me deixa com uma sensação de intimidade —, estou mais atento do que nunca ao desembarcar. Quero evitar descuidos bobos, comuns após uma noite de viagem maldormida. As malas chegam bem e conto novamente o número de volumes.

Compro um chip pré-pago da Vodacom e ligo para Robby Gass. Christelle, a esposa, diz que ele só voltará para casa em Hermanus, a 120 quilômetros da Cidade do Cabo, depois das 16h. O segundo ato é retirar o carro alugado. Enquanto não compro uma Land Rover, preciso ter um meio de transporte e não posso depender de Robby.

Tenho tempo pela frente e, motorizado e cheio de energia, quero buscar uma Land Rover. Saio do terminal, reencontro as favelas que rodeiam o aeroporto e vou ao centro, seguindo as vias rápidas. Depois de vagar duas horas pelos subúrbios do norte, chego a uma loja de 4×4. Mas é sexta-feira à tarde e todos já foram embora. Apenas os carros ficam do lado de fora, no estacionamento. Encontro uma Land

Rover preparada para viagem. O preço no para-brisa é um pouco alto — 150 mil rands (37 mil reais) para uma Defender 2004, com 160 mil quilômetros rodados. Mesmo assim, anoto o número do telefone para ligar na segunda-feira.

Robby e Christelle me recebem com carinho. Oferecem um quarto na entrada da casa, com duas camas de solteiro. Ela se assusta com o tamanho das duas malas que trago para dentro e pergunta, com humor, se resolvi me mudar definitivamente para a África do Sul. Respondo, meio sem jeito, que estarei pronto para viajar logo que comprar o carro. Embora a casa não seja pequena, noto que tem apenas dois quartos: o do casal, espaçoso, e o de convidados. Um terceiro cômodo foi transformado em escritório e só tem acesso pelo jardim. O espaço é aconchegante, mas se eu passar mais de uma semana — o convite inicial — posso incomodá-los.

Robby é um homem parrudo, com mãos grossas de quem trabalha no campo. Seus olhos azuis e sua barba quase ruiva vêm do DNA do avô escocês; assim como sua gaita de fole e seu *kilt*, o saiote escocês. Teve dois filhos no seu primeiro casamento e há cinco anos encontrou Christelle, uma belíssima morena de cabelos curtos, de tez branca e de origem africâner (leia-se holandesa). Ambos estão sob o efeito da poção mágica do amor romântico e Robby se transforma em um doce quando está ao lado de Chris, esquecendo seu jeito durão. Os dois são cristãos evangélicos convictos: participam do culto todos os domingos e, semanalmente, da distribuição da sopa popular aos pobres da cidade. Adoram cozinhar: ele prepara os pratos quentes, cantando em voz alta, e ela se dedica a saladas incrementadas e criativas, esbanjando seu charme.

Lembrando que sou vegetariano, Robby prepara batatas ao forno e um prato de legumes cozidos. A conversa na mesa gira em torno da viagem e dos preparativos. Robby liga para seu amigo Yaco, que trabalha em uma oficina, e conta que estou em Hermanus, ávido para adquirir uma 4×4. Yaco promete passar aqui no dia seguinte.

Por ter tido uma experiência tão boa com a Kombi em minha volta pela América do Sul — durante a qual dormíamos dentro carro —, ainda não estou convencido de que a Land Rover seja a opção mais apropriada. Robby explica, com paciência, que a África é diferente:

— Uma Kombi ou qualquer van é um carro extremamente útil na África. Serve como táxi, como transporte de pessoas e de mercadorias. Isso significa que você perderá sua Kombi no meio do caminho para alguém com um fuzil AK-47. E terá que voltar a pé — diz Robby, sem piedade. Christelle concorda. — Já a Land Rover não tem a mesma utilidade, é um carro pouco valorizado pelos africanos. Consideram que é um carro de branco, para safári. Se você viajar com uma Land Rover usada e velha, melhor ainda.

Fui dormir com essas palavras rondando minha mente. A imagem de um bandido armado, parado no meio de uma estrada deserta e apontando um AK-47 para mim, foi tão bem descrita por Robby que não consigo pegar no sono. Viro de um lado, viro do outro e o bandoleiro continua comigo, com o fuzil Kalashnikov 1947 enfiado no meu pescoço, mandando Mikael e eu sairmos do veículo e pedindo a chave. Entrego tudo, carro, câmeras, passaporte, dinheiro. Fico apenas com a roupa do corpo.

É apenas ansiedade? Muitas estradas que pretendemos usar têm pouco movimento. A que mais me amedronta é a do norte do Quênia, que vai de Isiolo até Moyale, a fronteira com a Etiópia. São quase 500 quilômetros de terra e pedra, não muito longe da Somália. Será mesmo que devemos arriscar nossas vidas rodando por recantos tão perdidos?

Consigo pegar no sono. Mas minha mente agitada logo desenha pesadelos piores do que os pensamentos. Acordo assustado, transpirando. Passo a mão na testa e ela ferve: estou com febre. Para piorar, começa a cair uma chuva fina e o frio penetra no quarto pelas frestas da janela. Outro tema me deixa atormentado: prometi ficar apenas uma semana nesta casa e sei que jamais conseguirei sair daqui em tão pouco tempo.

Lembro-me dos talismãs recebidos. Eles estão dentro da mochila. Neste momento de dúvida e de insegurança, vale tudo. Seguro o amuleto de Pavitra com as duas mãos e, mesmo com a cabeça ardendo de dor, tento dormir novamente. Quero esquecer onde estou.

Minha primeira noite em solo africano é horrorosa. Ao ouvir barulhos na sala e divisar o cinza-claro do dia, imagino que meus anfitriões estejam me esperando. Mas não quero abrir os olhos nem enfrentar a realidade. Ainda menos discutir planos de aventuras. Usarei a desculpa de não ter dormido durante o voo para continuar embaixo das cobertas.

Por volta do meio-dia, ouço a voz de Robby do outro lado da porta perguntando se estou bem. Respondo um sim letárgico, mas preciso de alguns segundos para esquecer os sonhos e as visões horripilantes. Robby bate novamente na porta, avisando que o almoço será servido em pouco tempo. Coragem, tome uma ducha e saia do baixo-astral! É preciso, no mínimo, ser bem-educado com meus anfitriões.

Sinto a água quente do chuveiro escorrer pelo corpo, como se expurgasse as vibrações negativas da noite. Que o líquido lave minhas emoções! Para chegar à África do Sul, havia passado por algumas provas. Mas agora já estou no continente e tudo vai dar certo. O mais importante é acreditar que a aventura será rica e proveitosa. É ter confiança em que encontrarei o melhor caminho. É botar fé em que a dupla Mikael e Haroldo tomará as decisões acertadas, mesmo em momentos difíceis. Não vou abrir nenhum espaço para que os diabinhos das dúvidas sabotem minha viagem, antes mesmo que ela tenha início. Aliás, os diabinhos desceram ralo abaixo, não é mesmo? Pronto, saio do chuveiro cheio de vigor e de entusiasmo!

Robby e Chris me esperam com uma deliciosa salada mista. Quando nos sentamos à mesa, chega Yaco, mais um *landy*, não apenas de hobby, mas também de profissão. Ele trabalha como mecânico-chefe na RoverTec, uma oficina em Hermanus especializada em Land Rovers. Pequeno e com uma barbicha de bode e voz bem mansa, Yaco, quando está dentro de um 4×4, vira bicho. Ele e Peter, seu chefe e dono da RoverTec, formam uma dupla pesada nas competições *Off*

Road, daquelas em que o 4×4 deve passar por buracos impensáveis e subir aclives escarpados. Ganham quase todos os prêmios da província do Cabo.

Yaco insiste em que estamos em território *landy* e que, se ainda desejo comprar um Toyota Land Cruiser, o melhor é viajar 1.400 quilômetros até Johannesburgo, onde terei mais oferta. Em compensação, afirma que, se eu ficar aqui na região, em uma semana estarei com uma Land Rover em meu nome.

— Na segunda-feira de manhã passe pela oficina para explicar ao Peter o que você precisa. Temos uma rede de centenas de usuários de Land Rovers e alguém está sempre vendendo ou comprando uma.

Para quem havia passado uma noite atormentado, a notícia é alentadora.

Outra notícia boa é que as baleias ainda estão na baía Walker, em Hermanus. Robby havia visto algumas na véspera. Depois do almoço, saímos juntos para conhecer o centro da cidade. Estacionamos na Marine Drive e caminhamos ao longo de um penhasco de uma dezena de metros de altura que domina as águas frias do Atlântico. Um mirante está apinhado de gente e a multidão olha para o oceano. Vejo uma imensa massa cinza na água. Se ela estivesse parada, eu diria ser uma rocha. Mas ela se move. E tem cauda e nadadeiras. É uma baleia!

A baleia-franca-austral vive apenas nas águas frias do Hemisfério Sul. Foi chamada, em inglês, de baleia-correta, *right whale*, por ser uma das espécies mais fáceis de caçar. A população de baleias caiu abruptamente e há um século existiam apenas algumas centenas de indivíduos. Depois que a pesca foi proibida nos anos 1980, esse número vem crescendo de forma constante e hoje existem cerca de 10 mil baleias ao redor da Antártica.

Os animais são gigantescos, podendo medir até 18 metros e pesar 80 toneladas. Se para Robby e Chris é normal observar baleias cada vez que eles passam pelo centro de Hermanus (entre junho e novembro), para mim o espetáculo é único. Encontro um ponto de observação e procuro captar os momentos em que elas levantam as caudas fora d'água. O mais assombroso é que os animais estão a apenas 20 metros da costa. Conto nove baleias diferentes, incluindo filhotes que nasceram há um ano. Fico admirado com a doçura dos movimentos de animais tão grandes.

Robby me pega pelo braço e cochicha, sem que Chris ouça:

— Li que o macho tem um pênis de quatro metros, cada testículo pesa 500 quilos e uma ejaculação de 20 litros!

Tudo é uma questão de escala. Afinal, a baleia-franca é um animal mil vezes mais pesado do que o ser humano.

Compro a Land Rover

Segunda-feira é meu primeiro dia útil na África do Sul. Vou cedo para a RoverTec conversar com Peter Wood. Ele é uma figura. O cinquentão raspa a cabeça com máquina zero e não é um cara de sorrisos e brincadeiras. Os fins de semana são reservados para seus brinquedos. Ele usa uma Land Rover amarela nas competições *Challenge Off Road*, quando sobe e desce montanhas de pedras. Na sua oficina, possui vários troféus espalhados na mesa e nas prateleiras. Vive para isso.

Ao discutir que carro seria o mais adequado para minha viagem, ele aproveita para dar uma aula sobre a história do veículo:

— A Land Rover lançou a Série I em 1948. Durante mais de 60 anos o carro mudou pouco e até hoje continua com seu chassi robusto e sua carroceria tradicional de alumínio. Como não enferruja, é a 4×4 preferida na província do Cabo. O modelo Defender apareceu em 1990, junto com o motor Tdi, turbo diesel. Como o Tdi não passaria pelas normas de emissões da Comunidade Europeia, a Land Rover lançou, em 1999, o Td5, um motor de cinco cilindros em linha, de 2,5 litros e com injeção eletrônica. Para uma viagem até o Sudão, o ideal seria ir com uma Defender Tdi, mais simples e menos eletrônica.

Qualquer pessoa pode consertar uma Tdi na África. O problema é que as últimas Tdi datam de 1998 e hoje estão com no mínimo 300 mil quilômetros rodados.

— Concordo — interrompe Robby. — A minha Tdi de 1998 tem mais de 350 mil quilômetros.

— Por isso, acho mais seguro você comprar uma Defender Td5, com menos quilometragem, de 2001 para a frente. As primeiras, fabricadas em 1999 e 2000, tinham problemas com a bomba de óleo e com os cabeçotes. Apesar de ter injeção eletrônica e um computador de bordo, o motor Td5 é de confiança — diz Peter. — Se o transporte marítimo não custasse tão caro, o ideal seria você ter trazido uma Land Rover fabricada no Brasil, pois as brasileiras foram as últimas a ser montadas com um motor Tdi, até 2005.

— Não é apenas o transporte, uma Land Rover com dez anos de uso no Brasil não custa menos de 50 mil reais ou 200 mil rands — respondo. — Acho que aqui poderemos encontrar carros bons e mais baratos. Procuro uma que custe até 120 mil rands (30 mil reais).

Peter anota meu preço máximo e meu telefone. Depois da conversa, aconselha que eu vá à Prefeitura de Hermanus solicitar um documento essencial: o Certificado de Registro de Trânsito. Sem ele não posso comprar nenhum veículo em meu nome.

Sigo a sugestão. Na prefeitura, Anne Marie me atende com simpatia e presteza. Nunca havia preparado um formulário para um brasileiro. Graças às fotos 3×4 que eu trazia no bolso, obtenho o certificado em 15 minutos.

Saio feliz com meu primeiro documento oficial sul-africano. Tenho tempo para ir ao First National Bank abrir uma conta. Tão gentil como Anne Marie, Marianne está contente por conseguir um cliente estrangeiro. Com meu passaporte, meu Certificado de Registro de Trânsito recém-emitido e a carta do Banco Itaú me apresentando como excelente correntista, preencho a papelada. Deposito o equivalente a 100 dólares e minha conta está aberta. Terei meu cartão de débito em 24 horas.

No dia seguinte, acordo ansioso e ligo para Peter para saber se ele tem alguma novidade.

— Encontrei um bom carro para você — diz ele. — Mas chegamos tarde, o carro foi vendido no fim de semana.

A ansiedade se converte em estresse. Sinto o peito apertado. Sem carro, não posso começar nada. Do outro lado da linha, o amante de Land Rovers percebe minha angústia.

— Não se desespere. Até o final do dia encontrarei alguma coisa.

As horas passam devagar. Devo buscar algo na internet ou em jornais? Fico de braços cruzados esperando um telefonema? Tento manter a calma. O carro que chegará às minhas mãos será o certo! Nada de pânico! Confiança é a palavra-chave.

À noite, recebo um telefonema de Peter, com uma excelente intimação: quer que eu esteja pronto às 6h para vermos um carro.

— É o único horário que o proprietário tem antes de sair para o trabalho — diz. — Iremos a Somerset West, entre a Cidade do Cabo e Hermanus, a 75 quilômetros daqui.

Chegamos no horário combinado à residência de Marius. Lá está uma Land Rover, cor de areia, sobre o gramado impecável de um casarão de alguns milhões de dólares. É uma Defender 110 Td5, ano 2001, cinco portas e com 217 mil quilômetros no odômetro. Lembrando-me das dicas de meu amigo Ronald, de Brasília, deixo a análise nas mãos de Peter. Ele liga o carro e ouve atentamente o barulho do motor. Abre o capô e confere o conteúdo. Com agilidade, o cinquentão mergulha na grama, desliza sob o carro e checa a suspensão e possíveis vazamentos de óleo.

Marius, o dono da casa, explica que o carro é de sua irmã, Lydia Ellis. Ela é fotógrafa de natureza e usava o carro para ir ao deserto da Namíbia dar workshops de fotografia. Na lateral, vejo o nome da iniciativa, *Desert Light*, luz do deserto.

Entusiasmado com as coincidências e sem a frieza anglo-saxã que deveria ter em momentos como este, conto qual é o nome de nossa expedição. Mas uma voz interior ressoa "calma, Haroldo".

Posso até ficar encantado com os bons sinais, mas é preciso saber se o carro está em bom estado.

Peter faz questão de dar uma volta pelo bairro com o veículo. Depois de alguns minutos, ele me passa o veredicto, sem que Marius ouça:

— O carro está em excelentes condições, principalmente o motor. Foi muito bem tratado durante os anos. Se fosse para mim, eu compraria.

Marius mostra o carnê de manutenção e confirma que o motor é praticamente novo, foi retificado aos 170 mil. Passamos pela casa de Lydia, no mesmo bairro. Na sua garagem, dois Toyotas Land Cruiser, quase novos. Ela vem a nosso encontro:

— São os veículos que uso agora para meus workshops. São mais confortáveis — afirma a fotógrafa.

Trocamos cartões. Confirmo que quero comprar sua Land Rover.

— Seu carro vem com boas vibrações fotográficas — digo, explicando a coincidência de nomes e de profissões. — Precisamos apenas chegar a um bom preço para ambos.

Peter agradece e diz que fará uma oferta à tarde, depois de averiguar os preços de algumas peças que precisam ser trocadas. Regressamos a Hermanus e fazemos as contas. Do preço solicitado — 119 mil rands (27,7 mil reais) — podemos descontar 7 mil rands de peças e serviços e mais 4 mil rands da barraca de que não vou precisar, pois Robby vai emprestar a dele. Se compro o carro por 108 mil rands é um bom negócio para todos. Mas decidimos começar mais baixo e oferecer 100 mil redondos.

No final da tarde, recebo um torpedo de Peter. Ele confirma que a oferta foi feita e que Marius responderá amanhã. Tenho mais um dia de espera.

Robby e eu aproveitamos para ir à fazenda onde ele cultiva plantas medicinais. Uma delas é a hoodia, uma planta suculenta que guarda água no interior como estratégia para sobreviver em regiões semidesérticas. Os bosquímanos San, nativos da ponta da África, afirmam que a hoodia corta o apetite. Robby conta que a possibilidade de usar a hoodia como uma nova arma para perder peso provocou uma corrida em busca da planta selvagem.

— A demanda era superior à oferta e os fazendeiros foram incentivados a cultivar a planta para evitar que ela fosse extinta na natureza — conta Robby, presidente da Associação de Agricultores de Hoodia.

Novamente na estrada, recebo um torpedo de Peter, com apenas duas palavras: *call me*. Ligo para ele, quero saber se a oferta de 100 mil rands foi aceita. Peter responde que não.

— Não devemos perder tempo. Outro comprador pode passar nossa frente. Se oferecermos 108 mil (27 mil reais), fecharemos negócio. Vou enviar a proposta por fax, para selar a negociação — afirma. Eu concordo.

Robby e eu temos duas horas de asfalto pela frente e a conversa se concentra em segurança durante a viagem.

— Nem pense em encostar o carro na beira da estrada, abrir a barraca e dormir, como você fazia com a Kombi na América do Sul. Seria uma tentação muito grande para curiosos e bandidos — afirma Robby. — Quase todas as cidades na África do Sul possuem um camping. Use esse esquema. Quando não encontrar camping, procure uma fazenda.

No final da tarde, de volta a Hermanus, o celular apita novamente. Outro torpedo de Peter, com apenas duas palavras. Dessa vez, uma excelente notícia: *offer accepted*. Robby festeja, pois consegue um novo membro para o clube dos *landies*.

— Você é um feliz proprietário de uma Land Rover, membro de um seleto grupo de aventureiros.

À noite, abrimos um vinho rosé espumante Four Cousins para celebrar. Estou contente, pois o primeiro passo aconteceu.

— Você teve sorte de encontrar um carro bom, com um motor novo, por um preço tão baixo — diz Robby. — Parabéns, você venceu o primeiro grande desafio.

— Obrigado — digo, levantando a taça do espumante para mais um brinde. — Se você não conhecesse Yaco e Peter, eu teria demorado mais tempo. Foi uma proeza conseguir um carro em menos de uma semana.

Quando menciono “uma semana”, me dou conta de que o combinado era eu ficar apenas esse período na casa dos Gass. Depois conseguiria uma pousada ou uma casinha para alugar. Mas, como coloquei todas as energias na compra do carro e nas papeladas iniciais, fui empurrando com a barriga o tema da hospedagem. Por um lado, não quero abusar da hospitalidade de Robby e Chris. Por outro, para onde eu iria? Para uma pousada de Hermanus especializada em turismo de baleia e começar o orçamento com um rombo?

Robby parece ler meu pensamento e sabe que a prioridade era adquirir o veículo. Assim, para aliviar o desconforto, ele aborda o tema por outro ângulo.

— Haroldo, quando seu filho chega dos Estados Unidos?

— Mikael aterrissa em uma semana. Ficamos apenas dois dias juntos e viajo para a Itália por alguns dias, para um congresso de jornalistas ambientais. Aliás, o tempo passa tão rapidamente que não consegui pensar em outra opção para...

Robby, sentindo que o assunto me incomoda, interrompe:

— Para tirar um peso de seus ombros, vamos voltar a falar sobre a hospedagem quando você retornar da Itália.

Agradeço o carinho, insisto em que a próxima compra mensal no supermercado fique por minha conta e voltamos a encher os copos com o espumante.

Ela precisa de um nome

No final da noite, envio e-mail ao Mikael com as boas notícias: conseguimos um bom carro e, de quebra, a pousada Robby & Chris ampliou a cortesia de uma para três semanas!

Mikael, querendo envolver nossos seguidores do Twitter, do Facebook e dos blogs, vê a notícia do carro como uma boa oportunidade. A troca de ideias acaba em conversa no *skype*.

— Vamos escrever posts em inglês e em português convidando nossos amigos a batizar a Land Rover. No primeiro post pediremos sugestões de nomes e três dias depois apresentaremos uma lista para votação. O que você acha? — pergunta ele.

Eu topo. Viajar no século XXI é bem diferente do que na década de 1970, quando a única comunicação escrita acontecia pelo sistema de posta-restante das grandes cidades: a carta era enviada para a agência central dos Correios e aguardava até que eu pudesse buscá-la. Hoje não só tudo é imediato, mas dezenas de pessoas, nos Estados Unidos, na Europa ou no Brasil, participam, quase ao vivo, de nossa jornada.

Preparo um texto sobre a compra do veículo e termino com a notícia de que a Land Rover *Desert Light* será transformada em *Lights of Africa*. Proponho alguns nomes para o carro, apenas para incitar a imaginação: Luda (abreviação de Luzes da África), Landi (de Land Rover), Nandi ("forte", em um idioma local do Quênia), Odé ("nascido na estrada", em Benin) e Hasani ("linda", em suaíli). Mas peço aos leitores que enviem nomes e apelidos criativos e sugestivos.

Três dias depois compilo as sugestões recebidas. Fico feliz por ver tanta gente torcendo para que nossa viagem dê certo. É uma grande força sentir que amigos e conhecidos enviam boas vibrações.

Os nomes caem em duas categorias. O primeiro grupo é o de palavras de origem africana, o segundo é formado por nomes não africanos, abreviações e neologismos. Publico outro post em português e Mikael em inglês, listando as 30 sugestões mais interessantes e pedindo votos.

Mikael está a caminho da África do Sul. Ele passa duas noites em longos voos (Washington–São Paulo e São Paulo–Johannesburgo–Cidade do Cabo), tentando dormir em poltronas pouco confortáveis. Mesmo assim, quando aparece na porta de chegada do aeroporto da

Cidade do Cabo, sobra energia no primeiro abraço de reencontro. Todas aquelas conversas, quando ele estava nos Estados Unidos e eu no Brasil, agora se tornam reais. Estamos reunidos, pai e filho, para começar a jornada africana.

Aproveitando a proximidade da Cidade do Cabo, convido Mikael a visitar uma das lojas de equipamentos de viagem, Safari Centre, para ver os produtos que precisaremos comprar. Ele diz que tem gás para mais algumas horas.

O mercado sul-africano para produtos de expedições é bem mais sofisticado do que o brasileiro. Aqui, acampar em um parque nacional é algo normal. Montar uma barraca ou uma geladeira no carro também. Assim, nos convencemos das vantagens de instalar uma geladeira de 45 litros no veículo.

— É uma delícia beber um copo de água gelada em um dia de calor — diz Johan, vendedor do Safari Centre. — Vocês, como vegetarianos, vão poder guardar verduras frescas, iogurte e queijo dentro da geladeira.

Eu já tinha ouvido o mesmo argumento de Robby: um copo de água fria no deserto não tem preço.

Animados com tantos equipamentos, começamos nossa lista de compras: botijão de gás, mesa de alumínio, duas cadeiras, pratos e copos de aço inoxidável, panelas e talheres, um saco de dormir e uma barraca para emergência. As chamadas *ammo boxes* (caixas de munição) são essenciais. São caixotes de plástico negro que podem ser hermeticamente fechados. Pensamos em montar duas delas no bagageiro para colocar peças sobressalentes e seis dentro do carro, empilhadas em duas colunas de três. Cada uma terá uma função diferente: apetrechos de cozinha, remédios e farmácia, guias e papelada, hard drives, equipamentos e tralha.

Para o carro, precisamos de uma pá, um galão de 20 litros de diesel, uma tela para proteger o radiador contra insetos e sementes, um kit de reparo para pneus, uma caixa de ferramentas, uma cinta de 9 metros para reboque e rolos de fita adesiva grossa. Tomamos nota de todos os preços.

Mikael ainda tem energia para conhecer a Land Rover, que está na oficina para a revisão. Chegamos quase às 17h, poucos minutos antes de a loja fechar. Peter conta que os novos amortecedores de nitrogênio já foram colocados e que ele está instalando a *black box*, um alarme que avisa quando há algum problema com temperatura do motor, óleo baixo, bateria com carga baixa ou líquido do radiador. Todo o carpete do carro foi retirado, lavado e recolocado: o cheiro de umidade desapareceu. O banco do motorista foi refeito, pois a espuma estava velha. O logo *Desert Light* foi removido das laterais, abrindo espaço para o futuro Luzes da África.

As primeiras sete horas de Mikael no Cabo são intensas. Ele está cansado, mas contente, e somos recebidos por Robby e Chris com mais uma garrafa de espumante.

Depois de uma boa noite de sono, levo Mikael para o centro de Hermanus para ver baleias. Mas hoje a Marine Drive está vazia. Conversamos com Fasika, um negro sorridente com uma espécie de trombeta nas mãos. Ele é pago pela prefeitura para avisar a todos, turistas e residentes, quando há baleia à vista. A manhã está calma e ele ainda não tirou nenhum som de seu instrumento, confeccionado com o tubo seco de uma longa alga que vive nas águas das redondezas. Fasika se orgulha de ser o único *whale crier* (avistador de baleias) do mundo, uma profissão que existe desde 1992 em Hermanus.

Sentamos em uma mesa externa de um restaurante à beira-mar para nossa primeira "reunião executiva". Precisamos rever, com urgência, o itinerário.

— Recebi um e-mail de Moçambique avisando que a estação de chuvas começou antes do tempo e que as estradas de terra, durante os próximos três meses, estarão em péssimo estado — digo. — Para complicar, o Parque Nacional da Gorongosa, que iríamos visitar, fecha em poucos dias e só reabre em março, daqui a quatro meses.

Mikael abre o mapa do sul da África e discutimos possíveis soluções:

— O melhor é inverter o trajeto. Se antes subiríamos por Moçambique e desceríamos pela Namíbia, agora podemos fazer o contrário: começar pela Namíbia — diz Mikael. — Mas temos dois inconvenientes: perdemos o visto de Moçambique e precisaremos de um novo visto, o de Angola — afirma ele, incomodado com o fato de jogar fora 120 dólares, pois o visto emitido perderá a validade.

— Melhor a gente ir se acostumando com as mudanças. Haverá muitas pela frente — respondo, como se lesse uma bola de cristal.

O carro é emplacado e a documentação está em ordem. Posso começar a tramitação da burocracia mais importante, a do Carnê de Passagem em Alfândegas, o "passaporte" do veículo. Foi o impedimento criado pelo carnê que retirou o Egito do itinerário e espero não ter outras surpresas desagradáveis. Em vez de enviar os documentos solicitados pelo correio para a sede da Associação Automobilística da África do Sul (AASA), em Johannesburgo, aproveito uma ida a Somerset West, a meio caminho da Cidade do Cabo, para passar por uma loja da AASA em um shopping center.

Sou bem atendido pela vendedora, mais treinada para vender mapas e acessórios de viagem do que para responder às minhas perguntas complicadas sobre o carnê. Ela prefere cortar caminho, liga para a pessoa encarregada na matriz e me passa o telefone. Reconheço o nome da minha interlocutora, Odette Pombo, pois trocamos alguns e-mails.

— Boa tarde, senhor Castro. Se o senhor já tem toda a documentação em ordem, pode enviar pelo fax de nossa loja, não precisa enviar pelo correio — diz Odette.

Agradeço a gentileza e, quando estou prestes a desligar, Odette passa o telefone para a chefe.

— Boa tarde, senhor Castro. Meu nome é Meliza van Dyk. Acabo de notar um pequeno problema. Emitimos 99% dos carnês para cidadãos sul-africanos ou residentes e as regras que o senhor viu no website são para eles. Seu caso é um pouco mais complicado. Mesmo se o senhor tem um endereço em Hermanus, oficialmente o senhor não reside na África do Sul. Assim, sua caução não é de 6 mil rands, como o senhor calculou, mas de... Qual foi mesmo o preço de compra da Land Rover? — ela pergunta.

— Paguei 108 mil rands pelo carro — respondo, já sentindo um friozinho na barriga.

— Então, sua caução é nesse valor, 108 mil rands — diz Meliza, sem piedade.

Mikael vê, pelo branco de meu rosto, que alguma coisa vai mal.

— A senhora está me dizendo que devo deixar uma caução de 100% do valor do veículo com a AASA?! — indago, não querendo acreditar no desafio que tenho pela frente.

— Infelizmente, sim. Sabemos que é um valor alto, mas essas são as regras. O senhor não precisa depositar o valor na nossa conta, apenas precisamos de uma carta de um banco, reservando essa quantia caso a AASA solicite — explica Meliza.

Faço um esforço sobrenatural para não desligar o telefone na cara da mulher. Consigo respirar fundo, agradecer e dizer que encontrarei uma solução em breve. Peço à vendedora que passe o fax com os documentos do carro e saio da loja para respirar.

— Essa droga de carnê só cria confusão. É um documento antiquado, dos anos 1950. Nenhum país da Europa e da América do Sul o exige. E agora, o que vamos fazer? — pergunto.

— Calma, Haroldo. Vamos pensar com cabeça fria. Já estamos aqui, já compramos o carro, já investimos na revisão e nas peças sobressalentes. Não podemos desistir. Como conversamos hoje de manhã, vamos ter que aprender a lidar com mudanças repentinas.

— E encontrar esses 108 mil rands que não estavam no orçamento.

Penso em voz alta. O ideal seria fazer a caução no exterior: o Banco Itaú pode dar uma carta de garantia, o banco de Mikael — ou o de Tamino — nos Estados Unidos também. A pior opção é ter de enviar o dinheiro para a África do Sul e depositar a quantia na minha conta do First National Bank, para que o banco faça a carta de garantia.

— A culpa é da AASA. Eles deveriam ter me avisado isso antes — digo, ainda irritado.

— Acho melhor você ver o lado positivo deste episódio — pondera Mikael. — Se você soubesse dessa caução antes, ainda no Brasil, talvez tivesse desistido da viagem, como abandonou a ideia de ir ao Egito. Agora não dá mais para desistir.

Voltamos para Hermanus e prefiro um tema mais leve: saber como anda a votação do nome do carro. Mikael compila os votos no Facebook, no Twitter e no blog *Lights of Africa*; eu me encarrego do blog *Viajologia*. Passamos duas horas na apuração e chegamos ao resultado.

De um total de 91 votos, Nandi e Odé estão empatados com 17 cada. Outros três nomes — Ocaia, Lua e Ayan — foram escolhidos por mais de dez pessoas. O resto não emplacou.

— E agora, o que fazemos? — pergunta Mikael, confuso com o empate entre os dois líderes.

— Muito simples. Você ainda não votou, nem eu. Seremos os votos de desempate. O que você prefere, Nandi ou Odé? — pergunto, torcendo para que ele responda Nandi, o mesmo voto que o meu, para não acontecer outro empate.

— Para o carro, prefiro Nandi — diz ele.

— Combinado, temos 19 votos para Nandi.

— Odé será o nome de nosso GPS — completa Mikael.

Mais uma etapa cumprida. Escrevemos alguns parágrafos sobre o resultado e publicamos um post e no Facebook.

Efeito Pati

Não sei onde eu estava com a cabeça quando aceitei o convite para participar do congresso de jornalistas ambientais na Itália. Bem agora, em plena preparação para a partida, passar uma semana na Europa parece ser uma perda de tempo. Por outro lado, desistir na última hora não seria nada elegante e eu estaria encerrando minha relação com a ONG italiana Greenaccord. Mikael, mais otimista, lembra do evento de Nairóbi:

— Foi no encontro no Quênia que você conheceu Robby. Veja só, estamos aqui na casa dele. Talvez você cruze com algum jornalista africano de algum dos 18 países que visitaremos.

Mikael acerta na mosca! No segundo dia em Viterbo, conheço Khalid Aziz, editor do jornal *Al Sudani*, de Cartum. Pergunto a ele como está a situação do país. Khalid confirma que o norte do Sudão é seguro e que não teremos nenhum problema.

— Você estará a mais de 1.000 quilômetros dos conflitos de Darfur. Evite também o sul do país, por causa dos movimentos separatistas* — diz Khalid, entusiasmado com a proposta de Luzes da África, que pretende mostrar histórias positivas. — Precisamos de uma imagem mais real sobre nosso país.

Outra surpresa é conhecer Raphael Mweninguwe, jornalista que vive em Lilongwe, no Malawi. Ele confirma que foi uma boa ideia ter mudado o roteiro da viagem e não passar pelo país em janeiro, em plena época de chuva.

— Você teria muitos problemas nas estradas. Melhor visitar Malawi em abril ou maio, na volta — afirma Raphael. — Uma boa pauta é o próprio lago Malawi. Além de ser a principal fonte de água, fornece a proteína de que a população precisa.

Durante os dias do evento, mantenho minha obsessão pela África. Só consigo falar sobre a viagem, mostro as fotos do carro comprado, conto que Mikael me espera e minha apresentação em plenário narra o projeto jornalístico a ser iniciado.

Enquanto bebo vinhos deliciosos, devoro massas e queijos (e ganho alguns quilos) e penso na Nandi, lá em Hermanus, Mikael ajuda

*O Sudão do Sul se tornou um país independente em julho de 2011.

Robby e Chris a criar o website da empresa de plantas medicinais Zizamele. A iniciação dos Gass no mundo virtual encanta os anfitriões e o convite para ficar na casa deles fica sem data de vencimento.

Mikael vem me buscar no aeroporto com a Nandi — em excelente estado — e dá a boa notícia sobre nosso alojamento.

— Acho que conseguiremos iniciar a viagem em uma semana, talvez dez dias. Quero começar a expedição o mais rapidamente possível, Mika — confesso. — Mas ainda dependemos da carta de garantia para a AASA. Na Itália, troquei e-mails com os bancos, que estão me enrolando. Preciso fechar isso de uma vez.

— Além do carnê, que é responsabilidade sua, Haroldo, temos algumas tarefas importantes: comprar o equipamento que já listamos, conseguir o visto para Angola, montar o interior da Nandi com as caixas *ammo* e fazer um teste completo do carro, passando uma noite em um camping — afirma meu filho.

Sinto que Mikael, depois de passar uma semana tratando da viagem, está agora no assento de piloto e eu de copiloto. Assim como eu o havia levado do aeroporto às lojas de camping, ele propõe o mesmo.

— Como você dorme bem em voo noturno e está cheio de energia, vamos fazer agora nossas compras no Safari Centre e no Mega 4×4. Estamos pertinho das duas lojas.

Mesmo cansado, não resisto. Nandi fica repleta de acessórios.

Depois do fim de semana, estamos na Praça Thibault, no centro da Cidade do Cabo, onde fica o consulado de Angola. Usando o português como trunfo, consigo atrair a atenção da funcionária que recebe as solicitações. Mas, antes de aceitar o pagamento (120 dólares por pessoa), ela precisa de que o cônsul veja os documentos e aprove o pedido. Meia hora depois, sou chamado para falar com um diplomata sombrio. Ele pergunta em um péssimo inglês — mesmo segurando os dois passaportes brasileiros na mão — a razão de nossa visita. Explico o objetivo da viagem, em português.

— Os senhores hão de necessitar de uma carta de uma empresa, organização ou pessoa fidedigna de Angola que os convide a visitar o país. Sem a documentação, recuso-me a lhes dar os vistos — diz o vice-cônsul medieval.

Mostro as cartas de recomendação das organizações de turismo e de conservação, mas ele as ignora. Exibo as cartas de *Época* e do Canal Futura, ambas com a logomarca da Globo — emissora conhecidíssima em Angola — e ele as rejeita.

Comento que a norma vigente de conhecer, obrigatoriamente, uma pessoa em Angola para poder visitar o país é uma ofensa ao turismo internacional.

— Como quer que Angola faça parte do mundo globalizado com uma regra tão desatualizada? — passo ao ataque, com um ligeiro sotaque de Portugal.

O diplomata, pela primeira vez, olha meu rosto. O instante é tenso: ou me expulsa do consulado ou cede. Seus olhos recaem sobre as seis cartas de recomendação que ainda seguro. Ele recua.

— Para facilitar vossa visita, aceitarei uma carta do senhor cônsul do Brasil que vos apresente às autoridades angolanas. Traga o documento ainda hoje — diz ele, dando meia-volta e saindo, sem se despedir.

O consulado do Brasil está apenas a duas quadras. Vamos até lá a passos rápidos. Patrícia Bastos é a oficial de chancelaria. Explico a situação, mostro a documentação farta e imploro por uma carta do cônsul — ainda hoje. Patrícia diz que o diplomata está de saída para o aeroporto: viaja para uma reunião. Só voltará dentro de quatro dias, no final da semana.

— Tarde demais?

Mikael e eu respondemos que sim com a cabeça e nos olhamos com uma cara de "Angola está fora". Patrícia desaparece do balcão de atendimento e entra na sala do diplomata. Retorna dizendo que o cônsul está ao telefone e se prepara para sair. Não há solução. Agradecemos o esforço e ela sente nossa decepção. Saímos devagar, agora não há mais pressa.

Na rua, discutimos se devemos arriscar uma última conversa com o cônsul angolano. Nossas opiniões estão divididas: perder horas adicionais para levar outro "não" na cara não representa o melhor uso de nosso tempo. Quando alcançamos a praça, ouvimos uma voz em português, chamando pelo nome Castro. É a Patrícia do consulado. Ela chega ofegante, depois de uma corrida atrás da dupla.

— Que bom que encontrei vocês. O cônsul atrasou a viagem e vai ficar no escritório por mais uma hora. Terei tempo de preparar a carta e ele poderá assinar.

Mikael e eu sorrimos e refazemos o percurso até a representação brasileira. Entregamos os documentos, com mil agradecimentos.

— Não sei como você nos achou no meio da multidão, Patrícia. Foi uma questão de poucos segundos. Quem leva o crédito de nossa viagem a Angola é você! — exclamo.

Três segundos podem mudar radicalmente o destino de uma viagem. Se ela não tivesse nos encontrado, toda a jornada seria diferente. Situações como essa passarão a ser chamadas Efeito Pati. Um curtíssimo espaço de tempo pode ter um amplo impacto no futuro. É um dos conceitos de viajologia. O slogan da rádio BandNews "a cada 20 minutos, tudo pode mudar" se torna mais radical. Para nós, tudo pode mudar em apenas três segundos.

Enquanto esperamos as respostas das instituições bancárias e da AASA, montamos o interior do carro. Se Robby já era um anjo da guarda, seus conhecimentos de carpintaria e sua caixa de ferramentas o elevam agora à condição de arcanjo. Suas soluções para o arranjo interior da Nandi são excelentes e de rápida execução. Retiramos os bancos traseiros e as seis caixas pretas *ammo* são armadas na parte esquerda. O piso da Nandi é nivelado e a geladeira é fixada junto à porta lateral da esquerda, do mesmo lado que os caixotes de plástico. Sentado na poltrona esquerda — a direção nesta região da África segue as normas britânicas — o copiloto pode se virar de costas e abrir a tampa para pegar uma garrafa de água. As duas malas de roupas, uma empilhada sobre a outra, ficarão no lado direito.

Nandi não chegou nua em nossas mãos. Lydia a entregou com valiosos atributos: um para-choque dianteiro reforçado, um tanque duplo de diesel de 120 litros (conferindo uma autonomia de 1.050 quilômetros), um tanque de água potável de 35 litros, um sistema duplo de bateria (uma para o carro e outra exclusiva para a geladeira e os equipamentos), um suporte exterior para um botijão de gás e uma gaveta de alumínio quadrada de um metro de largura que encaixa na traseira. A gaveta era utilizada pela fotógrafa para armazenar câmeras, lentes e tripés, acolchoados por camadas protetoras de espuma. Preferimos manter o equipamento fotográfico ao alcance de nossas mãos e definimos que o enorme espaço de 145 litros será nossa despensa. Lá, guardaremos latas de conserva, caixas de leite e de sucos de fruta, pacotes de alimentos, sacos de cereais e qualquer outro produto destinado a manter nossa energia em alta — como chocolates, barras de granola, frutas secas e nozes.

Por último, trocamos nosso bagageiro com o de Robby, no qual a barraca dele já está acoplada. Quando dobrada e fechada, a barraca ocupa a metade anterior do bagageiro e tem apenas um palmo de altura. Ao ser aberta, uma escadinha é encaixada no para-choque e dá acesso ao andar da barraca. A escada suporta uma plataforma a um metro de altura do motor. Esse é nosso aposento noturno, um espaço de 2 × 1,5 metro, onde Mikael e eu dormiremos boa parte das noites.

Os dez dias depois de minha chegada da Itália passam rapidamente. Mas a AASA e o banco estrangeiro não se entendem para a emissão do carnê. A AASA quer uma carta de garantia com data ilimitada, mas o banco responde que não pode produzir um documento sem uma data de vencimento. O impasse está criado e ninguém abre mão de sua posição. No meio dos dois, quem se ferra sou eu. A única solução — que nos custa mais cinco dias úteis e um monte de taxas — é transferir o dinheiro para a África do Sul, abrir uma conta *Money Market* no First National Bank (FNB) e solicitar a carta de garantia do próprio FNB.

Enquanto o dinheiro não chega, o plano é testar, na prática, como a Nandi funciona. Compramos alimentos para dois dias e escolhemos ir à Reserva Natural da Ponta do Cabo, onde está o Cabo da Boa Esperança, parte do Parque Nacional Table Mountain.

De manhã cedo, nos despedimos de Robby e de Chris como se estivéssemos partindo de verdade. Depois de termos invadido a casa deles durante semanas, eles sentirão a casa vazia. Com os tanques de água e de diesel cheios, Nandi roda pesada.

Depois de duas horas de asfalto, entramos na península do Cabo, dentro do Parque Nacional. Aproveito a boa luz para fotografar e filmar algumas flores locais. A região é um paraíso para botânicos: a ponta do continente abriga mais de 9 mil espécies de plantas. Dessas, 6.200 são endêmicas, só existem aqui. As mais badaladas são as próteas, e 70 espécies delas são nativas da região.

Como o Cabo da Boa Esperança é um ponto histórico e geográfico — o extremo austral da viagem, latitude 34°21′ Sul — decido gravar algo em vídeo, para marcar o momento. Certamente entrará na primeira reportagem. Escrevo algumas linhas, decoro a passagem e, entre as rochas do Cabo e o oceano, declamo, olhando a lente do Mikael:

— Estamos no Cabo da Boa Esperança, também chamado Cabo das Tormentas, a ponta da África tão rica em mitos de navegantes e exploradores. É o lugar onde os portugueses entraram para a História ao buscar um novo caminho para as Índias.

Tento uma meia dúzia de vezes e o último *take* está bom. O cinegrafista está satisfeito. O resto do texto, como não estarei na imagem, pode ser escrito e gravado depois.

O ritmo da excursão — ainda não posso chamar essa saída de expedição — me enche de entusiasmo. Trocar as lojas de shoppings por paisagens naturais é uma vitória. Fotografo plantas e grupos de babuínos e avestruzes que cruzam o caminho. Pela primeira vez, começo a perceber que a viagem poderá ser fantástica.

Mas, ao apalpar os bolsos da calça, não encontro meu molho de chaves: as três do carro (porta, ignição e cadeados), o alarme para travar o veículo e o chaveiro. Procuro nos bolsos da camisa, no assento, dentro do carro e nada. Que aflição! Mikael recapitula a última meia hora. Onde e quando saímos do veículo? Decidimos refazer o caminho de volta, usando a chave do Mikael que estava na ignição.

Na última parada, saio do carro, procuro e não encontro nada. Continuamos. Com a cabeça pendurada para fora da Nandi, percebo pequenos objetos metálicos no asfalto. Mikael detém o veículo e encontro o molho de chaves destroçado. Devo ter esquecido na porta de trás e, com a trepidação, o chaveiro caiu. Pior: um carro passou por cima. Todas as chaves estão tortas e o alarme destruído. Como havíamos pensado em comprar um terceiro alarme, já sei qual é o custo da minha falta de atenção: 1.015 rands (255 reais).

— Depois do fiasco, já sei que não vou perder as chaves durante o resto da expedição — exclamo, tentando disfarçar minha falha quase imperdoável.

— Como um viajólogo experimentado, como você vai esquecer as chaves penduradas na porta traseira do carro? — diz Mikael, caçoando do pai.

O sol abaixa e, com a ajuda de nosso GPS Odé, encontramos um camping. A estrada não é boa e alguns buracos fazem a Nandi balançar bastante. Ainda bem que colocamos novos amortecedores. A rodovia é estreita e Mikael segue um caminhão, sem conseguir ultrapassá-lo. Pouco depois, sentimos um cheiro de borracha queimada. Ambos culpamos o caminhão pelo odor forte. Mas, quando Mikael logra ultrapassar o veículo, o cheiro continua. Como estamos a apenas a 2 quilômetros do camping, deixamos para conferir o problema quando chegarmos.

Entramos no recinto fechado e Mikael encontra um bom lugar para estacionar. Mergulho na grama e enfio a cabeça embaixo do carro para descobrir o problema. Quando chego perto da roda esquerda, não acredito no que vejo. O amortecedor está solto, fora do suporte. A ponta forçou o pneu e, com a fricção, comeu meio centímetro da borracha. Compreendo agora a sequência: com os buracos da estrada, o amortecedor, por não estar bem aparafusado, saiu do suporte. O cheiro de queimado começou quando a ponta dele passou a consumir a borracha.

Não entendo como profissionais do calibre de Yaco e Peter permitiram que isso acontecesse. Ligo para Yaco e explico o ocorrido, sem disfarçar minha frustração.

— O pneu traseiro esquerdo está a ponto de estourar. Era um Goodrich praticamente novo, agora está inutilizado — digo, preparando o terreno para ser recompensado.

— Mil desculpas por tudo que aconteceu. Vou ligar para Peter e avisar. Amanhã retornem a Hermanus e resolveremos o problema — diz Yaco, atrapalhado. — Levante o carro com um macaco e recoloque o amortecedor no suporte. Mesmo se não estiver aparafusado, não há perigo. Dirija devagar e não deixe o amortecedor friccionar o pneu.

O balanço do teste havia sido penoso: alarme destroçado, chaves a refazer e um Goodrich novo, a melhor marca de pneu para 4×4, arruinado.

O dia seguinte é de soluções rápidas. Peter encomenda dois pneus novos Bridgestone, da mesma marca que os dianteiros. Yaco fixa o amortecedor com duplo parafuso e dá uma bronca no zimbabuano que não fez o serviço direito. Aborrecido com a distração infantil, compro o novo alarme. A boa notícia só recebo à tarde. Tudo resolvido entre a AASA e o FNB. Meu carnê está pronto e posso retirar o documento, no dia seguinte, no escritório da Cidade do Cabo.

Estamos prontos para a grande partida!

Capítulo 4

Areias vermelhas da Namíbia

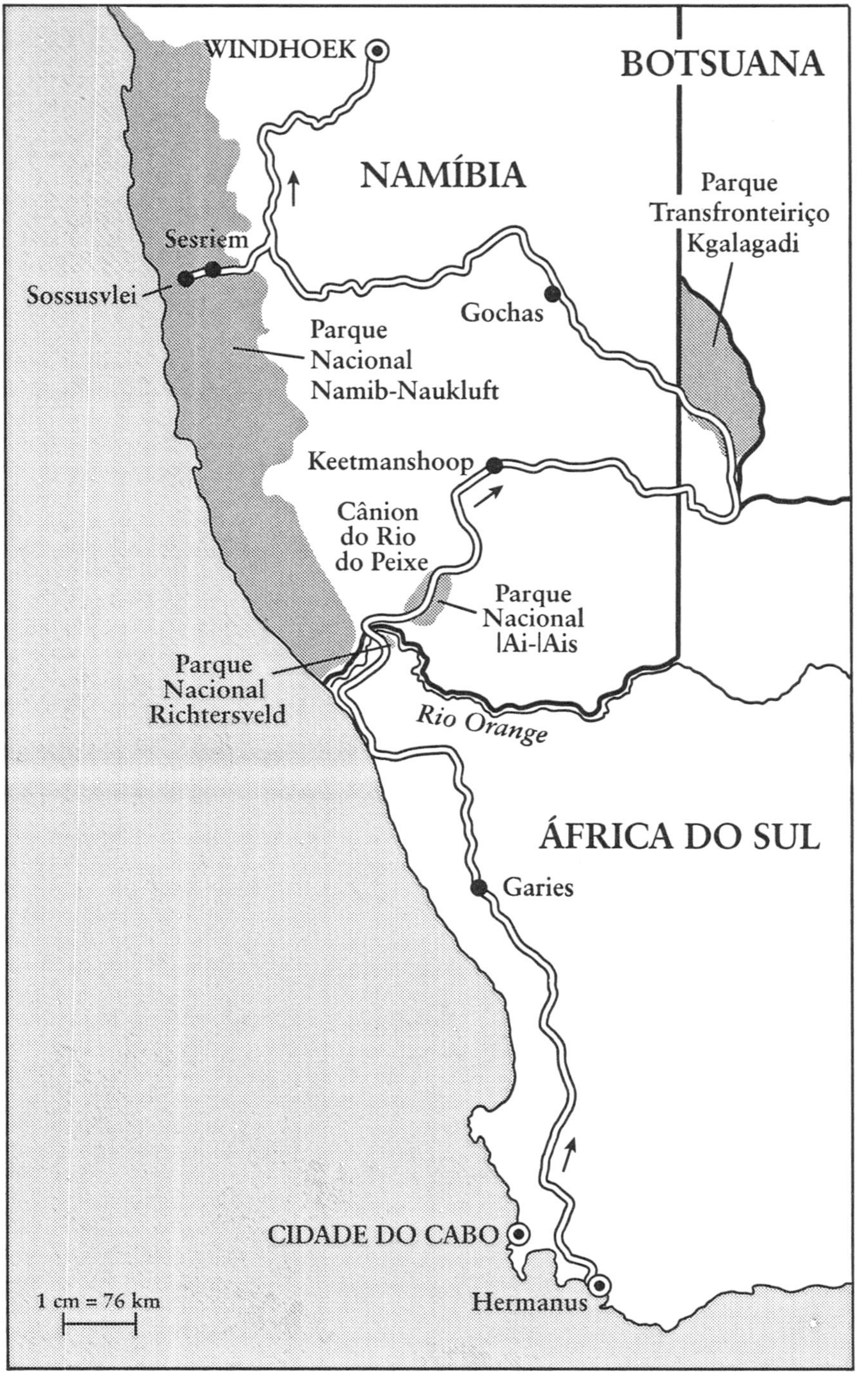
WINDHOEK
BOTSUANA
NAMÍBIA
Parque
Transfronteiriço
Kgalagadi
Sesriem
Sossusvlei
Gochas
Parque
Nacional
Namib-Naukluft
Keetmanshoop
Cânion
do Rio
do Peixe
Parque
Nacional
|Ai-|Ais
Parque
Nacional
Richtersveld
Rio Orange
ÁFRICA DO SUL
Garies
CIDADE DO CABO
Hermanus
1 cm = 76 km

O que dizem os astros

Abro o portão da casa de Robby e me despeço do arbusto de lavanda que guarda a entrada. Ele está florido desde que cheguei e suas pétalas púrpuras exalam um perfume relaxante. Colho sete ramos com flores e levo, com carinho, até a Nandi. Mais um amuleto de boa sorte.

As duas malas de roupas entram pela porta traseira. Coloco uma sobre a outra, no lado direito do carro, e prendo ambas com correias na carroceria, para que não tombem. Mikael traz os equipamentos. A câmera de vídeo fica em uma mochila própria, presa à estrutura do carro ao lado da porta lateral direita, atrás do motorista. As três câmeras Nikon, em seus estojos acolchoados, ficam no terceiro assento. Mikael, prevendo que levaremos alguma pessoa dentro da Nandi, trouxe do depósito de Robby (onde guardamos os assentos traseiros retirados) uma cadeirinha que cabe ao lado da geladeira.

Os eletrônicos são os últimos a entrar no carro. Da família Mac, a preferida do Mikael, temos um iPod para música, um iPhone como celular e um iTouch. Seguimos a sugestão de Vitor Damiani, companheiro de vôlei em Barão Geraldo, e compramos um GPS Garmin Oregon 300. Mikael fez o download dos mapas da empresa sul-africana Track4Africa e Odé absorveu os dados sem erros.

Para recarregar os aparelhos, assim como as baterias das câmeras de vídeo e de fotografia, instalamos um confiável sistema elétrico, com base nas duas baterias do carro. Usaremos as duas saídas de acendedores e também um adaptador de corrente AC-DC.

Robby e Chris riem de nossas idas e voltas inquietas, do quarto até o veículo. Tudo pronto. Precisamos da imagem oficial da saída, mas o iPhone toca no bolso do Mikael. É Flavia, querendo saber se já partimos.

— Vou fazer a carta astrológica do momento exato da partida. A que horas vocês vão sair, hora da África do Sul? — pergunta ela.

— Agora são 11h40. Vamos sair em dez minutos, às 11h50. Estamos fazendo a foto de saída. Ligue depois do meio-dia — diz ele.

Mikael documenta o agradecimento formal ao casal Gass, que inclui uma caixa de vinho. Trocamos grandes abraços e aviso que estaremos de volta dentro de sete meses. Robby entrega uma versão de bolso do Novo Testamento:

— Em caso de apuros, vocês terão a quem recorrer. Guardem com carinho.

Às 11h50 exatamente, como previsto, com o odômetro da Nandi marcando 220.375 quilômetros de vida, deixamos o casal na calçada gramada da Rua Demper, acenando para nós. Agora a saída é de verdade.

Estou no volante. Mikael prepara o sistema para que a voz da Flavia, ao ligar, saia nas quatro caixas de som do carro. O celular toca.

— Bom dia, gente, vocês estão na estrada? — pergunta ela.

— Saímos às 11h50 em ponto. Haroldo está dirigindo e sua voz está nos alto-falantes. Os dois podemos escutar sua leitura astrológica.

— Fiz o mapa da saída de Luzes da África. É uma carta astrológica de viagem e de viajantes. Vou explicar. O Sol, a identidade da expedição; a Lua, a natureza dela; e Vênus, as escolhas; esses três planetas estão em conjunção em Sagitário. Sagitário é o signo de aventura, da busca e da expansão de horizontes. Vocês saíram no dia certo — conta Flavia.

— Bom saber que estamos em harmonia com os astros — digo.

— Como essa tríplice conjunção acontece na Casa 10, o projeto vai ser muito conhecido! Tanto aqui no Brasil como nos países por onde vocês passarem. Na verdade, há cinco planetas na Casa 10, o lugar da projeção e da exposição ao mundo. Vocês não passarão despercebidos. Além do Sol, da Lua e de Vênus, os planetas Plutão e Mercúrio trazem à Casa 10 um grande poder de comunicação, que vai se cristalizar ao longo do tempo. Seus trabalhos vão se transformar em produtos concretos, pois esses dois planetas estão em Capricórnio, signo prático das realizações — continua Flavia.

— Todos nossos trabalhos serão publicados? — pergunta Mikael

— Tudo que vocês produzirem de qualidade será exposto. Mas vocês terão um desafio: na Casa 1, o ponto de partida de qualquer mapa, está Urano em Peixes, em quadratura com aqueles planetas em Sagitário. Por um lado, isso destaca o espírito independente, original e inovador da viagem. Por outro, vocês não devem ficar apegados a uma estrutura rígida. Façam planos e itinerários, mas se lembrem de que os roteiros podem mudar a todo momento. Não vale a pena ir contra a mudança. Sigam o fluxo, sem medo de perder nada. Vocês ganharão com as mudanças!

Flavia não sabe das alterações do itinerário, mas o que ela diz encaixa perfeitamente. Mikael e eu nos olhamos, levantamos os polegares e continuamos a escutar a astróloga.

— A Casa 12 é o espaço da inspiração. A expedição é um projeto que surgiu na magia do deserto de Gobi, não é? Então, com uma conjunção tríplice da intuição e arte de Netuno, da expansão de Júpiter e do poder de cura de Chiron, na Casa 12, a viagem deve gerar e promover a arte, a fotografia e a harmonia. Como esses planetas estão em Aquário, fazendo um aspecto favorável com a conjunção entre o Sol e a Lua, vocês dois serão grandes companheiros de viagem. A maior proteção virá desses cinco planetas — finaliza Flavia. — Boa viagem e que Omega Megog os acompanhe!

Mikael desliga o celular e voltamos a escutar música, ainda pensativos.

— Nada de apegos. É jogo de cintura o tempo todo — digo.

— Já começamos invertendo o itinerário. Se precisar, trocaremos de novo — afirma Mikael. — Gostei do que Flavia disse: vamos ganhar mais quando aceitarmos o novo do que ficando presos ao antigo. Sem medo do que virá pela frente.

Os primeiros 90 minutos no volante estão por terminar. Um dos dados que Odé fornece é o tempo em movimento, contabilizando os minutos que o carro está rodando. Decidimos que, em estradas boas, cada turno de direção será de hora e meia. Em estradas ruins, de terra ou com muito movimento, trocaremos a cada hora. Antes da parada, Mikael aproveita para selecionar as músicas dos três CDs do grupo Ungambikkula.

— Haroldo, falando em Omega Megog, como foi criada a divindade da viajologia? — pergunta.

A música do Ungambikkula, com seus sons nativos africanos, australianos e indianos, me inspira a contar a história:

— No Natal de 2004, para fugir do frio de Washington, Flavia e eu decidimos tirar duas semanas de férias no calor do litoral cearense. Estávamos em São Paulo, na marginal Tietê, indo para o aeroporto de Guarulhos, quando uma daquelas chuvas fortes fez o trânsito parar. Mesmo com três horas de folga, os minutos passavam como segundos e os acidentes na marginal se multiplicavam. Em meia hora rodamos apenas um quilômetro. Nessa velocidade, chegaríamos ao aeroporto às 2h — relato.

— A marginal não muda, desde quando nasci ouço isso — comenta Mikael, no volante.

— Pensei que as férias sonhadas iriam por água abaixo. Se não conseguíssemos embarcar para Fortaleza, o efeito dominó seria funesto. Véspera de Natal, os voos lotados. Só um milagre poderia resolver o drama. Mas a quem recorrer? — continuo. — Nesse momento, mencionei que precisava da ajuda de uma divindade. Qual é o santo da viajologia? Como não existia um, teria de criá-lo na hora. Comecei a pensar em voz alta. Se era para conceber uma força, uma energia protetora, ela precisaria ser multicultural para poder atuar em todos os continentes.

Faço uma pausa para checar o mapa e o GPS para estar seguro de que encontraremos a estrada N7 que vai para o norte do país.

— Continuando com a história, Flavia retirou da bolsa uma folha de papel e uma caneta. Continuei inspirado e pedi que anotasse Garuda, nome da ave mística do hinduísmo e do budismo. Como Garuda é o nome da companhia aérea da Indonésia, ele nos ajudaria com os aviões. Já tinha a Ásia representada. Nisso, o caminhão a meu lado se deslocou alguns metros. Bom sinal. Para a Europa, escolhi Mercúrio, o mensageiro dos deuses dos romanos. Na astrologia, simboliza o movimento, justamente o que precisávamos naquele momento. No mesmo instante, a faixa da direita, onde estávamos, começou a se mover. Depois de escrever os dois nomes no papel, Flavia afirmou que necessitávamos de alguma divindade que abrisse os caminhos e que gostasse de aventuras. Ogum poderia estar presente na mistura. Concordei. Como Ogum tem um pé na África e outro nas Américas, fechamos os quatro continentes principais.

— Então Omega Megog é o resultado de Garuda, Mercúrio e Ogum? — pergunta Mikael.

— Isso mesmo. A seguir, escolhi as duas primeiras letras de cada palavra para compor um novo nome: GA, ME e OG. Flavia escreveu as nove possibilidades no papel. E, com isso, o carro começou a se movimentar mais. Deu nomes estranhos, do tipo Oggame, Gogme, Meoga, Gaome. Depois de ouvir todos eles, surgiram dois fortes candidatos: Megog e Omega. Fiquei em dúvida qual dos dois seria o melhor, mas Flavia me deu um ultimato: que eu escolhesse logo um deles. Sem pensar, anunciei que escolhia ambos. A divindade dos viajantes precisava ter nome e sobrenome. E assim nasceu Omega Megog. Coincidência ou não, no mesmo instante em que as duas palavras foram proferidas o engarrafamento desapareceu. Passei terceira, quarta e quinta marcha e voamos em direção ao terminal, agora sob escolta do venerável Omega Megog. Com apenas segundos de vida, Omega Megog abriu nosso caminho e resolveu o primeiro desafio.

— E vocês conseguiram chegar ao aeroporto a tempo?

— Faltavam apenas 20 minutos para o avião decolar quando chegamos ao check-in. Mas a resposta da mocinha da TAM foi categórica: o voo estava sobrevendido e fechado. Nessa hora, fechei os olhos e pensei que Omega Megog não poderia me abandonar. A mocinha, me vendo triste e frustrado, debruçado sobre o balcão, confidenciou que ela teria um voo extra em 30 minutos. O voo também estava lotado, mas ela colocaria nossos nomes na lista de espera, com os números 8 e 9. Voltei a me conectar com Omega Megog. Foram 15 minutos de tormento. No final, apenas três passageiros da lista de espera foram chamados. Por alguma magia inexplicável, fomos o segundo e o terceiro da lista, e não o oitavo e o nono. Embarcamos e até mesmo nossas malas chegaram. Milagre? Para mim, foi obra de Omega Megog. As férias no Ceará foram deliciosas e a partir daquele dia Omega Megog me acompanha em todas as jornadas — termino a história.

As suculentas de Richtersveld

Odé avisa que a cidade de Garies, ao longo da estrada N7, possui um camping público grátis. O local está vazio. Escolhemos um lugar plano, entre duas árvores. No caderno de bordo de capa preta, escrevo o nome da cidade onde passo a primeira noite e a quilometragem. No dia nº 1 de viagem percorremos 567 quilômetros.

Mikael sobe no motor do carro (instalamos três placas de alumínio grosso para poder pisar sem receio de amassar o capô). De lá ele passa para o bagageiro. Ele precisa de minha ajuda para armar a barraca. Do chão, abro o zíper que fecha o embrulho da barraca dos dois lados. Ele levanta a metade de cima, dobrada sobre ela mesma, e passa o suporte de metal para mim. Enfio os dois tubos de alumínio no encaixe soldado no para-choque dianteiro, assegurando que a cama da barraca ficará nivelada. Metade da barraca está presa no bagageiro e a outra metade, embora no ar, está segura pelo suporte de metal, que também serve de escadinha para chegar até o interior.

Meu filho entra na barraca para o último esforço. Deitado de costas, joga suas pernas para o alto, empurrando para cima a haste principal da barraca, a que está no centro. A mesma ginástica é feita com as duas hastes secundárias para empurrar a lona da barraca para o alto e criar, assim, o espaço para o dormitório. Dentro, temos um lençol com elástico nas pontas que se encaixa no colchão de espuma, um edredom, dois *sleeping bags* e dois travesseiros. Todos os apetrechos de dormir cabem dentro da barraca fechada. Assim, quando Mikael a abre, a cama está quase pronta. Pelo exercício que demanda e pelas pernas curtas que tenho, fica decidido, sem grandes discursos, que a tarefa de abrir a cama será exclusiva de meu filho. Para compensar, ficarei responsável por sempre lavar a louça.

Estamos cansados e as emoções da partida pedem um jantar leve. Nossa gaveta de comida está repleta, assim como a geladeira. Na véspera passamos pelo supermercado e investimos 2 mil rands (500 reais) em uma alimentação saudável. Para jantar, o menu é uma salada caprichada, temperada com um molho gourmet.

Para não ir diretamente para a toca, Mikael testa seu tripé e sua câmera com longas exposições. Ele distribui lanternas com luzes de diferentes tonalidades em pontos estratégicos, dispara o obturador, corre para a cadeira e fica imóvel por 30 segundos. O resultado é a primeira foto noturna da Nandi, com barraca aberta no topo.

As cores psicodélicas atraem um carro da Polícia local. Os dois policiais negros são extremamente educados; perguntam se estamos bem e se precisamos de algo. Explico que somos fotógrafos e que as luzes vermelhas e azuis são apenas efeitos especiais para uma foto noturna. Um deles confirma que viu as cores de longe e avisa que o camping é seguro. Na primeira noite na barraca, consigo que meu corpo descanse, mesmo entusiasmado com o início da aventura.

Nosso destino é o Parque Nacional Richtersveld, em um cantinho perdido da África do Sul, na fronteira noroeste com a Namíbia, a 1.040 quilômetros da Cidade do Cabo. O parque é o paraíso das plantas suculentas, aquelas que guardam água no interior de suas folhas para sobreviver às condições extremas. Muitas espécies só existem na região. Esta não é minha primeira visita a Richtersveld. Estive aqui duas vezes no passado: em 1999, com meu filho mais velho, Tamino, e, em 2004, com o colega conservacionista John Martin. Sempre com o mesmo objetivo: documentar a flora endêmica.

No escritório de SANParks, Parques Nacionais da África do Sul, converso com Lia Calmon, a única funcionária que está de plantão no fim de tarde. Mostro a documentação e a autorização oficial que recebemos de SANParks para entrar no Parque Nacional Table Mountain, na Cidade do Cabo.

— Não consegui fazer o pedido para Richtersveld, pois não sabíamos a data exata em que estaríamos aqui.

— Não se preocupe, se já esteve aqui duas vezes, você é bem-vindo — ela responde, entregando um passe livre para três dias de visita, incluindo o uso dos acampamentos dentro do parque.

Pergunto onde posso comprar pão fresco no vilarejo.

— Se quiser pão aqui em Sendelingsdrif, precisa fazer você mesmo. Não existe padaria. Moramos no fim do mundo — diz Lia.

Pernoitamos no camping Potjirespram, a 10 quilômetros da entrada, construído pelo parque. Encontramos banheiro (com privada e papel higiênico), chuveiro com água morna natural e pia para lavar louça e roupa. O estacionamento entre as árvores é protegido do vento e da areia. As instalações ficam às margens do rio Orange, que traz vida e verde ao lugar.

Para celebrar a chegada ao nosso segundo parque nacional e compensar um almoço anêmico, aproveitamos a despensa farta. O jantar é um requinte. Para começar, uma salada de tomate cereja, fatias de abacate, rúcula, folhas baby de espinafre e um mix de diversas alfaces, temperadas com vinagre balsâmico. Como prato principal, aproveitando a churrasqueira do acampamento, grelhamos hambúrgueres vegetarianos com grão-de-bico ao molho de mostarda e iogurte grego, tudo acompanhado por verduras — cabecinhas de brócolis e de couve-flor — também assadas na brasa. A sobremesa: biscoitos de gengibre com mousse de chocolate; para beber, suco de lichia!

— Se comermos assim todos os dias, vamos sair obesos da África — diz Mikael.

— Bom ter uma geladeira, não é mesmo? Não se sinta culpado e aproveite a vida.

*

Nas duas visitas anteriores a Richtersveld, não tive tempo de visitar o Vale dos Kokerbooms. O *kokerboom* é uma planta aloe — da mesma família que a babosa — que pode atingir nove metros de altura e viver mais de 400 anos. O nome africâner *koker* significa aljava, o estojo cônico para carregar flechas. O tronco jovem da planta, por ser leve e resistente, era utilizado com essa finalidade pelas populações locais.

O vale, em quilômetros, não é distante de onde estamos. Mas a estrada é péssima. Dirijo sobre a rocha virgem, encontro enormes pedregulhos e venço buracos erráticos. Aqui, trocamos a direção a cada 30 minutos, tamanho é o gasto de energia para conquistar o terreno. O copiloto de turno tem uma atuação fundamental e precisa sair do carro para checar obstáculos e ajudar na manobra. Atravessamos os desafios em primeira ou segunda, sempre em marcha reduzida e com o diferencial bloqueado. Com paciência e perseverança — e muitas paradas — chegamos ao vale.

O lugar é espetacular e mesmo que apenas 4×4 cheguem aqui, vale o desvio. O solo é um tapete de pedrinhas compactadas, com tufos secos que parecem galhos defuntos. Um olhar mais cuidadoso mostra que as plantinhas estão bem vivas — talvez só finjam de mortas para que o sol não imponha mais secura e aridez. Aqui e acolá surgem, fortes e vitoriosos, os *kokerbooms*, com troncos de pele lisa. Tão lisa que os galhos mais altos parecem prateados. É um cenário duro, mas extremamente poético.

No extremo de cada ramo, nascem cachos de folhas suculentas, com a mesma gosma da babosa. As folhas mais jovens ainda são verdes, guardando a clorofila. Com a idade, elas se colorem, gradativamente, de amarelo, laranja e marrom. Um *kokerboom* adulto tem mais de 100 cachos e sua linha simples — tronco, galhos e folhas carnudas e pontudas — é um emblema da região.

O vale é rodeado por blocos de granito que brotam da terra, como gigantescos ovos, quebrados pelo tempo e pelo rigor do ambiente. Consigo ver poucas cores. As rochas são rosadas e contrastam com o azul profundo e intenso de um céu seco, sem nuvens.

As pedras e areias de Richtersveld parecem inóspitas. Mas o local é habitado há mais de dois milênios por pastores. Encontro alguns que passeiam suas cabras pelos leitos secos dos riachos. Converso com um deles — usamos mais gestos do que palavras. Ele e sua sobrinha conduzem centenas de animais. As cabras estão soltas, buscando vegetação. O calor é forte e eles preferem descansar na sombra de uma de suas moradas. A estrutura das casinhas circulares é armada com longos galhos flexíveis. As habitações eram, no passado, cobertas com palha. Hoje, restos de lonas impermeáveis de caminhão parecem proteger melhor os iglus do semiárido.

As populações Khoikhoi-San possuem pele morena — e não negra — e foram apelidadas pejorativamente de *bushman* (homem do mato) pelos europeus do século XVII. Os bosquímanos são gente simples, marcada pela severidade do ambiente. Possuem uma linguagem inusitada, que se destaca pelos ruídos de estalos de língua. O filme *Os deuses devem estar loucos* (1980), realizado pelo diretor sul-africano Jamie Uys, conta a história de uma garrafa de Coca-Cola que cai em território bosquímano. Foi no filme que ouvi esses cliques pela primeira vez.

Ouço o pastor Khoikhoi-San falar com sua sobrinha e peço que ele me ensine a pronunciar algumas sílabas peculiares. Os sons representam um desafio insuperável para qualquer ocidental não habituado a estalar a língua no lugar certo e minhas tentativas acabam em fiasco total. Os idiomas com cliques e estalos, originários do sul da África, são antiquíssimos. Pesquisadores concluíram, após uma exaustiva pesquisa sobre o DNA do ser humano, que os San são descendentes diretos de nossos primeiros ancestrais e que representam o grupo humano mais antigo do planeta.

Águas de |Ai-|Ais

A passagem da primeira fronteira da Nandi não acontece por terra, mas por água. No vilarejo na entrada do Parque Richtersveld cruzamos o rio Orange, o mais longo da África do Sul. Engraçado ver a Nandi deslizando sobre as águas em uma pequena balsa movida com dois motores de 50 cavalos.

Como as relações econômicas entre os dois países são mais do que harmoniosas — o dólar namibiano é equivalente ao rand sul-africano, o qual é aceito como moeda corrente —, as papeladas de alfândega são mínimas. Só pagamos uma taxa rodoviária de 200 rands (50 reais) para manter as estradas de cascalho e saibro em boas condições.

Desde 2003, os parques Richtersveld, na África do Sul, e |Ai-|Ais (a barra "|" antes de Ai equivale a um som de estalo), na Namíbia, formam um único parque transfronteiriço. A estratégia sul-africana de criar parques binacionais com países vizinhos começou em 2000. Os parques transfronteiriços fortalecem os diálogos entre os países e forçam um relacionamento dinâmico entre as autoridades ambientais de cada governo. A balsa que utilizamos para cruzar o rio Orange, inaugurada em 2007, é um dos resultados da cooperação binacional entre Richtersveld e |Ai-|Ais.

Curiosos por conhecer o lugar que originou o nome |Ai-|Ais, vamos às águas termais. No idioma local Nama, |Ai-|Ais significa "quente, muito quente". A temperatura da água é de 65° C. Mas, com o verão chegando e o sol a pino, o que menos quero é água fervente.

Para aproveitar a beleza do local, a empresa paraestatal Namibia Wildlife Resorts (NWR, Resorts de Vida Selvagem da Namíbia) inaugurou um complexo turístico, que inclui um spa e uma deliciosa piscina (de água fria).

— Aqui a água natural é quente, excelente para o spa e para os chuveiros — afirma Alex Haoseb, gerente do empreendimento. — Como precisamos de água fria, sem tantos minerais, trazemos caminhões-pipa. Não há outra solução.

A pousada NWR é o ponto final da trilha do cânion do rio do Peixe. Um caminho de 90 quilômetros segue os meandros do rio e, após cinco dias de marcha, os andarilhos relaxam os músculos cansados nas banheiras de água quente do spa. A trilha fica aberta apenas quatro meses por ano (de maio a setembro) e agora está fechada.

Alex recomenda que passemos a noite no cânion. É o segundo do mundo em extensão, depois do Grand Canyon, nos Estados Unidos. São mais de 160 quilômetros de curvas e remansos, uma obra criada pela paciente erosão da água e do vento durante milhões de anos.

O precipício de mais de meio quilômetro de profundidade está aos meus pés. Se no mirante principal existe uma grade de proteção, durante o resto da trilha caminho na beira do desfiladeiro. Adoro a sensação de liberdade, mas tomo cuidado. Um descuido significa uma queda.

Espero a luz do crepúsculo. Mesmo que o calor não aperte no final da tarde, as longas horas de sol durante o dia criaram uma bruma azulada que toma conta da paisagem e diminui a visibilidade. Tudo está coberto por um véu azul clarinho.

Quando o sol desaparece o ambiente se transforma. As montanhas escurecem e o céu fica alaranjado. Preciso colocar um objeto no primeiro plano da minha foto. A uns 300 metros encontro o que busco. Um solitário *kokerboom*, com sete ou oito galhos verticais, coroado por seus cachos de folhas suculentas, é a silhueta perfeita para romper a monotonia da imagem.

— Uma árvore a mais no canto da imagem faz toda a diferença — diz Mikael. — Estou aprendendo.

— O pôr do sol precisa ser bem aproveitado. O vermelho do céu não é suficiente. Temos que utilizar silhuetas de casas, árvores ou animais para enriquecer a imagem — observo. — Você não notou que, no Pantanal, o entardecer tem sempre um tuiuiú em um galho?

Passamos a noite no acampamento Hobas, onde Jason, um negro alto de cabelos brancos e amigo de Alex, ao saber que éramos jornalistas do Brasil, nos acolhe sem cobrar nada. Confirmo com ele que o sol nasce às 6h — quero ver as cores da aurora já no cânion do rio do Peixe.

Na manhã seguinte, com uma barra de granola no estômago e outra no bolso, partimos para o desfiladeiro. A paisagem é outra.

Com o sol nascendo no lado oposto, as paredes iluminadas são as que vimos na sombra. A noite fresca e o vento dissiparam o mormaço e a luz é afiada e penetrante. Em vários pontos, o sol ilumina as águas verdes do rio que, nesta época do ano, mal chegam a formar um córrego contínuo.

Quando o calor volta a golpear, escapamos para o camping para saborear nosso café da manhã: banana amassada, iogurte, aveia, granola e uva-passa. Tento agradecer a hospitalidade de Jason, mas não o encontro.

Partimos. A estrada tem vários entroncamentos e o copiloto precisa estar atento ao mapa e ao GPS. Notamos que Odé, algumas vezes, faz escolhas nem sempre inteligentes para ligar um ponto a outro. Por isso, um mapa de papel ainda é indispensável.

Em uma encruzilhada, vejo um senhor negro, alto e esguio. O chapéu de abas que o protege esconde sua face. Mas a figura me parece familiar.

— Mikael, pare. Acho que é o Jason — digo.

— Você vai dar uma carona para um desconhecido? — exclama.

Mikael diminui a velocidade e para no acostamento. Saio do carro e, a pé, faço o trajeto de regresso. Quero me assegurar de que seja o mesmo Jason que encontramos na véspera. O senhor, intrigado com a cena, permanece imóvel, um pouco receoso. Mas, quando me reconhece, abre um sorriso.

— Você é o jornalista brasileiro, não é? O que está fazendo por aqui? — pergunta.

— Vamos para a cidade de Keetmanshoop. Você também vai para lá?

— Sim. De lá pegarei um ônibus para Windhoek, a capital — responde.

— Então suba no carro — convido.

Uma regra básica — não dar carona na beira da estrada — é quebrada. Mas como não retribuir a gentileza de Jason? Eu me sentiria um crápula deixando aquele senhor no sol escaldante, esperando um transporte imprevisível. Mikael e eu retiramos as câmeras do terceiro assento, abrimos espaço para as longas pernas de nosso convidado e oferecemos um copo de água gelada. Jason custa a entender a razão de tanta atenção com ele. Para mim, é óbvio: gentileza gera gentileza. Na estrada precisamos ajudar a todos — pelo menos aqueles que não estejam com um AK-47 nos ombros.

Bosquímanos de Kgalagadi

Em Keetmanshoop deixo Jason no ponto do ônibus que parte para a capital. Tenho dúvidas se é o local correto, pois esperava plataformas de embarque. Mas logo entendo que estação rodoviária, como existe no Brasil, não é um conceito comum na África e cada empresa de transporte tem seu ponto de embarque.

Essa é a primeira cidade na Namíbia, pois passamos os últimos dias no Parque Transfronteiriço. Enquanto estou interessado em descobrir onde fica o supermercado, Mikael está preocupado em encontrar a operadora MTC para adquirir um chip para o iPhone.

Trocamos o calor intenso pelo ar condicionado da loja moderna de celulares e escuto a conversa sobre *settings*, VPN e senha. Poucos minutos depois, meu filho tem o veredicto:

— Na África do Sul, como tínhamos e-mail na casa do Robby, nem tinha tentado baixar mensagens pelo iPhone. Mas aqui na Namíbia precisamos de internet e a MTC oferece um pacote de dados pré-pago — diz ele. — O cartão SIM, o chip, é 49 rands (12 reais) e 10 mensagens via GPRS custam apenas 10 rands (2,50 reais). Vamos agora receber e enviar e-mails do iPhone.

— Ótimo. Espero que as mensagens importantes tenham sido enviadas aos dois endereços — respondo, contente por ter conexão na Namíbia.

O técnico da MTC pede cinco minutos até que a central atualize os dados.

— Deu certo, as mensagens estão aparecendo na minha conta — diz Mikael, dedilhando o aparelho. — Tem da Flavia, da Samanta, do Robby, do Glynn O'Leary da Cidade do Cabo. Não é essa que estávamos esperando?

— Isso. Glynn ia confirmar se a pousada dele, no parque Kgalagadi, tinha ou não espaço de cortesia para passarmos três dias.

— Então, parece que tem — responde Mikael, lendo a mensagem com cuidado. — Mas precisamos chegar à pousada amanhã à noite.

A surpresa traz mudanças de planos. Urano na Casa 1, como diria a Flavia. Em vez de seguir para o norte, nossa direção agora é o leste. Mudança de 90 graus. Detalhe significativo: o Parque Nacional Kgalagadi fica na África do Sul, em um apêndice entre a Namíbia e o Botsuana. Ou seja, precisamos regressar ao país onde estávamos há dois dias. Abrimos os mapas e checamos o melhor caminho. A fronteira está a 200 quilômetros, em estrada de cascalho. Precisamos de quatro horas. Dali até o *lodge* são mais 240 quilômetros.

— Será mesmo que vale a pena fazer um desvio? Serão quase 500 quilômetros adicionais de terra, só de ida — diz Mikael, questionando o plano, agora que conhecemos as distâncias.

— Até agora, nas reservas, só vimos plantas. Espécies incríveis, algumas raríssimas, mas apenas plantas. Você sabe qual é a espécie-bandeira de Kgalagadi? — pergunto, com os olhos brilhando e deixando uma pausa de suspense — É o leão-de-juba-preta!

— Demorou. Vamos, é minha vez de dirigir.

No dia seguinte, no início da tarde, estamos em frente ao portão principal de Kgalagadi, o primeiro Parque Transfronteiriço da África. A reserva foi criada em maio de 2000, fruto da cooperação entre África do Sul e Botsuana, países que reconheceram, em 1998, ter os mesmos objetivos ambientais. Como fronteira só existe no papel e não na natureza — os animais migram de um lado para outro livremente —, Kgalagadi se tornou um modelo de conservação binacional. A união das duas reservas estabeleceu um dos maiores parques terrestres do mundo, com 37.256 quilômetros quadrados.

Entro no centro de visitantes e observo uma linha reta multicolorida, pintada no chão da construção circular. Olho as paredes e os funcionários de cada lado e entendo, na prática, o que é um parque binacional. Atravesso a linha divisória e declaro:

— Mika, acabo de entrar no terceiro país da expedição Luzes da África. Estou em Botsuana!

Ele dá um salto sobre a fronteira e nos cumprimentamos.

Como entramos pela África do Sul, converso com os funcionários da SANParks. Mostro os passes livres obtidos na reserva do Cabo e em Richtersveld, pergunto se eles não receberam um e-mail da matriz autorizando nossa entrada e informo que somos convidados da pousada !Xaus (o símbolo ! antes do nome é outro estalo de língua no idioma local). Como esperado, eles não receberam nenhuma mensagem da administração central, mas o supervisor aprova nossa entrada livre. Pisco o olho para o Mika e mostro quatro dedos de uma mão: já são quatro parques grátis. Para retribuir, compro o guia oficial do parque. As listas de mamíferos e pássaros são indispensáveis para reconhecer espécies e encontrar nomes científicos.

As temperaturas da região, com extremos que vão de – 11° C no inverno a 42° C na sombra no verão, comprovam que os animais que escolheram o deserto Kalahari como morada possuem caráter e força. Um dos antílopes mais elegantes de Kgalagadi é o órix. Como não precisa beber muita água — consegue extrair o líquido das plantas que come —, o órix pode viver nas dunas, em um ambiente quente e seco.

Entramos no parque e a poeira do deserto toma conta da Nandi. Existem apenas quatro estradas no parque e todas são de areia. Como é formalmente proibido trafegar *off road*, vamos observar os habitantes do parque de dentro do carro. O animal mais abundante é o *springbok*, ou cabra-de-leque. Apesar de frágil, a gazela pode atingir 90 quilômetros por hora quando perseguida por um guepardo ou leão. O gnu-azul, com aparência de boi-cavalo, é outro mamífero comum à beira das pistas.

Em todo parque é praxe trocar informações entre os visitantes que se cruzam. Os carros diminuem a velocidade, os motoristas se saúdam de forma atenciosa e perguntam se há algum animal interessante à frente. Ao cruzar com o primeiro veículo, somos avisados de que três guepardos estão na sombra de uma árvore, poucos quilômetros adiante.

É quase impossível ver os felinos a olho nu, mas com a teleobjetiva consigo observar um pouco o contorno dos animais. Após alguns minutos em silêncio, um guepardo, mais curioso e menos preguiçoso, levanta a cabeça e senta sobre as patas traseiras. Fica nessa posição alguns segundos, tempo suficiente para que eu clique algumas imagens. Os dois outros guepardos continuam deitados, quase invisíveis.

Peter é o gerente da !Xaus. A palavra significa "coração" e foi o nome dado ao *pan*, a planície salgada, que está aos pés da pousada. Ela tem uma forma ovalada, com uma pequena entrada lembrando um coração, e acumula água na época das chuvas. Do alto, debruçado no terraço de madeira, descubro sete órix que bebem água em uma poça do *pan*. Peter diz que avestruzes, leões e outros antílopes são clientes assíduos do ponto de água, um dos raros nas redondezas.

Peter nos convida a sentar para observar o entardecer e pede a um dos auxiliares que traga uma garrafa de vinho branco, bem fresco. Nossa vida de viajante está ficando cada vez melhor.

Ele é um sul-africano apaixonado pela vida selvagem que acredita que qualquer tipo de conservação da natureza deve contar com o apoio das comunidades locais e que elas devem ser as primeiras beneficiadas com as iniciativas.

— Os bosquímanos Khomani-San viviam nestas terras há milhares de anos, bem antes de os dois governos criarem os parques. Por isso, os San receberam uma compensação econômica quando o parque foi estabelecido — conta Peter. — Os San também estão envolvidos com !Xaus. A iniciativa é um exemplo de parceria entre uma operadora turística e uma comunidade nativa. A comunidade possui 10% das ações da empresa e recebe um percentual mensal do movimento bruto da pousada. Também oferecemos emprego: 95% dos funcionários são da comunidade.

No dia seguinte, saímos às 6h para uma caminhada no mato com um jovem San chamado Corné. Ele tem 23 anos, fala um inglês razoável, trabalha como guia e, nas horas vagas, faz artesanato.

— Vivemos em um lugar desértico e sabemos como tirar o sustento da terra — afirma Corné.

Com seu bastão tradicional, ele cava o solo arenoso do deserto, encontra uma raiz e explica que seu leite amargo é um potente energético.

— Bebemos algumas gotas quando não encontramos nenhuma comida no mato. Este leite corta a fome — diz o jovem. — Nossos avôs nos ensinaram a ler a natureza. Só retiramos da terra o que precisamos. Para agradecer, sempre deixamos um fio de cabelo — completa Corné. Ele retira um fio crespo da cabeça e deposita no buraco que ele tapa.

Enquanto nossa civilização ocidental constrói cidades e pretende modificar o mundo natural, para que o ambiente se adapte às necessidades humanas e urbanas, as populações nativas, como os San, leem o livro da natureza viva e tratam de se moldar a ela.

Pergunto se ele conhece a hoodia. Ele responde que sim, espantado que eu mencione a planta. Ele confirma que os San comem a suculenta para cortar a fome.

— Nos últimos anos, quase todos os pés de hoodia das redondezas secaram. Será que a espécie está desaparecendo por causa das mudanças climáticas? — pergunta Corné.

Não consigo responder à pergunta, mas fico impressionado com Corné que, mesmo vestindo uma tanga, sabe o que está acontecendo no planeta. Curioso e inteligente, ele certamente absorve informação e conhecimento dos visitantes que passam pela pousada.

Volto a pensar na hoodia: no dia da partida de Hermanus, Robby embrulhou uma meia dúzia de hoodias frescas, de um palmo de comprimento, em um saco de plástico e jogou dentro do segundo estepe, em cima do bagageiro, "para um caso de emergência".

— Corné, se eu encontrar os pedaços de hoodia que eu trouxe, vou levar para você hoje à tarde — afirmo.

Quando o sol deixa de queimar a pele, podemos andar o quilômetro que separa a pousada do vilarejo San, onde vive uma dezena de bosquímanos. Peter nos leva a pé pela trilha e explica que, como a maioria dos bosquímanos aprendeu a falar apenas africâner e raramente inglês, ajudará a traduzir algum diálogo. Uhn Gert é o ancião do grupo, considerado o *medicine man*, aquele que conhece as ervas medicinais. Ele está magro e fraquinho. Diz ter 55 anos, mas parece ser um idoso de 75, de tão velhinho que é. Um chifre de órix serve como bengala.

— Trouxe um presente para o senhor — digo, entregando o pacote de hoodias. — Vieram de uma plantação da região do Cabo.

Gert, surpreso com o gesto, agradece com um sorriso e sons monossilábicos. Ele abre o pacote e descobre as plantas espinhosas. Impressionado com o tamanho, diz que no Kahalari as hoodias têm metade do volume. Encontra seu canivete e descasca uma. O interior é verde, como um kiwi. Na fazenda do Robby, eu havia provado uma: o gosto é amargo, mas a polpa é comestível. Gert se anima:

— Meu corpo está velho. Hoodia é boa medicina para mim.

Sabendo da presença de jovens no vilarejo, Mikael trouxe uma bola de futebol. Corné se levanta e começa a fazer embaixadas e a equilibrar a bola na cabeça. Fico surpreso com o controle que tem. Dois outros meninos San também querem brincar. Mikael entra no jogo. Até eu embarco e me disponho a ser o bobinho, correndo atrás da bola que passa pelos pés dos bosquímanos. Nunca poderia imaginar que os San teriam algum interesse em esporte. O futebol se tornou uma linguagem universal, aproximando pessoas de todas as culturas.

Na despedida, Corné mostra alguns dos artesanatos que faz. A venda representa uma pequena fonte de renda para a comunidade. Uma de suas habilidades é desenhar, com diferentes ferros em brasa, figuras tradicionais em ossos e em pedaços de madeira.

Depois da burrada na reserva do Cabo, quando meu chaveiro se despedaçou no asfalto, perdi também o símbolo de Omega Megog que havia sido cuidadosamente criado por João Makray. Ao descobrir a destreza de Corné, penso em ter um novo chaveiro. Entre as pequenas obras confeccionadas por ele, encontro um pedaço de madeira de um centímetro de espessura. Com uma imaginação fértil e alguma licença geográfica, a lâmina transversal (de algum arbusto ou cipó) possui a forma do continente africano. Em um lado, Corné havia desenhado, com seus estiletes ardentes, uma serpente ondulada, envolvendo cinco pegadas de um pássaro. O outro lado está virgem.

Levo Corné até a Nandi para mostrar os dois adesivos com a marca Omega Megog. Mais do que um simples enfeite na carroceria, o logotipo, criado por João, simboliza a mistura dos símbolos de Mercúrio, Garuda e Ogum. Corné copia a figura e, na manhã seguinte, tenho um novo chaveiro protetor.

— E os leões-de-juba-preta? — pergunta Mikael. — Você prometeu e tem que cumprir.

O leão de Kgalagadi, com sua elegante juba, é diferente dos outros leões sul-africanos. Biólogos acreditam que os animais chegaram a essa variação para criar uma melhor camuflagem, aproveitando a cor escura dos troncos das acácias. Os leões daqui também são maiores. As longas distâncias percorridas em busca de presas fortaleceram os animais durante gerações e, hoje, o majestoso felino possui um porte atlético.

Nosso desejo de descobrir um leão-de-juba-preta é tão grande que na primeira hora o encontramos. Tomamos um susto enorme, pois o animal está deitado, na sombra, a apenas um metro da estrada. De tão perto, quase não o percebemos. Parece estar entediado com o calor, pois nossa barulhenta marcha a ré não o distrai. Continua dormindo e apenas abre um olho para verificar a companhia. Fotografamos, sob vários ângulos, sua juba preta inerte.

Se o leão dorminhoco é uma boa surpresa, a descoberta dos próximos dois leões é um espanto ainda maior. Quando voltamos à pousada, na hora do pôr do sol, dois jovens machos se aproximam da planície salgada em forma de coração para beber no ponto de água. A caminhada, cruzando a planície salgada, é lenta e demora vários minutos. Do alto da sacada, assistimos ao espetáculo sem fazer qualquer ruído ou movimento. Os dois animais permanecem ao redor do ponto de água por meia hora e depois, já na escuridão, saem para caçar.

A última cena de Kgalagadi é triste: mesmo os mais fortes sofrem. Os leões musculosos estão no topo da cadeia alimentar do bioma e nenhum herbívoro pode vacilar. Mas todos têm um dia fatal. Uma leoa doente está a 50 metros da estrada, deitada. Está muito magra e deve estar há várias semanas sem comer. Suas pernas traseiras são meros ossos cobertos por pele seca. De manhã, quando teria tido mais forças, escolheu um local na sombra de uma árvore. Mas o sol subiu e agora está sendo cozinhada viva na areia quente do deserto. Quando a descobrimos, pensei que se movimentaria. Mas logo entendo que não tem mais forças para se mexer. De longe, assistimos a uma morte agonizante. O último esforço da leoa é levantar o pescoço. Ela consegue manter a cabeça alta, mesmo tremendo, por alguns instantes. Mas, sem energia, desiste. A cabeça cai por terra e não se levanta mais. Poucos minutos depois, abutres se aglomeram em torno dela. Poupamos nossos olhos e estômagos e fugimos do epílogo arrepiante.

As dunas de Deadvlei

Deixamos Kgalagadi e, de volta à Namíbia, no posto de gasolina de Gochas, o dono conta que os fazendeiros da região vendem mensalmente mais de 10 mil caprinos. Às margens da estrada, só vejo vastas fazendas de cabras e ovelhas; nenhuma pessoa, pois os vilarejos estão distantes 50 quilômetros uns dos outros. Cruzamos com um caminhão ou uma camionete a cada duas horas — jamais um carro de passeio.

Durante os próximos dois dias, cortamos o país de leste a oeste, um vasto planalto deserto a 1.200 metros de altitude. Tenho uma visão de 360° quase o tempo todo.

O próximo destino são as dunas de Sossusvlei, na ponta do Parque Nacional Namib-Naukluft. Os raros viajantes com que cruzamos sublinharam a necessidade de visitar Sossusvlei, insistindo que um desvio até Deadvlei — que significa "charco morto" em africâner — é obrigatório.

Só compreendo a situação geográfica quando chego à sede do parque em Sesriem. Dali, uma estrada asfaltada de 60 quilômetros penetra na planície rodeada de dunas e segue o leito seco do rio Tsauchab. Os 5 quilômetros adicionais até Sossusvlei só podem ser completados em 4×4 e o 1,2 quilômetro até Deadvlei, a pé. Na guarita, o simpático guardião avisa que devemos regressar antes das 21h, pois ele fecha a cancela à noite.

A luz da tarde está clara, mas, à medida que nos aproximamos das dunas avermelhadas, uma névoa envolve a paisagem. O vento acaba de acordar e o ar está repleto de infinitos átomos de areia. Quando saio do carro para fotografar, preciso tomar cuidado e segurar a porta para ela não fechar e prender meus dedos. Mesmo com uma visibilidade cada vez mais pobre, decidimos ir até Sossusvlei.

Os 5 quilômetros de chão, depois que o asfalto acaba, são malvados com a Nandi. Em Richtersveld, quando dirigíamos sobre as pedras, precisávamos ter paciência e ir devagar. Aqui é o contrário: necessito impulso para não ficar preso na areia fofa e meu pé pisa no acelerador com vontade. Mas, como a areia esconde buracos e pedras, encontro surpresas desagradáveis, com golpes de direção repentinos para evitar obstáculos ou freadas bruscas para não desmanchar o veículo.

No final da pista aparece Sossusvlei, uma duna semicircular de areia vermelha. A luz amanteigada do final da tarde torna a montanha mais misteriosa. Apesar do céu azul em cima da cabeça, o vento constante do oeste cria uma neblina densa e fotografar a duna de longe é impossível. Como visto uma bermuda — não aguento uma calça neste mormaço —, as rajadas de vento chegam a queimar as pernas. Mais delicada ainda é a situação das câmeras fotográficas. Os minúsculos seres cristalinos podem realizar grande estrago se conseguirem se meter dentro das lentes.

Nossa tenacidade é maior e resolvemos subir a duna em frente a Sossusvlei para ver se, por algum milagre, o pôr do sol rende uma imagem diferente. Mas a tempestade de areia é mais ampla do que imaginava. Hoje, nada de belo entardecer. O sol está escondido atrás da tempestade. O jeito é regressar ao acampamento e dormir cedo.

Chegamos à guarita ao escurecer e o guardião agradece a pontualidade. Reclamo da ventania e da falta de visibilidade e digo que retornarei no dia seguinte. Ele avisa que a cancela abre uma hora antes do nascer do sol, para dar tempo de ver os primeiros raios no topo de alguma duna.

Às 5h, com o céu ainda escuro, estamos de pé, desarmando a barraca. Consigo ver estrelas no céu, um bom sinal. Uma banana amassada, duas colheres de iogurte e um punhado de granola dão energia suficiente para segurar as primeiras horas do dia. Na guarita, nosso amigo levanta a cancela. Pelo visto, deve dormir dentro do cubículo. Nandi trafega de faróis acesos. Somos os primeiros a entrar no parque e apenas 15 minutos mais tarde vejo outros pontos de luz atrás de nós.

— Vamos para Deadvlei e garantir que teremos o lugar mais bonito só para nós durante algum tempo — digo, fazendo uma escolha óbvia. — Todos os outros carros vão seguir para Sossusvlei.

A caminhada do estacionamento até o charco seco Deadvlei é um momento de inspiração. O céu está claro, sem nuvens. A tempestade da véspera desapareceu. Subo e desço os montes de areia. A cada duna, uma vista diferente. Ao chegar ao topo de uma, descubro quatro órix, dois adultos e dois filhotes. Fico imóvel e, levando o dedo indicador aos lábios, faço sinal de silêncio para Mikael, atrás de mim. Ele entende que temos uma surpresa. Dou um passo para trás, me agacho e sento na areia fresca. Os órix não notaram nossa presença. Cercado pelas dunas, tão ondulantes como aconchegantes, encontro uma posição confortável e relaxo. Tiro algumas fotos da cena idílica, mas meus gestos são comedidos. O silêncio plácido, a paisagem limpa e a tranquilidade dos animais criam um cenário de serenidade. Observar esses animais em seu estado selvagem, sem o impacto dos seres humanos, é uma meditação ao ar livre. O tempo para de existir.

O sol ilumina o cume das dunas mais altas e o vermelho pálido ganha uma coloração flamejante. Vencemos o último obstáculo e Deadvlei se revela: uma planície ovalada, rodeada por areia. O solo de Deadvlei é branco, uma argila salgada, calcinada pelo calor. Aqui e ali, formas esguias negras surgem da terra alva. São esqueletos de árvores que congelaram seu movimento.

Do alto, entendo o que aconteceu nos últimos séculos. Deadvlei era o ponto final das enchentes esporádicas de um dos braços do rio Tsauchab. A água trazia vida ao lugar e algumas árvores cresceram graças à umidade concentrada, mesmo chegando raras vezes ao ano. Como tudo é dinâmico e a mudança é a única regra da existência, duas dunas nasceram na entrada do charco, interrompendo o curso do rio efêmero. As árvores de Deadvlei deixaram de receber água e morreram há 600 anos.

O tempo e o vento conspiraram contra a vida, mas a favor da criação de uma belíssima cena de natureza-morta: um cemitério de árvores contorcidas pela sede e enrugadas pela idade. O preto dos troncos mortos, o branco do sal, o azul do céu e o vermelho da areia produzem uma paisagem quadricromática que não vi em nenhum lugar do planeta. Angústia e arte se misturam.

Sem o vento da véspera e com uma visibilidade cristalina, temos Deadvlei apenas para nossos olhos por duas horas. Filmamos e fotografamos todos os ângulos que podemos imaginar. Os galhos contorcidos viram *top models*, a areia vermelha o estúdio.

Com a subida do sol, também chegam os primeiros turistas, quase sempre ruidosos. Fazem questão de subir a maior duna e descer correndo. O lugar é tão magnífico que faz qualquer pessoa voltar a ser criança!

— Mikael, está na hora de ir embora e encontrar cantos mais tranquilos — aviso.

— A magia do lugar desapareceu, mas Deadvlei já entrou na nossa lista de *top five*.

Regressamos a Sossusvlei para uma despedida e para fotografar a duna com outra luz que não a pálida da tarde anterior. Desde o solo, ela mede 200 metros de altura. É uma formação gigantesca. As dunas desse mar de areia de 300 quilômetros de extensão por 150 quilômetros de largura são consideradas as mais altas do mundo. Algumas chegam a 350 metros. São quatrilhões de toneladas de areia empilhadas pelo vento. Também são as dunas mais antigas do planeta. Com todos esses superlativos, difícil não ficar encantado com o lugar.

Primeira etapa concluída

Estamos a cinco horas de Windhoek. Um amigo de Mikael, Keith Sproule, um especialista norte-americano na área de ecoturismo, nos convidou para passar alguns dias na casa dele na capital da Namíbia. Trocamos e-mails e combinamos que, durante três dias, teremos a casa dele apenas para nós. Keith, a esposa e cinco filhos estarão ainda na Cidade do Cabo.

Mikael liga para o celular da Irene — a empregada zimbabuana que toma conta da casa de Keith — e confirma que chegaremos ao final da tarde. Não tomo um banho de chuveiro desde a última noite na pousada !Xaus e vai ser bom dormir em um quarto de verdade.

Antes de Windhoek, fazemos uma lista das tarefas que temos pela frente, aproveitando a passagem pela cidade: conseguir o visto da Zâmbia, checar um vazamento de óleo da Nandi e escrever. Escrever muito, pois passamos por quatro parques maravilhosos e não redigimos uma linha a respeito. Depois de tantos dias de estrada, precisamos organizar o material produzido e pensar na próxima etapa.

Antes do início da viagem, eu imaginava que uma parada semanal de um dia seria o suficiente, em qualquer lugar onde estivéssemos. Ficaríamos em um hotel com internet e passaríamos o dia inteiro no quarto. Na prática, vejo que precisamos de mais dias seguidos para trabalhar e a melhor parada é onde podemos fazer uma revisão do carro, solicitar vistos e ter a calma para escrever posts.

— Mesmo que tenhamos trazido bastante roupa, vamos precisar lavar alguma coisa agora. Minhas camisetas estão imundas. Quem sabe a Irene não faz um serviço por fora? — diz Mikael, pensando em um detalhe do cotidiano.

O asfalto só reaparece quando estamos a 17 quilômetros da capital. O GPS encontra o endereço de Keith sem atropelos. Finalizamos a primeira etapa da viagem. Durante 12 dias, rodamos 3.500 quilômetros de Hermanus até a capital da Namíbia e passamos nove das 12 noites em parques nacionais.

Se nosso caminho na África fosse projetado na América do Sul, teríamos subido de Buenos Aires até o Rio de Janeiro em zigue-zague, fazendo desvios por Foz do Iguaçu e Florianópolis. A analogia é boa, pois Buenos Aires e Rio estão na mesma latitude que a Cidade do Cabo e Windhoek.

Capítulo 5

Terras para conservação

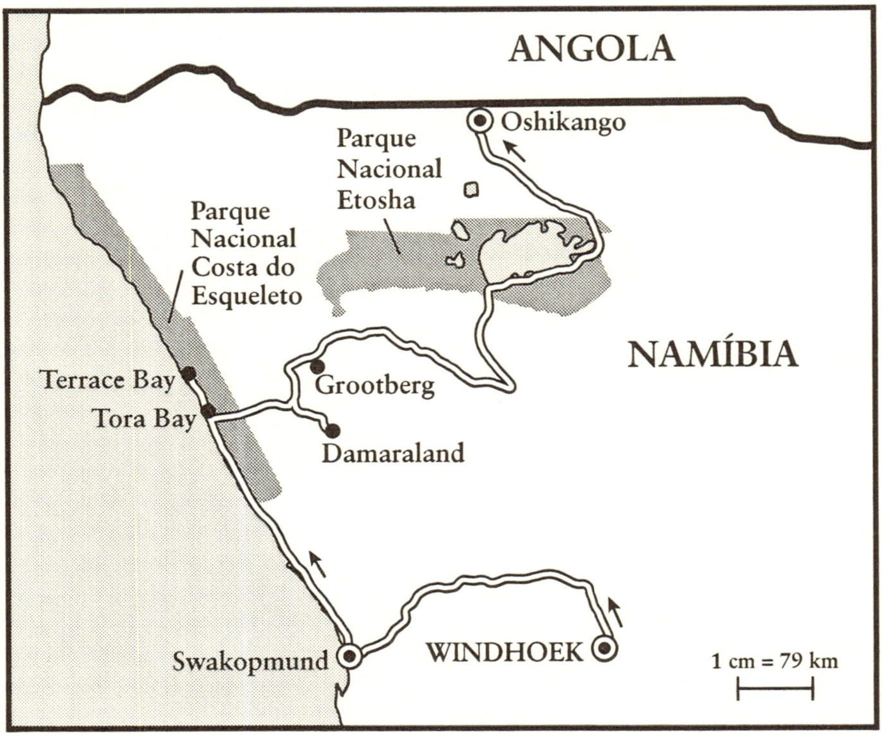
ANGOLA
Oshikango
Parque
Nacional
Etosha
Parque
Nacional
Costa do
Esqueleto
NAMÍBIA
Terrace Bay
Grootberg
Tora Bay
Damaraland
Swakopmund
WINDHOEK
1 cm = 79 km

Boas parcerias

Enquanto as filhas de Keith Sproule não voltavam para casa, dormimos em dois quartos angelicais, rodeados de bichos de pelúcia e coisinhas de meninas. O primeiro dia urbano é reservado para relaxar, sem tarefas. No café da manhã, conversamos sobre aspectos práticos da jornada. Os copos e os pratos de aço inoxidável deram certo, assim como a mesa de alumínio e as duas cadeiras de lona.

— Valeu o investimento na geladeira: mousse de chocolate, iogurte e sucos gelados a qualquer hora — digo.

— E foi uma boa ideia ter distribuído elásticos, papel higiênico, desodorantes e tesouras em vários lugares da Nandi. Sempre havia um desses produtos essencais ao alcance — assinala Mikael.

Usamos os dias sem criança para adiantar o trabalho com as reportagens. Começamos a edição de imagens do vídeo sobre a flora do Cabo e escrevo o roteiro sobre os Parques Transfronteiriços. Conseguimos o visto para a Zâmbia e resolvemos o problema do vazamento de óleo.

No dia em que a Nandi está na oficina, recebo uma ligação de um Alex, da autorizada Land Rover. Ele diz ser o mecânico responsável pelo carro e oferece fazer o mesmo conserto pela metade do preço, mas fora da oficina. Escuto e pergunto que serviço ele acha que devo realizar. Ele lista alguns e inclui a troca das lonas de freio. Pronto! Pego o ladrão com a mão na massa. As lonas estão novas, com apenas 3.500 quilômetros e devem durar 30 mil. Respondo com um gentil "obrigado, fica para a próxima".

Alex é zimbabuano, a mão de obra barata na Namíbia e na África do Sul. Como a doméstica Irene e o mecânico que não aparafusou direito o amortecedor em Hermanus, ele saiu de um país em estado crítico para tentar a vida em outro lugar. Os zimbabuanos são espertos e não têm medo do trabalho, mesmo quando recebem metade do salário normal.

Minha consciência profissional pede que eu ligue para Fritz, o alemão que gerencia a autorizada Land Rover, e avise que seu empregado está minando a credibilidade da oficina. Minha consciência humanitária implora que eu esqueça o episódio, pois Fritz demitiria Alex na hora. Vence a parte emocional, mas todo cuidado é pouco com a malandragem.

Keith Sproule residia nos Estados Unidos quando a ONG ambientalista WWF o chamou para liderar a área de turismo e negócios sustentáveis na Namíbia. Ele trouxe sua família e se instalaram na bela casa onde estou, com cinco dormitórios, três salas, uma piscina e um jardim. Sua prioridade são as *Communal Conservancies*, as Terras Comunitárias de Conservação (TCC).

Quando chega de viagem e ouve nossos planos, ele faz questão de fazer uma apresentação para nós:

— As TCCs são uma das experiências mais bem-sucedidas na área ambiental — afirma Keith. — O esquema é um exemplo que pode ser aplicado em dezenas de países onde existem problemas entre comunidades locais e conservacionistas.

Como vivi na pele o confronto entre comunidades e ambientalistas durante mais de uma década e vi as disputas no campo, de Madagascar ao Peru, entendo a razão do otimismo de Keith.

Na Namíbia, o debate encontrou uma solução. Em 1996, o Ministério do Ambiente e do Turismo definiu que as populações tradicionais, que já possuíam o direito de uso da fauna e da flora em suas terras, poderiam criar áreas de manejo, administradas pelas próprias comunidades. A iniciativa se transformou na melhor solução para garantir a harmonia entre populações locais, governo, conservacionistas e empresas turísticas.

— Existem 59 TCCs, demarcadas e legalizadas. Elas formam uma área de mais de 13 milhões de hectares e protegem 16% do território da Namíbia — continua Keith. — Como os direitos sobre as terras incluem as operações turísticas, as empresas de safári, interessadas na exploração do lugar, são obrigadas a estabelecer parcerias com a comunidade. Esse modelo de cooperação funciona. É um dos projetos mais exitosos da WWF na África.

Estou convencido de que o assunto é quente, com uma boa pegada conservacionista e possibilidades de belas imagens, tanto de gente como de animais selvagens. A reportagem cabe perfeitamente no conceito de Luzes da África e divulga uma experiência positiva na Namíbia.

— Keith, vamos abrir alguns dias no itinerário para poder visitar ao menos duas TCCs no norte do país. O que devemos fazer? — pergunto.

— Amanhã entro em contato com a pousada Grootberg, construída em parceria com a TCC #Khoadi //Hôas, e vamos almoçar com Rob Moffet, um dos diretores da operadora Wilderness Safaris — responde.

O almoço acontece no shopping mais badalado de Windhoek. Quando entro no complexo de lojas do Mall Maerua, penso que estou nos Estados Unidos, na Europa ou no Brasil.

Rob está no restaurante. Apresento o projeto. Mikael já ouviu tantas vezes que, quando faço uma pausa, ele completa a frase. A dobradinha pai e filho está afinada e, na hora de promover o trabalho, a engrenagem gira com fluidez. A busca pelo aspecto positivo da África é acolhida com júbilo por todos os africanos, sejam brancos, negros ou mestiços. Rob fica encantado:

— Receberemos vocês com o tapete verde VIP dos que lutam pela conservação do planeta e por uma melhor qualidade de vida — afirma Rob. — Vocês podem contar com o apoio de Wilderness Safaris não apenas na Namíbia, mas também em outros países do sul da África. Vocês serão nossos convidados em qualquer lodge.

Durante a conversa, combinamos passar duas noites em Grootberg e duas na pousada Damaraland, da Wilderness. Ambas são exemplos de sucesso de parceria com as comunidades locais.

— Fomos os primeiros operadores a reconhecer o potencial da iniciativa e, quando a TCC Tora foi criada, em 1998, desenhamos a pousada Damaraland com os líderes da comunidade — conta Rob. — Vocês verão como os habitantes melhoraram sua qualidade de vida depois da iniciativa.

Saio da reunião superanimado. Com o aval da Wilderness Safaris, uma das mais prestigiosas operadoras, abriremos muitas portas.

Aproveitamos a boa estrela do dia e vamos, depois do almoço, à sede da empresa Namibia Wildlife Resorts (NWR), no centro de Windhoek. Quem nos atende é Pauline Lindeque, gerente de marketing e uma conservacionista com doutorado em microbiologia no Parque Nacional Etosha. Fazemos a segunda apresentação do dia e emplacamos mais uma parceria. Pauline sabe que o mercado turístico brasileiro está em expansão. Não é um oceano que separa o Brasil da Namíbia, mas a falta de informação. Ela nos convida a conhecer a Costa do Esqueleto e o Parque Nacional Etosha e marcamos as datas.

Tudo parece estar se encaixando tão bem que resolvemos redobrar nossa atenção. Ainda no centro da cidade, desço para comprar um mapa. Windhoek não é uma cidade perigosa, mas Mikael decide ficar no carro. Um minuto depois, meu filho vê, pelos dois espelhos retrovisores, quatro marmanjões se dividirem em dois grupos, como querendo cercar a Nandi. Mikael sente o perigo, tranca as portas e põe, com vontade e sem medo, a mão na buzina estridente. O som é tão forte que os quatro moleques se separam, mais assustados do que o próprio Mikael. Ao reconhecer o grito da Nandi, saio do quiosque.

Só entendo a cena quando meu filho explica a verdadeira razão da buzinada e vejo um policial abordando os quatro malandros e pedindo documentos. É essencial estar sempre alerta.

Costa do Esqueleto

Windhoek está em um planalto, entre montanhas, a 1.700 metros de altitude. Para descer ao litoral, uma estrada de quase 400 quilômetros corta uma planície desértica em constante declive. Se Nandi não tivesse uma gota de diesel, ela poderia chegar a Swakopmund deslizando lentamente. O mais inusitado é que, no final da jornada, quando faltam apenas 10 ou 20 quilômetros, o céu azul intenso se transforma em uma neblina que toma conta da paisagem. As outras cores perdem vitalidade e o cinza da névoa se embaralha com o creme do deserto. Fica tudo triste.

Swakop é o *point* do verão na Namíbia e os moradores da capital, para sair da aridez do planalto, passam feriados e fins de semana no litoral. Mas a água do mar e a areia não são convidativas. Checo Odé e me pergunto que cidade brasileira estaria do outro lado do oceano Atlântico, nessa mesma latitude de 22°42′ Sul. Descubro que, em frente à frígida Swakop, a 5.500 quilômetros de distância, está a encantadora Búzios. Sonho com uma praia tropical, não com um litoral desértico!

Por que tanta disparidade? A culpada é Benguela, uma corrente de água gelada de 200 a 300 quilômetros de largura que aflora perto do Cabo da Boa Esperança, sobe a costa oeste da África do Sul, envolve todo o litoral da Namíbia e, depois de tocar o sul de Angola, dá uma guinada à esquerda em direção ao centro do oceano Atlântico. É a fria Benguela que criou os inúmeros desertos da região austral da África e que continua sendo responsável pela baixa taxa de evaporação de água e, em consequência, pela rara chuva. Em compensação, o fluxo traz uma riqueza marinha invejável: as águas gélidas, ricas em plânctons, afloram à superfície e criam um ambiente ideal para a reprodução de sardinhas, anchovas e outras espécies.

Para o namibiano, praia é sinônimo de pescaria e não de banho de mar. Compreendo a vocação quando chego a Swakop e vejo dezenas de camionetes com equipamento de pesca. Entrar na água, nem pensar, de tão fria que ela é, mesmo em pleno verão.

A cidade foi fundada, em 1892, pelos alemães, que queriam construir um porto para sua colônia, a então África do Sudoeste. As edificações seguem um estilo germânico — como a caserna, a estação ferroviária e o farol — e datam da primeira década do século XX. Casas modernas tentaram imitar a arquitetura alemã medieval, caracterizada pelas toras de madeira aparente — horizontais e verticais — pintadas com cores vivas ou escuras para contrastar com o branco dos muros. Mas Swakop não me seduz.

Partimos rumo à Costa do Esqueleto. A região foi batizada com esse nome pois é possível encontrar, ao longo do litoral, ossos de baleias e de animais terrestres, assim como destroços de naufrágios. A paisagem é inóspita. As ondas do oceano são violentas e mancham a orla com sua espuma branca. Falésias de terra vermelha terminam de forma abrupta em praias de areia cinza ou de pedras roliças.

Quando leio uma placa com as palavras *ship wreck* (navio naufragado), não hesito e saio da estrada em direção ao oceano. Do topo de um morro, vejo a carcaça de uma pequena embarcação. Resolvo explorar a pé, câmera em punho. A madeira do barco foi carcomida pelo sal, mas as peças de ferro — como um motor de seis cilindros e uma roldana com cabos grossos — sobrevivem, mesmo corroídas.

Entendo os desafios dos navegantes quando uma onda, bem maior do que as anteriores, me pega de surpresa, molha minha roupa e até mesmo minha câmera. Prevendo a cena, Mikael grava o vídeo e avisa que vai colocar no YouTube. O pior ainda está por acontecer: na afobação de evitar a onda, saio correndo e — bang — dou uma topada em um dos escombros de ferro encobertos pela areia. Não perco nenhuma unha, não sai sangue no dedão do pé, mas a dor do choque é intensa. Aproveito a água gelada do mar para acalmar a agonia.

A região é desolada e a presença humana existe em apenas dois lugares. Tora Bay é um acampamento para pescadores, aberto durante dois meses de verão. Os apaixonados pela pesca esportiva fazem 600 quilômetros de estrada de sal batido, desde a capital, para passar algumas semanas pescando com amigos. Como é alta estação em Tora Bay, conto mais de 100 barracas. Algumas são gigantes, com sala, cozinha e quartos, e todas possuem ruidosos geradores.

Nosso destino de pernoite é Terrace Bay, uma pousada construída para servir de base para quem deseja conhecer a costa e precisa, devido às distâncias, pernoitar em algum lugar. O alojamento aproveitou a estrutura de uma mina de diamante abandonada e tem uma vista interminável de dunas, ondas e falésias.

Davinus, um negro sorridente e bonachão que sabe lidar com público, é o gerente do bar da pousada NWR. Ele aproveita seus momentos de folga para ir pescar e nos convida a ir com ele. A bordo de uma 4×4 — carros de passeio não se aventuram pela Costa do Esqueleto — e munido de algumas varas e diferentes iscas, ele passa horas olhando o mar.

— Sempre trago peixe fresco para a cozinha. Aqui não é preciso ser bom pescador para encher uma bacia — afirma.

Davinus explica que seu grande inimigo é a foca-do-cabo. Quando centenas de focas descobrem um cardume de peixes, não há espaço para pescadores.

— Melhor procurar outro lugar alguns quilômetros mais longe. Cada foca come diariamente seu próprio peso em peixes — diz ele.

Para uma vista do entardecer, subimos ao topo de uma duna de 80 metros. Do alto do monte de areia branca — aqui no norte não existem areias vermelhas —, consigo observar dezenas de quilômetros de costa. A bruma da maresia dá um tom misterioso a esta terra de ninguém.

Regressamos famintos ao restaurante de Terrace Bay e devoramos uma pasta primavera. Puxo conversa com um visitante local, Piet Smit. Ele está em Terrace Bay há um mês, implantando uma pequena mina de diamantes. Acompanhado de uma voluptuosa loura, ele toma uma cerveja no bar, paparicado por Davinus.

— Diamante é o que não falta no litoral. Consegui uma concessão, a poucos quilômetros daqui. A antiga praia, a 50 metros da água, está cheia de diamantes de alta qualidade. Aqui posso encontrar 38 quilates em cada 100 toneladas de areia — afirma Piet. Ele quer iniciar a produção quando achar um parceiro que traga um milhão de euros. — É um investimento garantido. Tem retorno nos primeiros três meses. Você não tem um milhão de euros? — pergunta. O convite é sério e ele me passa um cartão com celular e e-mail. — Se algum amigo brasileiro quiser virar milionário em um ano, entre em contato comigo.

A Costa do Esqueleto possui muitos tesouros. Para os aventureiros e as corporações mineiras, são os diamantes e as pedras preciosas escondidos nas areias. Para os pescadores esportivos, é a fartura dos peixes trazidos pela Corrente de Benguela. Para os ambientalistas, é a faixa de 1.570 quilômetros de litoral, orgulho nacional. A Namíbia é o único país no mundo a ter toda a extensão de sua costa declarada como área natural protegida. Com a criação, em dezembro de 2010, do Parque Nacional Dorob — a última peça do quebra-cabeça de quatro reservas — o extenso Parque Nacional Namibe–Costa do Esqueleto foi finalmente estabelecido. O litoral da Namíbia forma a terceira reserva terrestre do mundo em tamanho, com 107.540 quilômetros quadrado — maior do que o Estado de Pernambuco.

Rinocerontes-negros de Damaraland

Uma das promessas de Rob Moffet, durante o almoço no shopping Maurea, é que veremos, em Damaraland, rinocerontes-negros, uma espécie considerada pela União Internacional para a Conservação da Natureza (UICN) em "perigo crítico de extinção", a designação mais alta de ameaça.

A história do rinoceronte-negro é um perfeito exemplo da estupidez humana. Em 1700, existiam, na África, cerca de 850 mil rinocerontes-negros, também chamados de rinocerontes-de-lábios-pontudos. Em 1970, o número diminuiu para 65 mil.

Duas razões levaram os rinocerontes à beira da extinção. A primeira foi matar o animal para cortar e vender os dois chifres à indústria farmacêutica chinesa. O triste é que os efeitos estimulantes do pó da queratina do chifre são mera ilusão. Com tantos produtos mais efetivos para estimular o apetite sexual, os chineses ainda insistem em ser cúmplices de uma matança indiscriminada e ignorante.

A segunda razão surgiu no Oriente Médio, especialmente na península Arábica e no Iêmen. A adaga de lâmina curva e curta, chamada *jambiya*, tem um cabo de osso. O osso mais cobiçado é o de chifre de rinoceronte.

As matanças acompanharam a demanda. Nos anos 1980, as quadrilhas de caça ilegal se armaram com fuzis AK-47 e, no Quênia, dizimaram os animais que não estavam em áreas protegidas. O ano mais crítico para os rinocerontes-negros foi 1995: apenas 2.410 indivíduos sobreviviam no continente. Em três séculos, 99,5% da população foram aniquilados!

Em 1996, a UICN soou o alarme e vários projetos de proteção aos rinocerontes africanos tiveram início. Em 2008, a população de rinocerontes-negros na África aumentou para 4.240 animais, mas o número continua sendo uma fração ínfima dos 850 mil existentes há três séculos.

No meio de tantas notícias negativas, existe uma luz: a população dessa espécie na Namíbia mais do que triplicou desde a independência do país. Em 1990, havia 460 animais; já o censo de 2008 contou 1.700 indivíduos, o que significaria que 40% da população mundial se encontram na Namíbia. Os mapas de distribuição por região são segredo de Estado, para que não caiam nas mãos de caçadores ilegais.

Minha expectativa de ver algum rinoceronte-negro na TCC Tora é alta. Ao chegar à pousada Damaraland — e ser atendido com toalhas úmidas para assear o rosto e com um refrescante suco para matar a sede —, quero saber quando vamos procurar os animais.

— A saída é às 6h. Você será acordado com chá, biscoitos e fruta às 5h30 — diz Johann. — Eu serei seu guia.

Johann Cloete é um namibiano mestiço. Estudou para ser guia naturalista e é um dos melhores da empresa Wilderness Safaris. Tem uma voz suave, mas responde com firmeza a qualquer pergunta sobre vida selvagem.

Um italiano, uma suíça, Mikael e eu saímos em busca dos gigantescos animais com Johann. Usamos um carro aberto próprio para safáris, com ampla visão, ideal para fotografia — melhor do que nossa Land Rover fechada.

Johann vai sentado à frente, ao lado do motorista. Atrás, há três fileiras de bancos acolchoados. Mikael monta o tripé da câmera no centro da primeira fila e toma todo o espaço. Eu me esparramo com duas câmeras e ocupo o segundo banco, para ter a opção de usar os dois lados do veículo. Como devem formar um casal, é natural que o italiano Adriano e a suíça Lisa sentem juntos no terceiro banco.

Deixamos a pousada, e o Toyota entra em uma pista que segue o leito seco de um rio. O sol ainda não despontou e Johann faz uma pausa:

— Uma família de cinco rinocerontes-negros foi vista ontem à tarde às margens do córrego. Tentaremos chegar perto sem assustar os animais — afirma.

Dez minutos de estrada e Johann faz sinal para que o motorista pare:

— Vocês estão vendo aqueles pontos negros na sombra? São os rinocerontes — diz Johann, com o alívio de missão cumprida. Ele verifica a informação com binóculos. — O macho dominante, um macho adulto menor, duas fêmeas e um filhote.

A olho nu, percebo uma manchinha de nada. Fotografo com a 500 milímetros para ver se consigo captar algo mais. Clico, vejo a imagem no visor e aumento 1.000%. Sim, aí estão os bichos. Que olho incrível Johann tem.

— Deixaremos os rinocerontes se acostumarem com nossa presença. Daqui a pouco chegaremos perto — afirma Johann. — Não devemos assustar os animais. Se eles se sentirem ameaçados, correm sem parar.

O sol aparece e ilumina a campina onde estão. Mas os animais mudam de posição e entram atrás das moitas. Como não nos enxergam, o motorista aproveita para avançar 100 metros. Se os animais saírem do lado certo, a luz estará boa. Muita paciência nessa hora.

Os rinocerontes passam longos minutos atrás do mato, onde há folhas para comer. O tempo passa. O italiano Adriano está impaciente e já se cansou da espera. A suíça Lisa, fotógrafa amadora com um bom equipamento profissional, adora a brincadeira de esconde-esconde. Está excitada e quer que nos aproximemos.

Por um instante, deixo de focar os animais e, graças à luz da manhã, descubro a fisionomia da suíça. Ela está vestida com um conjunto bege, próprio para safári. Tem olhos claros, algo entre o verde e o azul, e cabelos curtos louros. Os traços do rosto são formosos. Quando percebe que meu olhar demora alguns segundos a mais do que deveria, ela sorri. Trato de não perder o foco e volto aos rinocerontes.

O macho sai da vegetação. Logo, as duas fêmeas e o menor. O macho e a fêmea param e olham em nossa direção. Johann sussurra e pede que não façamos nenhum movimento. Os rinocerontes, conhecidos por possuir péssima visão, voltam a se alimentar. Agora os cinco animais estão no sol e formam um excelente conjunto. Os cliques se multiplicam. Lentamente, os animais caminham em nossa direção. Eles mantêm a cabeça baixa a maior parte do tempo e comem folhas dos arbustos. Quando levantam o pescoço pesado, como se procurassem os outros, o número de cliques aumenta.

Seguro firme a câmera com a pesada lente (mais de 2,7 quilos) e acompanho o movimento dos animais. Como se algo estivesse para acontecer, clico a cada cinco segundos. O adulto jovem se aproxima do macho dominante. Esse não gosta do movimento e, de repente, ataca seu rival, correndo atrás. A cena dura dois segundos e consigo captar três imagens. O rinoceronte-chefe para de correr, mas o jovem adulto sai na disparada, sobe um morro e desaparece. Mikael grava a cena em vídeo.

Tenho certeza de que os animais estão no foco e que uma das fotos está boa. Checo no visor e mostro a terceira, a melhor — os dois rinocerontes bem enquadrados no centro da imagem, com poeira sob seus pés —, a Mikael e a Lisa. Mas não faço comentários.

Checo o relógio. São quase 8h30. Ficamos duas horas observando os rinocerontes-negros e a única ação que rendeu uma foto aconteceu em dois segundos. Ainda bem que eu estava de olho no visor naquele instante e não estava flertando.

No caminho de volta, Johann pede que o carro encoste perto de um campo de plantas grotescas que parecem mortas. Ele sugere que nos aproximemos:

— Esta é welwitschia, ela possui apenas duas longas folhas, estas duas verdes — Johann mostra uma delas com a mão. — Elas podem atingir até quatro metros de comprimento.

Meço o tamanho de uma das folhas com meus passos e, de fato, ultrapassa três metros. Como a folha se divide com o tempo, formando longas estrias, a welwitschia dá a falsa impressão de ter várias folhas. Mas todas partem de um mesmo lugar no caule grosso e curto, colado ao chão, e se esparramam pelo solo.

— Esta planta só é encontrada no deserto da Namíbia e no sul de Angola. É uma planta extraordinária, não existe nada semelhante. É a única espécie de um único gênero. É um fóssil vivo, algumas podem viver até dois mil anos — afirma Johann. Adriano acorda e enche Johann de perguntas sobre a longevidade da planta.

O retorno ao lodge Damaraland é saudado com um suco de frutas geladinho. O sol está quente e a piscina, com vista para um vale e montes ondulados, me convoca para um mergulho. Mikael também aceita o convite:

— A água chegou na hora certa.

— Esta vida de viajante é dura — brinco. — Precisamos relaxar depois de tanta tensão em busca do rinoceronte.

— Só foi preciso muita paciência — responde Mikael. Ele faz uma pausa e muda de assunto. — E a Lisa?

— Ela é uma graça e temos algo em comum, a fotografia. Pena que está viajando com o namorado italiano.

— Namorado? Acho que o italiano é gay. Eu vi o jeito dele perto do Johann.

Aproveito a hora antes do almoço para saber sobre a parceria que a Wilderness Safaris arquitetou com a comunidade. A empresa contatou os líderes comunais quando a TCC Tora foi criada e juntos desenharam o projeto da pousada. O safári em uma TCC toma outra dimensão. Aqui é mais difícil avistar animais, pois eles podem estar em qualquer lugar. Mas a sensação de descobrir grandes mamíferos em um ambiente selvagem é mais emocionante do que dentro de uma reserva oficial, cercada por todos os lados. Lena Flory, uma negra com voz grave, explica:

— Em Tora, os bichos não estão contidos, como nos parques nacionais. Aqui eles vivem soltos. Convivo com elefantes desde que sou criança — diz Lena, gerente da pousada Damaraland e uma das líderes comunitárias. — Outra diferença é que parte da renda gerada pelos visitantes traz benefícios diretos para nossa gente.

Lena enumera as vantagens trazidas pela parceria entre a comunidade e a operadora: empregos diretos, treinamento profissional, apoio aos idosos, ajuda às escolas e construção de poços de água ou de postos de saúde. Ela afirma que sua história é um exemplo da melhoria de qualidade de vida:

— Antes eu mal sabia escrever, hoje sou gerente de uma pousada de luxo e trato com gente do mundo inteiro.

Somos sete hóspedes a almoçar na longa mesa de madeira natural. Além de Lisa e do italiano, temos a companhia de uma família russa de Moscou. É a primeira viagem deles à África e tudo é novidade — do clima à decoração da pousada. Consigo me sentar ao lado de Lisa. Ela tomou uma ducha refrescante e exala um suave perfume. Inspiro a fragrância feminina e me dou conta de que não estou ao lado de uma mulher há meses. Estive totalmente concentrado na preparação da viagem e, desde que saí do Cabo, o tema não apareceu no radar. Mas agora estou sentado ao lado de uma bela mulher.

Começo falando do projeto; estamos na África para mostrar o lado luminoso do continente. A Namíbia será o tema de nossa primeira grande reportagem:

— O país é um exemplo de conservação. Toda a costa está protegida. As TCCs trazem soluções que aliviam a pobreza de milhares de pessoas que moram na região semiárida. As agências de notícias só se interessam pelas catástrofes e esquecem as boas histórias — afirmo, com entusiasmo. — E você, Lisa, o que faz?

— Moro em Berna e trabalho em uma instituição financeira. Passo meus dias dentro de um escritório, com pessoas de corações gelados. Por isso, gasto meu salário em duas ou três viagens por ano. A viagem anterior foi ao Rajastão e antes estive no Havaí e na África do Sul — responde Lisa.

— Viajar é minha religião — afirmo. — É a melhor escola: aprendo história, geografia, política, economia, ciências naturais, enfim, tudo. Por isso criei o conceito da viajologia, a arte e a ciência da viagem. Você precisa fazer o teste no meu website para saber qual é seu diploma em viajologia. Tenho até uma divindade, Omega Megog — declaro, sabendo que as palavras novas vão confundir a cabeça de Lisa.

— Omega Megog? Viajologia? O que é isso tudo? — pergunta ela, sem saber se sou um viajante louco, um jornalista excêntrico ou um fotógrafo criativo; ou uma mistura dos três.

Durante a refeição conversamos sobre paixões na vida. Ela adora fotografia e está pensando em largar o trabalho no banco em um futuro próximo. Seu sonho é realizar o que faço: viajar, conhecer e documentar o mundo. Mikael muda de lugar e se senta ao lado de Elena, a filha do casal moscovita. A loura exuberante, de cabelos longos, tem a mesma idade que ele e o papo sobre animais selvagens engrena.

Na hora da sobremesa, Johann, que almoça conosco, interrompe as conversas animadas para avisar que os veículos saem às 16h. Um está reservado para a família russa, outro para os que estavam juntos de manhã. O italiano, que dormiu pouco, diz estar exausto e prefere ficar.

O programa para o final da tarde é encontrar elefantes-do-deserto. Teoricamente, os animais fazem parte da mesma espécie que os elefantes-de-savana, mas, na prática, poderiam ser considerados uma subespécie. Os elefantes-do-deserto, devido ao estresse hídrico e alimentício que sofrem, são menores do que os animais da savana e se adaptaram ao ambiente árido, com uma dieta própria para o deserto. Na camionete, Johann explica que na TCC Tora existem três grupos de elefantes:

— Um prefere as montanhas, outro costuma ser encontrado no rio Huab e o terceiro dificilmente aparece.

Ao cair da tarde, tentamos a sorte no leito seco do Huab. Rodamos vários quilômetros em uma estrada acidentada que não permite uma conversa contínua com a companheira do terceiro assento.

Mais uma vez, Johann é o primeiro a avistar o grupo de paquidermes. A olho nu, não vejo nada, talvez meros pontinhos negros. Como consegue ele distinguir uma moita escura de um animal imóvel? Confiro com os binóculos e lá estão eles.

Johann prefere se aproximar contra o vento e, assim, contornamos o rio Huab. A boa surpresa acontece quando Johann começa a contar o número de elefantes. O grupo que perambula pelo rio é de apenas 12 animais.

— Estamos com sorte, contei 25 elefantes. Dois grupos estão juntos, os elefantes que moram nas montanhas desceram para buscar vegetação mais verde.

Ficamos em silêncio, para não provocar os jovens adultos, que gostam de demonstrar que são donos do território. Mantemos distância, mas, como os animais se movimentam em busca de alimentos, nos encontramos, em vários momentos, cercados por elefantes.

As fotos se multiplicam. Um elefante alcança, com sua tromba, as folhas mais tenras de uma acácia. Mesmo com espinhos, a árvore é um dos alimentos preferidos. Como sobremesa, outro elefante retira e mastiga a casca de uma árvore. Depois de chupar o suco adocicado da casca, ele joga fora o bagaço.

Assisto a duas horas de espetáculo e entendo melhor seus comportamentos naturais: filhotes brincam de empurra-empurra com suas trombas, machos adolescentes ameaçam os outros abanando suas orelhas e mães autoritárias separam brigas quando um dos elefantes é maior do que outro. Todos aproveitam o fim da tarde para comer o máximo de folhas. Para mim, espectador privilegiado, tudo é uma festa.

Regressamos contentes. Para saudar o pôr do sol, Johann propõe uma parada em um local com uma bela vista da planície. Em um piscar de olhos, ele arma três cadeiras de lona — parecidas com as nossas — e uma mesinha, enfeitada com uma toalha de xadrez vermelho. Traz quatro cálices e uma garrafa de vinho branco gelado, que estava no *cooler*. Ele enche os copos e levanta o seu:

— Proponho um brinde ao dia maravilhoso que tivemos. Desejo a vocês uma boa continuação de viagem.

— *Cheers*, saúde — respondo. — Agradeço seus olhos de águia, Johann, que avistaram rinocerontes e elefantes, e seu conhecimento sobre vida selvagem.

O primeiro cálice que busco para brindar é o de Lisa.

Quando chegamos à pousada, continuo a conversa sobre a inteligência dos elefantes e acompanho Lisa até a porta de sua cabana. Ela se despede com um selinho em meus lábios.

A mesa do jantar não está completa: somos seis apenas. Lisa não aparece. Imagino que virá mais tarde, para a sobremesa. Ou para o chá. Ou para se despedir.

Quando me dou conta de que o jantar termina, que os hóspedes se retiram e que as horas passam, caminho até sua cabana. Mas as luzes estão apagadas e não ouso bater na porta. Ela deve estar dormindo.

Uma nuvem escura passa por cima da pousada e uma tromba-d'água ameaça despencar do céu. Entramos na época das chuvas e pequenas tempestades localizadas acontecem sem aviso prévio. Minhas emoções sentem a tempestade.

Na manhã seguinte, quando pergunto por Lisa, Johann diz que ela já embarcou: a pista para os bimotores que servem Damaraland fica a uma hora de distância e o grupo saiu às 5h30.

— Ela pediu que eu entregasse este envelope para você — diz Johann.

Abro o envelope e encontro um bilhete: "Adorei conhecer você, Grande Viajante. Que Omega Megog proteja os dois." Ela assinou o nome e na linha de baixo deixou seu e-mail.

O episódio Lisa é tema de nossa conversa durante o trajeto entre Damaraland e Grootberg.

— Depois dos elefantes, levei Lisa até a cabana dela e nos despedimos com um selinho nos lábios. Partiu dela, não de mim. Mas depois ela sumiu.

— As emoções femininas podem mudar repentinamente. Aqui entre nós, um viajante que vai ficar meses na África não é o melhor partido — responde Mikael.

— Verdade, com um itinerário como o nosso, dificilmente poderei encaixar tempo para paqueras.

— Acho bom estabelecer logo uma regra: nenhuma paixão pode mudar o foco da viagem, certo? — finaliza Mikael.

Povo Himba

A segunda pousada que visitamos é Grootberg. Seu restaurante usa o rústico com elegância. As mesas individuais, com dois copos luzidios por pessoa, talheres de prata fulgentes e guardanapos de tecido grosso dobrados com criatividade, mostram que o serviço é um trunfo do lodge. Robert Guibeb, o gerente, se apresenta e pede licença para se sentar à mesa do almoço. Enquanto esperamos nosso prato vegetariano, Robert explica o essencial sobre Grootberg:

— A pousada Grootberg foi a primeira na Namíbia a ser operada por uma comunidade. Isso é motivo de orgulho para nós que gerenciamos a TCC #Khoadi //Hôas — diz Robert, enfatizando os estalos # e // antes do nome do lugar. — Aqui na TCC, a comunidade e os animais domésticos e selvagens coabitam em relativa harmonia.

Tento compreender como a comunidade conseguiu os recursos para construir as 12 cabanas e o elegante restaurante — no alto de uma chapada, com uma vista esplêndida para o vale do rio Klip.

— A União Europeia doou 4,5 milhões de dólares namibianos (1,1 milhão de reais) e o projeto foi realizado em parceria com o governo e o setor privado — explica Robert. — Os membros da comunidade foram exaustivamente treinados. Hoje, todos os empregados são locais. Com isso, suas famílias e seus parentes saíram do estado de miséria.

Robert conta que, com os lucros da pousada, a comunidade distribuiu bolsas de estudo para os melhores alunos e construiu escolas, clínicas e uma cozinha comunitária para anciões.

— Conseguimos reduzir o conflito entre humanos e animais selvagens. Depois da construção da pousada, os membros da comunidade passaram a dar mais valor a um leão, elefante ou rinoceronte e são mais tolerantes com os predadores. O que antes era visto com temor hoje é uma fonte de renda, pois sabem que os visitantes chegam aqui para ver os animais — conclui Robert.

Ouço as histórias com atenção, tomo nota de tudo. Fico emocionado em saber que a teoria deu certo na prática.

Robert pergunta se quero ver elefantes ou rinocerontes no dia seguinte. Respondo, com franqueza, que prefiro conhecer as comunidades locais. Ele pede licença e regressa em um minuto com a resposta:

— Ótimo. Moisés Muijankwe estará aqui amanhã e levará vocês a um pequeno vilarejo Himba que existe nas imediações. Ele é um guia que fala Herero, um idioma próximo ao Himba — decide Robert. Aceito a oferta, sem vacilar.

Existem 50 mil a 60 mil Himba no norte da Namíbia. É um povo de pastores nômades e a essência de sua existência repousa sobre quantas cabeças de gado cada família ou clã possui. Os Himba quase desapareceram na década de 1980, quando uma forte seca matou 90% do rebanho. Gente forte do deserto, conseguiram sobreviver e levam uma vida pacata em lugares que, para nós urbanos, seriam rotulados de insuportáveis, seja pelo calor seja pela secura. Isolado, o povo ainda guarda algumas tradições inabaláveis.

Para chegar ao povoado Otjomitjira, Moisés nos conduz em uma 4×4 por um caminho de pedras que segue um rio enfeitado de palmeiras. O trajeto é difícil e leva duas horas. Ele avisa que, no vilarejo, encontraremos apenas mulheres e crianças:

— De dia, os homens estão no campo, cuidando dos rebanhos de gado e de ovelhas. Só voltam para casa no final da tarde.

Atingimos um grupo de cabanas redondas construídas com barro e palha. As crianças são as primeiras a correr ao nosso encontro, sorridentes e saudáveis. As tranças das meninas indicam sua idade. As mais jovens possuem duas tranças jogadas para a frente, as adolescentes levam as tranças para trás.

As mães se aproximam e também estão contentes. Não é sempre que visitantes conseguem chegar a Otjomitjira e elas sabem que, quando um carro faz o longo trajeto, o guia traz alimentos e mantimentos básicos, como sal e óleo de cozinha.

Agradecidas, elas mostram um pouco de suas tradições. A mais importante é seu ritual de beleza cotidiano. Maeka, a mulher mais imponente e mãe das três crianças que nos receberam, revela como transforma pedras (de minério de ferro) em um pó vermelho. Ela fricciona com força o mineral em uma pedra mais dura e recolhe o pó em um recipiente que contém gordura.

Chego mais perto para entender o que guarda a vasilha. O cheiro me remete imediatamente a 9 mil quilômetros de distância, a Lhasa. A capital do Tibete é empapada com um odor semelhante, o da manteiga de iaque, o bovino doméstico do Himalaia. Eis que estou aqui entre os Himba e recebo a mesma impressão olfativa. A semelhança entre os dois odores é que ambos os produtos são manteigas rançosas, abarrotadas de moléculas de ácido butírico (*butiro* é manteiga em grego), substância responsável pelo cheiro específico.

Maeka passa, depois de mesclada, a pasta vermelha oleosa na pele. Começa pelos braços, continua pelas pernas, lambuza todo o tronco e pescoço, esparrama pelos seios fartos e termina a maquiagem no rosto. Efeito benéfico deve trazer, pois sua pele não tem pintas, manchas ou rugas.

— A pasta se chama *otjize*. Serve para proteger do sol, do ar seco e dos insetos — explica Moisés. — Além de manteiga e pó de pedra vermelha, elas colocam cinzas na mistura.

A pasta também é passada no cabelo e as tranças femininas são ensopadas com *otjize*, criando longos e grossos *dreadlocks*. O topo da cabeça é enfeitado com pedaços de couro de gazela, usados apenas por mulheres casadas.

Maeka se levanta, entra em sua casa circular e regressa com um pedaço de pedra ovalado, com um buraco côncavo no centro. É como um prato fundo espesso. Ela coloca ervas secas e resinas aromáticas no centro da pedra e põe fogo na mistura. Uma fumaça azulada sai da mescla e o cheiro é bem mais agradável do que o da manteiga rançosa. Ela passa o vapor nas axilas, no pescoço, nos braços e até mesmo entre as pernas, nas suas partes íntimas.

Entendo que a fumaça serve como um desodorante natural e Moisés completa:

— A tradição impede que a mulher Himba se lave. Banho de rio só para homens e crianças. Para perfumar seu corpo, ela faz essa defumação todos os dias.

Difícil entender por que essas proibições chegaram até os dias de hoje. Deve ter tido alguma razão prática no passado — como escassez de água — e foi perpetuada como uma obrigação tradicional, mesmo que aqui em Otjomitjira exista um rio a 100 metros do vilarejo.

A visita acaba com danças e cantos. Mikael e eu somos convidados a entrar em uma das moradas para que as mulheres e as crianças mostrem um pouco da arte. O espaço é mínimo e fico espremido em um canto da cabana. As mulheres cantam músicas que abordam diferentes temas.

— A primeira é sobre a importância do rebanho. A outra aborda a dificuldade da vida cotidiana, a seca e o calor intenso. A última é sobre a alegria de viver — explica Moisés.

Etosha

O Parque Nacional Etosha é o principal atrativo turístico da Namíbia. Mais de 200 mil pessoas o visitam anualmente. A quantidade de animais dentro dos limites da reserva de maior prestígio do país é alta e o lugar protege 114 espécies de mamíferos e 340 de aves.

Depois de ver animais completamente soltos nas TCCs, fazer um safári turístico em Etosha, rodeado por dezenas de pessoas e de carros, pode não ter tanta graça. Mikael pondera:

— Mesmo se já vimos guepardos, leões, elefantes e rinocerontes, ainda faltam outros animais. Além disso, temos três noites gratuitas nos bangalôs do NWR. Se não aceitarmos, pode dar azar e a gente não receber mais cortesias.

— Verdade; não vimos ainda nenhuma zebra, hiena ou leopardo — respondo. — É melhor aproveitar o conforto, pois o próximo destino é Angola.

Entramos em Etosha por um dos três portões principais do parque. Nosso bangalô está em frente ao famoso ponto de água Okaukejo. Há três meses o ponto fervia com animais, atraindo dezenas de espécies de mamíferos. Hoje nenhum bicho vem visitar o lugar, pois a água abunda em todo o parque. Não há mais razão para visitar um ponto específico.

A quantidade de nuvens que se acumula no final das tardes cresce dia a dia. Hoje, o céu toma cores irreais e, ao subir no topo da caixa d'água do acampamento, com uma vista de 360°, descubro cortinas de chuva em seis lugares diferentes. Etosha rende os entardeceres mais lisérgicos da viagem.

Em Etosha, avistamos um rinoceronte-negro, encontramos quatro leoas que saíam para caçar, anotamos sete espécies diferentes de antílopes e uma hiena-pintada corta nossa frente, quase atropelando a Nandi. Um grupo de zebras bebe água, rodeado de flores amarelas chamadas espinho-do-diabo.

O espetáculo não acontece apenas às margens da estrada, mas também na própria pista. A areia é o palco dos pequenos animais e paramos para deixar um camaleão-verde e um caramujo gigante cruzarem a pista.

Montes de fezes de elefante são tomados por dezenas de besouros grandes, do tipo vira-bosta. Conto mais de 50 escaravelhos em cada monte. As fezes frescas significam que um elefante passou pelo caminho há uma ou duas horas. Com olhos mais espertos, rastreio a vegetação e o horizonte. Rodamos lentamente e percebo um movimento em um charco. Com a ajuda da teleobjetiva, descubro formas arredondadas e escuras e nos aproximamos. Uma manada, comandada pela matriarca e apoiada por várias outras fêmeas poderosas, aproveita o ponto de água para beber as dezenas de litros de que necessitam diariamente. O grupo inclui três filhotes (que ainda mamam) e vários adolescentes brincalhões. Desligamos o motor e passamos duas horas no planeta dos elefantes.

À noite, na pousada, somos paparicados com pratos vegetarianos gourmet, coroados por mousse de chocolate. Mas sabemos que pernoites em pousadas de luxo, com refeições requintadas e colchões macios, não fazem parte do mundo que estamos prestes a conhecer. A mordomia tem data de expiração: amanhã partiremos rumo a Angola, uma África bem diferente da Namíbia.

Capítulo 6

Uma Angola que renasce

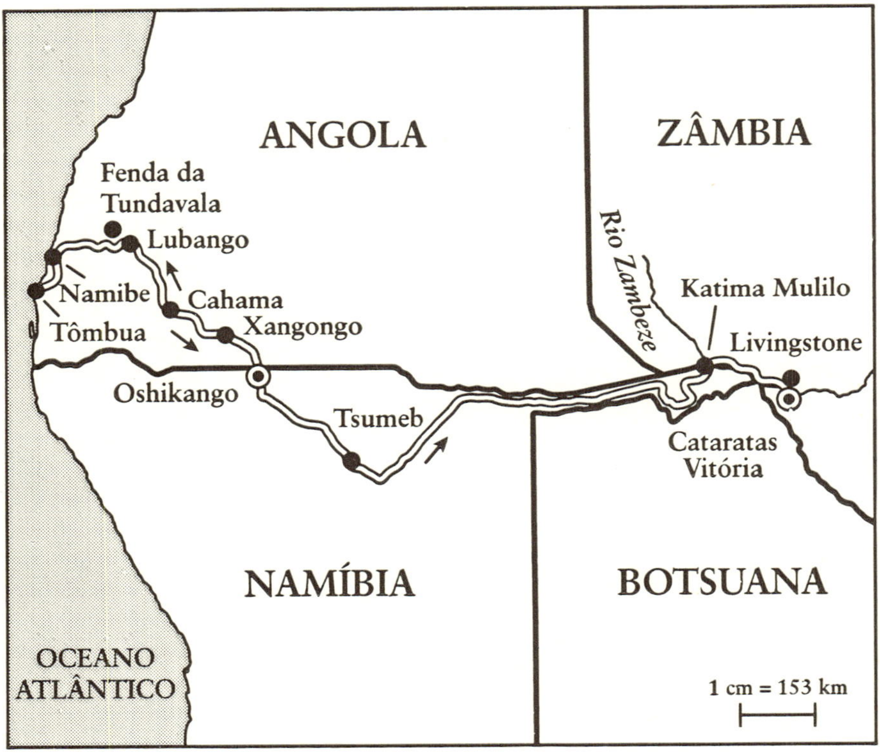
ANGOLA
ZÂMBIA
Fenda da
Tundavala
Lubango
Namibe
Tômbua
Cahama
Xangongo
Oshikango
Tsumeb
Rio Zambeze
Katima Mulilo
Livingstone
Cataratas
Vitória
NAMÍBIA
BOTSUANA
OCEANO
ATLÂNTICO
1 cm = 153 km

Bem-vindos a Angola

É a segunda saída da Namíbia e as formalidades são mínimas. Quando cruzo a linha fronteiriça, entro em uma África que, até então, não havíamos contatado, uma África com muita gente e muita muvuca. A Namíbia e a África do Sul dos parques e dos safáris estão nas mãos dos brancos, um mundo regido pelas regras do consumo do Primeiro Mundo. Aqui é diferente, pois Angola ainda mantém um sistema herdado do bloco comunista.

Ainda no carro, somos abordados por jovens que oferecem, em inglês, seus serviços de despachantes. Respondo em português, eles reagem positivamente ao sotaque brasileiro, mas continuam a azucrinar. Mesmo falando português, não encontro nenhuma autoridade e informação escrita que possam esclarecer quais são os passos a seguir para entrar no país.

Nossos passaportes demoram a ser carimbados. O oficial quer ver a "carta de chamada" de uma empresa ou pessoa que nos convide a visitar o país. Explico que a carta do consulado do Brasil — bendita Patrícia — substitui a "chamada". O vaivém burocrático leva tempo. Para a Nandi, é mais complicado. A alfândega não quer o Carnê de Passagem, prefere que eu pague uma taxa de importação temporária do veículo. Severinus, o jovem despachante que não saiu de perto, sabe os procedimentos. Mesmo sem um acordo formal entre nós, ele preenche uma guia usando o capô da Nandi como suporte. Fura a fila, paga a taxa em uma janela que faz as vezes de banco, entrega o registro do veículo ao funcionário de camisa branca e, finalmente, depois de duas horas e meia de burocracia, entramos no país.

Em Xangongo, a 140 quilômetros de asfalto da fronteira, busco um posto de gasolina. No primeiro, na entrada da cidade, o frentista faz sinal para seguir adiante, avisando que não havia combustível. No posto seguinte, a mesma reação. Não há diesel em Xangongo. Um pequeno pânico corre pela mente. A Nandi está na reserva, não enchemos o tanque na fronteira — para evitar mais confusão — e em Xangongo, a maior cidade entre a fronteira e nosso destino Lubango, não há combustível! Como assim?

No centro da cidade, recorro a um quartel da Polícia Nacional. Explico o dilema e um sargento confirma a informação: o caminhão-tanque deveria ter chegado há uma semana e as bombas estão secas. Ele sugere regressar a um dos postos e tentar convencer alguém a vender uma pequena quantidade. Volto ao segundo posto e explico minha situação.

— Tu precisas de gasóleo? Um senhor guarda combustível para seus carros e talvez ele possa revender um bidão de 20 litros — diz o frentista.

— Quanto está o litro do diesel? — pergunto, já prevendo que devo pagar uma margem adicional.

— O bidão custa 2 mil kwanzas.

Mikael encontra a calculadora e faz as contas. O litro do diesel é vendido a 100 kwanzas (2 reais) quando o preço oficial é de apenas 29 kwanzas (0,58 real). Mais de três vezes o preço! Um aumento de 345%.

— Isso é um roubo! — exclama Mikael.

— Tem gente que tira proveito de qualquer situação. Bem-vindo a Angola, estamos em território desconhecido — respondo.

— Vamos precisar sair daqui e não podemos esperar o caminhão-tanque chegar. O que vamos fazer? — pergunta meu filho.

— Vamos voltar ao posto policial; quem sabe eles podem ajudar. Talvez eles tenham algum combustível para vender.

Voltamos ao quartel e peço para falar com o oficial de mais alta patente. Um dos chefes aparece e relato a situação:

— Somos jornalistas brasileiros, a caminho de Lubango. Pretendemos realizar reportagens positivas sobre seu país, mas precisamos de ajuda. Os postos dizem não ter combustível, mas o próprio vendedor confirmou que um senhor vende diesel a 100 kwanzas o litro. Sabemos que a tarifa oficial é 29. O que o senhor pode fazer por nós? A Polícia deve tomar uma atitude, o senhor não acha?

Deixo o oficial em uma sinuca. É evidente que a Polícia sabe que o câmbio negro de combustível rola solto na cidade. Mas os policiais fazem vista grossa. O oficial pede alguns minutos e se afasta para falar ao celular. Liga uma, duas, três vezes. Retorna com um sorriso:

— Em Humbe, a 11 quilômetros daqui, em direção a Lubango, há um contêiner na saída do povoado. Dentro, há uma bomba de combustível e eles vendem a preço oficial. Vá até lá.

O oficial se sai bem, sem precisar mexer no ninho de maribondos de Xangongo. Resolvemos arriscar.

A mancada foi dupla. A primeira foi pensar que em Xangongo teríamos diesel. Não posso achar que na África, principalmente em Angola, o óbvio vai acontecer. A segunda burrada é que o galão de 20 litros que carregamos no topo da Nandi está ainda virgem. Não queríamos carregar um peso morto, pois na África do Sul e na Namíbia não faltam postos de combustível. Mas, agora, os 20 litros poderiam ter garantido uma boa reserva.

Cruzamos o povoado Humbe e avisto um contêiner longo de 40 pés (12 metros), pintado de azul-escuro, à sombra de uma frondosa árvore. As duas portas estão abertas e, quando dou um leve toque de buzina, um senhor aparece. Digo que gostaria de colocar diesel. Ele me corrige:

— Em Angola, chamamos de gasóleo.

Aceito a retificação e peço que ele encha o tanque. Ele sai do contêiner e coloca um litro de combustível em um gerador elétrico a gasolina. O processo demora, pois a pressão da mangueira é fraca e a Nandi bebe 95 litros.

Agradeço e pergunto como está a estrada, esperando uma notícia positiva, já que os quilômetros rodados até agora aconteceram em asfalto novo.

— No próximo quilômetro, a estrada volta a ser a do passado — diz o frentista.

— Estrada do passado?

— Sim, a estrada que existe desde os anos 1960, construída pelos portugueses. Este próximo trecho de 100 quilômetros deveria ter sido pavimentado há anos, mas a empresa faliu e nada foi feito — avisa.

— Então a estrada é cheia de buracos?

O senhor apenas sorri e desaparece no contêiner. Um minuto depois, temos a resposta. O asfalto acaba sem aviso prévio e começa uma pista de areia.

A estrada passa a ser um caminho de buracos. Os buracos se transformam em crateras. Nossa velocidade máxima é 25 quilômetros por hora. Começo a cair na gargalhada. Segundo o mapa francês Michelin, a rodovia — marcada em vermelho — é toda asfaltada. A realidade no campo é bem diferente do que a do escritório da Michelin na França.

A única vantagem de uma estrada péssima é que seu estado se modifica a cada 200 metros e jamais é monótona. Há trechos de areia abundante, de buracos pequenos, de crateras imensas, de asfalto antigo esfacelado, de pistas paralelas no mato ao lado da estrada e de qualquer outra combinação.

— Precisamos documentar o momento — diz Mikael, retirando a câmera de vídeo da mochila. Ele aponta a câmera para mim — Três, dois, um, rodando. Fale qualquer coisa.

— Passamos há pouco pela fronteira de Angola e vamos em direção a Lubango, a principal cidade do sul do país — falo, com um olho na câmera e outro na pista. — A estrada na qual trafegamos, *opa um buraco...* deve datar da colônia portuguesa e, como dá para observar com os saltos, *oooutro buraco grande...* não foi pavimentada há décadas. Esta é a pior estrada até agora! — anuncio e caio na gargalhada, entre guinadas do volante.

Apenas um altíssimo senso de humor pode aguentar o desafio. Trafegando nessa velocidade jamais chegaremos hoje a Lubango. Tento fazer as contas em voz alta, estimando 100 quilômetros de estrada péssima e que os restantes 200 estejam em bom estado.

— Esquece a ideia de dormir em Lubango. Perdemos duas horas na fronteira e mais uma com o episódio do diesel. Vamos parar quando o sol se deitar e pronto. Não podemos viajar à noite — avisa Mikael, consciente de que os cálculos iniciais foram furados pelos buracos da rodovia.

Em um trecho original da estrada, a pista tem cinco metros de altura de terra compactada, para evitar os charcos da planície inundada ao redor. As crateras são tão grandes que, ao sair de uma, surge um caminhão à nossa frente, saindo de outra. Não tínhamos a menor ideia de que o valão poderia esconder um veículo tão grande.

Como esperado, os 100 quilômetros de chacoalhadas tomaram quatro horas de nosso tempo. Quando o sol desaparece, chegamos a Cahama, um povoado sem nenhuma rua asfaltada, cortado apenas pela rodovia. Sou um amontoado de poeira e de músculos doloridos.

— Onde vamos dormir? Aqui não existe nenhum camping e a única hospedagem é uma pensão que parece bem suja. Precisamos estacionar em algum lugar seguro — comenta Mikael.

— Vamos perguntar à Polícia se podemos ficar no estacionamento deles. Usaremos o nome do oficial que nos ajudou em Xangongo.

Estacionamos a Nandi em frente a um casarão de dois andares, com uma ou duas vidraças quebradas e um monte de tralha onde foi, um dia, um jardim. Atravesso a pista e pergunto se posso falar com o chefe. Um soldado fardado chama o oficial e ele aparece. Conto minha história e peço para colocar o carro dentro do estacionamento e usar o banheiro da Polícia. O oficial, um quarentão forte e de bigode curto, se enrola na explicação e diz que podemos ficar onde estamos, do outro lado da rua. Ele garante que ninguém vai mexer no carro, que a cidade é pequena e todos se conhecem. Quanto ao banheiro, ele não dá nenhuma solução: o xixi vai ser mesmo em uma moita.

Nivelamos o carro em um lugar onde deveria ter sido uma praça, se existissem concreto, calçadas e ruas demarcadas. Dou uma olhada na Nandi para ver se os 100 quilômetros de trepidação não soltaram nenhum parafuso essencial. Checo os quatro amortecedores. Quando abro a porta traseira do carro, onde está o gavetão de comida, vários pares de olhos querem saber o que os dois brancos fazem em Cahama. As crianças cochicham, tentam adivinhar quem somos, mas não se aproximam. Mikael decide cozinhar mantendo certa discrição, para não despertar a curiosidade de mais pessoas. Mas, ao abrir a barraca em cima do carro, até os policiais cruzam a estrada para saber o que há dentro. Nunca haviam visto um acampamento do tipo. Certamente somos um bicho diferente: raros são os estrangeiros que param em Cahama.

A verdade é que o país se manteve isolado por quatro décadas. Os conflitos armados começaram na década de 1960, quando os portugueses combateram três movimentos de libertação. Antes da independência, em 1975, a guerra civil em Angola se expandiu. O inimigo deixou de ser Portugal e os três grupos, Movimento Popular de Libertação de Angola (MPLA), Frente Nacional de Libertação de Angola (FNLA) e União Nacional para a Libertação Total de Angola (Unita), lutaram entre si pelo poder do novo país. O conflito se tornou internacional: o MPLA era apoiado pela União Soviética e por Cuba, a FNLA pelo Congo/Zaire e por grupos de mercenários e a Unita era financiada pela África do Sul. Os Estados Unidos sustentaram inicialmente a FNLA, mas depois preferiram a Unita; a China vendeu armas a todos. Quando o MPLA arrebatou o governo, com a ajuda de Cuba, os dois outros grupos se juntaram contra o líder Agostinho Neto. A década de 1980 foi sangrenta; a África do Sul invadiu o sul de Angola, com a justificativa de buscar guerrilheiros do movimento

▲ Monge budista mostra o Jardim das Estupas de Shambala, mosteiro Khamarin. © HC

O *ovoo* é um santuário onde as mulheres aspergem os seios de pedra com leite. © HC ▼

▲ Aterrisso na África do Sul, país multiétnico e colorido, ideal para iniciar a viagem. © HC

Retiramos os assentos traseiros e trabalhamos 40 dias para montar a Nandi. © MC - HC ▼

▲ Mikael revela o logo da jornada; em português na porta esquerda, em inglês na direita. © HC

Decidimos instalar uma geladeira de 45 litros para beber água gelada no deserto. © MC ▼

▲ As baleias-francas visitam a baía Walker, em Hermanus, de junho a novembro. © HC

▲ Robby Gass oferece um pedaço de *hoodia*, planta nativa que reduz o apetite. © HC

A Nandi está pronta, com barraca montada no teto e um bom espaço no interior. © MC ▼

▲ A Nandi encontra o primeiro desafio em Richtersveld, na fronteira da Namíbia. © HC

Os raios do entardecer projetam a silhueta da Nandi em um barranco da estrada. © HC ▼

▲ Um *kokerboom* com cachos de folhas suculentas, no cânion do rio do Peixe. © HC

Os Khokhoi-San seriam descendentes diretos das primeiras tribos humanas. © HC ▼

▲ Corné é um bosquímano Khomani-San de 23 anos e trabalha como guia em !Xaus. © HC

▲ As dunas de Deadvlei misturam angústia e arte; as árvores morreram há 600 anos. © HC

O órix é um dos habitantes das dunas do Parque Nacional Namib-Naukluft. © HC ▼

Cap. 5 - Norte da Namíbia

▲ Uma duna de areia branca de 80 m na imensidão da Costa do Esqueleto. © HC

Falésias abruptas acabam em praias de pedras roliças na Costa do Esqueleto. © HC ▼

▲ Um rinoceronte-negro macho ataca um jovem que ousa se aproximar. © HC

Um elefante-do-deserto retira e mastiga a casca adocicada de uma árvore. © HC ▼

▲ A mulher Himba não pode tomar banho de rio; ela defuma o corpo diariamente. © HC

No interior da cabana, mulheres e crianças Himba dançam e cantam músicas nativas. © MC ▼

▲ Uma hiena-pintada no Parque Nacional Etosha, principal atrativo da Namíbia. © HC

A Nandi corta a savana; as estradas no norte da Namíbia são quase todas de terra. © HC ▼

Cap. 6 - Angola

▲ A estrada da Serra da Leba desce até o litoral angolano, formando longos laços. © HC

Nasika, de azul, e uma amiga mostram tortulhos, cogumelos selvagens angolanos. © HC ▼

▲ A água formou uma imensa lagoa piscosa, protegida por paredões de calcário. © HC

Em Tômbua, as sardinhas espalhadas nas dunas são desidratadas ao sol. © HC ▼

▲ O rio Cuando, entre Namíbia e Botsuana, congrega muitos hipopótamos. © MC

Os 1.700 m das Cataratas Vitória formam o maior paredão de água do mundo. © MC ▼

Cap. 7 - Zâmbia

▲ A Nandi na entrada da casa principal de uma fazenda abandonada, em Serenje. © HC

Patrick (de pé, no centro) resolve o problema do motor de arranque da Nandi. © HC ▼

Cap. 8 - Tanzânia

▲ As especiarias, como os cravos, trouxeram glória ao arquipélago de Zanzibar. © HC

Uma jovem muçulmana, coberta por um véu, entra em uma casa em Zanzibar. © HC ▼

▲ Do alto do farol de Chumbe, descobrimos a ilha e os sete bangalôs da pousada. © HC - MC

Os lucros da pousada subsidiam a proteção do Parque de Corais de Chumbe. © HC- MC ▼

▲ O elefante macho abana as orelhas, faz movimentos com a tromba e ameaça atacar. © HC

Os participantes do curso de formação de guias de safári vêm de diversos países. © HC ▼

▲ Em Nairóbi, somos recebidos por Peter Munyi, a esposa Sheila e o filho Austin. © HC

Peter Munyi cede uma sala de seu escritório para que possamos trabalhar. © MC - HC ▼

▲ Depois de sair de Nairóbi, cruzamos a Linha do Equador rumo à Etiópia e ao Sudão. © HC

O caminho se deteriora, o terreno cede e a roda traseira da Nandi cai no buraco. © HC ▼

▲ A cada 15 anos uma geração de jovens Maasai é iniciada como novos guerreiros. © HC

A riqueza de um Maasai é medida pelo número de cabeças de gado de cada família. © HC ▼

▲ A dança *adumu* é uma competição para destacar os que pulam mais alto e mais reto. © HC

Os Maasai dançam horas, balançando cabeça e tronco para trás e para a frente. © HC ▼

▲ Em Adis Abeba, encontramos colegas que viajam de bicicleta e de moto pela África. © HC

As estradas na Etiópia estão cheias de caminhões, vans, ônibus, triciclos e pessoas. © HC ▼

▲ A ponte Al Mak Nimir sobre o rio Nilo Azul é uma das mais modernas da capital. © HC

No centro de Cartum, a mesquita Al-Kabir está rodeada por prédios modernos. © HC ▼

▲ As comidas do banquete de casamento exalam uma coleção de fortes aromas. © HC

As mulheres cozinham, servem porções e preparam as bandejas de cobre. © HC ▼

▲ Os dervixes aparecem com a bandeira verde e vermelha, estandarte da confraria. © HC

O coro de uma confraria vestida de verde repete o nome de Deus com fervor. © HC ▼

▲ Um *sheik*, autoridade espiritual sufi, mostra a barba esbranquiçada pelo tempo. © HC

Um dervixe começa a rodopiar; o movimento e os cantos o ajudam a entrar em transe. © HC ▼

▲ Durante a festa da *samiya*, o recém-nascido é apresentado à família e aos amigos. © HC

A alegria do ambiente é contagiante e a festa, sem nenhuma bebida alcoólica. © HC ▼

▲ O objetivo da luta livre núbia é lançar o adversário ao chão o mais rápido possível. © HC

A vitória do atleta é celebrada com euforia e os fãs carregam o vencedor. © HC ▼

ضواء المدينة

مدينة ★ مجتمع ★ تسلية ★ استراحة ★ كلمات متقاطعة ★ تهاني القراء ★ أضواء المدينة

لأجل عيون كرة القدم والسامبا

سترو».. صحفي برازيلى في أدغال أفريقيا

● نائب رئيس التحرير يتوسط الصحفي البرازيل وابنه ●

▲ A entrevista sobre a viagem publicada no jornal *Al Sudani* abre diversas portas. © HC

Tomo banho no rio Nilo Azul, em frente ao Clube de Vela de Cartum. © MC ▼

de libertação da vizinha Namíbia (Swapo), então em mãos dos sul-africanos. Após a queda do bloco soviético em 1990, alguns acordos internacionais conferiram tréguas ocasionais à população sofrida e traumatizada. Entre 1992 e 1998, o MPLA governante e a Unita rebelde continuaram a se armar, mesmo tendo assinado a paz no Protocolo de Lusaka em 1994. Em 1998, a Unita voltou a incendiar a guerra civil. A paz só aconteceu com a morte do líder rebelde Jonas Savimbi em 2002.

Para qualquer brasileiro com mais de 50 anos que tenha acompanhado o noticiário internacional, Angola foi um constante sinônimo de guerra civil. Mesmo conhecendo um pouco da história conturbada do país, não consigo conter o susto quando vejo, à beira da estrada de Lubango, carcaças de vários tanques e blindados. Em poucas ocasiões na vida, vi destroços bélicos tão contundentes. Hoje, esqueletos enferrujados — alguns com canhões e com as lagartas de ferro — são as marcas de uma guerra que trouxe sofrimento e divisão ao povo angolano. Empresários chineses, encantados com as riquezas naturais de Angola e com as possibilidades de negócios, prometeram retirar as carcaças à beira das estradas e levá-las, como ferro-velho, para seu país.

Fenda da Tundavala

O que mais me surpreende em Lubango, a capital da província da Huila, é o contexto geográfico da cidade. Estamos em pleno verão, mas faz um frio danado. Um frio úmido de colocar casaco; parece a garoa de São Paulo. A explicação é a altitude: estou a 1.800 metros do nível do mar.

Os habitantes de Lubango se orgulham do clima fresco e ameno. É o que conta Suwendy Gomes, professor de matemática que conheço no shopping Millennium, o *point* da cidade:

— Quando a temperatura está a 15° C aqui, em Luanda o termômetro pode chegar a 40° C. Nosso clima é uma maravilha — diz.

— Temos muitas belezas naturais, vocês precisam conhecer as montanhas em volta da cidade e a Fenda da Tundavala.

O Millennium é um exemplo da nova Angola que aposta na classe média. Fruto de um investimento nacional de 12 milhões de reais, o shopping possui mais de 100 lojas. Mesmo inaugurado em agosto de 2008, está às moscas. Não há clientes e os lojistas reclamam das vendas. Entramos no supermercado para conferir o que as prateleiras oferecem. Os produtos estão lá — queijo, iogurte, vinho, enlatados, pastas. Tudo, absolutamente tudo, é importado: Portugal, França, Bélgica, Itália, Brasil. Os preços são elevadíssimos e apenas ricos e raros estrangeiros podem pagar. A esmagadora maioria do povo angolano não tem acesso a esse tipo de extravagância. Para não sair com as mãos vazias, levamos quatro garrafas de 2 litros de guaraná Antarctica — a um preço exorbitante, mas a saudade fala mais alto: é gostoso sentir um sabor familiar.

Seguimos a dica de Suwendy e vamos à Fenda da Tundavala por uma estrada de terra, transitável apenas por 4×4. Dois tratores trabalham para transformar a trilha de 18 quilômetros em rodovia asfaltada. Com o português na ponta da língua, saúdo os trabalhadores e paro para ouvir Seu Antônio, chefe da obra:

— Se vocês voltarem no ano que vem, prometo que a estrada estará perfeita.

Na beira da estrada sinuosa, avisto um grupo de mulheres e crianças, com várias bacias na cabeça e no solo. Oferecem imensos objetos redondos brancos. Paramos o carro e desço, saudando em português. A primeira reação das mulheres — não há nenhum homem, apenas meninos — é de medo. Qualquer desconhecido ainda causa temor às populações rurais que sofreram tanto com o conflito de quatro décadas. Desacelero o passo e me aproximo com mais calma, mostrando que minha missão é de paz.

Converso com uma senhora que parece ser uma das líderes. Seu português é longe de ser fluente e suas colegas falam apenas o idioma local, Ovambo. Nasuka mostra suas bacias de plástico, onde estão empilhados cogumelos gigantes brancos. São enormes: alguns têm mais de um palmo de diâmetro. Ela explica:

— Colhidos hoje cedo. São tortulhos, muito bom para comer.

— Trutúlios? — pergunto, sem entender direito a palavra.

— Tor-tu-lhos — Nasuka se esforça para pronunciar corretamente a palavra.

— E como se prepara? — pergunto.

— Tiras a casca, lavas, cortas e metes na panela. Com óleo, tomate e cebola. Bem temperado — responde Nasuka. Mesmo com poucas palavras, ela consegue me dar água na boca.

Nasuka conta que tem sete filhos e que, para ganhar a vida, coleta tortulhos que crescem no mato nesta época do ano. Ela diz que madruga e caminha vários quilômetros para achar os cogumelos selvagens, que serão vendidos no mercado de Lubango.

— Cada bacia custa 1.000 kwanzas (20 reais). Vais levar? — insiste Nasuka, prestes a me entregar mais de 50 cogumelos gigantes.

— O que vamos fazer com tantos cogumelos? Somos apenas duas pessoas — respondo. Não quero decepcionar Nasuka e completo: — Posso levar meia bacia por 600 kwanzas?

Ela concorda e escolhe os maiores e mais bonitos. Teremos tortulhos por muitos e muitos dias.

— Não vou morrer envenenado? — brinco.

— Não — ela responde rindo.

— Se eu ficar com dor de barriga, volto amanhã.

— Amanhã voltas para comprar mais — afirma Nasuka.

Continuamos a subida rumo a Tundavala. A estrada piora à medida que a altitude aumenta. Odé avisa que atingimos 2.200 metros. Em poucos minutos, somos envolvidos por uma espessa neblina. A garoa chega a molhar o para-brisa. Faz frio e fecho a janela. Mikael e eu nos olhamos com cara de "onde estamos?" As florestas verdes angolanas de minha imaginação são substituídas por montanhas e nevoeiro. Descubro uma Angola bem diferente da que esperava.

A pista termina. Existe um precipício em algum lugar, mas a neblina é tão espessa que é impossível saber onde estou.

Três soldados se aproximam. Todos parecem meninos, mas dizem ter mais de 30 anos. Meu português os conquista e eles contam que combateram na guerra civil pela FNLA, uma das facções perdedoras. Depois da paz, foram reinseridos na sociedade e hoje servem no Exército Nacional. Moram em um acampamento a 30 minutos de caminhada e passam o dia na Tundavala, para a "segurança dos visitantes".

— Chamamos esta neblina de cachimbo, porque parece fumaça — diz um deles. — Ela fica aqui até as 11h.

Mal o soldado fala do cachimbo e uma lufada de vento deixa transparecer um paredão vertical. Caminho com cuidado até a beira para descobrir uma queda vertiginosa. Estamos agora a 2.250 metros de altitude. Abaixo, fica o vale da cidade de Bibala a 850 metros. Faço as contas: o vazio tem 1.400 metros de profundidade.

O cachimbo volta a soprar e tudo fica branco novamente. Desta vez, a neblina traz um brinde inesperado: chuva. Os soldados sorriem e um deles diz que é preciso ter paciência com o clima da Tundavala.

Os minutos passam tão rapidamente como a chuva, a neblina e os raios de sol. Ficamos seis horas na Tundavala e nos molhamos sete vezes. O sol — mesmo tímido — abre e esquenta as cores dos paredões em dois momentos. Fico admirado com as mudanças bruscas do ambiente. As transformações súbitas são o encanto da Tundavala.

Saúdo os soldados e agradeço as dicas e a conversa. Ofereço um lanche, mas eles recusam. Não precisam de comida e estão acostumados com a ração militar. O líder pergunta, timidamente, se não tenho um sabonete de sobra. Eles não recebem o produto do almoxarifado militar e, mesmo se há água na Tundavala, não têm com que se limpar. Quem pensaria nesse detalhe? Com prazer, encontro um pacote novinho na despensa e entrego.

À noite regressamos ao Casper Lodge, um dos poucos locais em Lubango a aceitar que 4×4 acampem em um pedaço de gramado. O minicamping do hotel tem espaço para dois carros, no máximo três. Mas o quiosque coberto contém tudo de que um "campista" — como somos chamados pelos funcionários do hotel — possa necessitar: boas pias de alumínio, duas banquetas de cozinha, luz elétrica, uma mesa e quatro cadeiras. Ao lado, contamos com um banheiro completo e com uma ducha com água quente a qualquer hora.

Mesmo possuindo uma geladeira onde podemos preservar a enorme quantidade de cogumelos adquiridos, resolvemos preparar todos de uma só vez para um festival gastronômico. Para resolver as possíveis divergências sobre como cozinhar os tortulhos, decidimos dividir o pacote em duas partes. Cada um fará sua receita, um bom desafio para a impulsividade de um ariano (eu) e de um virginiano perfeccionista com sol na Casa 1 (Mikael).

Seguimos os conselhos de limpeza dados por Nasuka: retirar as cascas sujas e lavar bem. O tamanho dos pedaços cortados fica por conta dos dois chefs. Prefiro pedaços maiores e um pouco mais grossos. Coloco os cogumelos na frigideira, com um pouco de cebola e alho, até que fiquem dourados. Agora vem a melhor parte, a que preciso inventar: o molho. Checo a geladeira: encontro um pote de iogurte. No gavetão de secos, atrás do carro, mostarda e condimentos. Trago as garrafinhas de molho de soja — para substituir o sal. Retiro os tortulhos da frigideira e deixo apenas os pedacinhos que se desfizeram durante a cocção. Coloco o iogurte e misturo com duas colheres de mostarda. A pasta amarelada forma um creme com o caldo dos cogumelos e deixo o molho cozinhar em fogo lento. Uma boa pitada de pimenta vermelha e outra de noz-moscada. Provo e está uma delícia. O sal vem com algumas gotas de molho de soja, que torna a mistura um pouco mais escura. Banho os cogumelos no molho farto e mais três minutos de fogo baixo para que eles absorvam o sabor. Pronto.

Enquanto preparo meu prato, Mikael deixa seus cogumelos na água com o suco de um limão espremido. Quando libero o fogo, ele coloca fatias pequenas de alho e deixa dourar em azeite de oliva.

Mikael joga seus tortulhos, talhados em pedaços menores do que os meus, na frigideira e acrescenta um pouco de sal e uma mistura de ervas italianas. Antes de apagar o fogo, quando o alho e os cogumelos já estão bronzeados, ele acrescenta duas colheres de azeite de oliva e gotas generosas de molho de pimenta vermelha, dá uma última sacudida na panela e apaga o fogo.

Agora é o momento da apuração. Os dois pratos de aço inoxidável recebem porções iguais do Champignon Sauvage à la Moutarde e do Funghi Aglio e Olio. Abro a penúltima garrafa de vinho branco sul-africano, nos sentamos à mesa e devoramos os tortulhos da Fenda da Tundavala. O resultado da competição? Para manter paz e harmonia entre pai e filho, ambos concluem que os dois pratos estão uma maravilha. Os tortulhos ainda serão servidos no dia seguinte, em sanduíche e em salada.

Angola desértica

Tenho dúvidas de que o esforço de ir até Luanda de carro valha a pena. Mesmo na terra do combustível barato, muitas estradas estão ainda em recuperação. A distância até a capital — mais de 1.000 quilômetros — faz com que necessitemos de uma semana inteira para ir, ficar e voltar. Mikael contatara por e-mail um antigo colega de escola, Edson Moraes, que havia morado vários anos em Washington, pois seu pai, angolano, trabalhara na missão do Fundo Monetário Internacional. Mas, até o momento, nenhuma resposta. Para completar, ouço de um empresário péssimas opiniões sobre a confusão do tráfego luandense. É o suficiente para mudar mais uma vez nosso plano inicial e deixar a capital para a próxima.

Por outro lado, o professor e escritor Miguel Gullander respondera a meu e-mail, nos convidando a passar pela cidade de Namibe, onde mora. O luso-sueco vive na África há uma década e tem um livro publicado no Brasil, *Perdido de volta*. Connie Lopes, que editou o livro de Gullander, me dera seu contato, na festa de despedida no Rio.

Para chegar a Namibe — não o deserto no país vizinho, mas a cidade angolana à beira do oceano Atlântico — precisamos descer a famosa Serra da Leba até o litoral. Um desvio à esquerda, logo depois da guarita de pedágio, nos leva até um mirante onde descubro a vertente da montanha que vamos descer. A estrada, construída pelos portugueses na década de 1970, desce desenhando laços como uma serpente interminável que desliza monte abaixo. Conto seis curvas fechadas de 180° na primeira parte da descida. De longe, parece um zigue-zague de pintura infantil, não uma obra de engenharia. Quando desço, a diferença de altitude entope os ouvidos: começamos a 1.700 metros e aterrissamos abruptamente em uma planície a 500 metros. O efeito no corpo é drástico: o frio e a umidade se transformam em um calor escaldante e seco.

Essa é a Angola quente que eu esperava. Mas ainda falta para o país tropical de minha fantasia. O litoral continua um deserto, nada de palmeiras ou da água convidativa do Atlântico, apenas mais areia. A corrente marítima Benguela mantém seu rumo próximo ao continente, esfriando e secando a vegetação e o ar.

Gullander marca encontro em um café da orla marítima. Rimos com o nome do lugar tão óbvio como uma piada: Restaurante Ponto de Encontro. O ambiente do local guarda uma boa pitada lusitana. As mesas quadradas de madeira são decoradas com tecidos de xadrez vermelho e branco, com saleiro e paliteiro sobre elas. O bar oferece uma boa coleção de bebidas alcoólicas, com ênfase nos vinhos portugueses. As paredes são decoradas com imagens da Pátria Mãe, fotos de Lisboa e do Porto.

Ao entrar no Ponto de Encontro, identifico Gullander. Seu sangue sueco prevalece nos olhos claros, mas o branco da pele se transformou em um tom bronzeado. Ele veste uma camiseta justa revelando um físico musculoso, vital para impressionar as jovens africanas. É alegre e tem um bom astral.

Gullander apresenta seu colega português Pedro dos Santos. Ambos estão em Angola contratados pelo Instituto Português de Apoio ao Desenvolvimento (Ipad) para fortalecer o ensino na ex-colônia. Pergunto como está a educação no país. A conversa engata e se transforma em entrevista.

— A prioridade número 1 de Angola deve ser a formação de professores. Existe um vazio muito grande nesse campo. Nosso trabalho aqui é fortalecer o corpo docente, compartilhar novas ferramentas e inspirar os professores a promover o ensino básico na província — afirma Gullander. — Creio que a educação e a formação são a única revolução sem sangue que permite uma rotatividade social justa, uma verdadeira hierarquia de qualidade. Fui abençoado com uma formação acadêmica e penso que o conhecimento é das poucas coisas que, quanto mais se partilham, mais aumentam. Tem efeito multiplicador. Quero transmitir algumas das minhas ferramentas e, com isso, vim aprender muito neste país. Em um mundo interdependente, precisamos estar conscientes de que os males de outros países são nossos também. O povo de Angola quer atingir os Objetivos do Milênio e a Educação Para Todos é um deles.

— Gullander, a maioria da população é jovem. Como fica isso? — pergunto.

— O país tem 60% da população com menos de 18 anos. Precisamos de professores, livros, líderes locais, modelos, oportunidades profissionais, criação de empregos e estruturas para mais de 7 milhões de pessoas que tentam entrar no sistema educativo neste momento — explica Gullander. — Sem mestre não há discípulo. Sem discípulos, sem alunos, não haverá professores futuros. A cadeia de transmissão se perde. Como seria o Brasil ou a Europa se 70% dos professores desaparecessem, como aconteceu aqui? Teríamos um sério problema quanto ao futuro de milhões de crianças e jovens. Sem formação, sem hábitos de estudo, sem rotinas e disciplina, sem emprego. Por isso, escolhi a função de formar professores.

— E o trauma da guerra civil, ainda está presente?

— As quatro décadas de guerra civil deixaram marcas profundas. O país não apenas parou de funcionar, mas um ambiente de medo, traição e crueldade se instalou na população. Todos tinham medo de todos, porque qualquer pessoa poderia delatar sua família para a facção oposta. Esse pavor ainda está no subconsciente das pessoas — relata Gullander. — Ainda se desconfia de colegas de trabalho, do parceiro ou da parceira. Existe uma ansiedade contínua relativa a confiar ou não no próximo. Tudo isso é muito triste.

— Uma década de paz é pouco tempo para que as tragédias possam ser esquecidas. Quais são os próximos passos? — pergunto.

— A população precisa reaprender a ter confiança no próximo, nas instituições governamentais e no sistema de educação e de saúde. O país é rico, suas riquezas naturais são abundantes: petróleo, diamante, minério de ferro e água doce. Se os benefícios desses recursos chegarem a todos os angolanos, quase 12 milhões de pessoas, o país crescerá — explica Gullander. — Mas, se a riqueza continuar nas mãos da elite, agora uma elite negra africana, ainda haverá muita dor no país, como na época da colônia. É preciso descentralizar o poder e disseminar a democracia.

— E a presença da China? — pergunto.

— Os chineses estão espalhados pelo país, a construir rodovias, ferrovias e obras de infraestrutura. Até o Estádio da Tundavala, em Lubango, inaugurado para a Copa Africana das Nações, foi levantado por eles, às pressas e com péssimo acabamento. Mas o que os chineses querem mesmo é a matéria-prima angolana — conta Gullander.

— Existe uma inundação de produtos chineses nos mercados locais — completa Pedro. — Muitos vendedores também são chineses, recém-chegados. Eles importam contêineres cheios de produtos baratos e de baixa qualidade. Como o preço chinês é imbatível, eles tomam o espaço do comerciante angolano, que acaba por quebrar. Na minha opinião, é uma estratégia chinesa para tomar o espaço vazio da África.

— E sugar todo e qualquer recurso natural — completa Gullander.

A conversa no Ponto de Encontro se estende: falamos de futebol e da Copa na África do Sul, de astrologia e de budismo tibetano.

Pensamos em comer algo no restaurante, mas Gullander diz que sua namorada Celminha espera todos em casa com uma sopa de verduras.

Gullander e Pedro vivem a poucos quarteirões do centro da cidade, em uma casa de três quartos e uma sala de estar, com uma cozinha grande. Para os padrões brasileiros, é uma casa quase razoável e construída com materiais de baixa qualidade. Para os padrões angolanos, a casa vale muito e o aluguel alto reflete a pouca oferta de residências. Mensalmente, Gullander paga 2 mil dólares (3.500 reais) à proprietária, que ainda vive no fundo do quintal. Ela trocou seu conforto por dois minúsculos cômodos que serviam de depósito, mas a renda mensal permite que possa viver bem.

O anfitrião mostra nosso quarto. Pede desculpas por não ter camas e entrega dois lençóis. Dormiremos sobre dois colchonetes, tão confortáveis como o colchão que temos na Nandi. Gullander também pede perdão pelo banheiro. Não há água corrente no momento: o encanamento da casa tem um problema sério. Por isso, banho só com cuia. Para a descarga da latrina, devemos jogar dois baldes dentro. Um barril de 100 litros serve como reservatório. Quando penso que com a metade do aluguel que Gullander paga é possível alugar uma linda casa com piscina em Barão Geraldo, fica claro que existe uma discrepância na economia de Angola.

— Há pouquíssimas casas para aluguel e os preços dispararam. Os estrangeiros que trouxeram altos investimentos e os próprios angolanos ricos inflacionaram o mercado e estão dispostos a pagar qualquer quantia para morar bem — explica Gullander. — Uma casa mais ampla e mais bonita aqui em Namibe pode custar de 5 mil a 7 mil dólares (8 mil a 12 mil reais). Só empresários ricos ou organizações estrangeiras podem pagar os valores.

A bela Celminha é a namorada de Gullander. Ele trata com carinho a jovem negra que mora em Benguela e que passa uma temporada no litoral. Celminha veio com sua amiga Célia — que é o rolo de Pedro. As duas moças, vestidas com jeans justos, revelam corpos esculturais, com bumbuns firmes, como se moldados pelas mãos inspiradas de um artista dedicado à beleza feminina.

Logo após o jantar ficamos sem energia elétrica, algo comum na cidade. Não precisamos de muita claridade para continuar a conversa sobre viajologia. Gullander também é um viajólogo, rodou muito a África e ouço suas histórias. À luz de uma vela, ele lê um trecho de seu livro *Perdido de volta* (Editora Língua Geral, Rio). Tem tudo a ver com nossa jornada, tanto jornalística como rodoviária.

> E o casco arrebentado sobre este mar sem fim avança e avança e avança e assim se faz a viagem toda, se chega a um destino, e se cumprem 200 páginas sem sequer se saber, conscientemente, por onde se ia. Como um Toyota em África. Mas no fim, olhando para trás, a via está lá e faz sentido. Porque é a nossa estrada. A de todos nós.

Seu escrito faz sentido. Viajo seguindo uma força desconhecida, mas, quando olho para trás, sim, faz sentido: tudo está bem amarrado. Copio o parágrafo no meu caderno de notas e peço para colocar o pensamento no meu blog.

Gullander e Pedro decidem que devemos ir, no dia seguinte, a um lugar chamado Arco. Somos uma trupe de seis e vamos em dois Toyotas. A Nandi, com espaço apenas para três, descansa na garagem.

Como não estou dirigindo, presto atenção no entorno. Seguimos a costa e caímos no deserto. É a continuação da Costa do Esqueleto da Namíbia. Trocamos o asfalto pela poeira e penetramos em um pequeno desfiladeiro, seguindo o leito de um rio que deixou de ter água há séculos. Na última curva, Gullander declara:

— Preparem-se para mais uma surpresa em Angola.

Em um piscar de olhos, ingressamos em um oásis. Uma vegetação abundante preenche nossos olhares. O verde nos envolve. É a água, com sua magia, que mantém o lugar. Sem vazão para o mar ou para gerar um rio subterrâneo, ela se refugiou em uma lagoa, imensa e piscosa, protegida por paredões de calcário. O vento moldou formas inesperadas na rocha. Um imenso buraco esculpido deu nome de Arco ao lugar.

A pequena comunidade de nativos Ovimbundo vive ao redor do lago e depende da pesca; suas redes estão em lugares estratégicos. Também vivem de peixe os pássaros que habitam o pequeno paraíso. Apesar do calor, a trupe não hesita em percorrer a pé a trilha que circunda a bela lagoa.

Ao sul de Arco está Tômbua, uma cidade que subsiste da pesca. Teve tempos mais gloriosos e as carcaças enferrujadas de barcos pesqueiros lembram um período de fartura.

— Ouvi dizer que barcos chineses estão a limpar nosso litoral — conta um pescador local. — Não pescamos quase nada atualmente.

Gullander e a turma querem tomar banho de mar. Coloco a mão na água e deixo o mergulho na corrente gelada para outro dia. Prefiro observar o movimento daqueles que ainda vivem dos frutos do oceano. Um barco de médio porte traz um carregamento de peixes. A agitação é grande e cada família escolhe seu lote. As mulheres dão um banho de água com sal nas sardinhas compradas. Depois da salmoura, com a ajuda de crianças e jovens, as mães levam as sardinhas até as dunas. Lá elas são espalhadas na areia, formando uma paisagem prateada. Em dois dias, graças ao sol e ao sal, as sardinhas estarão secas e prontas para a venda. Cada família possui seu território demarcado na areia. Mães, pais, jovens e crianças estão juntos na tarefa. Converso com alguns. Todos falam um pouco de português: vivem em uma cidade e passaram, algum momento, por uma escola. Ninguém reclama da vida e todos são saudáveis.

— Temos bastante peixe para comer — afirma Xinha, filha de pescador e residente no bairro.

Percebo, depois de conhecer essas duas Angolas — a das montanhas dos cogumelos gigantes selvagens e a do litoral desértico com dunas prateadas de sardinhas — o quanto é difícil sair dos clichês da África. Escolho essas cenas inusitadas para revelar um pouco das Luzes de Angola. Encontrei mais histórias positivas na Namíbia do que aqui, mas Angola há de crescer. Como disse Pedro Ernani, um comerciante da Serra da Leba:

— A paz veio para ficar e o país dá para viver.

A ameaça da malária

Fechamos a segunda etapa da viagem: em 16 dias, rodamos 2.710 quilômetros em 49 horas e 30 minutos. Isso significa que estamos na estrada há quatro semanas, quase um mês. O tempo voa. Desde que colocamos o pé na estrada, gravamos horas de vídeos, tiramos milhares de fotos e descobrimos algumas pérolas da África. Mikael está fascinado pela jornada, acompanha bem meu passo acelerado, mas sei que gostaria de ficar mais tempo em cada lugar.

Em Lubango, decidimos dar uma parada. Não para descansar ou curtir, mas para trabalhar com laptops. Necessitamos escrever crônicas, fazer os uploads dos posts, preparar roteiros de vídeo e processar fotos. Mikael tem tantas tarefas quanto eu. O ritmo da viagem está se estabelecendo. Precisamos alternar dias de descobertas com dias de escritório.

Ficamos duas noites adicionais no Casper Lodge, onde evito encontrar a portuguesa proprietária da pousada. Ela consegue manter um constante mau humor e trata os empregados com desprezo e racismo, até mesmo na frente dos clientes. Ela comprova que o comportamento colonialista ainda persiste, firme e forte.

Nosso senso de humor aumenta dia a dia, mas o péssimo trecho de 100 quilômetros entre Cahama e Humbe não passa despercebido. Se na ida não sofremos nenhuma perda — apenas os sustos do mau estado da estrada e da falta de gasóleo —, na volta os buracos provocam um colapso da geladeira, que tinha, até então, se comportado com bravura. Depois de tanto sacudir, ela para de trabalhar. Mikael logo descobre que o fusível correspondente no carro está queimado. Trocamos a pequena peça, mas, mesmo assim, nada. Sem nosso luxo, perderemos bifes de soja, queijos, iogurte e outras delícias mais. Precisamos encontrar um eletricista que detete e conserte o problema.

Encontramos a solução em Tsumeb, a 370 quilômetros no interior da Namíbia. O diagnóstico é preciso: a segunda bateria está quase morta. Para continuar viagem, compramos uma nova, mesmo se a conta é salgada: 1.600 rands (400 reais).

De regresso à Namíbia, o iPhone volta a receber e-mails. Uma das mensagens é de Rob Moffet, de Wilderness Safaris. A promessa do tapete verde é cumprida. Somos convidados a passar três dias na pousada Lianshulu, às margens do rio Cuando, que divide a Namíbia de Botsuana. E outros três dias em Toka Leya, já na Zâmbia, próximo às Cataratas Vitória.

De volta à monotonia do asfalto, tomamos uma decisão. Nossa geladeira precisa, como uma namorada exigente, de mais atenção. Resolvemos batizá-la. A cerimônia acontece na pousada Lianshulu e ela recebe o nome Ocaia, "companheira" em suaíli.

Também precisaria batizar minhas câmeras e objetivas. Um incidente totalmente banal provoca um estrago catastrófico e a lente 18-200 milímetros deixa de funcionar. A burrada acontece em Lianshulu: a câmera está no chão, agarro a correia dela para levantá-la, mas meu próprio pé continua sobre a correia. A máquina sobe e desce, bate com força no concreto e o anel interior de foco se rompe.

Ao saber do azar, os gerentes da pousada procuram me animar. O casal Robyn e Peter Doone liga para a matriz e consegue o telefone de um fotógrafo que vende equipamento Nikon em Windhoek. Falo com ele, faço o pedido — bendito seja o cartão de crédito nessas horas — e o plano é receber o equipamento em Toka Leya, em uma semana.

Lianshulu rende belas fotos de hipopótamos — um deles dá um salto no ar, de costas, como se fosse uma baleia — mas também simboliza o desapego. Além da lente quebrada, perco no bote meu chapéu com a marca *Lights of Africa.* Ele voa e cai na água. O barqueiro dá uma meia-volta rápida para tentar encontrar o boné, mas esse afunda na água escura do rio Cuando.

Desapego é uma das palavras-chave da viagem e tema de conversa durante a jornada entre as pousadas Lianshulu e Toka Leya.

— Foi besteira minha não ter segurado a câmera, mas não posso ficar emburrado. É bola para a frente e esperar que Gerhard, o fotógrafo de Windhoek, consiga a objetiva a tempo — digo.

— Bom estar ainda na Namíbia. Perder uma câmera em países mais ao norte, longe da estrutura da África do Sul, seria mais complicado — Mikael responde.

— Quanto ao chapéu, ele se foi. Foi mais uma perda emocional, pois só existiam dois exemplares. Sobrou o seu. Mas não posso ficar preso a isso. Mais importante é nossa saúde — reflito em voz alta.

— Falando em saúde, Haroldo, as chuvas chegaram, nós estamos subindo em latitude, temos muito mais água e mais verde; e mais mosquitos — diz Mikael.

— Malária... Até agora, os lugares onde estivemos na África do Sul e na Namíbia foram secos e áridos e não estávamos em áreas infestadas. Em Lubango, apesar da chuva, a altitude de 1.700 metros era alta demais para o mosquito *Anopheles* — respondo.

— Mas aqui na Zâmbia precisamos tomar cuidado, principalmente com a chuva. O topo das Cataratas Vitória está a 915 metros, dentro da área de risco — assinala Mikael.

Decidimos usar calça, camisa de manga comprida e repelente uma hora antes de o sol se deitar. O assunto é sério.

Enquanto Nandi desliza no asfalto em direção a Katima Mulilo, cidade da Namíbia nas margens do rio Zambeze e na fronteira com a Zâmbia, reflito sobre o assunto, em silêncio. Malária é assunto grave na África: quase um milhão de crianças perecem por ano com a doença — a cada minuto morre uma criança.

Apesar de ter viajado a diversas áreas de risco — como Camboja, Libéria e Guiana —, nunca fui picado por um mosquito transmissor do parasita *Plasmodium*. Mas passei perto. Em 1996, para viajar uma semana no interior do Suriname com Thane Maynard, do Zoológico de Cincinnati, e o biólogo Russell Mittermeier, tomamos cloroquina ao chegar à capital, Paramaribo. O medicamento preventivo pretendia matar o parasita quando ele entrasse na corrente sanguínea. Durante a expedição aos montes de granito Voltzberg e ao vilarejo Kwamalasamutu dos indígenas Tareno, vi apenas uma vez um mosquito voando. Regressamos sãos e salvos aos Estados Unidos. Mas, dez dias depois, Russ me liga apavorado dizendo que Thane havia sido internado no hospital, diagnosticado pelos médicos norte-americanos com uma gripe forte. Após alguns dias, seu estado piorou — os medicamentos não faziam nenhum efeito — e ele entrou em estado de coma. Foi quando a esposa de Thane lembrou que ele viajara ao Suriname e que o problema poderia ser outro. Os médicos de Cincinnati, ignorantes de doenças tropicais, haviam perdido preciosos dias. Uma médica brasileira, Dra. Silvania Ng, ao analisar o sangue do paciente, viu que o *Plasmodium falciparum* estava fazendo um grande estrago. A Dra. Silvania cuidou de Thane e ele se salvou. Além da ignorância médica norte-americana, uma possível causa da contaminação teria sido que a cloroquina que tomamos já não fazia efeito no parasita, que havia criado resistência ao medicamento. Outra confusão: o Suriname dizia, para não manchar sua reputação, que o *P. falciparum* não existia no país. Existe, sim.

O mesmo *P. falciparum* existe na África. A estratégia do remédio preventivo pode ter funcionado nas viagens anteriores de curta duração, mas aqui não há como fazer o mesmo. Os medicamentos profiláticos, como Malarone, causam efeitos colaterais (os pesadelos provocados pelo remédio ganharam fama) e quando ingeridos por longo tempo — no nosso caso, seriam seis meses — podem provocar dores de cabeça e de estômago ou complicar as funções renais. Pior, os remédios também podem mascarar os sintomas e confundir o diagnóstico. A solução que sobra é não ser picado por mosquitos. Para isso, precisamos adotar uma rigorosa disciplina diária. Não quero colocar em risco a vida de meu filho. Se alguém precisar ter uma malária nessa viagem, que seja eu, macaco velho, e não ele.

Antes de sair da Namíbia, checamos mensagens e torpedos. Uma boa notícia do fotógrafo Gerhard: a lente foi comprada.

A fronteira da Zâmbia é caótica e pagamos quatro tipos de taxas para entrar com o carro, cada uma em um escritório diferente. Mais uma vez, nosso famoso carnê é dispensado. Tanto trabalho para obtê-lo e ainda não o estreamos!

Na pousada Toka Leya, somos recebidos calorosamente pelo gerente Marc Harris. Ele já sabe da situação da lente quebrada e diz que dentro de três ou quatro dias o pacote deve chegar às minhas mãos. Segundo a central de Wilderness Safaris, a lente foi comprada em Johannesburgo e enviada à Namíbia. De lá, seguirá para o aeroporto de Cataratas Vitória, no Zimbábue. Para evitar qualquer tropeço, de Zimbábue até a Zâmbia a lente virá de carro.

— Agora é relaxar. Enquanto você espera, há muita vida selvagem no Parque Nacional Mosi-oa-Tunya e no rio Zambeze — diz Marc. — Recebi um e-mail de Rob Moffet pedindo que eu dê apoio especial ao trabalho de vocês. Vou escolher uma cabana com wi-fi, para que vocês tenham sempre conexão no quarto.

O tapete verde de Rob funciona mesmo.

Para nós não existe domingo ou feriado. Aproveito qualquer parada com conexão de internet para colocar o trabalho em dia. Mas Marc Harris faz questão de que Mikael e eu conheçamos primeiro o rio, que corre a poucos metros dos salões abertos de Toka Leya.

O Zambeze é o quarto rio da África em extensão e cruza seis países. Suas águas ainda estão transparentes. Mas estamos no início da estação das chuvas e, a cada dia que passa, o nível da água sobe um pouco mais e sua cor fica mais barrenta. Deslizar sobre o rio e descobrir dezenas de espécies de aves recarregam minhas baterias.

Donald, nosso barqueiro, aponta, com entusiasmo, para uma das ilhas:

— Um elefante macho. Raro ver isso dentro do rio.

O animal cruzou o rio nadando e está em uma ilhota, à beira d'água, matando a sede no Zambeze. Donald se aproxima, com habilidade, e chega a 10 metros. O bicho é enorme.

Donald mantém distância e explica:

— Elefantes são rápidos e excelentes nadadores. Atravessam rios com facilidade, até mesmo o Zambeze, que é largo. Melhor manter distância.

Segue um festival de fotos e de vídeo. O jovem adulto, consciente de seu tamanho, abana as orelhas imensas, como sinal de superioridade. Como não arredamos do lugar, ele decide investir contra o barco e dá três passos largos dentro d'água. Donald, mão no acelerador, arranca quando vê que o elefante pode chegar perto.

Enquanto esperamos a objetiva, passamos longas horas nos laptops. Estou concentrado na escolha das melhores imagens da Namíbia quando um guia me interrompe.

— Perdão pelo incômodo, mas talvez vocês queiram ver um rinoceronte-branco que chegou bem perto do acampamento — diz o funcionário de Toka Leya.

Em poucos segundos estamos armados com câmeras e tripés. De jipe, rodamos apenas 100 metros e paramos ao lado de um guarda — armado com um fuzil automático nos ombros. É um AK-47, a arma que tanto tumultuou meus sonhos na Cidade do Cabo.

— Vocês podem me seguir, em fila indiana. Chegaremos perto do rinoceronte, a pé — afirma Clever, um dos seis guarda-parques que mantêm os cinco rinocerontes do Parque Mosi-oa-Tunya sob constante vigilância, 24 horas por dia. Ele explica que a ação é necessária:

— Em 2008, quando não tínhamos a brigada de vigilância, cinco animais foram assassinados e seus chifres foram vendidos a comerciantes da China.

Se fiquei espantado com o tamanho do elefante no Zambeze, minha sensação de vulnerabilidade frente ao rinoceronte-branco é ainda maior. Agora estamos no solo e a poucos metros do animal.

— Não há nenhum perigo — diz Clever, sereno. — A visão dos rinocerontes é muito fraca. O importante é não fazer nenhum movimento brusco.

Movimento brusco? Nem me atrevo a respirar. Ele dá alguns passos, para e abaixa a cabeça para arrancar o pasto com sua boca ampla. É por sua boca larga que ele é chamado de rinoceronte-de-lábios-largos. Os lábios finos e pontudos do rinoceronte-negro foram desenhados para que ele coma folhas; os lábios quadrados e dilatados são mais adequados para comer as gramíneas do solo.

A confusão do nome teria sido criada por um erro de tradução. O rinoceronte-branco foi chamado pelos africâneres, descendentes dos holandeses, de *wijd* (em holandês, largo). Mas os ingleses compreenderam *wit* (em holandês, branco). Quando identificaram o segundo rinoceronte, o de lábios finos, esse foi chamado de negro para se contrapor ao branco. Parece um deslize ridículo, mas assim aconteceu. A realidade é que tanto o rinoceronte-negro como o branco são cinza.

O rinoceronte-branco volta a caminhar, muda ligeiramente sua direção e nós o acompanhamos lateralmente. O gigante anda mais 50 metros, encontra uma poça de água, baixa a cabeça e bebe um pouco. Levanta o pescoço, percebe que está sendo seguido e fica imóvel. Totalmente imóvel por vários minutos.

Clever faz um trocadilho com o significado do nome dele:

— Acho que devemos ser *espertos* agora e deixar o animal tranquilo.

A pousada Toca Leya está a 20 minutos das Cataratas Vitória, uma das sete maravilhas naturais do mundo. Mosi-oa-Tunya, nome local das quedas — significa "a fumaça que estronda" — não é a mais alta e nem a mais larga das cataratas do planeta. Mas é a maior de todas, pois seu conjunto de 1,7 quilômetro de extensão por 100 metros de altura forma o maior paredão de água do mundo. Assim como as Cataratas do Iguaçu, as Cataratas Vitória estão na fronteira de dois países e os pontos de observação na Zâmbia e no Zimbábue se complementam.

Reservamos uma tarde para visitar os dois ângulos e, de quebra, marcar mais um país para os viajantes. Zimbábue é o sexto da expedição. Do lado da Zâmbia, vemos o paredão de 1,7 quilômetro de forma lateral e toda a garganta. Mas, como a quantidade de água que cai já é grande, a névoa criada impede uma boa visibilidade. O máximo que conseguimos ver, quando um raio de sol ilumina a água, é um belo arco-íris.

Ao cruzarmos a ponte e entrarmos no Zimbábue, uma chuva aparece com força. Gravar uma imagem de cinco segundos de vídeo se transforma em uma epopeia ornamentada de sacos de plástico, guarda-chuvas e ponchos. Conseguimos ver grande parte do paredão de água, mas a garoa encharca os equipamentos. Quando saímos do Parque Nacional das Cataratas Vitória de Zimbábue e regressamos à Zâmbia, notamos que a nuvem de chuva só acontecia em cima das quedas. A água pulverizada para cima é tão grande que forma um microclima.

As Cataratas Vitória atraem centenas de milhares de turistas anualmente. Mas o impacto negativo do turismo de massa fez com que a Unesco considerasse o cancelamento do status de Patrimônio Mundial conferido às cataratas. O cartão amarelo provocou uma maior conscientização ambiental na região e a pousada Toka Leya foi construída com esses princípios, tornando-se hoje um exemplo de sustentabilidade na esfera de hospedagem.

O acampamento de 12 cabanas segue práticas ambientais responsáveis, não apenas para "mostrar que são verdes", mas porque os executivos da Wilderness Safaris sabem que os hóspedes só continuarão a visitar a pousada se o lugar for mantido em perfeitas condições ambientais. Aquecedores solares, passarelas de madeira para preservar o habitat e uma máquina que "cria" água do ar úmido são algumas das iniciativas ecologicamente corretas de Toca Leya.

Menos óbvio para os hóspedes, os bastidores da pousada refletem a mesma responsabilidade ambiental. Uma estação de tratamento de água por ozônio transforma as águas servidas em um pequeno pântano para as aves. Um minhocário converte os restos de comida em fertilizante natural. Um viveiro de plantas nativas dissemina novas árvores no parque, que, há alguns anos, estava em mau estado. Inspirador ver que isso está acontecendo em plena África.

Com dois dias de atraso, a tão esperada lente chega. Testo o equipamento na câmera e tudo funciona na mais perfeita ordem. Podemos seguir viagem. A saída de Toka Leya marca o encerramento da terceira etapa. Mikael coloca, sobre um mapa da África, o trajeto original e publicamos o itinerário nos blogs. Estamos no 47° dia da expedição, com 8.871 quilômetros rodados. Estivemos em seis países, a Nandi em quatro. A viagem está acontecendo de verdade! Uma delícia!

Capítulo 7

Alerta na Zâmbia

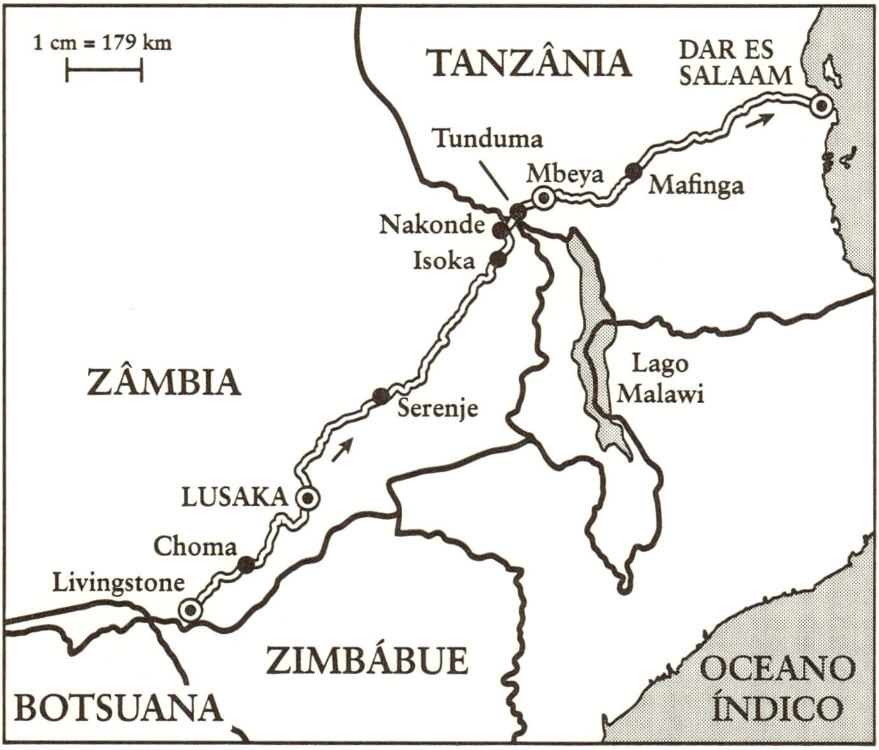
1 cm = 179 km
TANZÂNIA
DAR ES
SALAAM
Tunduma
Mbeya
Mafinga
Nakonde
Isoka
ZÂMBIA
Serenje
Lago
Malawi
LUSAKA
Choma
Livingstone
ZIMBÁBUE
BOTSUANA
OCEANO
ÍNDICO

Sem dólares

Os convites para pousar em lodges exclusivos foram mais frequentes do que esperávamos. Acaso ou proteção aos que iniciam uma jornada? Se contabilizo a estada no casarão de Keith em Windhoek, passamos mais da metade das noites sob um teto confortável, sem precisar abrir a barraca da Nandi.

Deixo Toka Leya sabendo que a expedição entra, mais uma vez, em território bem mais povoado do que a Namíbia. Tive um aperitivo em Angola, agora Zâmbia é o prato principal. A Namíbia ocupa uma área igual à dos estados do Rio Grande do Sul, Santa Catarina e Paraná, mas sua população de 2 milhões é apenas a de Curitiba. Um país vazio é, teoricamente, mais fácil de ser gerenciado. A Zâmbia é diferente. Suas terras férteis agrupam 14 milhões de pessoas, em um espaço quase igual ao da Namíbia. Seu crescimento demográfico é um dos maiores do mundo.

Em Livingstone, cidade da fronteira, buscamos um caixa eletrônico. Nas terras do rand, a tarefa levava menos de um minuto. Na Zâmbia, mesmo na cidade turística das Cataratas Vitória, nem mesmo o poderoso banco inglês Barclays possui o serviço.

Dois cambistas aparecem. Eles oferecem uma taxa superior ao câmbio oficial. Mikael e eu aceitamos. Enquanto um dos cambistas conta o dinheiro e entrega ao Mikael notas que devem totalizar 460 mil kwachas zambianas, mantenho a nota de 100 dólares na mão.

Mas o segundo cambista refaz a conta no celular e propõe uma taxa inferior, dizendo que se enganou. Sua atitude é calculada para criar confusão.

O outro diz que aceita a taxa mais alta e que mantém o negócio. Ele termina de entregar as notas a Mikael, pega a de 100 dólares que está em minha mão e a coloca no molho de notas de dólares que segura. De olho na minha nota original, vejo que o valor entregue é inferior e insisto em cancelar a operação. Os cambistas voltam ao estado cordial e aceitam. Entregam de volta os 100 dólares e retomam o pacote de kwachas. E vão embora andando, com muita calma.

Demoro três segundos para olhar com mais atenção a nota de 100. Não é a mesma que entreguei. Mais dois segundos para olhar a nota contra a luz do dia. É falsa. Caímos no golpe do cambista! Não posso acreditar na besteira que acabamos de fazer. Quando procuro os malandros, eles não andam mais com a mesma calma: correm e desaparecem em uma viela.

Na casa de câmbio, onde troco outros 100 dólares, os empregados contam que o ato de substituir uma nota boa por uma falsa acontece todos os dias e que a polícia sabe quem são os embusteiros, mas faz vista grossa.

— Caímos no conto, culpa nossa. Bola para a frente, não podemos ficar abalados por isso — me conformo.

Desanimados, pegamos o asfalto — em obras, para piorar o estado de espírito. Nos últimos dias sofremos algumas perdas: o chapéu, uma lente valiosa e, agora, 100 dólares.

— Nem temos o conforto de Toka Leya, com um vinhozinho na varanda, para nos consolar — afirma Mikael.

— Pensei em voltar para a pousada e pedir abrigo ao Marc por mais um dia — respondo. — Mas acho que pegaria mal.

— Nem daria para contar a história, Haroldo, pois o que são 100 dólares quando cada noite que passamos em Toka Leya vale 500 ou 600 dólares?

— Quem sabe não andamos recebendo cortesias demais? — pergunto, rindo. — As 21 noites de pousadas grátis que tivemos equivalem, por baixo, a um presente de 6 mil a 7 mil dólares. Frente a isso, o que são 100, não é?

Odé nos avisa que temos ainda duas horas de luz do dia. Chegaremos a um camping chamado Gwembe, perto de Choma, antes do anoitecer. Voltamos à vida de andarilhos e, para jantar, comemos arroz integral com *ratatouille* de berinjelas, preparada por Mikael. Adormecemos ouvindo pingos de chuva.

— Tive uma noite péssima — diz Mikael, ao acordar. — Este lugar parece mal-assombrado. Ouvia vozes e passos.

— Também dormi mal — respondo.

Quando coloco a mão embaixo do colchão, sinto que está molhado, uma razão adicional para não ter dormido bem. As paredes internas da barraca também estão úmidas. É a condensação, a diferença do calor interno com a temperatura amena externa. Já não estamos nas terras áridas da Namíbia.

Demoramos a sair do camping. Retiramos o colchão, secamos a plataforma de madeira e refletimos como iremos evitar o problema da umidade dentro do quarto. Deixar a janela de ventilação aberta?

Na estrada, voltamos ao asfalto, mas somos parados pela Polícia. O guarda afirma que cruzei uma faixa contínua, o que não foi exatamente o que aconteceu. Para evitar mal-entendidos, mudo de assunto radicalmente. Saio do carro e converso sobre futebol e Brasil. Não deixo o guarda voltar ao tema da faixa contínua. Conto aos policiais que tenho um presente mágico. Atravesso a rodovia e peço ao Mikael, que ficou no carro, para encontrar três fitas do Senhor do Bonfim. Regresso sorrindo:

— Agora, feche os olhos e pense em três pedidos. Pode ser amor, dinheiro, trabalho, o assunto que você preferir.

— Preciso fechar os olhos? — pergunta o policial rodoviário, desconfiado.

— Sim, se você não fechar, seus pedidos não serão realizados — respondo na maior cara de pau.

O colega de guarnição cai na gargalhada: um branco, que deveria estar pagando uma multa ou uma propina, está colocando uma fitinha verde no punho de um policial, de olhos fechados. Que cena!

— Já pensei em meus pedidos. Posso abrir os olhos? — diz o guarda.

— Sim. Agora, você vai dar três nós na fita. Cada vez que você der um nó, pense forte no pedido — explico, dando tempo para que ele se concentre na tarefa mágica.

— Você pode tomar banho com ela, não se preocupe. Quando a fita ficar velha e se romper, seus pedidos vão acontecer — afirmo com a maior seriedade. — Não revele seus pedidos para ninguém, nem para sua mulher. E não retire a fita antes do tempo, ela ficará velha e vai se desfazer naturalmente.

Explico que a fita do Senhor do Bonfim é uma tradição brasileira da Bahia, local onde aportaram milhões de africanos, e que cada cor está relacionada com um orixá, as divindades trazidas pelos africanos ao Brasil.

— A fita verde é a de Oxossi, que simboliza a força das matas e da natureza.

O segundo policial também quer uma fita e ninguém fala mais da multa.

Trauma em Lusaka

Paro em um posto de combustível antes de chegar a Lusaka. Por estar apenas a 40 quilômetros da capital zambiana, é um posto moderno, com bomba digital e loja de conveniência. Melhor encher o tanque em um lugar tranquilo e evitar a confusão da cidade grande. A área metropolitana de Lusaka tem 2,5 milhões de habitantes.

Como no Brasil, os meses de chuva mais intensa são de dezembro a março, com trovoadas tropicais inesperadas. Estamos no pico da estação. Lusaka está na mesma latitude 15° Sul que Brasília e a temperatura, nesta época do ano, beira os 30° C.

Precisamos atravessar toda a capital pela artéria principal, a Avenida Cairo, para continuar rumo ao norte. Mikael está na direção. O trânsito fica mais denso e, para piorar, a chuva recomeça. As janelas, por medida de precaução, estavam fechadas. Mas a condensação embaça o interior do para-brisa e resolvemos abrir pela metade para entrar um pouco de ar. O sistema de ventilação da Land Rover é péssimo e não consegue resolver o problema de visibilidade.

Mikael, com paciência, conduz a Nandi passo a passo.

Do nada, ouvimos pancadas na porta do motorista. Consigo ver a face mal-encarada de um homem, abaixo do nível da janela, como se estivesse agachado. De início, penso que é um aleijado que anda sobre as mãos, pedindo esmola. Como um maluco, o sujeito continua batendo forte na porta, que está trancada. Mas a insistência e as caretas agressivas nos deixam nervosos. Tenho vontade de sair do carro, mas não quero correr riscos.

Toda a balbúrdia acontece no lado direito do carro, o do motorista — até eu estou preocupado com essa confusão incompreensível.

Ouço uma voz feminina do meu lado do carro, me viro e escuto uma mulher na calçada, gritando:

— Um homem abriu o carro e levou alguma coisa de dentro.

Saio à rua e vejo três assaltantes ziguezagueando entre carros e desaparecendo na confusão de Lusaka.

Regresso à Nandi. O que será que ele levou?

Não acredito quando olho o assento do meio, reservado para o material fotográfico. Uma das câmeras Nikon, que estava dentro de um estojo preto, não está mais no lugar. Desapareceu.

Como o trânsito está empacado, volto a falar com a senhora que me avisou do furto.

— O que você viu nas mãos dele?

— Alguma coisa preta, tipo uma bolsa pequena — responde ela.

Que azar! Foi mesmo a Nikon. Dessa vez, perco uma câmera e uma lente. Pior, a lente roubada era a nova, que acabara de receber. Tirei apenas três fotos com ela. Fico furioso!

O tráfego recomeça a fluir e tento entender o que aconteceu.

— Aquele louco que batia na porta, Mikael, fazia isso apenas para distrair nossa atenção — afirmo. — Enquanto estávamos intrigados com as caretas e batidas, um comparsa conseguiu abrir a porta lateral.

— Deve ter sido isso. Não estava olhando para seu lado.

— Ele deve ter enfiado o braço pela fresta da minha janela, abriu o trinco e depois a porta. Passou o braço por cima da geladeira, encontrou o estojo da câmera e levou. Deve ter acontecido em poucos segundos, pois não vi nem senti, em nenhum momento, alguém perto de mim.

— Se o cara entrou no carro, atrás de você, então corremos um risco maior — diz Mikael. — Perdemos uma câmera, mas estamos vivos e ilesos.

Em menos de 24 horas fomos roubados duas vezes. Hoje a perda é grave.

— Estamos aqui no continente para documentar as coisas boas, para mudar a imagem negativa do africano, e acabamos sendo roubados! Dá vontade de esquecer a expedição e voltar para o Brasil — digo.

— O importante é sair de Lusaka imediatamente — responde meu filho.

Mikael, no ímpeto de encontrar espaços entre carros para sair da confusão, enfia a Nandi em uma fila mais curta em uma rotatória. Um policial de trânsito faz sinal para que paremos. Saio do carro chutando o pau da barraca:

— Onde você estava quando fomos roubados há cinco minutos? Você deveria estar cuidando da proteção das pessoas, em vez de querer multar carros!

O policial gagueja e não sabe o que responder. Entro na Nandi e seguimos caminho. A chuva retorna ainda mais forte.

— Sei que a Zâmbia deve ter lugares e pessoas interessantes, mas demos muito azar nos dois dias — afirmo.

Saímos do centro da cidade e o trânsito fica mais fluido. O plano inicial de comer algo é esquecido. Não temos astral para isso e a chuva desfavorece. Graças a Odé, sabemos quais avenidas devemos escolher para encontrar a rodovia Tan-Zam.

Mas outra surpresa nos espera. Chove em Lusaka há algumas horas e a água começa a se acumular. Mesmo as avenidas principais não contam com um sistema de escoamento pluvial eficaz. Ao chegar ao topo de uma lombada, vejo que a avenida na qual trafegamos desce e, depois de uma encruzilhada, sobe novamente. Como o cruzamento é o ponto mais baixo, as águas das quatro avenidas escorrem em direção a essa bacia.

Estamos em frente a um alagamento. Os veículos pequenos estão em fila, parados. Seus motoristas têm medo de cruzar a lagoa que se formou. Dois caminhões, em direção contrária, esperam do outro lado do piscinão. Vários curiosos estão no local, como se apostassem qual veículo tentará passar e qual ficará preso na inundação.

Mikael para a 100 metros e pergunta:

— Então, vamos?

—Temos uma Land Rover para enfrentar situações como esta — respondo. — Coloque em marcha lenta e saia já na terceira, com o diferencial bloqueado.

— Certo. Com firmeza e sem fazer muita onda — completa, dando uma buzinada para avisar aos pedestres para sair do meio da avenida.

Os transeuntes seguem a Nandi com olhares incrédulos. Ela afunda mais de meio metro na água e continua rodando, com vontade. Uma onda baixa se forma atrás do veículo e alguns segundos depois já estamos no seco, ao pé da outra subida. Não paramos para receber parabéns. Ao longe, o povo bate palmas.

Tan-Zam

A rodovia Tan-Zam liga, como seu nome indica, a Zâmbia à Tanzânia, nosso próximo destino. Ela é asfaltada, mas é uma via de mão dupla. A vantagem é que tem raras curvas e pouco trânsito. Mas, quando aparece um caminhão em sentido contrário, ele se acha o dono do pedaço e trafega quase sempre no meio da pista.

Quase paralela à rodovia corre a ferrovia Tazara. A construção foi iniciada em 1970 pelo governo chinês, que financiou o projeto. Na época, era o maior empreendimento chinês na África. Cinco anos depois, a China entregou os 1.870 quilômetros de estrada de ferro aos dois países.

Por mais que eu esteja atento à nova paisagem, o fantasma do roubo continua a povoar minha mente. Os pensamentos mais melancólicos são aqueles que começam com a frase "E se" e fomentam uma sensação interna de remorso e de que eu poderia ter feito algo para evitar o incidente.

"E se eu tivesse deixado as câmeras no assoalho da Nandi, e não no assento, facilitando a tarefa do ladrão?"

"E se eu estivesse olhando para meu lado e não para o do Mikael, que tinha a situação sob controle?"

Uma vez aberta a porta dos mea-culpa, é fácil cultivar pensamentos lúgubres.

"E se o ladrão tivesse quebrado o vidro da janela com uma pedra?"

"E se o ladrão tivesse colocado uma faca em meu pescoço quando abriu a porta?"

Pela primeira vez na viagem, me sinto vulnerável. Estávamos conversando e comendo um biscoito, em um astral bacana. E, de repente, o caos. O Efeito Pati — tudo pode mudar em três segundos — aparece na polaridade contrária. Que rasteira!

— Mikael, vou precisar comprar uma segunda câmera. Com a lente 150-500 milímetros na câmera que ficou posso fotografar animais e pessoas. Mas perdi a grande-angular. Como captar um ambiente, uma paisagem, um conjunto de pessoas?

— Se a câmera estivesse com a lente quebrada teria sido menos dramático. Você poderia usar a telefoto e a grande-angular nova na câmera que sobrou. Mas o ladrão foi levar logo a lente que deu tanto trabalho para conseguir.

— Vamos pensar juntos — peço. — Como podemos conseguir uma câmera Nikon nas próximas semanas?

— O ideal seria pedir ao Tamino para comprar em Nova York. Basta um telefonema e ele tem a câmera e a lente em dois dias na casa dele — responde Mikael.

— O problema é entrar com a lente na Tanzânia ou no Quênia sem pagar altas taxas. Precisamos que alguém traga o equipamento. Tamino estava pensando, em algum momento, em encontrar a gente. Agora seria o momento ideal. Vamos ligar para ele?

— Vamos com cuidado, pai. Melhor não alarmar as pessoas com a história do roubo e gerar um clima de preocupação. Pelo menos por enquanto — recomenda Mikael.

— Concordo. Já basta a história da lente quebrada para o pessoal ter tido um gostinho de aventura.

— Voltando ao assunto de Nova York, Tamino compra o equipamento. E temos algumas opções. A primeira, ele mesmo traz o pacote. A segunda, Justine, aquele amigo dele que tem viajado bastante ao Quênia para um projeto de energia solar. Mais alguma ideia? — pergunta Mikael.

— Sim, a sede do Programa das Nações Unidas para o Meio Ambiente (Pnuma) é em Nairóbi — afirmo. — Tamino pode entregar a câmera para alguém que viaje da sede da ONU em Manhattan até Nairóbi. Tenho o e-mail de Eric Falt, antigo diretor de comunicações do Pnuma, que agora mora em Nova York. Posso escrever uma carta simpática, explicando meu drama, e quem sabe ele ajude.

— Boa. Mais alguma coisa?

— Uma quarta opção. Sabe aquele casal de cineastas que mora no Quênia, Vicky Stone e Mark Deeble? Escrevi um post sobre eles quando os encontrei no Parque Nacional Tsavo Oeste no ano passado.

O último e-mail dizia que estavam na Inglaterra, editando um filme na BBC. Posso escrever para saber quando chegam e se podem trazer uma câmera a tiracolo.

— Ótimo. Já temos quatro diferentes possibilidades. Você vai conseguir uma câmera nova. Pode confiar — diz Mikael.

A conversa me deixa um pouco menos desanimado e faz o tempo passar mais rápido. Odé informa que temos um camping em uma fazenda perto de Serenje. Quando vemos a placa com o nome Kalwa, saímos do asfalto. Chegamos a uma fazenda deserta. Seguimos a pista com cuidado, há pouco movimento. Consigo perceber, durante um segundo, dois meninos perto de um poço de água. Ao serem avistados, eles desaparecem no meio do mato. Quanto mais chamamos, mais eles correm.

— Outra fazenda mal-assombrada — diz Mikael. — Como se não bastasse o susto que tomamos hoje.

Estacionamos o carro na entrada da casa principal, que está fechada e não é usada há algum tempo. Um senhor negro, com cabelos brancos, aparece. Ele percebe que somos estrangeiros. Peço a ele, com respeito, a permissão para pernoitar onde estamos. Ele aceita, mediante um pagamento de 40 mil kwachas (16 reais), o mesmo preço que pagamos na fazenda mal-assombrada da véspera. Ele mostra onde encontrar água potável e diz que podemos usar a varanda da casa para jantar.

— Infelizmente, não há eletricidade. A fazenda está abandonada — diz o senhor.

Mikael conversa um pouco com o capataz para conhecer o histórico do lugar. Cansado, não tenho ânimo para puxar papo ou fazer perguntas inteligentes. Arrumo o carro, monto as cadeiras e a mesa para o jantar; mesmo assim, escuto o histórico. A fazenda havia sido comprada por uma igreja batista dos Estados Unidos. Alguns membros da congregação, com experiência em agricultura, vieram tomar conta da propriedade, com o nobre intuito de ajudar os nativos e, de quebra, trazer a palavra de Deus. Apesar da terra fértil e de um clima fresco — quase fora do raio de ação do mosquito da malária, pois estamos a 1.400 metros de altitude —, os norte-americanos desistiram depois de um ano de trabalho.

Mais segurança

Dizem que a noite traz bom conselho. Mas foi difícil acalmar minha mente agitada e zangada com o episódio do dia. A sensação de que alguém penetrou na Nandi e roubou algo de valor é como uma invasão de território. Estou inconformado. Consigo dormir três horas e às 2h30 acordo. Mais uma vez, borbulha a coleção de frases que se iniciam por "E se".

Às 6h30, quando a claridade desponta, desperto Mikael. Melhor aproveitar o dia para devorar os quilômetros da Zâmbia. Mais uma vez, mesmo sem chuva, o interior da barraca está molhado.

— Pelo visto, a tecnologia de barraca no teto do carro funciona apenas para desertos e áreas secas — digo, rabugento.

— E, pelo visto, você não dormiu nada bem e está de péssimo humor — diz Mikael. — Se você continuar com essa vibração, vamos ter um terceiro dia de roubo.

A ficha cai na hora. Se me deixar levar pela angústia, a viagem vai passar a ser um pesadelo. Até a relação com Mikael seria prejudicada. Preparo minha granola com banana amassada e como meu prato quieto, em um canto.

De volta à Tan-Zam, encaro o problema:

— Mikael, vamos aprender com o susto que tomamos ontem. Necessitamos de um esquema de segurança melhor.

— Concordo. Esse desafio só vai crescer daqui em diante. Passaremos por estradas perigosas, como aquela entre o norte do Quênia e a Etiópia, e por muitas outras capitais, como Dar es Salaam, Nairóbi, Adis Abeba e Cartum.

— Para começar, quando nos aproximarmos de qualquer cidade grande, temos que entrar em alerta vermelho. Quem dirige, totalmente focado na estrada; o copiloto, atento a tudo que acontece ao redor da Nandi — afirmo. — Nada de ler, falar ao telefone ou enviar e-mails nessa hora.

— Também acho. Outra coisa: ontem, no congestionamento, estávamos colados ao carro da frente. Em uma grande cidade, precisamos dar sempre espaço ao lado e à frente do carro para poder manobrar e escapar, se necessário — diz Mikael.

— Ótimo. Também revisar se todas as cinco portas estão bem trancadas — digo.

— Será que elas estavam mesmo bem fechadas ontem? Ainda não sei como o ladrão abriu.

— Você se lembra de que eu queria comprar um spray de pimenta na África do Sul, como uma arma de autodefesa? — pergunto. — Acabamos não encontrando, mas acho que o repelente de mosquito pode servir e deve ficar aqui na frente. O aerossol contém uma substância tóxica, o DEET, e, se pulverizamos isso nos olhos de um ladrão, temos uma boa chance de ganhar tempo e fugir.

— Excelente ideia — confirma Mikael.

Ele encontra uma das latas, a menor, e a coloca estrategicamente em um dos espaços ao lado do volante.

— Tive mais uma ideia — aviso. — Vamos preparar um maço grosso com notas que não valem nada. Aqui na Zâmbia há notas de 100 kwachas. Isso equivale a 4 centavos de real. Com um pacote de 50 notas, temos uma nova arma.

— O que faremos com esse maço de notas? — Mikael pergunta, ainda sem entender.

— Na hora de uma confusão, jogamos o maço de notas para o alto e saímos. No primeiro minuto, as pessoas vão ficar entretidas em agarrar as notas. Até que elas se deem conta de que é dinheiro de outro país ou que não vale nada, já saímos de perto. Que tal?

— Bem, não sei se vai dar certo. Mas podemos fazer o pacote e deixar ao alcance. Nessas duas opções, teremos que ser bem rápidos.

— É o Efeito Pati. Tudo muda em três segundos. Precisamos apenas de alguns instantes para a gente se safar de uma enrascada.

Na Tan-Zam, o cenário não muda. Um tráfego intenso de caminhões, muitas plantações de milho às margens da rodovia e cada vez mais fornos de carvão. As árvores calcinadas se transformam em enormes sacos de plástico branco, vendidos à beira da estrada.

Faço as contas e precisaríamos rodar 700 quilômetros para chegar até a divisa com a Tanzânia. Melhor passar a noite perto da última cidade da Zâmbia, antes da tensão da fronteira. Odé nos informa que existe um camping em Isoka; é para lá que vamos.

O GPS tem demonstrado ser uma ferramenta maravilhosa. O programa Tracks4Africa contém preciosas informações como campings, hotéis, postos de combustíveis, distâncias entre dois pontos e tantos outros dados úteis ao viajante. Só encontramos os campings das duas noites anteriores porque os nomes e as coordenadas estavam no Odé, não estavam em nenhum guia. Assim, quando vejo Isoka Camping no GPS, pouco depois do entroncamento da cidade de Isoka, confio na informação.

Assim como não posso acreditar piamente em tudo que leio na web, desta vez os dados de Tracks4Africa estão errados. A coordenada exata do Isoka Camping marca apenas um espaço entre duas casas nativas, a 50 metros da estrada. Ao redor, um milharal. O viajante que contribuiu com a informação para o programa deve ter dormido aqui, mas se esqueceu de avisar que a hospedagem havia sido casual e que o lugar não existe como camping.

Ao sairmos da Nandi para checar o local, somos rodeados por mais de 20 curiosos. Ninguém fala uma palavra de inglês: é a realidade rural. As crianças das duas casas nos recebem com carinho e, timidamente, rolam uma bola de trapos de tecidos em nossa direção. Quando ameaço dar o primeiro chute, começa a algazarra. Todos querem se transformar no goleiro que vai agarrar o chute do branco que aterrissou na aldeia ao entardecer.

Pingos de chuva me obrigam a trocar o lúdico pelo dever. Escurece e hoje não temos camping definido. Resolvo regressar ao entroncamento de Isoka e buscar um hotel na cidade. A melhor opção é um hotel barato, com um estacionamento e um guardião noturno. Desta vez não é uma dica de Odé, mas a de um motorista de van que nos leva ao Julika Lodge. O custo e a qualidade estão na base da pirâmide da hotelaria. Dez dólares (17 reais) por pessoa, para um quarto limpo, com duas camas de solteiro e um banheiro em frente. Chuveiro só de cuia.

Cartão amarelo

Se a passagem pela Zâmbia foi complicada, a saída tardou apenas 10 minutos. Cruzamos a fronteira, deixamos o carro no estacionamento da alfândega da Tanzânia e fomos carimbar os documentos.

A Tanzânia é o sétimo país de Luzes da África e o primeiro país novo para minha lista de viajologia, ocupando o 149° lugar. Eu já havia estado nos outros seis países da expedição, em viagens anteriores.

Os vistos da Tanzânia foram emitidos nos passaportes norte-americanos que Mikael e eu possuímos, ele por ser filho de uma mãe nascida em Nova York e eu por ter vivido 19 anos nos Estados Unidos. Sair de um país, por terra, com um passaporte e entrar no seguinte com uma nacionalidade diferente pode complicar a cabeça de um agente de imigração. Se ele resolver buscar o carimbo de saída do país vizinho no mesmo passaporte e não encontrar, pode cismar. Assim, é bom estar atento e não deixar que ele se engasgue com os detalhes. Melhor jogar limpo e avisar, quando o momento for adequado, que tenho duas nacionalidades. Hoje, entre a Zâmbia e a Tanzânia, tudo está tranquilo.

Bem menos tranquilo é a papelada da Nandi. O agente da alfândega insiste em que preciso de um Certificado de Exportação

Temporária. Respondo, com o famoso Carnê de Passagem nas mãos, que esse é o documento que ele deve preencher. Ele sabe disso, mas faz jogo duro para ver se perco a paciência e dou uma propina. Um fiscal pode enrolar uma pessoa por horas. Finalmente, ele cede e pago apenas 25 dólares (43 reais) por uma taxa rodoviária.

Ainda falta um passo: o seguro local. A Tanzânia solicita aos motoristas estrangeiros um seguro automobilístico e os despachantes insistem em vender um seguro com o selo Comesa (Mercado Comum do Sul e do Leste da África). Mostro que já tenho um seguro efetuado na África do Sul, mas eles teimam que o meu não serve no país; e aí começa a ameaça:

— Se você quiser entrar na Tanzânia só com seu seguro, entre. Mas, ao sair de Tunduma, os policiais vão solicitar o cartão amarelo — diz Taylor, um dos despachantes, com cara de tratante. — Você será multado e terá que voltar aqui para comprar o seguro comigo.

Taylor me entrega o cartão amarelo com o selo prateado Comesa. A cada conversa, o seguro vale um preço diferente. Ele começa com 100 mil xelins tanzanianos (130 reais), mas depois me cobra 35 xelins por cilindrada do veículo. Para testar os conhecimentos automobilísticos do pilantra, digo que a Land Rover, de 2.500 centímetros cúbicos, tem apenas 2.000. Ele não discute, multiplica os dois valores na calculadora de seu celular e aceita 70 mil xelins (91 reais).

Taylor começa a preencher o documento — em apenas uma via — e sua letra é péssima. Não deve ter completado a escola primária. Comete vários erros no meu nome e na marca do veículo. Declaro que, do jeito que está, não aceito o documento.

— Vou buscar um novo e você preenche — responde Taylor.

— Se você vai buscar um novo, escolha um com o selo prateado Comesa em melhor estado — solicito, rindo.

Tenho certeza absoluta de que o documento é falso. Por diversas razões. Primeira, por Taylor não ter discutido meu preço — para ele, qualquer ganho é lucro. Segunda, o selo prateado está borrado — o original, tipo holografia, deve servir como uma marca de segurança, mas esse é uma imitação barata. Terceira, quem preenche o documento sou eu e ninguém toma nota de nenhuma informação.

Quando percebo que não estou comprando um seguro verdadeiro, mas apenas um documento que vai evitar pagar multas rodoviárias, quem barganha sou eu. O tempo de validade, que, segundo Taylor, é de apenas um mês, passa a ser, nas minhas mãos, um semestre inteiro. Assim usarei o seguro Comesa na volta, quando passar pela Tanzânia. Quanto aos países para os quais o documento é válido, marco quase todos do continente. Taylor não se preocupa, o que ele quer é o dinheiro.

A novela toma tempo, mais do que em Angola. Na saída de Tunduma, a Polícia nos para e pede o cartão amarelo Comesa. Mostro, com orgulho, e o policial sorri. Tudo estava friamente combinado entre pilantras e polícia.

Conexão com o mundo

Havíamos rodado 1.700 quilômetros de Toka Leya até Mbeya, primeira cidade na Tanzânia. Durante esses quatro dias, além de viver duas crises, conversamos muito e dirigimos mais ainda. Como não havíamos conseguido fazer o *setting* do iPhone para receber dados na Zâmbia, ficamos *off-line* esse tempo. Agora, precisamos voltar ao mundo das comunicações.

No centro de Mbeya, uma casa de esquina toda pintada de roxo é a loja da operadora Zain. Mikael compra um chip, crédito para telefone e um pacote internet de 100 MB, válido por um mês, por 19 mil xelins tanzanianos (25 reais). O técnico que nos atende coloca a senha e logo aparecem dezenas de e-mails na caixa de entrada do Mikael.

— Mika, precisamos resolver minha situação de e-mail — digo em um tom sério. — Desde a Namíbia, só você recebe mensagens direto no iPhone. Veja agora, você pode ler tudo e vou precisar ir a um café internet para conectar meu laptop.

— Também preciso ir a um café internet, pois não posso fazer tudo via iPhone. No fundo, é quase igual — Mikael tenta se esquivar.

— Vou ter que enviar vários e-mails a partir de hoje, inclusive para conseguir minha câmera nova. Não posso fazer isso apenas uma ou duas vezes por semana, quando passarmos por uma cidade. Gostaria que você habilitasse minha conta de e-mail no iPhone — coloco claramente.

— Mas você nem sabe digitar nessa telinha — retruca Mikael, resistindo em compartilhar o iPhone comigo.

— Eu aprendo.

Mikael está em uma sinuca. Se durante as semanas na Namíbia não fiz muita questão de estar on-line e de usar o iPhone dele, agora a situação mudou. Insisto que será mais prático para todos e que perderemos menos tempo. Finalmente, ele aceita dividir seu precioso celular comigo:

— Tá bom, vou configurar o acesso de seu e-mail — diz ele. — Mas o telefone é meu e quem tem prioridade sou eu, concorda?

Concordo, sem hesitação.

Mikael baixa suas mensagens e responde à última enviada por Samanta, sua namorada em Washington. Envia para a família nosso novo número na Tanzânia.

Continuo olhando para meu filho, esperando. Ele pede o *login* da minha conta e digito minha senha. Em menos de um minuto, ele me entrega o iPhone.

— Já está pronto? — pergunto, espantado.

— Sim.

— E demorou apenas 45 segundos para fazer?

— No iPhone, tudo é rápido.

Tento entender por que Mikael não fez isso antes. Hoje, para um jovem, um *smart phone* contém toda sua vida: contatos, torpedos, telefones chamados, sites, Facebook, Twiter e dezenas de aplicações. Quando Mikael divide, a partir de agora, seu celular comigo, todo esse arsenal de informação também pode ser acessado, em teoria, por mim.

Quando chega minha vez de ler as mensagens, fico contente. Recebo diversos e-mails de amigos que acompanham a viagem; outros trazem boas notícias, como a do nascimento de Maria Clara, filha da Regina e do Eduardo. Também recebemos mensagens dos novos amigos da África:

> De Peter Munyi, Quênia: Esperamos você e Mikael aqui em Nairóbi. Mandem um SMS quando entrarem no país. Estou na África do Sul agora, mas quando voltar não tenho nenhuma viagem marcada nos próximos meses.

> De Robby Gass, África do Sul: Bom receber notícias e saber que Nandi está funcionando perfeitamente. Visitamos seu website hoje. Continuem documentando nossa África. Enviamos as bênçãos de nosso Pai Celeste. Vocês estão em nossas preces.

Também recebo e-mails de trabalho, sobre os locais que pensamos visitar:

> De Karlyn Langjahr, Ilha Chumbe, Tanzânia: Mikael, confirmo que vocês são bem-vindos no lodge na próxima semana. Chumbe é uma história de sucesso na conservação marinha da Tanzânia. Vocês vão gostar do trabalho. A cidade de Zanzibar está sem energia elétrica, mas aqui tudo funciona com energia solar.

> De Corne Schalkwyk, Eco Training, África do Sul: Queremos convidar vocês para passar pelo Acampamento Rukinga, ao lado do Parque Nacional Tsavo Oeste, no Quênia. Vamos organizar um treinamento para guias naturalistas e seria ótimo vocês conhecerem a atividade. Haverá estudantes de vários países.

> De Jan Wigsten, Mongólia: Haroldo, quando chegar a Dar es Salaam, entre em contato com Scholastica Ponera, da

operadora Pongo Safaris. Conheci Scola no ano passado, em um treinamento de turismo sustentável. Ela é ótima e poderá ajudar muito sua expedição.

Que maravilha poder estar conectado com tantas pessoas. A viagem toma outra perspectiva. Bom saber que tem gente torcendo para que a jornada dê certo e já divulgando nossas histórias da África. A sessão de e-mails acaba expulsando o diabinho da tristeza que tentava agarrar minha mente. Enterrei a angústia do roubo e estou pronto para seguir viagem. Só preciso resolver o problema da segunda câmera. Para explorar as quatro opções, envio mensagens a Tamino, a Eric Falt da ONU e à cineasta Vicky Stone. Agora, com "meu" iPhone.

Em Mbeya, a chuva forte obriga a que encontremos um refúgio sob um teto, e os quartos do Karibuni Hotel, de frente para um pátio onde estacionamos a Nandi, têm chuveiro quente. A pousada, ligada a uma igreja evangélica americana, é limpa e confortável.

Passamos a manhã chuvosa trabalhando no refeitório do Karibuni. Na hora do almoço, o prato feito não poderia ser mais caseiro: arroz, feijão, couve, batata frita e salada. Parece até que estou no Brasil. O tempero, com bastante alho e cebola, é bem familiar.

Ao entrar na Nandi, levo um susto. Viro a chave e o carro não liga. Checo as duas baterias e elas estão carregadas. O *black box*, que assinala alguma emergência, só tem pontos verdes. Como o carro está em um declive, solto o freio de mão. Mover 3 toneladas não é fácil, mas 10 centímetros podem fazer uma diferença. Tento novamente e o motor pega. Deve ser alguma coisa no motor de arranque, o starter.

Em um posto de combustível, pergunto se alguém conhece um eletricista de carro. Um auxiliar responde afirmativamente, mas a loja fica no centro da cidade. Ao notar que não vou entender como chegar ao lugar, Henry se prontifica a mostrar o caminho.

A loja que buscamos — Pat Auto Electric — fica a duas quadras do mercado central. É uma birosca de dois metros de frente e Patrick está lá dentro. Ele faz a saudação universal do mecânico, oferecendo o braço e o cotovelo, pois suas mãos estão cheias de graxa. Explico o problema. Ele pega uma folha de papelão do tamanho de seu corpo, entra embaixo da Nandi, move uma das peças e pede que eu ligue o carro. Nada. Ele mexe mais uma vez e pede que eu repita a partida. O carro pega, perfeitamente.

— É o motor de arranque. Qual é a quilometragem da Land Rover? — pergunta Patrick.

— Deve estar perto de 231 mil quilômetros — respondo.

— A peça deve ser ainda a original e nunca foi limpa. Vou precisar desmontá-la.

Patrick chama seu filho, um rapaz de 18 anos, e pede que ele compre um litro de gasolina e dois contatos de cobre na loja Toyota. Ao ver minha cara, querendo avisar que meu carro não é um Toyota, ele responde:

— Não se preocupe, as peças são bem parecidas nos motores de arranque. Vou precisar limar e acertar o tamanho delas, mas faço isso toda semana.

Patrick volta para debaixo do carro. Pelos ruídos metálicos que escuto e sua respiração ofegante, ele tem dificuldade para retirar a peça. Quinze minutos mais tarde, reaparece com o motor de arranque nas mãos.

Mikael e eu olhamos a cena apavorados.

— Será que Patrick sabe o que está fazendo? Nosso destino está nas mãos dele — desabafa Mikael, em surdina. — Ele vai saber colocar tudo direitinho de volta?

— Precisamos confiar nele — respondo. — Os mecânicos africanos são descolados; aprenderam a resolver problemas sem grandes recursos, com poucas ferramentas. São criativos e inventam macetes que funcionam.

— Por isso morro de medo de que a Nandi tenha um computador, que só pode ser analisado com sistemas eletrônicos. Você já imaginou se o computador quebrar no meio do mato? — diz Mikael.

— Nem pense na hipótese. Que Omega Megog nos proteja.

Patrick desmonta e limpa o interior da peça com uma escova de dentes embebida em gasolina. O motor de arranque deixa de ser preto e volta à cor original de metal galvanizado. Ele substitui as duas peças usadas de cobre — que fazem o contato — e rearma o quebra-cabeça. Demonstra firmeza.

Por seus 90 minutos de trabalho e pelas peças cobra apenas 48 mil xelins (62 reais). Eu estava preparado para pagar o dobro. Por isso, depois que a Nandi pega sem falhar, compro refrigerantes para todos, inclusive para Henry, o assistente do posto, que permaneceu conosco até o final.

Rumo à Casa da Paz

A chuva no sul e no oeste da Tanzânia tira um pouco da graça do espetáculo. As paisagens estão sem contraste, o céu cinza torna tudo monocromático.

— Mikael, estou precisando de céu azul e de praia, uma praia de água morna, no oceano Índico.

— E o que fazemos com o Parque Nacional Ruaha? É um das reservas mais ricas da Tanzânia, perto daqui — responde.

— Deixamos para a volta. A probabilidade de que tenhamos de voltar por esta mesma estrada, entre Mbeya e Dar es Salaam, é de 99%. Dentro de quatro meses o clima estará seco. Fotografar com chuva vai ser horrível.

Nosso próximo destino é Dar es Salaam, a maior cidade da Tanzânia. Embora tenha perdido o status de capital política em 1973 — hoje a capital é Dodoma, a oitava cidade em tamanho —, Dar es Salaam continua a ser o centro econômico e nevrálgico do país.

A estrada entre Mbeya e Dar (como é chamada pelos locais) está em reconstrução e é longa — mais de 850 quilômetros. Calculamos uma viagem de três dias, sem pressa e com tempo para conhecer alguns lugares, mesmo com chuva.

Durante os 300 quilômetros entre Mbeya e Mafinga, conto 12 guaritas e checagens policiais. Os veículos estrangeiros raramente são vistoriados, mas somos parados três vezes. Para criar uma maior identificação com os policiais, inventamos uma história de que o tio do Mikael — ou seja, o irmão que nunca tive — é chefe de Polícia em São Paulo. Acabamos batendo continência para os guardas e um deles, mais interessado, dá seu endereço: seu sonho é realizar um treinamento fora do país.

Em uma dessas paradas na estrada, encontro um caminhão da Gecko Adventures, todo pintado de alaranjado. Mais tarde, no camping Old Farm House, o caminhão desova uma dúzia de viajantes. Eles montam suas barracas na grama e o jantar é preparado pelo motorista e pelo guia. O esquema é o preferido dos mochileiros europeus e australianos para viajar a baixo custo pela África sozinhos ou em casal. Outro caminhão, da African Acacia Adventures, estaciona ao lado do da Gecko.

Converso com os viajantes, que falam dos diversos percursos. A African Acacia faz o trajeto das Cataratas Vitória a Nairóbi em 21 dias, passando pelos principais parques e pontos de interesse. É essa rota que o grupo de ingleses e alemães está realizando. O meio de transporte é um poderoso caminhão, de rodas elevadas e pneus de lama, com espaço para até 24 viajantes, malas, barracas e uma cozinha. Os caminhões e os mochileiros são chamados de *overlanders*, os que viajam por terra.

Se o primeiro dia foi de recorde de guaritas policiais na rodovia, o segundo é de número de caminhões quebrados na beira da estrada ou no meio da pista. Em um trajeto de 250 quilômetros, conto 12 caminhões parados, três deles virados. Em Mbeya, li em um jornal local que as taxas de mortes no trânsito na Tanzânia são de 30 a 40 vezes maiores do que nos países desenvolvidos. É bom estar prevenido.

O terceiro dia é o de surpresas desagradáveis para o carro. Uma pequena pedra propelida por um ônibus em alta velocidade dá uma mordida no para-brisa da Nandi. A grade que cobre a entrada de ar desapareceu: não sei se caiu com a trepidação ou se foi arrancada por alguém. Por último, ao trancar a quinta porta, me dou conta de que, se eu fizer uma força adicional, a maçaneta cede. Mesmo se a porta estiver trancada com chave, alguém pode abri-la.

— Minha prioridade não é mais o mergulho no Índico. Vamos ter que resolver o problema da porta com urgência. Não podemos deixar a Nandi sozinha com tanta coisa dentro — lamento.

— Ontem conversei com o motorista da Gecko e ele recomendou que dormíssemos em Dar, na praia Kipepeo, 10 quilômetros ao sul. É um lugar seguro, o restaurante tem wi-fi e o camping é na beira da praia — sugere Mikael. — Além do mais, todos os *overlanders* passam a noite lá, antes de ir para a ilha de Zanzibar.

A 20 quilômetros de Dar, o trânsito aumenta e a velocidade diminui. Além do tráfego, vendedores ambulantes invadem a estrada, obrigando vans e ônibus a parar na pista quando precisam deixar passageiros. O caos da grande cidade tem início.

— Entramos em alerta vermelho — afirmo, no volante.

Meu copiloto confirma que as quatro portas estão fechadas. A quinta foi amarrada por dentro com uma corda, não há como abrir. O repelente está ao alcance das mãos, assim como o maço de notas baratas. A concentração é total. Mikael esquadrinha o movimento ao redor da Nandi pelos três espelhos retrovisores. Eu me concentro em dirigir, olhando atentamente para a estrada.

Como combinado, não encosto na traseira do veículo da frente e deixo um espaço para qualquer manobra eventual. Fico na pista de ultrapassagem, para evitar a multidão da calçada. Como saímos do planalto e das montanhas e estamos ao nível do mar, a temperatura subiu muito nas últimas duas horas. Todas as janelas estão fechadas e optamos pelo ar-condicionado.

Aproveitando o congestionamento, dois rapazes atravessam a rodovia e encostam na Land Rover. É um movimento sem maldade, mas Mikael reage imediatamente, pedindo que eu acelere. Estamos atentos.

Quando estamos no momento de maior atenção, toca o telefone. Mikael atende:

— Oi, amorzinho.

Do outro lado da linha, está Samanta, ligando via *skype*. Ou seja, a conversa pode render.

Mikael faz uma cara de sem jeito, do tipo "não posso desligar na cara dela". Respondo, sem palavras, com uma expressão "ela vai ligar logo agora...". Depois de dois minutos de conversa, Mikael toma coragem:

— Amor, estamos entrando agora em Dar e preciso estar atento ao trânsito. Aqui não é como Washington.

Ele escuta uma resposta do tipo "mas quem está dirigindo é seu pai e você pode falar um pouco mais comigo, não pode?".

— Na verdade, não dá para conversar agora, não. Estamos cercados de caminhões, ônibus e gente. Precisamos de quatro olhos atentos. Desculpe — responde Mikael, desligando.

Suspiramos aliviados e voltamos às funções de alerta vermelho.

Embora tenhamos beirado um estado quase paranoico, é bom estar vigilante. Para encontrar a praia prometida, precisamos cruzar Dar, ir até o porto e atravessar a baía em uma balsa.

A passagem da Nandi na balsa é rápida e logo encontramos o acampamento Kipepeo. Estacionamos o carro (a quinta porta continua amarrada) o mais próximo possível da praia, troco a bermuda imunda por um calção de banho e, descalço, corro pela areia até mergulhar de cabeça e furar uma onda do oceano Índico. Meu sonho da semana está realizado. Chegamos inteiros a Dar es Salaam, a Casa da Paz.

Capítulo 8

Cores e sabores de Zanzibar

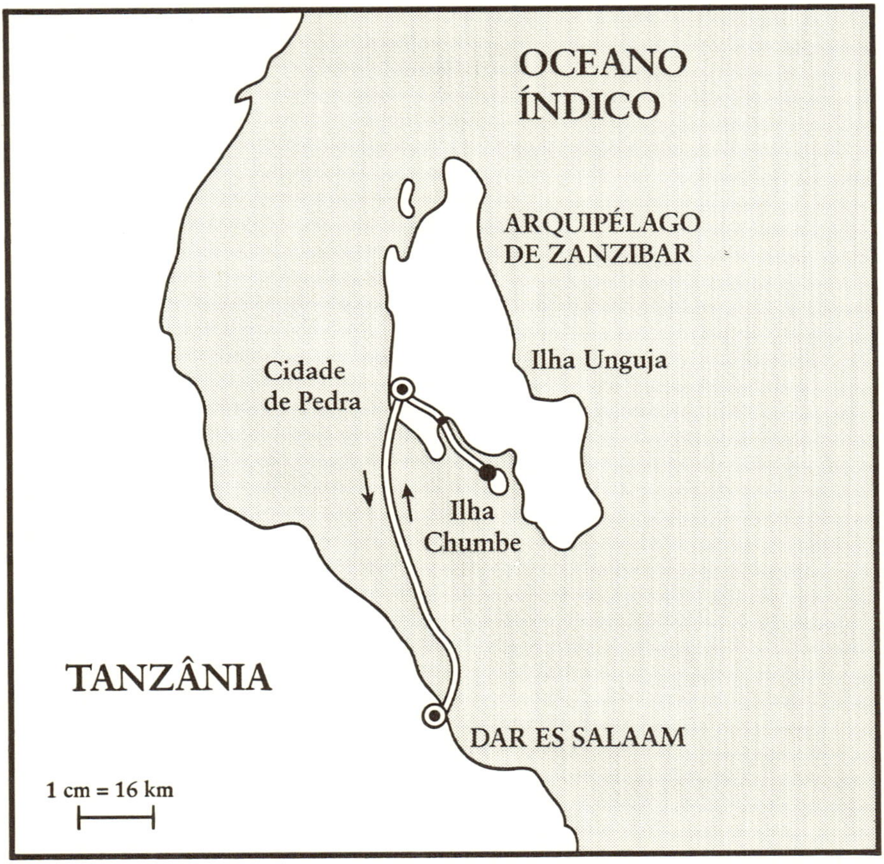

OCEANO
ÍNDICO
ARQUIPÉLAGO
DE ZANZIBAR
Cidade
de Pedra
Ilha Unguja
Ilha
Chumbe
TANZÂNIA
DAR ES SALAAM
1 cm = 16 km

Mama África

O sueco Jan Wigsten insistiu em que deveríamos encontrar Scholastica Ponera em Dar es Salaam. Mesmo querendo passar o mínimo de tempo na grande cidade, concluí que, depois de substituir a tranca da porta traseira da Nandi, teríamos duas horas vagas no final do dia. Uma visita de cortesia não duraria mais do que isso.

Marco encontro com Scholastica em seu escritório, no terceiro andar do prédio Life House. O edifício, na esquina da Ohio Street, uma das ruas mais movimentadas do centro da cidade, é quase moderno. Mas sem energia elétrica — o caso de hoje — qualquer lugar se torna lúgubre. Subimos os andares a pé, por uma escada sombria, sem saber o que vamos encontrar. Atravessamos um longo corredor e avistamos uma placa com o desenho estilizado de uma cabeça de um antílope, o logo de Pongo Safaris, a empresa de Scholastica.

Somos recebidos por uma poderosa senhora. Poderosa em todos os sentidos: sua voz é grave e enérgica, seu corpo é forte e espaçoso e seus cabelos estão armados em um avolumado penteado. Se estivéssemos em um mercado em Gana, na África do Oeste, ela seria uma *market queen*, uma rainha do mercado, a senhora autoritária e de curvas generosas, com maços de dinheiro em suas seis mãos (como uma deusa indiana). Aquela que tem controle total sobre as outras vendedoras do recinto, aquela que manda e desmanda. Enfim, uma autêntica Mama África.

Scholastica possui os ingredientes próprios das grandes mercadoras, mas também mostra elegância, charme e distinção.

— Senhor Castro, é um prazer tê-lo conosco. Jan sempre fala de vocês e segue sua viagem pelo continente. Já entrei em seu blog e adorei suas fotos — diz Scholastica. Voltando-se em direção a meu filho: — Você deve ser Mikael, certo? Vocês gostariam de beber alguma coisa? Água, chá, refrigerante?

Com tempo apenas para sorrir e responder "sim" às perguntas e afirmações, somos levados ao escritório da proprietária, que aproveita para pedir desculpas, em nome da prefeitura, pela falta de energia elétrica.

— Aqui em Dar, esse problema acontece poucas vezes no mês. Já em Zanzibar, devido ao rompimento do cabo que leva energia elétrica do continente até a ilha, nossos colegas estão passando maus momentos durante semanas.

Aproveito o assunto para confirmar se vale a pena passar alguns dias na Cidade de Pedra, o centro histórico de Zanzibar.

— Mesmo sem luz elétrica o ambiente de Zanzibar é fascinante. Vocês não podem deixar de passear pela Praça Forodhani. À noite, é muito romântico — diz Scholastica.

Isso mesmo. Um pouco de romantismo me faria bem a esta altura da viagem. Penso, mas não verbalizo. Retomo a conversa e pergunto como Scholastica recebeu o nome de uma monja italiana do século VI.

— Meu pai nasceu na Índia, na casta Bania, a de banqueiros, de comerciantes de grãos e de especiarias e, hoje, de empresários; ele queria me dar um nome hindu. Já minha mãe era uma princesa negra, filha do chefe Mkundwa da tribo Sumbwa, no oeste do país; ela preferia um nome africano — conta. — Depois de uma longa discussão, durante a qual minha mãe não cedeu, os dois decidiram escolher um nome neutro, em latim, o nome de uma santa da Igreja Católica.

A mescla multicultural de Scholastica não para por aí. Entendo a complexidade étnica da família quando sou apresentado a Hans Warburg, seu sobrinho. Contrastando com a pele escura da tia, Hans é mais claro, o que no Brasil consideramos como pardo. Sem parecer indiscreto, pergunto como o sobrinho ganhou um nome germânico.

— O marido de minha irmã mais velha, Thomas Warburg, era alemão. O destino fez com que eu cuidasse de Hans desde os 2 anos. Ele é como meu filho, mesmo mais clarinho — diz, rindo. — Meus outros três filhos são parecidos comigo. Maureen, que mora em Pretória, na África do Sul, tem minha cara quando eu era jovem e meu caráter — explica.

Scholastica conta que depois da morte de seu marido, Charles Joseph Ponera, um africano Ngoni, descendente direto dos Zulu sul-africanos, ela decidiu abrir uma operadora turística. Diz que sempre gostou de acampar no mato e de viajar por parques nacionais. Graças aos contatos do marido, o novo empreendimento floresceu. No mundo dos negócios na África, as relações de amizade e confiança são essenciais.

— Agora quero saber de vocês. Fiquei encantada com o conceito de Luzes da África e com a ideia de procurar histórias que valorizem nosso continente — afirma. — Nós, africanos, nos sentimos muito desprezados. Quando viajo ao exterior para participar de feiras de turismo e ouço algo sobre a África, sempre é um drama sobre guerra, sequestro ou corrupção. É muito degradante.

— Os países são conhecidos apenas por seus estereótipos — respondo. — No caso do Brasil, somos a terra do futebol, do carnaval e das mulatas bonitas. Mas o Brasil é mais do que isso.

— Convenhamos que é melhor estar associado a esportes, festas e belezas do que à miséria e à mortalidade infantil — rebate Scholastica.

Concordo com ela.

— Por isso, queremos mostrar ao público brasileiro uma África vigorosa, rica em cultura e cheia de vida — retruco.

— Essa é a essência de Luzes da África — diz Mikael, encaminhando a conversa animada para uma reunião produtiva. — A Tanzânia é praticamente desconhecida em nosso país e poucos sabem que o cume do Kilimanjaro está nestas terras.

Mesmo se o Brasil está longe e se o número de potenciais turistas é insignificante, Scholastica vê outra oportunidade no encontro: mostrar aos colegas tanzanianos que ela tem contato com jornalistas interessados em divulgar uma boa imagem do país. Ela aproveita o momento para apresentar sua ideia:

— Sei que vocês estão com os dias contados aqui em Dar e que querem partir para o Quênia — afirma Scholastica. — Mas, como vocês vão voltar à Tanzânia, podemos começar agora a planejar uma expedição. Contatarei o Conselho de Turismo e a agência dos Parques Nacionais para apresentar um projeto. Dentro de quatro meses, quando o clima estiver firme, vocês poderão tirar fotos maravilhosas.

A um convite desses, não há como dizer não. O que eu imaginava que seria uma visita formal de cortesia se converte em uma promissora porta de entrada para facilitar nossa ida a lugares como as planícies de Serengeti, a cratera Ngorongoro, o monte Kilimanjaro, a reserva Selous e o parque Ruaha. Viva Mama África.

Cruzamos a baía de Dar es Salaam na hora do pôr do sol e a tensão de estar em uma balsa apinhada de gente — ambiente predileto dos malandros urbanos — se dissipa entre as cores que esquentam o ambiente. Esta é a terceira vez em que atravessamos com o ferry e aprendemos os macetes.

De volta ao camping Kipepeo, aproveitamos a conexão wi-fi do restaurante e seus pratos vegetarianos. Conecto meu laptop na tomada e dezenas de mensagens caem do céu. O convite para visitar o Parque Marinho Chumbe está confirmado, mesmo em cima da hora.

Já as mensagens sobre minha câmera fotográfica não são promissoras. Tamino contatou seu amigo Justine e ele não tem viagem marcada para o Quênia. Meu colega das Nações Unidas em Nova York diz o mesmo. O contato em Nairóbi nem responde. A única solução é comprar um equipamento — novo ou usado — em Dar ou em Nairóbi.

Depois do jantar, converso com o australiano Andy, gerente de Kipepeo. Explico que quero deixar a Nandi em um lugar seguro enquanto passamos alguns dias em Zanzibar e em Chumbe.

— Nunca tivemos nenhum problema com as camionetes e os caminhões estacionados no camping. Temos vigias dia e noite — afirma Andy.

Ele me dá o número de um taxista que pode passar no camping às 5h30 para nos levar ao porto de embarque. Basta ligar para marcar.

As malas estão preparadas para a primeira jornada sem a Nandi. Ficarei com saudades da companheira até então inseparável. Faz quase dois meses que tenho um convívio íntimo com ela. Mais do que um veículo de transporte, Nandi é nossa casa, nosso escritório, nosso cofre — todos os nossos bens e valores estão nela guardados. Por isso, aquela cena, caricaturizada por Robby Gass no primeiro jantar na África do Sul, do bandido armado com um AK-47 mandando a gente descer do carro e pedindo as chaves, volta a aparecer na minha mente, enquanto ameaço pegar no sono.

Às 4h acordo. Não com o bandido do AK-47 nos meus sonhos, mas com o barulho de pingos de água. Começa a chover uma hora antes de dobrar a barraca! Ela vai ficar fechada durante os cinco dias em que estaremos em Zanzibar, o que significa umidade e mofo. Mikael abre os olhos e chega à mesma conclusão em instantes:

— Vamos fechar tudo. Não podemos deixar que a barraca fique molhada.

Ele abre todos os zippers da tenda e me expulsa para que eu o ajude do lado de fora. Em minutos, a missão está cumprida. A chuva aumenta e nos refugiamos dentro do veículo, cansados pelo susto e pela hora de sono que perdemos.

— Pelo menos, não vamos esquecer a hora do táxi — digo.

Cidade de Pedra

A palavra Tanzânia é o resultado da junção dos nomes TANganica e ZANzibar. O país foi criado em 1964 quando as autoridades da parte continental, Tanganica, e as do arquipélago de Zanzibar resolveram juntar esforços após a independência dos dois estados. Depois de quase meio século, o casamento continua valendo, mas as diferenças entre as personalidades dos cônjuges são marcantes. As ilhas que formam o arquipélago dependem hoje da política centralizada em terra firme e, ao chegar, sinto a irritação dos zanzibaris frente à crise causada pela falta de energia elétrica na ilha.

— Vivemos do turismo, e sem luz poucos estrangeiros visitam a ilha — diz Sabry Juma, dono de uma pequena agência. — É inaceitável que fiquemos sem energia por tanto tempo. Os políticos de Dar não nos respeitam.

Ao perambular pelas ruelas da Cidade de Pedra, o centro histórico, sinto nos ouvidos a consequência da crise de energia. Todas as lojas montaram geradores a gasolina na calçada, em frente ao comércio. O barulho de dezenas de motores é exasperador. Até mesmo os pequenos hotéis e os restaurantes colocam seus geradores na rua. A Cidade de Pedra poderia ser chamada, nesses dias, de Cidade do Zumbido. Fácil entender por que a população local se irrita com as autoridades.

— Zanzibar era mais importante do que o continente. Basta olhar para Beit El Ajaib, a Mansão das Maravilhas, construída em 1883 por Barghash Bin Said, o Segundo Sultão de Zanzibar — assinala Sabry, iniciando seu discurso de guia turístico. — Nossa ilha era extremamente rica. Os sultões usavam as terras para plantar especiarias tropicais, exportadas para a Arábia e a Índia. Cravo, canela, noz-moscada e pimenta trouxeram glória ao arquipélago. Nosso porto era um dos maiores entrepostos comerciais do oceano Índico.

Apesar de relatar fatos interessantes, faço de conta que não ouço e, caminhando em direção à Mansão das Maravilhas, tento me desvencilhar de Sabry. O prédio quadrado de três andares domina a Praça

Forodhani, a principal da cidade, e ostenta uma imponente torre com um relógio no topo. Nos dois andares superiores, o palácio conta com sacadas que dão a volta completa ao redor da construção maciça.

O casarão é imponente; quando chego à entrada, encontro dois pesados canhões de bronze com a marca da coroa portuguesa. Em uma legenda na parede, leio que os persas confiscaram os canhões lusos em 1622. As armas foram doadas depois ao sultão de Omã, que as enviou, mais tarde, a Zanzibar. Sobram histórias sobre esse pedaço do mundo.

— O primeiro elevador de toda a África do Leste foi instalado aqui, neste palácio. Você sabia que Beit El Ajaib é a maior construção da Cidade de Pedra? E que foi a primeira a ter luz elétrica? — pergunta Sabry, que não larga do meu pé.

Paro de fotografar os detalhes arquitetônicos do palácio e fixo diretamente os olhos dele. Como fazer para que o zanzibari entenda que quero descobrir a Cidade de Pedra tranquilo, sem um guia turístico regurgitando datas e feitos? Poderia fazer o que qualquer estrangeiro mal-humorado e mal-educado faria: enxotar o intrometido. Mas estou em sua cidade, durante um período difícil — a falta de luz espantou a maior parte dos turistas —, e Sabry, mesmo de uma forma pegajosa, está apenas querendo enaltecer a terra natal. Até agora, nem falou em dinheiro. Observo um pouco mais atentamente a figura de Sabry. Filho de pai muçulmano e de mãe cristã, é um mulato gorduchinho, com curvas avantajadas, a prova viva da mistura racial que aconteceu quando árabes, indianos e africanos transformaram o local na mítica Ilha das Especiarias. Ele parece ler meu pensamento:

— Você gostaria de conhecer algumas das plantações de especiarias no interior da ilha?

— Sabry, vamos fazer o seguinte. Vamos agora para o hotel, bem pertinho daqui, e podemos nos encontrar mais tarde. Quem sabe visitamos as plantações com você hoje ou amanhã? Dê seu número de celular e eu ligo — afirmo.

Suspiro aliviado — já não tenho Sabry colado — e caminho em direção à pousada econômica de nome exótico, Coco de Mer.* Mas, com o sol a pino e sem ar-condicionado ou ventilador nos quartos, preferimos sentar no terraço do restaurante Monsoon, ao lado da Praça Forodhani, para comer uma salada.

Graças às especiarias, Zanzibar desenvolveu uma cozinha particular, na qual os temperos são mais importantes do que a carne, os peixes ou os vegetais. Assim como as raças se misturaram através dos séculos, cada etnia trouxe um prato diferente para o banquete zanzibari. Mercadores indianos, árabes, persas e das ilhas do oceano Índico contribuíram com diferentes receitas de *curry*, pão, arroz, ensopado, peixe, carne, refresco e doce, todas fartamente temperadas com os condimentos da ilha.

O cardápio do restaurante Monsoon parece ter sido salpicado com cardomomo ou cravo. Ao ler a mistura de ingredientes de cada prato oferecido, mergulho em um mar de sabores pouco conhecidos, mas muito atraentes. Na seção vegetariana do menu, descubro uma berinjela recheada e um *curry* de vegetais. A tentação de degustar novos sabores é grande, mas o calor fala mais alto: ficamos apenas com uma salada tropical, composta por folhas de alface, pedaços de abacate, tomates maduros saborosos e cubos de manga e de abacaxi; o todo acompanhado com um bolinho picante de batata e pão indiano *chapati*. O molho da salada é indescritível. Só indo a Zanzibar.

Mikael começa a ficar desinibido como eu e, depois do almoço, decide falar com o gerente para entender melhor como o molho da salada foi produzido. Maravilhado com a diversidade de especiarias utilizadas em molhos e em pratos, penso na oferta de Sabry:

— Acho que devemos visitar ainda hoje uma das plantações. Pode render fotos interessantes que ilustrem o mundo dos temperos.

---

*Coco de Mer (Coco do Mar) é o fruto de uma palmeira endêmica das ilhas Seychelles, no oceano Índico.

Mikael concorda. Encontra o cartão de Sabry, liga para seu celular, combina o preço e pede que ele nos encontre na Praça Forodhani em meia hora.

— Vou ter que aguentar o gorduchinho tagarela novamente — digo, em tom de brincadeira.

— Sabry ficou feliz. É bom apoiar o turismo local. Além de ele estar sem trabalho, alguns xelins acabarão nas mãos dos donos das plantações que vamos visitar.

Coquetel de frutas

A bordo de um moderno Land Cruiser, saímos em direção a um vilarejo no litoral norte chamado Bububu — nome inesquecível. Uma estradinha vicinal penetra no interior da ilha, onde surgem dezenas de chácaras, uma atrás da outra. O clima tropical — chuva e calor — favorece o crescimento rápido de uma vegetação variada. Parece a Mata Atlântica brasileira: onde cai uma semente, nasce uma árvore. Os matizes de verde são infinitos.

— Vamos visitar uma propriedade de árvores frutíferas. Será a sobremesa de seu almoço. Aposto que vocês não conhecem muitas das espécies que vou mostrar — afirma Sabry.

— Não aposte sobre frutas com meu pai — avisa Mikael. — Ele conhece quase todas do mundo, pois fez um trabalho fotográfico sobre o tema.

— Não se esqueça de que somos brasileiros, da terra do abacaxi e do caju — completo.

Sabry faz uma cara de espanto. Com tantas plantações de caju na África, ele achava, até um minuto antes, que a espécie era nativa de seu continente.

Somos recebidos por Said, o dono da chácara, que não fala inglês, mas se comunica com Sabry em suaíli, o idioma nacional. Ele traz uma tigela de madeira com quatro frutas, já lavadas.

— Vocês conhecem *star fruit*? — pergunta Sabry, oferecendo um fruto para cada.

— Sim, no Brasil chamamos de carambola e fazemos suco com ela. É nativa da Ásia.

As carambolas estão bem maduras e doces. Devoro duas, de cara.

Em seguida, o agricultor chega com uma jaca.

— E esta, você conhece? — pergunta Sabry.

— Cresci no Rio de Janeiro. No Parque Nacional da Tijuca, dentro da cidade, existem milhares de árvores de jaca. Mas as melhores que comi vêm mesmo do Sudeste Asiático, pois a variedade de lá tem menos visgo.

— Então você vai gostar desta — replica Sabry, contente com que eu aprecie e engula as frutas. — Muitos europeus e norte-americanos têm medo de comer produtos exóticos.

Said traz outras duas frutas: uma redonda, cheia de fiapos vermelhos; outra roxa, com um chapeuzinho verde.

— Se você conhece estas duas frutas, diga o nome delas — desafia Sabry.

Mikael não perde tempo com conversas e, com saudades da Indonésia, apanha um cacho das frutas cabeludas. Meu lado ariano prefere mostrar aos zanzibaris que conheço as frutas.

— Esta vermelha é o rambutão. No idioma malaio e indonésio, *rambut* significa cabelo. Não preciso explicar a razão, não é mesmo? — comento, deixando Sabry surpreso com o esclarecimento. Ele toma nota da informação, que usará com futuros turistas. Volto à competição com Sabry:

— Esta roxa é uma das frutas mais saborosas do mundo, o mangostão, originário do Sudeste Asiático, como o rambutão. Já temos mangostão em alguns supermercados no Brasil — explico, fazendo uma pausa para calcular o preço. — Cada fruta pode custar 3 mil xelins tanzanianos (4 reais).

Sabry traduz a informação para o agricultor, que sorri, imaginando o quanto seria rico se vendesse sua produção a esse preço. O guia também parece dizer a Said que, até agora, conheço todas as frutas apresentadas e pede que ele busque alguma espécie mais rara que eu possa desconhecer. O dono da chácara desaparece com uma cara de menino maroto, sabendo exatamente que fruta vai trazer.

Enquanto espero a prova final, faço um leve corte na polpa do mangostão, como se estivesse dividindo o fruto em dois hemisférios. Levanto a calota de cima e aparecem seis gomos brancos no interior. Com cuidado, retiro dois gomos e os deixo desmancharem na boca. O sabor é muito delicado. Parece uma mistura de pêssego branco com uva Itália madura sem casca, ligeiramente adocicada por uma pitada de baunilha selvagem e perfumada por uma flor de *frangipani* (plumé-ria). Enquanto isso, Mikael, em silêncio, está no terceiro mangostão.

Said volta com uma fruta verde, do tamanho de uma pequena jaca, cheia de espinhos gordos. Faço uma cara de surpresa e Sabry a interpreta como uma vitória.

— Esta você não conhecia. Confesse — afirma o guia.

— Conheço sim. É o durião. Minha surpresa é outra: jamais pensei que ela existiria na África — respondo. — Sabry, você sabia que na Indonésia e na Malásia é proibido entrar em transportes coletivos com um durião, por causa do cheiro forte?

— O cheiro é horrível mesmo, mas o sabor da polpa cremosa é diferente. Se eu abrir a fruta, você precisa comer, combinado? — Sabry continua desafiando, sabendo que raros são os estrangeiros que ousam colocar um pedaço de durião na boca.

Aceito o desafio, lembrando algumas frases escatológicas, como a do escritor inglês Anthony Burgess, que comparou o durião a "degustar um pudim de framboesa em um banheiro malcheiroso" ou a do *chef* norte-americano Anthony Bourdain, do show de televisão *Sem reservas*, que avisa que depois de comer durião, "seu hálito vai ficar como se você beijasse sua avó... morta há alguns dias". Mesmo assim, engulo um pedaço.

Depois das frutas, é a vez das especiarias, as que deram tanta fama ao arquipélago de Zanzibar. Sabry pergunta, brincando, se já dei aulas de botânica — ele quer estar seguro de que não vai dizer nenhuma besteira na segunda parte da visita. Do chato pegajoso, ele acaba se transformando, graças ao humor, em uma boa companhia. Sem a Nandi, seria impossível chegar a essas pequenas chácaras e Sabry tem bons contatos com os agricultores locais.

— Desta vez precisamos andar a pé. Algum problema para vocês? — pergunta o guia, acostumado a que alguns estrangeiros não se aventurem mato adentro.

— Sabry, você esqueceu que somos do Brasil, de um país tropical? Este é nosso ambiente — respondo. — Na verdade, quem faz essa pergunta sou eu, pois você está mais suado do que nós. Será que você aguenta caminhar 2 ou 3 quilômetros no campo?

— Ele aguenta sim, Haroldo — responde Mikael, entrando na brincadeira. — Ele faz este passeio todos os dias.

Os três soltam boas risadas e Sabry apalpa seu generoso ventre.

Seguimos uma trilha de roça e passamos por uma plantação de quiabo, um milharal e um coqueiral. Cruzamos com uma mulher levando uma enxada nos ombros. Ela retorna ao lar depois de trabalhar no campo. Todos cumprimentam com a saudação *jambo*, que, em suaíli, significa "olá". Mais uma centena de metros e fotografo um senhor carregando dois imensos ramos secos de palmeira. Sabry explica que ele deve estar refazendo o teto de sua choupana.

Como o sol já não está tão forte, a meia hora de caminhada pela roça fértil é um prazer. Ao chegar a uma casa de adobe com teto de palha, somos recebidos pelo dono do pequeno sítio. Seu quintal varrido, de terra batida, está impecável. Nem uma folha no chão, muito menos plástico ou papel. As aldeias são sempre mais limpas do que as cidades.

— *Habari gani? Mzuri?* — saúdo o proprietário, perguntando se tudo vai bem.

Ele me responde uma longa frase em suaíli e Sabry cai na gargalhada, sabendo que meu vocabulário não passa das saudações. O guia explica que somos do Brasil e o agricultor responde com entusiasmo, dizendo que adora a seleção de futebol. Seu nome é Okello, em honra ao revolucionário, nativo de Uganda, que lutou pela independência da ilha. O atual Okello, bem mais tranquilo, fala algumas palavras em inglês e nos leva a um lugar cheio de arbustos. O primeiro é bem conhecido de todos e desde que Mikael viajou ao México virou mania para ele: pimenta; tem frutos vermelhos, do tamanho de um meio dedo. Mikael colhe um bem maduro e, ao ameaçar dar uma mordida, os zanzibaris gritam de pavor:

— *Hakuna!* Não, não faça isso. É muito picante! — adverte Okello.

Mikael não completa o ato e solta uma gargalhada, fazendo troça do guia e de Okello, que acreditaram que ele comeria uma pimenta inteira.

Para mostrar que existem duas pimentas diferentes, Okello tira do bolso pequenas bolinhas redondas, secas e bem pretas É a pimenta-do-reino ou pimenta-negra, uma planta asiática que não tem nenhum parentesco com os chilis vermelhos, de origem mexicana. O agricultor nos leva até a trepadeira original, que tem pequenas espigas com dezenas de pequenos frutos ainda verdes.

Com agilidade, Okello trepa em uma árvore de uns oito metros de altura. Não consigo identificar os frutinhos roxos que brotam na ponta dos galhos. Okello arranca um pequeno ramo e desce com ele.

Consciente de que, desta vez, não consigo saber qual é a planta, Sabry anuncia:

— Esta é a planta que deu fama e riqueza a Zanzibar — diz o guia. — Na verdade, as grandes plantações na época dos sultões de Omã estavam na ilha vizinha, Pemba. Mas toda a produção era exportada daqui. Você já sabe o que é?

Pego o galho e analiso os frutos. Quando eles começam a amadurecer, suas pontinhas se abrem e ficam amarelas. Finalmente, faço o que deveria ter feito desde o início: levo o ramo ao nariz. A charada está resolvida: são cravos.

— Só conhecia o fruto seco, pretinho, parecido com um pequeno prego. Não sabia que o fruto maduro era lilás.

Okello explica que os zanzibaris usam o botão seco da flor do cravo também como medicamento. Ele serve de antisséptico e analgésico e, quando não há um dentista à vista, um cravinho na boca alivia a dor de dente.

Retornamos à casa de Okello e, em uma banqueta, ele expõe uma variedade de condimentos: bastões retirados do caule da árvore de canela, vagens secas e compridas de baunilha, sementes minúsculas de cardamomo usadas para aromatizar o café e o pó amarelo moído da raiz do tumérico, também chamado de açafrão-da-terra, tão utilizado nos *curries* indianos.

Okello mostra uma noz estranha, envolta por uma membrana vermelha, irregular, que parece estar estrangulando a semente.

— Esta é a noz-moscada — diz Sabry, segurando a semente. — Ela contém duas especiarias: a noz, que é ralada, e o macis, a membrana vermelha, que, depois de seca, é misturada em doces, purês e pratos à base de leite.

Para terminar o espetáculo, Okello traz um cesto de palha com uma dezena de saquinhos contendo diferentes especiarias: tudo que vimos, tocamos e provamos e outros tantos temperos que dão aos habitantes de Zanzibar o orgulho de viver na Ilha das Especiarias.

Com o apetite aberto depois de comer frutas maduras e deixar nosso olfato excitado com novos sabores, regressamos ao restaurante Monsoon. Escolhemos uma mesa no terraço e já sabemos qual é o pedido: eu vou de berinjela e Mikael de *curry* de vegetais. Os pratos são acompanhados com arroz aromatizado, batata-doce apimentada, abóbora ao molho de coco, vagem ao molho de amendoim, inhame cozido em leite de coco, banana frita, *chutney* de manga e pão *chapati*.

— Em momento algum desta viagem, iremos encontrar uma culinária tão requintada e diferente. É bom aproveitar a ocasião — declaro, preparado também para pagar uma conta apimentada.

Zanzibar é mais do que o centro histórico da Cidade de Pedra e a ilha de Zanzibar (Unguja para os locais). O arquipélago inclui outra grande ilha, Pemba, 50 quilômetros ao norte, e cerca de 40 ilhas menores, ao redor das duas principais. A Chumbe é uma delas. A 12 quilômetros da Cidade de Pedra, é o palco de uma das histórias de sucesso de conservação da Tanzânia.

Depois de uma hora de barco, aportamos em uma pequena baía de águas transparentes. Na areia, nos espera descalça a americana Karlyn Langjahr, gerente do projeto ambiental. Foi ela que nos convidou a passar três dias na ilha para conhecer o parque marinho.

Com mochila nas costas, câmera nos ombros e sapatos nas mãos, desço do barco e sinto a temperatura amena da água do mar. Vamos trabalhar, mas encontrarei tempo para relaxar. Karlyn mostra o farol construído em 1904 pelos ingleses e nos conduz até um casarão antigo, onde vivia o faroleiro, único habitante da ilha.

— A vista de cima do farol, ao entardecer, é espetacular. Reservem um momento para essa imagem — diz ela, notando que estamos com o radar ligado em busca de belas fotos. — Mas terão de subir 130 degraus.

Na recepção, somos presenteados com um coquetel de frutas. As ruínas do casarão foram cobertas por uma imensa estrutura entreliçada, montada com vigas flexíveis de casuarina, paredes e teto de palha, com 12 metros de altura e quatro grandes aberturas. O espaço recebe uma constante brisa por estar a poucos metros do mar e serve como restaurante, centro de educação ambiental e, no segundo andar, salão de leitura, local ideal para ver o mar e meditar.

— A história de Chumbe começa no final dos anos 1980, quando a conservacionista alemã Sibylle Riedmiller procurava uma área de recifes de corais que ela pudesse, pessoalmente, proteger — conta Karlyn, abrindo um portfólio de reportagens que contam a evolução do lugar. — Quando Sibylle passou por Chumbe, mergulhou aqui e ficou apaixonada pelo fundo do mar. Após alguns anos de negociações, ela conseguiu, em 1994, que o Parque de Corais da Ilha de Chumbe se tornasse a primeira área protegida marinha da Tanzânia.

Karlyn explica que mesmo com a grande diversidade de peixes na pequena faixa litorânea — mais de 400 espécies foram identificadas ao redor de Chumbe — a de corais é mais impressionante:

— O santuário marinho protege cerca de 200 espécies de corais. Isso significa 90% das espécies que vivem nas águas da costa leste da África — afirma Karlyn. — Vocês vão entender melhor quando mergulharmos amanhã de manhã. Hoje à tarde não podemos, por causa da maré baixa. Mas depois do almoço aproveitem para caminhar na beira da praia e subir no topo do farol.

Karlyn nos leva até uma das sete cabanas da pousada. Mikael começa a fazer sua inspeção:

— Para começar, o bangalô foi construído com materiais locais — explica Mikael. — Outro ponto positivo é possuir um sistema de captação de água de chuva. Em uma ilha, água doce é sempre uma mercadoria rara.

Meu filho sobe a escada de bambu e chega ao dormitório, no segundo piso.

— Gostei. Eles usam um janelão de palha, fácil de abrir, para que a brisa do mar possa regular a temperatura do quarto.

— E temos até uma pequena luz de cabeceira para ler ou escrever à noite — sublinho. — Deve ser alimentada pelos painéis fotovoltaicos que vi atrás da cabana.

Regressamos ao térreo e Mika entra no banheiro:

— Outro ponto positivo é o vaso sanitário, que usa um sistema de compostagem. É um banheiro seco, bem apropriado para o local — meu filho analisa. — É um exemplo para outras pousadas na África. De todas as que vimos antes, esta é a que fez mais esforços de sustentabilidade. Entendo por que Hitesh Mehta, do conselho da Sociedade Internacional de Ecoturismo, colocou Chumbe no livro dele sobre pousadas ecológicas autênticas.

Karlyn tinha razão: a subida de 35 metros e 130 degraus para chegar ao topo do farol centenário é cansativa. Mas no momento em que coloco a cabeça para fora da portinha que dá acesso ao topo, sentindo o vento com sabor de sal e descobrindo a paisagem, esqueço qualquer pingo de suor. A imagem, 30 minutos antes do pôr do sol, é a marca registrada da beleza tropical de uma ilha no Índico. O farol fica na extremidade sul da ilha e, quando me viro para o norte, vejo toda a extensão da ilha: um quilômetro de verde, uma floresta de 22 hectares que cobre cada centímetro do solo. O sol desaparece na costa africana e dá um tom alaranjado ao verde do bosque e ao turquesa da água do mar.

Quando olho para o sul, tenho os sete bangalôs aos meus pés. Daqui de cima é mais fácil distinguir os elementos sustentáveis das ecocabanas: as placas solares e os aquecedores de água. A beleza da imagem não são os detalhes ecológicos, mas a harmonia criada pelos sete bangalôs mergulhados na mata verde com a areia branca e a água turquesa. Como só temos uma grande-angular, Mikael e eu usamos a mesma câmera e fotografamos a mesma cena várias vezes, à medida que a luz e as sombras variam. Sabemos, de antemão, que a foto é de dupla autoria.

Nosso jantar à luz de vela é na praia. Após uma refeição banhada pelos sabores extravagantes das especiarias, saímos em busca da vida noturna de Chumbe. Sadick Magwiza começou como garçom na pousada em 2000. Depois de vários treinamentos, ele é hoje o subgerente. Nosso passeio é com Sadick, que quer nos mostrar o maior caranguejo terrestre do mundo, o caranguejo-dos-coqueiros. Encontramos o primeiro escondido entre as raízes de uma árvore baobá. Logo depois, com os olhos acostumados à escuridão, vemos dezenas. Apesar de estar ameaçado em outros lugares do oceano Índico — a quantidade de carne em cada animal dá uma boa refeição —, o caranguejo-dos-coqueiros é comum em Chumbe, pois aqui ele está protegido. O lugar preferido deles é o espaço do lixo orgânico, onde os restos de comida são armazenados. Uma festa todas as noites.

Acordar com uma vista paradisíaca do oceano é um belo presente. Depois de momentos difíceis na Zâmbia — o golpe dos dólares e o roubo da câmera —, passar estes dias em Zanzibar revigora minha vontade de continuar a viajar. A história de Chumbe, por si só, é mais uma Luz da África. Acordo com energia total.

Karlyn nos encontra no café da manhã e avisa que devemos partir para aproveitar a maré. Munidos de máscaras e pés de pato, entramos no barco para conhecer os motivos da fama de Chumbe. O trajeto até o recife de coral que acompanha o litoral da ilha é curto. Estamos a apenas 150 metros da costa quando Karlyn pede que o barqueiro pare. Nada de soltar a âncora.

— O espetáculo está a apenas dois ou três metros de profundidade. Nem precisamos de cilindros para mergulhar, com *snorkel* é suficiente — diz ela.

Entramos na água e seguimos a correnteza. Karlyn aponta o dedo, mostrando uma raia-pintada. Minutos mais tarde, Khamis, antigo pescador e hoje guarda-parque, assinala uma tartaruga-marinha, que passa a nosso lado. Ela parece saber que está em águas protegidas e que, aqui, ninguém vai maltratá-la.

Já mergulhei em muitos mares e oceanos, mas este pedacinho de recife é um festival de cores e formas que eu jamais tinha visto. A cada metro o cenário se modifica. Parece não haver um coral igual ao outro. Agora sei por que a alemã ficou apaixonada pelo local.

A visão de Sibylle não estava baseada no ecoturismo, mas sim na conservação marinha e na educação ambiental. A pousada faz parte da equação para angariar os fundos necessários para que o Parque de Coral possa continuar sendo protegido de forma adequada. Cerca de 40 funcionários moram na ilha. Entre eles, os guarda-parques, antigos pescadores, são essenciais para a conservação dos recifes e da floresta da ilha. Eles foram treinados pelo projeto e dão o apoio necessário aos pesquisadores que visitam o local. Com exceção de dois estrangeiros, todos que trabalham na pousada são nativos de Zanzibar. Bom ver que um sonho de uma lutadora ecológica como Sibylle deu certo.

Tirando o véu

Sair de Chumbe foi difícil. Triste pensar que não teremos a água convidativa tão pertinho e a qualquer hora do dia. Foi nessas águas mansas e cristalinas que Mikael e eu realizamos uma "reunião executiva", antes de partir, para decidir os próximos passos. O primeiro é comprar uma Nikon em Dar, o segundo é seguir para o Quênia.

Ao sentar no ferry que nos leva de Zanzibar a Dar, retiro meu bloco de anotações. Mas uma surpresa muda meus planos, quando uma jovem se senta ao lado. Ela está totalmente vestida de negro e coberta por um véu da mesma cor. Olho para ela, mas só consigo ver alguns traços de seu rosto através da transparência do tecido fino. Em terras muçulmanas, como Zanzibar, é melhor eu manter a compostura.

No momento em que o barco se afasta do porto, peço licença à jovem para passar. Quero alcançar a popa e fotografar, desde o mar, a Beit El Ajaib. Nesse momento, vejo que o longo vestido negro cobre uma calça jeans.

Quando regresso, a jovem já não está mais coberta pelo véu. Discretamente, ela retira o vestido negro. Por baixo, ela usa uma roupa de qualquer jovem africana urbana: jeans e camiseta.

Fico intrigado com a transmutação que acontece em poucos minutos, ali na minha frente. E agora que não há nenhum apetrecho muçulmano sobre ela, sinto que posso puxar conversa.

— Você mora em Zanzibar? — pergunto.

— Estou em Zanzibar fazendo a faculdade de direito. Mas sou do Quênia — ela responde em um excelente inglês. — Meu nome é Lilian. E o seu?

Digo meu nome, que venho do Brasil e que sou jornalista.

— Gostei de sua transformação — afirmo. — Em poucos minutos você deixou de ser muçulmana e passou a ser ocidental. Sempre acontece isso quando você vai a Dar?

— Não sou muçulmana; aliás, não tenho nenhuma religião. Apenas acredito em Deus — responde ela. — Quanto à roupa, a sociedade em Zanzibar é muito tradicional. Por isso, prefiro me vestir como uma mulher local para não ouvir comentários.

— Comentários? O que os zanzibaris poderiam dizer?

— Se eu estiver vestida de negro e com um véu, ninguém fala nada. Mas, se estiver andando na rua de jeans, alguns homens fazem gracinhas e outros reclamam que sou libertina.

— Então você se cobre apenas como proteção?

— Isso mesmo. Já em Dar, minha vida é bem mais solta. Tenho muitos amigos, daqui e do Quênia, e sempre tiro uns dias de folga para me divertir.

— Divertir?

— Sim, o que mais gosto é *clubbing*, dançar e beber. Enfim, curtir a vida noturna em Dar, que é bem animada.

Enquanto conversamos, ela troca torpedos com amigos que, certamente, a esperam no porto. Digo que gostaria, se tivesse tempo, de conhecer os amigos dela, pois estou produzindo uma reportagem sobre a África e isso me ajudaria a entender a juventude urbana. Ela aceita e me passa o número do celular dela, sem receio.

— Traga seu amigo — ela faz um movimento, apontando para Mikael, que, exausto, tira um cochilo.

Capítulo 9

De Dar es Salaam a Nairóbi

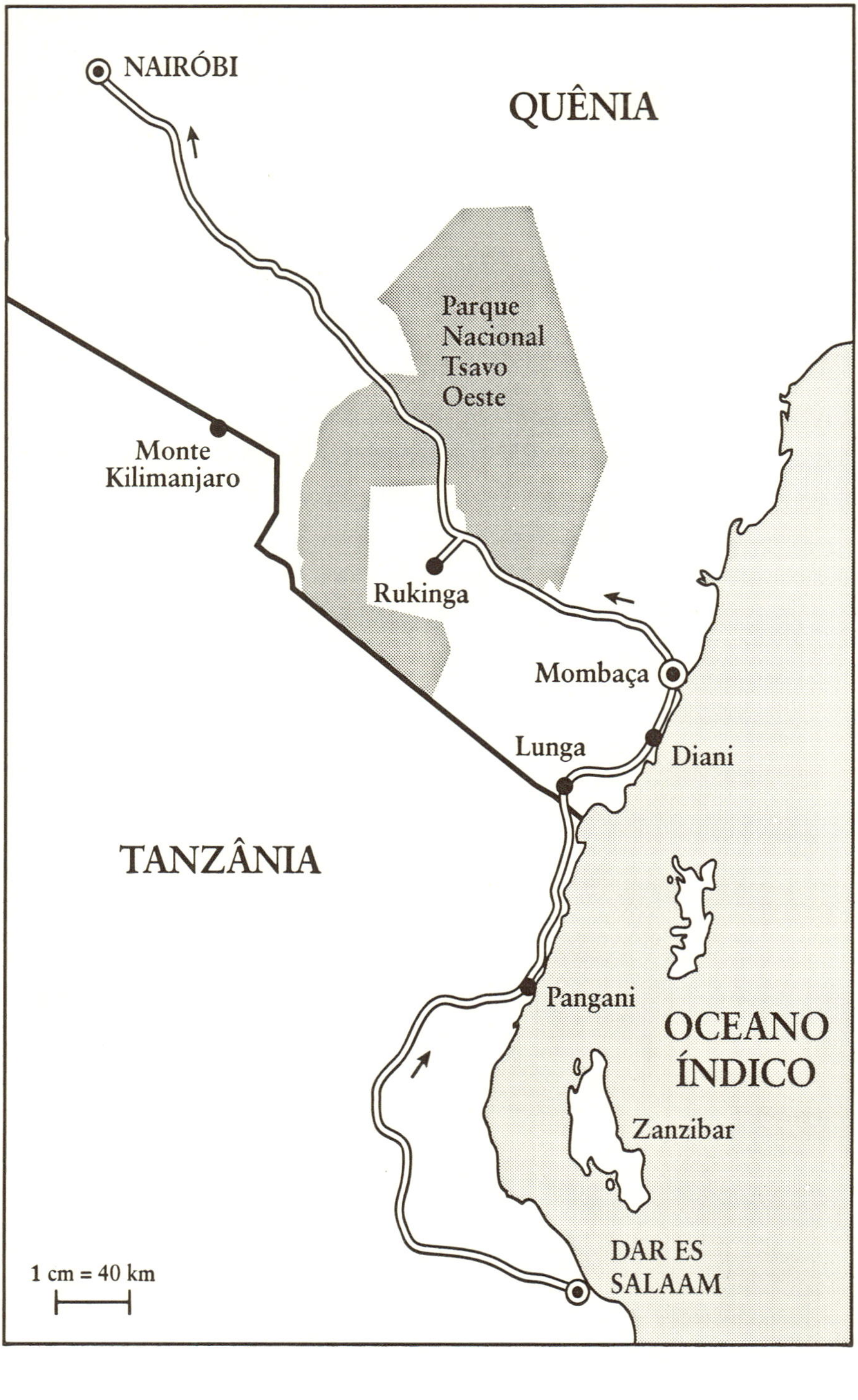

NAIRÓBI
QUÊNIA
Parque
Nacional
Tsavo
Oeste
Monte
Kilimanjaro
Rukinga
Mombaça
Lunga
Diani
TANZÂNIA
Pangani
OCEANO
ÍNDICO
Zanzibar
DAR ES
SALAAM
1 cm = 40 km

Barganha paquistanesa

Existem muitas Áfricas. Encontrei em Zanzibar uma mistura fervilhante de culturas, prova de que o continente abrange uma diversidade de difícil compreensão. As ricas combinações comprovam que não há um continente homogêneo, linear.

A África de hoje é ilustrada pelos últimos encontros. Scholastica, filha de hindu e princesa negra africana, com nome de santa cristã; Sabry, resultado da união entre a lua crescente muçulmana e a cruz católica; Lilian, a futura advogada entre o véu e as festas noturnas. Os três possuem pele negra, mas a história de cada um comprova que a diversidade é muito maior do que as semelhanças. São essas diferenças que criam uma África ainda mais valiosa, que acolhe raças de todas as nuances, inclusive a branca.

Depois de cinco décadas sem o domínio colonialista e de sangrentas guerras fratricidas e racistas, o continente vive uma década mais agitada pelo crescimento econômico do que pelas convulsões bélicas. As ditaduras, as corrupções e os abusos de poder sobrevivem — porém, cedo ou tarde, tomarão proporções menores.

A situação atual é bem diferente daquela de meio século atrás, quando um louco como o ugandense John Okello conseguiu eriçar a população negra africana contra os árabes de Zanzibar e, em apenas dois dias em janeiro de 1964, realizou um massacre de milhares — os números variam entre 5 mil e 20 mil — de descendentes árabes que viviam na ilha havia três gerações. Mesmo se existem rixas entre negros e árabes, entre muçulmanos e cristãos, é quase impossível que isso aconteça hoje. Quase.

Esses são os pensamentos que povoam minha mente e alimentam o diálogo entre Mikael e eu, quando caminhamos na praia Kipepeo. Impossível viajar pela África sem passar por um turbilhão de receios, surpresas, contos ameaçadores e episódios de sucesso. O essencial é seguir, é considerar a viagem como uma peregrinação para acreditar no ser humano, é compreender os encontros e os aprendizados como uma grande escola. Abrir espaços em nossa mente para aceitar uma África mais ampla do que a dos clichês. Um bom mergulho na água morna do Índico sela essa intenção. Estamos preparados para sair.

Mas, antes de deixar Dar es Salaam, preciso de uma segunda câmera. Decido comprá-la. Com mil dólares e mais de um milhão de xelins tanzanianos divididos em quatro bolsos, partimos para o centro da cidade.

Quando resolvemos o problema da tranca do carro, antes da visita a Zanzibar, eu havia identificado uma loja de material fotográfico a um quarteirão da autopeças. Graças a minha memória visual e à ajuda de Odé, consigo refazer o caminho.

A loja é de um indiano. Ele não vende equipamentos profissionais, mas dá o endereço de dois comerciantes nas redondezas. Com receio de que possamos nos perder nos becos do centro, ele ordena a seu assistente que nos acompanhe. Uma gentileza inesperada que certamente lhe garante um bom carma.

Tentamos adivinhar qual será a nacionalidade do próximo comerciante. Aposto que será árabe, Mika escolhe indiano. Quando chegamos à Câmeras Jumbo, caímos em um etíope, com um nome pomposamente cristão, Deogratias. Ele nos atende com cortesia, oferece um café — a Etiópia teria sido o berço da bebida — e confere o equipamento Nikon que possui. Volta com um modelo antigo, lançado em 2006, e mesmo se ele vende o kit quase ao mesmo preço que em Nova York — sua primeira oferta é mil dólares — não vale a pena comprar um equipamento obsoleto e perder os dois milhões de pixels adicionais do modelo que procuro.

Continuamos a busca. A segunda loja é, sim, de um árabe. Ismail Ismailjee mostra orgulhosamente uma Nikon nova, com a mesma lente 18-105 milímetros, mais curta do que a 18-200 milímetros que eu tinha originalmente. Ismail oferece o pacote por 2 mil dólares. Quando agradeço e caminho em direção à porta, ele dá seu último preço, 1.900 dólares.

O assistente indiano, antes de nos deixar, dá a dica de uma terceira loja e explica como chegar. Ele precisa voltar, pois a turnê já tomou bastante de seu tempo.

Com base nos preços de Nova York e no transporte necessário, calculo que o equipamento chegaria às minhas mãos, sem pagar nenhuma taxa alfandegária, a 1.600 dólares. Decido que esse é o preço que gostaria de pagar.

A terceira loja se chama Al Muntazir. Seu dono é o paquistanês Iqbal Jivraj, portador de uma impressionante barba pintada de hena vermelha. Quando pergunto se tem a câmera que busco, ele apenas me oferece um chá. Ele reconhece que sou um comprador sério, desaparece no interior da loja e regressa com a câmera dentro da embalagem original — detalhe importante, pois comprova que não é produto de roubo.

— Trouxe o equipamento de Dubai, onde estive há poucos meses. É difícil encontrar clientes interessados aqui em Dar. Posso vender o kit, câmera e lente, por 1.800 dólares — diz Iqbal.

Respondo que meu preço máximo é 1.500 dólares. Dou uma olhada nas prateleiras e, mudando de assunto, digo:

— O senhor já fez sua peregrinação a Meca?

Mikael fica surpreso com minha pergunta tão direta. Iqbal passa a mão por sua barba avermelhada e responde, com um sorriso:

— *Gee*, sim. Estive em Meca no ano passado. *Al hamdu lillah*, Alá seja louvado. Você conhece Meca?

— Infelizmente, não. Adoraria conhecer a terra do profeta Maomé — respondo. — Mas estive no Paquistão, seu país natal.

Agradeço o chá, respondo que estarei em Dar ainda um dia e, se ele abaixar o preço, posso regressar:

— Pago em dinheiro vivo, em dólares e em xelins. O senhor pode ter o dinheiro em suas mãos hoje. Vou tentar encontrar outra loja — digo, me dirigindo à porta de saída.

Iqbal sente que pode perder a oportunidade de vender a câmera. Encontrar um local ou um *mzungu* (estrangeiro) disposto a desembolsar milhões de xelins, à vista, não é fácil.

— Mister Castro, vejo que o senhor é uma pessoa viajada e que aprecia nossa cultura. Para que possamos fazer negócio, posso deixar o pacote por 1.700 dólares.

Dou um passo para trás, mas não totalmente convencido:

— O senhor sabe qual é meu preço.

— O senhor faz questão de um recibo oficial?

— Preciso de um recibo, mas não oficial. Se o recibo significa que vou pagar mais pela câmera, podemos subtrair essa diferença — afirmo, vendo uma possibilidade real de chegarmos a um acordo.

— Posso deduzir 5%. O todo sairia por 1.615 dólares. E daria uma bolsa acolchoada para guardar a câmera.

— Arredondamos para 1.600?

— Fechado.

Antes de dar um aperto de mão, peço para ver a câmera novamente. Retiro do bolso um cartão fotográfico SD e uma bateria carregada. A máquina funciona. Peço a Mikael que fique na loja enquanto vou lá fora. Não quero que Iqbal pense que posso fugir com o equipamento dele. Encontro um pedaço de céu azul e clico duas vezes, com o máximo de abertura.

Regresso e checo no visor — em zoom — se há alguma sujeira ou marca no sensor. É a maneira mais rápida para saber se o sensor, o coração da câmera, está em boas condições. Faço uma análise minuciosa e chego ao veredicto:

— A câmera está boa, o sensor está limpo. Negócio fechado. Posso pagar parte em dólares e parte em xelins. A quanto o senhor faz o câmbio de xelim para o dólar?

— O dólar está a 1.300 xelins.

Faço as contas mentais e chego à conclusão de que, como o dólar na rua está a 1.330 xelins, Iqbal está me fazendo um câmbio favorável: preciso de menos xelins para uma mesma quantidade de dólares. Nem Mikael consegue acompanhar minha aritmética.

— Aqui estão 1.300.000 xelins, que equivalem a mil dólares. E mais 600 dólares.

Contamos os 13 pacotes de notas vermelhas de 10 mil xelins, coloco o equipamento na mochila e saio com o *al salamu aleykum* de praxe.

A caminho do carro, Mikael pergunta:

— Pai, como você adivinhou que ele tinha ido a Meca?

— São anos de viajologia e milhões de quilômetros rodados — respondo, sorrindo.

— De verdade, conta como foi essa sacada. Sua frase derreteu o paquistanês e o bom preço que ele deu foi influenciado por essa abordagem.

— Me lembre de que, no Afeganistão e no Paquistão, quando estive lá nos anos 1970, alguns homens que tinham ido a Meca pintavam a barba com hena vermelha. Também vi, no interior da loja, uma foto da Kaaba, a construção cúbica que está no centro da grande mesquita de Meca. Juntei os dois elementos e arrisquei a conclusão — explico.

— E, no final, conseguiu a câmera pelo preço que queria, não é?

— Na verdade, considerando o câmbio favorável e a bolsa que ele deu, ainda foi menos. Mas acho que todos saímos contentes. Com aquela quantia na mão, o paquistanês vai fazer muita coisa.

Aventureiros

A saída de Dar é caótica. Um guarda não consegue substituir um sinal de trânsito quebrado e, para liberar uma avenida, provoca um grande congestionamento no sentido oposto. Os motoristas ficam irritados e buzinam sem piedade. Muitos — inclusive nós — acabam não aceitando as ordens do policial e seguem adiante. Uma confusão memorável.

Uma vez no campo, como a estrada é cercada por milharais, a pedida para o almoço é comprar milhos cozidos à beira da rodovia. Mesmo escolhendo os mais clarinhos, noto que a variedade local é dura para comer. Mastigo uma dezena de vezes cada mordida e meus maxilares chegam a doer. Na metade da espiga, desisto. Prefiro comprar tomates, laranjas e castanhas de caju, também à venda por agricultores.

Seguindo conselhos dos motoristas dos caminhões *overlanders*, o melhor lugar para pernoitar no litoral norte da Tanzânia é a praia Peponi, entre Pangani e Tanga.

O lugar é um pequeno paraíso, cheio de plantas e sombreado com enormes cajueiros. Deixamos a Nandi embaixo de um pé de caju de 8 metros de altura, sem frutas nesta época do ano. A sombra da árvore será importante na manhã seguinte, para que não acordemos dentro de um forno.

Caminho até o bar e encontro Gilly Robers, o proprietário. O inglês sexagenário, de cabelos grisalhos esvoaçantes, conta como chegou ao lugar:

— Sempre vivi na África, sou um africano branco. Minha família tinha uma fazenda no planalto do Quênia, onde nasci. Mas depois da independência perdemos tudo e fomos para a África do Sul — relata Gilly, lembrando uma etapa triste da vida. — Lá conheci minha mulher, Dennys. Nós dois adoramos estas terras, não poderíamos morar na Europa. Quando descobri este lugar à beira da praia, resolvi construir o resort.

Além do camping, Peponi possui vários bangalôs confortáveis — chamados de *bandas* — e até uma piscina com vista para o mar.

— Estou ficando velho e quero vender o local para o primeiro que me oferecer um milhão de dólares — conclui Gilly.

Com preguiça de cozinhar, resolvemos aproveitar o menu de pratos vegetarianos e continuar a ouvir as histórias do casal.

O luminoso sol da manhã seguinte revela uma praia de areia branca a poucos passos de distância. A nova câmera é inaugurada com belas imagens do mar. Depois do mergulho revigorante, percebo que Nandi tem uma irmãzinha.

Puxo conversa com Steffen e Steffi Dittrich, um casal de Dresden. Não possuem apenas nomes muito parecidos, fisicamente parecem irmãos. São louros quarentões e o sol tropical lhes deu um tom rosado de pele. Viajam com uma Land Rover Td5 (como a nossa), ano 2002, com placa da Alemanha. Saíram de casa há mais de um ano e meio.

— Descemos a África pela costa oeste — explica Steffen. — Do Marrocos e da Mauritânia seguimos para o Senegal, Mali e Burkina Faso. O mais difícil foi passar pela Nigéria e por Camarões, Gabão, Congo e Angola.

Fico impressionado com o trajeto. Quando pensei em subir por uma costa e descer por outra, desisti da ideia. Deve ter sido difícil, mas conseguiram.

— Fizemos parte do trajeto com nossa cachorra. Ela tinha um passaporte da Comunidade Europeia — afirma Steffi, mostrando o documento. — Mas ela morreu no Gabão. Foi o momento mais duro da viagem.

Na Alemanha, Steffi era funcionária pública e Steffen trabalhava como mecânico. Durante a viagem, ele resolve qualquer problema com a Land Rover.

— É um excelente carro. Pode chegar a meio milhão de quilômetros sem dificuldade. Mas é preciso cuidar bem dele — afirma o alemão. — Um dos segredos é manter limpo o filtro de ar e sempre trocá-lo quando estiver sujo. Você pode perder um motor se não cuidar disso.

A informação já me havia sido dada pelo mecânico Peter Woods, em Hermanus. Continuo a fazer perguntas, tentando aprender o máximo possível.

— Meu grande receio é o computador de bordo. Na Td5, esse pode ser um ponto nevrálgico — explica ele. — Aqui na África qualquer um conseguirá resolver os problemas mecânicos do veículo. Mas poucos conhecem a parte eletrônica e não possuem os equipamentos. Se nosso computador de bordo morrer em um lugar longínquo, estamos em apuros.

A conversa me dá um frio na barriga e sinto o café da manhã dar uma regurgitada. Peter Woods tinha me dito algo parecido, com palavras mais amenas. Caio na real de que uma pane no computador pode significar um guincho de centenas de quilômetros e ter de encontrar uma oficina que possua o equipamento eletrônico para reinstalar os dados. Mesmo estando aqui em Peponi, em lugar civilizado, precisaria rebocar o carro por 400 quilômetros até Dar. E o que aconteceria se estivesse em pleno deserto no norte do Sudão? Prefiro nem pensar na hipótese.

Steffi nos oferece um suco de frutas e muda de assunto:

— No final do mês deixaremos o carro em Nairóbi e iremos para a Alemanha passar três meses de férias com nossa filha de 24 anos — afirma, demonstrando alegria em rever a jovem depois de tanto tempo. — Depois voltaremos para o Quênia e ficaremos mais um ano na região.

— E quando vocês pensam em concluir a viagem? — pergunto, curioso.

— Acho que nunca terminaremos. Enquanto tivermos dinheiro vamos continuar rodando pela África ou pelo mundo! — respondem os dois, quase em uníssono.

Depois dessa declaração, sinto que nossa viagem de oito ou nove meses parece coisa de principiante.

Continuo a caminhada social pelo camping e encontro Jen Cullmann, outro quarentão louro, esse da Baviera, dono de um Toyota Land Cruiser.

— Saí de casa há mais de um ano. Comecei pelo Oriente Médio. Do Irã cruzei o golfo até Dubai e fui até Omã. Cortei o deserto da Arábia Saudita e às margens do mar Vermelho coloquei o carro em um barco e atraquei no Sudão. Passei um mês no país. Em Cartum vocês devem ficar no camping do Clube Nilo Azul — narra Jen, dando as coordenadas do local, assim como as de um bom mecânico na capital.

O viajante conta que decidiu chutar o emprego para o alto quando ganhou uma herança da avó. Ele usou 20 mil euros para comprar o Toyota e mais 20 mil para montar o interior.

— Por que continuar a trabalhar em uma atividade de que eu não gostava? Por que esperar ter 60 anos para fazer esta viagem? A vida precisa ser vivida com intensidade, aqui e agora — afirma.

Para minha surpresa, Jen viaja sozinho — hipótese que eu havia descartado no início do projeto. Mas em alguns trechos ele recebe a visita de amigos. Para a etapa do Quênia, conta com a companhia de um amigo de infância.

Eu poderia ficar horas conversando com os alemães, trocando informações e coordenadas, mas precisamos deixar a Tanzânia.

Lembranças portuguesas

A entrada no Quênia tem importância simbólica. Quando eu elaborava o itinerário da viagem, no Brasil, a opção curta era terminar a viagem no Quênia. E aqui estamos. Em uma fronteira sem movimento, o carnê da Nandi recebe o carimbo de saída e o de entrada e pago uma pequena taxa. Nenhum estresse.

Os dois países têm em comum o suaíli. Na Tanzânia, é o idioma oficial e unificou os 130 grupos étnicos em torno de uma identidade nacional. No Quênia, a presença do inglês como segunda língua oficial faz com que o suaíli não tenha a mesma força do que no país vizinho.

Outra semelhança são as riquezas naturais. A reserva Maasai Mara é a continuação do Parque Nacional Serengeti e não existem fronteiras para a grande migração anual de gnus e zebras; o Monte Kilimanjaro — o mais alto cume africano — pode ser visto dos dois países (embora o topo seja tanzaniano). A economia de ambos os países agradece a visita anual de quase dois milhões de estrangeiros que aquecem o setor turístico.

O ritual de entrada em um país passa por duas outras tarefas. Na cidade litorânea Diani, encontramos um caixa eletrônico que aceita cartões internacionais de débito. Mas para conseguirmos um chip local para o iPhone precisamos ir a Mombaça. Chegar ao centro da segunda cidade do país não é complicado, o duro é estacionar. Preciso dar várias voltas enquanto Mikael resolve os *settings* do aparelho. Ele volta com a boa notícia de que temos conexão internet — a um preço ainda mais baixo do que na Tanzânia, apenas 500 xelins quenianos (12 reais) por um pacote de 150 MB.

— Mika, estamos em Mombaça e não vamos visitar o Forte Jesus, construído pelos portugueses há mais de quatro séculos? — pergunto.

— O difícil é encontrar um lugar seguro para deixar a Nandi. Não há como parar na rua. Temos muito equipamento dentro e o bagageiro repleto chama atenção.

Sigo em direção à entrada do forte, em uma das pontas da cidade, em frente ao mar. Dou duas voltas na praça em frente ao principal bastião português do oceano Índico. A entrada é majestosa e vale uma parada. Mas não há nenhum estacionamento rotativo e as ruelas do bairro histórico são estreitas demais, não têm espaço para carros. Ao passar novamente perto da fortaleza, noto que existe, à esquerda, um elegante prédio branco. Uma placa de bronze mostra um barco a vela sobre ondas do mar e duas presas de elefante. A data 1897 corresponde à fundação do prestigioso Mombasa Club.

— Vamos tentar aqui — aviso, embicando o carro em direção ao estacionamento vazio do clube.

Paro em frente à cancela abaixada. Um guarda, usando luvas e impecavelmente vestido, se aproxima:

— Seria o senhor um membro do clube? — pergunta ele em bom inglês. — Este é um clube privado; apenas sócios podem ingressar.

— Estou de visita e tenho um assunto importante a ser tratado com a gerência — replico com um sotaque quase britânico, para impressionar.

O guarda acredita e indica onde posso colocar o carro.

Mikael assiste à cena, surpreendido:

— Que cara de pau, Haroldo. Você se mete em cada situação! Será que muitos viajantes já pensaram nisso?

— É isso que vamos descobrir com o gerente. Se muitos já tentaram, meu pedido para estacionar será rapidamente rejeitado. Mas, se somos uma exceção, teremos uma chance.

Levo as cartas de apresentação e minha carteira de imprensa, de capa vermelha, da Federação Internacional de Jornalistas. Na recepção, peço para falar com a gerência.

Alguns minutos depois, chega uma senhora quarentona, uma outra Mama África, que não retribui meu primeiro sorriso. Ela prefere conversar em uma saleta. No corredor, enquanto a sigo, observo que ela está impecavelmente vestida, de saltos altos e penteado sofisticado. Nós estamos de bermuda de viagem, cheirando a óleo diesel. Vou diretamente ao assunto:

— Somos jornalistas brasileiros — me apresento. — Sou descendente direto de portugueses, aqueles que construíram a gloriosa fortaleza que está ao lado. Meu sonho de infância sempre foi o de visitar esse magnífico forte.

Ela olha espantada, como que pensando "então vá ao forte, o que eu tenho a ver com isso?" Minha seguinte frase responde à pergunta dela:

— Como estamos viajando em uma Land Rover com milhares de dólares de equipamento, não podemos deixar o veículo na rua. Por isso, gostaria que a senhora nos desse a permissão de estacionar o carro dentro do clube, apenas por uma hora — anuncio, entregando as cartas de apresentação.

Mama África lê os primeiros parágrafos das cartas e sabe que as regras estritas do clube podem ser adaptadas. Ela não quer nenhuma confusão com jornalistas estrangeiros e o pedido é modesto.

— Apenas uma hora?

— Sim. Depois, podemos até mesmo almoçar no seu elegante restaurante — digo, querendo testar até onde posso ir.

— Senhor Castro, o almoço deixaremos para a próxima ocasião, quando os senhores forem devidamente convidados por um sócio do clube. Hoje ficamos com o estacionamento.

— *Asante sana* — digo, em suaíli, agradecendo muito.

Quando já estamos dentro do Forte Jesus, rodeados pelas paredes de um metro de espessura, construídas com pedaços de coral, Mikael diz:

— Estou descobrindo que sua cara de pau é a cada dia maior. Quase caio na gargalhada em frente à gerente, no momento em que você disse que era descendente de portugueses e que ver a fortaleza era um sonho de infância. De onde você tira isso?

— É tudo verdade, Mika — digo, com mais seriedade do que sinceridade. — Segundo seu avô Armando, somos descendentes diretos de Martim Afonso de Sousa. Ele recebeu do rei de Portugal a capitania hereditária de São Vicente, o que seria hoje parte da costa do Rio de Janeiro e de São Paulo. Quanto ao sonho de infância, me lembro, na aula de história no Colégio Santo Agostinho, no Rio, de ter aprendido que os portugueses chegaram até Mombaça. O nome ficou na minha cabeça durante meio século.

Um bom guia de safári

Quando o diretor da empresa sul-africana Eco-Training nos convidou para participar do curso de formação de guias no Quênia, eles enviaram as coordenadas GPS do acampamento. O local fica a algumas dezenas de quilômetros da rodovia que liga Mombaça a Nairóbi. As terras não são mais usadas como pastagens para gado e estão adjacentes ao Parque Nacional Tsavo Oeste. Somos recebidos pelo monitor do curso, Dale Geldenhuys:

— Estamos fazendo uma pequena pausa antes do jantar. Tragam suas malas e venham conhecer os estudantes — diz Dale, com seu reconhecível sotaque sul-africano. — Desta vez são apenas cinco, mas cada um é de um país diferente.

Ao redor de uma longa mesa de madeira que serve como refeitório comum e sala de aula, encontro os participantes: um norte-americano que acaba de fazer um voluntariado de um ano no país e que não tem vontade de regressar; uma jovem e bonita holandesa que não completou a universidade e busca uma atividade profissional que dê razão a sua vida; uma alemã quarentona que parece ser séria e dedicada, no momento interessada em saber os resultados de seu time de futebol Hannover 96, do qual é torcedora fanática; um senhor queniano, à beira de se aposentar, que não teria condições físicas de pagar o curso e que foi convidado por alguma troca de favores; e um tanzaniano, franzino e tímido, motorista de uma empresa dirigida por um caçador profissional.

A mistura cultural surpreende. Pelo menos, todos possuem um traço em comum: paixão pela natureza e pela vida selvagem, necessária para passar um mês em um acampamento sem grandes confortos.

Dos cinco estudantes, o que mais chama minha atenção é o tanzaniano Emmanoel Amnaai, de Arusha. Durante o jantar, consigo me sentar entre Dale e Emmanoel.

— Emmanoel trabalhava como motorista, responsável por conduzir os caçadores até os animais escolhidos — explica Dale. — Com a possibilidade de que a caça de troféus seja proibida na Tanzânia, o chefe de Emmanoel ofereceu a ele a oportunidade de se tornar um guia profissional. O investimento de 3.300 dólares foi bancado pelo caçador.

Pergunto a Emmanoel como ele está aproveitando o curso. Ele é sincero e não esconde suas limitações:

— Eu não fui à escola. Venho de uma tribo que vive ao sul do parque Serengeti, em uma região muito remota. Quando menino, andávamos todos nus — conta Emmanoel. — Falar inglês ainda é algo novo e difícil para mim.

Como todo bom professor, Dale apoia seu aluno:

— Emmanoel está se saindo bem. Durante as aulas teóricas sobre botânica, zoologia e ecologia, todo o grupo e eu tratamos de tirar dúvidas ou traduzir palavras ou conceitos que ele não conheça — acode Dale. — Já no campo, ele é o melhor. Avista animais bem antes que todos.

— Acho que, depois do curso, poderei encontrar um trabalho de guia de safári, sem precisar matar animais — afirma Emmanoel.

À noite, antes de dormir, me sinto, pela primeira vez, um pouco febril, com uma pequena dor de garganta. Depois de uma noite maldormida, quando acordo às 6h, respondo, entre travesseiros e cobertas, que não irei à saída matutina para ver animais. A garganta arde mais do que à noite. Mikael responde que irá com o grupo e que levará equipamento de foto e de vídeo.

Volto para debaixo das cobertas e durmo até as 10h. Acordo mais bem disposto, mas vou ao caixote Farmácia, dentro da Nandi, para buscar o vidro que Robby Gass me dera para problemas das vias respiratórias. O xarope vermelho escuro é feito com a essência da planta Umckaloabo, um gerânio da África do Sul, recomendada para o tratamento de bronquites. Tomo uma colher de sobremesa e prometo que não esquecerei as próximas doses.

Ouço o ruído da camionete de safári. O grupo chega contente, Mikael mais ainda:

— Encontramos dois guepardos e seguimos os animais durante uma hora. Consegui tirar belas fotos e também gravar cenas de vídeo.

Mikael coloca a câmera Sony na longa mesa de trabalho e mostra algumas das imagens.

— Esta é quando os guepardos pararam e ficaram brincando em torno de uma árvore. Muito bom. Foi uma pena você ter ficado dormindo — diz ele, quase zombando de minha manhã.

Na hora do almoço, converso com Dale sobre o que é necessário para ser um bom guia de safári.

— É preciso saber lidar com pessoas e entender o que os visitantes buscam — diz o instrutor. — Além do conhecimento específico, é importante desenvolver autoconfiança. Não é apenas um trabalho, é preciso ter paixão.

— Você acha que Emmanoel vai conseguir?

— É um desafio para ele, a comunicação não é seu forte. Mas os conhecimentos que ele possui, como nativo da terra, são imensos. Se ele conseguir compartilhar essa informação, pode ser um excelente guia, passando sinceridade — responde Dale. — Hoje à tarde será a vez de Emmanoel conduzir o grupo para a saída, você vai vê-lo em ação.

Como parte do treino prático, Dale solicita a todos os estudantes que uma vez por semana sejam o motorista-guia do *game drive*. Eles devem atuar como se fossem um guia profissional, recebendo clientes — nesse caso, os colegas do curso — e explicando até mesmo os procedimentos de segurança.

Na hora do passeio, Emmanoel leva a sério o teste. Ele se apresenta e esclarece as dúvidas antes de entrar no veículo. Dale escuta e apenas pede a Emmanoel que projete um pouco mais sua voz.

Saímos na camionete aberta e, após dez minutos em silêncio e sem encontrar nenhum animal, Dale pede que Emmanoel pare e desligue o motor do carro:

— Os turistas, quando não conseguem ver nenhum animal por algum tempo, podem ficar inquietos e até mal-humorados. Por isso, durante uma busca frustrante por grandes mamíferos, você não pode deixar crescer a ansiedade dos clientes. É importante preencher o vácuo com dados interessantes. Fale sobre plantas e insetos.

Emmanoel segue à risca os conselhos do professor e, depois de uma centena de metros, para o veículo e mostra um arbusto:

— Na comunidade onde cresci, na Tanzânia, usamos essa planta para a dor de estômago. Minha mãe fazia um chá de gosto muito amargo, mas sempre funcionava — diz o guia do dia.

Dale concorda com a cabeça:

— Isso mesmo, Emmanoel. Outra coisa, quando um animal for observado, não se esqueça de desligar o motor do carro para que os clientes possam assistir à cena sem barulho. Só depois fale um pouco sobre as características do bicho.

A intuição de Dale parece estar afinada. Depois de uma curva, aparece um elefante macho no meio da pista. O animal, avermelhado devido à cor da terra de Tsavo, também fica surpreso. Abana as grandes orelhas e faz movimentos circulares com a tromba. Emmanoel para, mas decide manter o motor do carro ligado. O elefante não sai do meio da estrada e, quando vê que o carro também não se mexe, dá quatro ou cinco passos em nossa direção, abanando as orelhas. Emmanoel compreende o recado e dá marcha a ré, mostrando aos clientes que a segurança está acima de tudo e ao elefante que o carro perdeu o confronto. O elefante vencedor ainda fica uns minutos na estrada e depois segue caminho no mato.

Emmanoel para o motor e explica:

— Vocês notaram uma marca escura perto dos olhos do animal? O líquido que sai desse orifício é uma secreção espessa, de cheiro forte. Esse elefante macho está no período *musth*, quando seus hormônios reprodutivos estão em alta. Elefantes machos solitários são agressivos e durante o *musth* ficam mais perigosos. Existem casos na África do Sul de elefantes em *musth* que mataram rinocerontes.

Emmanoel busca os olhos do instrutor para saber se ele se saiu bem. Dale sorri positivamente, enquanto os colegas, contentes com a fala, aclamam o tanzaniano com uma salva de palmas.

Saio de Rukinga passando a admirar ainda mais os guias de safáris. Eles são embaixadores da natureza, aqueles que podem traduzir para os visitantes a força da vida selvagem da África.

Acolhida em Nairóbi

Voltamos ao asfalto da estrada Mombaça–Nairóbi e temos de rodar 400 quilômetros até a capital. Apesar do tráfego intenso, aproveitamos a boa qualidade da rodovia para elaborar uma lista de afazeres. Além do trabalho jornalístico de sempre, é essencial definir os próximos passos da viagem. Para onde iremos? Conseguiremos os vistos do Sudão? Pelo que ouvi dos viajantes, tudo parece ser uma loteria. Alguns conseguiram em três dias a permissão para ingressar no país, outros demoraram um mês. Alguns nunca receberam resposta.

Comento com Mikael que recebi um e-mail de Luciana Whitaker, uma fotógrafa carioca, que diz ter acabado de ler o livro *Pé na África*, escrito por um jornalista da *Folha de S.Paulo*, Fabio Zanini.

— O livro é sobre a aventura do jornalista na África, durante uns quatro meses, seguindo uma rota parecida com a nossa. Segundo Luciana, ele sofreu um bocado. O importante, no caso, é que ele não conseguiu entrar no Sudão. Ele foi de Adis Abeba até o Cairo, de avião, para tentar o visto, que foi negado.

Envio um SMS a Peter Munyi, nosso anfitrião em Nairóbi, com a hora estimada de chegada. Ele responde que estará em casa. Não queremos perder tempo e para almoçar paramos para comprar meia dúzia de mangas maduras.

Quando vejo um avião aterrissando em baixa altitude, compreendo que estou perto do aeroporto internacional Jomo Keniatta (considerado o Pai da Nação) e, consequentemente, perto da metrópole. Aproveito a ocasião da troca de motoristas — agora é meu turno — para verificar se as cinco portas estão trancadas. O trauma do roubo da câmera em Lusaka só foi resolvido há poucos dias com a compra do novo equipamento.

— Entramos em alerta vermelho. Nairóbi à vista — diz Mikael.

— Quando estive em Nairóbi no ano passado, fiquei impressionado como o trânsito era caótico. A cidade tem altos índices de criminalidade e violência. Precisamos ficar atentos — respondo. — Ainda bem que Peter Munyi mora em um bairro residencial bacana, Kilimani.

Mal termino a frase e o iPhone toca. Antes de o copiloto atender, aviso:

— Não posso atender. Se for para você, fale rápido. Estamos em Nairóbi — afirmo, com uma pitada de irritação.

— Oi, amor, sim, sou eu — responde Mikael, que reconhece a voz da namorada.

Imediatamente, ela começa a perguntar como está a viagem. Mikael tenta explicar que agora não é o melhor momento para conversar:

— Amorzinho, estamos entrando na capital do Quênia, uma cidade complicada e preciso dar...

Samanta quer conversar e contar as novidades de Washington. Mikael tem dificuldade de interromper o discurso dela e faz uma cara do tipo "o que posso fazer?", pois não pode cortar a ligação na cara da namorada.

Adiante, a velocidade do fluxo dos carros diminui e vejo um congestionamento:

— Mika, temos problemas lá na frente. Peça a Samanta que ligue dentro de duas horas.

Mikael deixa sua amada terminar a frase e toma coragem:

— Amorzinho, o trânsito está complicado. Vou precisar desligar.

Após uma rápida pausa, ele volta a explicar:

— Não, não estou dirigindo. É meu pai. Mas as cidades grandes são problemáticas, por isso vou desligar agora. Nos falamos depois. Um grande beijo. Tchau.

Samanta tem um dom especial de adivinhar a hora de chegada às grandes cidades...

Toda nossa atenção regressa à avenida de entrada de Nairóbi. Para quem vive outra realidade — principalmente a das ruas calmas de Washington — fica difícil entender por que precisamos de dois motoristas para ingressar em uma cidade. Nem uma boa justificativa temos, pois, para não preocupar amigos e parentes, o roubo em Lusaka foi censurado e nenhum e-mail ou post menciona o incidente.

O engarrafamento, desta vez, é por causa de um acidente. Das três pistas, duas estão bloqueadas. Continuamos em alerta vermelho, atentos a tudo que acontece ao redor.

Com o endereço exato de Peter como destino, Odé nos leva à entrada do condomínio. O segurança, avisado por Peter, abre o pesado portão verde. No interior, encontro uma pequena praça retangular, ornada de plantas tropicais e rodeada por 18 sobrados. Busco a casa número 8.

O anfitrião me espera na calçada e faz um sinal indicando onde devo estacionar. Logo aparece Austin, seu filho de um ano e meio, correndo. Saio do carro e dou um efusivo abraço em Peter, aliviado por ter encontrado um local seguro e confortável para nossa passagem por Nairóbi.

— Faz um ano exato que nos encontramos na reunião organizada pelos alemães, no prédio das Nações Unidas — digo; logo depois apresento Mikael. — Depois de um bom tempo na estrada, vai ser bom parar e tomar banho todos os dias. Muito obrigado por nos abrigar.

— É um privilégio acolher a equipe de pai e filho. Vocês podem ficar em casa o tempo que for necessário — responde Peter, completando que cresceu em uma família que sempre recebeu muita gente. — É uma oportunidade para vocês aprenderem como vivemos em Nairóbi. Tenho certeza de que aprenderemos sobre o Brasil e os países por onde vocês andaram.

Com seus óculos de aro fino e um inglês impecável, Peter tem uma pinta de intelectual africano. Parte de uma elite cultural, possui mestrado em direito e é um dos três sócios de uma firma de advocacia. Nos últimos anos, por seu conhecimento sobre o tema ambiental e as normas que regem o uso da biodiversidade, apoia um grande número de governos africanos na negociação de um protocolo que traga benefícios às comunidades que possuem um conhecimento tradicional sobre plantas. Não há fórum sobre o assunto que não conte com a presença de Peter. Por isso, ele conhece uma boa parte do continente.

Peter ajuda Mikael a levar uma das malas para o interior da casa. No portão, a esposa Sheila nos recebe com orientações práticas:

— Vocês ficarão no segundo andar, no quarto de convidados, ao lado de um banheiro — diz ela. — A cama é de casal, mas imagino que pai e filho, depois de dormir em uma barraca em cima do teto do carro, já estejam acostumados a compartilhar um espaço pequeno.

Entro no sobrado por um corredor e logo à esquerda está uma cozinha ampla e bem iluminada. Parece uma cozinha brasileira, com um fogão a gás de quatro bocas, um micro-ondas, uma geladeira espaçosa, duas pias e um monte de armários. Eunice, a empregada doméstica, nos recebe com um sorriso tímido.

O corredor dá em uma espaçosa sala de estar, com uma mesa de jantar e dois sofás confortáveis, ambos direcionados para uma televisão de tela plana de 40 polegadas, com sinal de satélite e centenas de canais. As paredes são decoradas com artesanatos e pinturas com motivos africanos. Uma das quatro paredes é quase toda de vidro; portas dão acesso a uma modesta área verde, no fundo da casa.

Sheila pede que eu a acompanhe ao primeiro andar. Sigo a dona da casa, que mostra o quarto do filho e o berço onde ele dorme. O quarto de casal fica em frente. Mais um lance de escada e chego a nosso quarto, onde deposito minha mala. Mikael vem atrás. Sheila explica que o outro cômodo do segundo andar foi escritório do Peter, mas agora virou um depósito, onde vejo uma bolsa de tacos de golfe. Peter é fanático por golfe e quando encontra tempo foge de Nairóbi para jogar uma partida com amigos.

Peter também é louco por futebol. É torcedor do time inglês Arsenal e tenta não perder nenhuma partida do torneio europeu Liga dos Campeões. Conversamos um pouco sobre o impacto da Copa 2010 no continente.

Sheila chega da cozinha e avisa que o jantar está pronto. Como ela sabe que somos vegetarianos, o jantar hoje não terá carne: um *curry* de vegetais, espinafre cozido, feijão-mulatinho, arroz e pão *chapati*.

— Sintam-se à vontade. Podem comer na mesa de jantar ou no sofá, vendo televisão.

Sheila está longe de ser uma simples dona de casa da classe média-alta queniana. Depois de concluir seu mestrado em oftalmologia em 2006, foi convidada a dar aulas na Universidade de Nairóbi. Seus professores, sabendo que o Quênia não conta com um especialista em glaucomas, recomendaram que ela fizesse um curso de especialização no exterior.

— No final do mês viajo para o Canadá para estudar durante três meses. Vou sentir falta do Austin, mas vai ser importante para mim — diz Sheila. — Vamos nos falar todos os dias por *skype*, como fazemos quando Peter está viajando.

— Austin é uma criança educada pelo *skype* — ri Peter. — No ano que vem será minha vez de passar uma temporada fora do país. Farei meu doutorado na Holanda e na Noruega.

Com o DNA de mestres e doutores, o filho único Austin é esperto, brincalhão e consciente de que é o centro de atenções dos pais.

— Ele já sabe ligar o DVD para ver filmes — diz o pai, com orgulho. — Mas escondam os três controles remotos quando estiverem aqui na sala com ele, pois ele é capaz de embaralhar tudo.

As portas de vidro da sala são protegidas por uma grade de ferro forjado. As decorações em metal acabam criando degraus convidativos e Austin aprendeu a escalar o emaranhado desenho. É um de seus passatempos favoritos.

— Algumas vezes ele chega até um metro de altura e não sabe como voltar. Aí ele chora e vamos ajudá-lo — diz Peter.

— Na semana passada ele subiu na porta enquanto Eunice estava lá fora, colocando algumas roupas no sol. Você acredita que ele conseguiu girar a chave da porta e trancar a Eunice fora de casa? — relata Sheila. — Ainda bem que eu estava aqui e ouvi os chamados de Eunice.

O menino travesso parece agora um anjinho moreno. Ele dorme nos braços do pai.

— Do jeito peralta que Austin está agora, seria impossível vocês trabalharem aqui em casa — anuncia Peter. — Aproveitando que um dos três sócios está viajando, consegui um espaço para vocês no escritório.

— Peter, você nos recebe com tapete vermelho! — respondo, feliz com a proposta. — Amanhã cedo, logo que deixarmos nossos passaportes na embaixada do Sudão, iremos ao escritório.

Sudão ou não

A prioridade nº 1 em Nairóbi é decidir se vamos ou não ao Sudão. De manhã cedo separo os documentos e os passaportes. Dou uma olhada no *Lonely Planet Africa*, uma bíblia de 1.184 páginas sobre o continente. Na seção de vistos para o Sudão, leio que, se no passaporte existir evidência de viagem a Israel, o visto será negado. Foi Omega Megog que me obrigou a ler isso agora: meu passaporte norte-americano tem carimbos de entrada e saída de Israel, datados de 2008. Ou seja, não posso levar esse passaporte à embaixada. O livro também diz que o lugar mais fácil para obter o visto é o Cairo, o que explicaria a viagem do jornalista Fabio Zanini de Adis Abeba ao Cairo. Em outros consulados pode levar duas semanas ou um mês.

Uma vantagem: a embaixada não está no centro da cidade nem em Gigiri, o distrito das Nações Unidas, a 10 quilômetros, mas no mesmo bairro Kilimani onde estamos.

Estacionamos em uma calçada larga, em frente à representação diplomática, e na guarita somos os primeiros a assinar o nome. Boa notícia, seremos atendidos logo.

Na recepção, uma senhora quarentona, espaçosa, com cabelos grisalhos escondidos por pinturas ingloriosas de hena, me recebe de cara fechada. É uma Mama Arábica, que possui o vírus burocrático da Síndrome das Pequenas Autoridades. Quando chegamos ao janelão que nos separa dela, Mama Arábica entrega dois formulários. Saúdo minha interlocutora com um pomposo *al salamu aleykum*, o que faz ela esboçar um sorriso milimétrico.

Enquanto preenchemos o formulário — desenhado em um formato obsoleto, ora faltando espaço em um item, ora sobrando em outro —, três italianos ruidosos adentram o recinto, também em busca de uma permissão para entrar no país.

É o tempo perfeito para eles receberem seus formulários e eu comparecer novamente ao balcão. Entrego os dois passaportes brasileiros, as fotos de identidade solicitadas e o formulário preenchido. Mama Arábica checa as informações, compara os dados do formulário com os do passaporte. Na segunda página, ela encrenca com o campo "Endereço em Cartum", que deixei em branco.

— Vocês não têm nenhuma reserva de hotel?

— Não, meu filho e eu viajamos em um veículo de camping.

— Então escreva Blue Nile Sailing Club — ela diz, devolvendo os dois formulários.

Lembro-me do nome: é o lugar que o alemão Jen havia mencionado, o camping às margens do Nilo Azul e dentro da cidade. Parece ser conhecido.

Mama Arábica pede também a licença do veículo. Temos várias cópias do documento sul-africano. Ela revisa e diz:

— Agora só falta a carta da embaixada do Brasil, explicando o motivo de sua ida ao Sudão. Podem trazê-la amanhã. Aproveitem para guardar os formulários com vocês, aqui podem se extraviar.

Ela quer uma carta da embaixada, o mesmo procedimento pelo qual passamos na Cidade do Cabo, com o consulado de Angola. Lá, graças a Patrícia, tudo se resolveu em uma hora. Mas aqui a situação é complicada. Saímos cabisbaixos da sala e caminhamos em direção à guarita:

— Mika, o problema é que a embaixada do Brasil é em Gigiri, perto das Nações Unidas. Se formos agora, vamos perder mais de uma hora para chegar.

Estamos a ponto de assinar o livro de saída quando tenho uma ideia brilhante que deveria ter tido dois minutos antes.

— Vamos voltar para falar com Mama Arábica, tenho uma solução melhor.

Regresso com passos rápidos, Mikael ainda não sabe o que vou tirar do chapéu mágico da viajologia.

Fico de pé, ao lado do balcão, esperando que os italianos terminem de entregar os documentos. Noto que o calendário de mesa da senhora é de lugares turísticos brasileiros. O verde da mata e o azul de nossos mares devem encantar as pessoas do deserto. Esse é um bom sinal e cochicho para Mikael:

— Desta vez, vai dar certo.

Os italianos também precisam escrever detalhes adicionais e voltam para a mesa grande que domina o centro da sala. É minha vez.

— *Al salamu aleykum* — pronuncio respeitosamente.

— Não me diga que o senhor já foi a sua embaixada e voltou? — pergunta Mama Arábica, com uma pitada de ironia.

— Na verdade, tenho uma solução mais simples. Tenho três cartas de recomendação que dizem o que a senhora precisa — respondo, tirando da pasta as cartas da Convenção de Diversidade Biológica (que possui o logo azul-claro das Nações Unidas), da União Internacional para a Conservação da Natureza e da Sociedade Internacional de Ecoturismo. Deixo bem guardadas as outras que anunciam que sou jornalista.

Mama Arábica lê o primeiro parágrafo de cada carta, faz um sinal afirmativo e escolhe a carta que leva o logo das Nações Unidas. Ela se levanta e faz duas fotocópias — sinal de que aceitou minha solução.

— Por favor, deixe seu número de celular. Ligarei caso necessite de informação adicional — diz ela, pedindo de volta o pacote de formulários e passaportes.

Agradeço em árabe, *shukran*, e saímos de cabeça alta.

— Parabéns, Haroldo, boa sacada a das cartas. Não tinha funcionado no consulado de Angola, mas deu certo aqui. Vamos para o Sudão!

— Nada de cantar vitória antes do tempo. Só direi isso quando o visto estiver colado no passaporte.

Vamos conhecer o escritório de advocacia, aproveitando que Peter está lá até a hora do almoço. O prédio fica no final de um beco, que sai da conhecida Avenida Arwings Kodhek, em frente ao Hospital Nairóbi. Possui três andares e cada piso é usado por uma empresa. Sisule Munyi Kilonzo & Associates ocupa o primeiro andar do bloco da esquerda. Em frente, um estacionamento ao ar livre — com vigia diurno e noturno — tem vagas para mais de uma dúzia de carros. Nandi estará em total segurança.

Chego à recepção e me apresento. Nem tenho tempo para me sentar na sala de espera e Peter me recebe, nos levando para as salas dos diretores.

— Esta é minha sala, passo metade do dia aqui e a tarde em um centro de ecologia — diz Peter. — Venha conhecer Wambua Kilonzo, um dos sócios, colega de mais de 12 anos.

Wambua é um daqueles africanos que têm um permanente sorriso no rosto.

— Quando Peter me falou sobre a expedição que vocês estão realizando na África, imediatamente concordei com a ideia dele de vocês trabalharem estes dias aqui conosco — afirma Wambua. — Assim, vocês vão ver, com seus próprios olhos, como nós vivemos.

O Quênia não é apenas um país de leões e de elefantes nos parques nacionais ou de Maasai dançando e pulando, vestidos de vermelho.

Peter concorda e me leva até a terceira sala, a que vamos usar. Encontro uma mesa de trabalho espaçosa e duas cadeiras confortáveis. A maior parte da sala é tomada por uma lustrosa mesa de reunião, com oito cadeiras. As paredes brancas são limpas de qualquer decoração.

Agradeço a gentileza prometendo não abusar, mas aproveitando para avisar que usaremos a sala por dez dias, incluindo sábados e domingos.

À noite, de volta a casa, o tema da conversa com o casal anfitrião recai sobre os grupos étnicos que existem no Quênia.

— Existem 40 tribos no país. Dessas, cinco são as maiores: Kikuyu, Luhya, Luo, Kalenjin e Kamba. Juntas, somam mais de 70% da população. De cada cinco habitantes, um é Kikuyu. Desde a independência eles estiveram bastante tempo no poder. Agora um pouco menos, o que é um bom sinal — relata Peter. — Como tenho uma perspectiva mais nacional, as divisões tribais não são importantes para mim.

Sheila concorda, contando que seu pai é Luo e sua mãe vem de uma tribo da Tanzânia:

— Como é a tribo do pai que predomina, sou considerada Luo. Mas penso como Peter, não enfatizo o aspecto étnico.

— Outra mistura interessante é a que existe no escritório. Sou Kikuyu, Sisule é Luhya e Kilonzo é Kamba. Viemos de três tradições diferentes, falamos três línguas nativas distintas, mas nossos idiomas são o suaíli e o inglês — conta Peter. — Vejo vantagens nessa pluralidade cultural, porque podemos abrir portas para clientes variados e mostramos que vivemos em uma sociedade moderna, sem preconceitos.

Na manhã seguinte, já com as chaves do escritório nas mãos, somos os primeiros a marcar ponto. Estou concentrado na edição das fotos da Namíbia para *Época* quando o iPhone toca. O número local é desconhecido. Atendo, mas não distingo a voz feminina. Entendo poucas palavras do que ela fala e faço uma cara estranha para o Mikael, espantado. Quando ouço a palavra “Sudão”, a charada se resolve. Passo a entender o pedido, respondo sim à pergunta principal e desligo:

— Era Mama Arábica. Ela quer nossa presença imediata na embaixada. Parecia zangada — explico. — Será que deu alguma confusão com o visto? Descobriram que somos jornalistas?

Aviso a Peter que vamos regressar à embaixada do Sudão. Pelo menos alguém sabe qual terá sido nosso último destino, se desaparecermos sem deixar pistas. Em dez minutos, estacionamos em frente à embaixada, um pouco mais temerosos do que antes.

No balcão de atendimento, Mama Arábica nos recebe com cara fechada e diz que um diplomata quer falar conosco. Depois de uma espera em que cada segundo parece um minuto, aparece o funcionário árabe. Ele pede que entremos nas dependências reservadas e, logo depois, somos conduzidos a uma sala. De pé, ele segura nossos dois passaportes.

— Vocês são brasileiros?

— Sim, somos — respondo. — Nossos passaportes estão na sua mão.

— Você não sabe que um brasileiro precisa de visto para entrar no Quênia? — o diplomata se dirige a mim, diretamente. — Vocês entraram ilegalmente no país?

— Não, de forma nenhuma. Entramos de carro pela fronteira ao sul de Mombaça, vindos da Tanzânia — respondo, já me sentindo intimidado com o tom das perguntas.

— Senhor Castro, explique então por que seus passaportes não possuem nenhuma evidência de sua entrada no Quênia. Nem de entrada e saída na Tanzânia. O senhor viaja muito, pois vi vistos para Angola e para a Zâmbia, mas nada no Quênia.

Respiro profundamente e procuro aparentar uma calma que não consigo ainda vivenciar integralmente. Tomo coragem e explico:

— Meu filho mora nos Estados Unidos e eu morei lá durante 19 anos. Por isso, temos dupla nacionalidade e passaportes norte-americanos. Como os vistos do Quênia e da Tanzânia foram solicitados por meu filho em Washington, eles foram afixados no passaporte dos Estados Unidos.

— E, então, por que vocês não solicitaram o visto sudanês no mesmo passaporte? Teria sido mais fácil e não teríamos passado por este momento constrangedor — diz o diplomata, solicitando que mostremos nossos passaportes norte-americanos.

Prefiro não responder à pergunta. Se menciono qualquer coisa sobre a visita a Israel, tudo estará perdido. Mikael retira seu passaporte do bolso e o mostra. Digo que o meu ficou na casa de nossos anfitriões.

— Regressem amanhã com o passaporte que mostre o carimbo de entrada no Quênia e vocês terão a permissão de visitar o Sudão por duas semanas — finaliza o diplomata, devolvendo novamente o pacote de documentos.

Antes de sair faço uma última pergunta:

— O senhor precisa de um passaporte que mostre legalmente a entrada no Quênia, certo?

— Sim, as normas são estritas. Não posso estampar um visto em um passaporte que não esteja legal no país.

Saímos da embaixada do Sudão sempre com emoções diferentes, ora frustrados, ora confiantes. Quando Mikael entra no carro, ele finalmente expõe:

— Que pena. Por um detalhe bobo, não poderemos ir ao Sudão — resmunga meu filho. — Você deveria ter tirado um novo passaporte norte-americano, sem o visto de Israel.

— Quem disse que não vamos ao Sudão? Você ouviu o diplomata, ele foi claro: ele vai nos dar o visto — respondo tranquilo. — Vai dar o visto nos passaportes brasileiros. Por 25 dólares, conseguiremos o carimbo de entrada no Quênia. Li isso no *Lonely Planet*.

— Como assim? Você vai falsificar o carimbo? — pergunta Mikael incrédulo.

— Não, faremos tudo dentro da lei — respondo. — Vamos agora à Imigração, no centro da cidade, resolver isso.

No centro fervilhante de Nairóbi, deixamos a Nandi em um estacionamento seguro de uma igreja e caminhamos dois quarteirões até a Nyayo House, sede da Imigração. Subo as escadas e peço para falar com o chefe do serviço de vistos. Sou atendido por mais uma Mama África. Entramos em seu escritório e sentamos em duas cadeiras de madeira. Explico o caso sem hesitações, de forma clara, sem esconder nada. Nossa ida ao Sudão está nas mãos dela.

— Entendi a situação. Faremos como se vocês tivessem chegado a Nairóbi sem visto. Preencham esses formulários, paguem a taxa de 25 dólares (44 reais) por pessoa e tenham um pouco de paciência — diz Mama África III.

Uma hora depois, saímos com os carimbos de entrada nos passaportes brasileiros. Nas estatísticas de número de visitantes do Quênia, pai e filho valem por quatro (dois brasileiros e dois norte-americanos). Antes do final do expediente, ainda temos tempo para regressar à embaixada do Sudão. Mostro à Mama Arábica os passaportes brasileiros agora legalizados e ela aceita os documentos com um sorriso. O visto estará pronto no dia seguinte!

Capítulo 10

Entre guerreiros e fantasmas

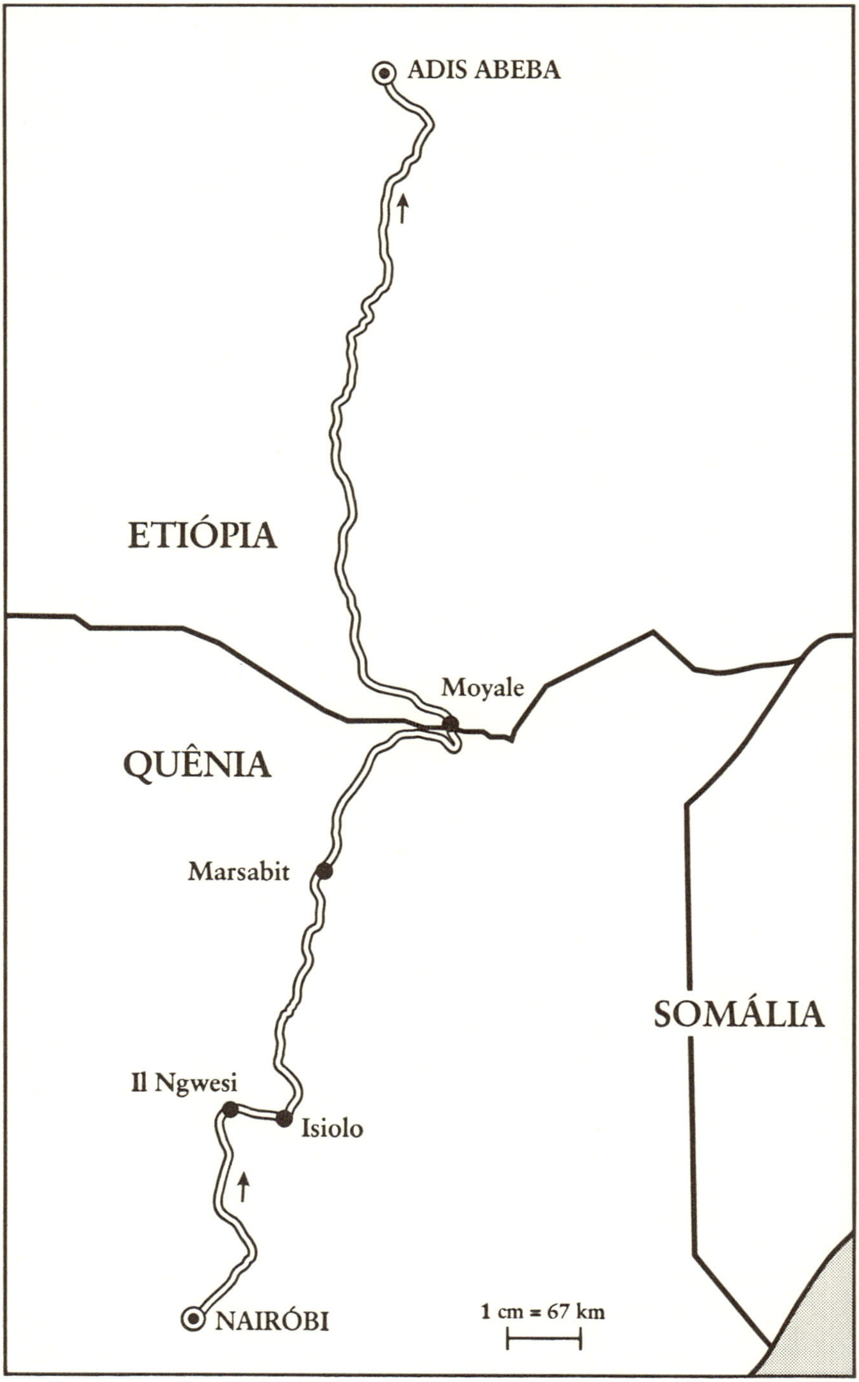
ADIS ABEBA
ETIÓPIA
Moyale
QUÊNIA
Marsabit
SOMÁLIA
Il Ngwesi
Isiolo
NAIRÓBI
1 cm = 67 km

Um buraco Maasai

Dez dias não foram suficientes para terminar o trabalho em Nairóbi e apenas no 11º conseguimos enviar dois pacotes por Federal Express para o Brasil. Para festejar, convidamos Peter e Sheila para um jantar requintado no restaurante Mediterrâneo. Agradeço a hospitalidade e poder compartilhar o cotidiano de uma família queniana. Digo que estaremos de volta em um mês e meio.

Deixamos uma mala em Nairóbi. Trouxe roupa demais, pensando que encontraria poucas oportunidades para lavá-las. Aconteceu o contrário: na casa de Peter, Eunice lavou até os lençóis imundos da Nandi. Enquanto separo calças e camisas, tomo consciência de que a jornada no Sudão e na Etiópia será um momento marcante da viagem. Pode dar tudo certo, mas preciso estar atento, pois os perigos serão maiores. O nível de *despaisamento* (do francês *dépaysement*, situação de não estar em terreno familiar) estará em alta. Em poucos dias, enfrentaremos uma das estradas mais inseguras da África, de Isiolo até Moyale, a fronteira da Etiópia — aquela onde o fantasma do AK-47 aparece em sonhos.

Na manhã seguinte, com tanque de água potável cheio e geladeira abarrotada de carnes vegetais e de queijos, partimos para o norte. Passaremos as próximas três noites em uma pousada de luxo em terras Maasai. Alan Dixson, o dono de uma agência de viagem de Nairóbi, nos convidou a conhecer Il Ngwesi, "resultado concreto de uma iniciativa pioneira de turismo comunitário". Todos os visitantes chegam de avião ao lugar, mas, como a pousada fica na direção da Etiópia, vamos de carro. Alan garantiu que, com o mapa detalhado da região, o GPS e a robustez de uma Land Rover, chegaremos lá.

As cores quentes do final de tarde iluminam as planícies da região de Lewa, ao norte de Nairóbi. Um grupo de 20 girafas me faz lembrar que não fotografo grandes mamíferos há semanas. A luz me incita a parar o carro várias vezes para clicar os elegantes animais. Gosto das girafas, mas as abomino quando estão estressadas, correndo em frenesi sem direção e atravessando a estrada de forma espalhafatosa. É o animal que tem mais chiliques.

Quando começamos a subir uma serrinha, o caminho se deteriora. A estrada de terra batida vira pista de areia e pedrinhas e, logo, a pista vira uma trilha estreita. Mikael está na direção. Mais algumas curvas e trafegamos por um caminho para animais, cheio de pedregulhos. Nem consigo identificar as marcas de pneus dos jipes que passaram antes. Será que pegamos a estrada errada na bifurcação anterior?

Checo o GPS e o mapa do Alan, tudo parece em ordem. Temos uma nuvem escura sobre as cabeças. O tempo fecha e pingos de água molham o vidro.

— Bem que a Nandi precisa de um banho para limpar a fuligem urbana — afirmo, com bom humor.

Mais uma surpresa: temos de vencer um riacho raso e subir uma encosta íngreme. Saio do carro — mesmo com a chuva — para ver como resolveremos a equação. A subida tem apenas cinco ou seis metros. Nandi consegue subir de primeira, em marcha lenta. Vitória.

Outro desafio à frente. A última chuva levou um pedaço da estrada e a passagem é estreita. Saio do carro e confirmo que dá para passar, mas Mikael precisar ir devagar e na direção certa. Faço sinal para ele fazer três manobras, pois ele precisa abrir bem a curva — a ribanceira está logo ali. Ele faz o primeiro movimento, dá marcha a ré, mas, na segunda vez, tenta passar diretamente. Vejo que a Nandi não vai conseguir e grito para ele parar o carro. Tarde demais! O terreno cede com o peso e a roda traseira direita cai em um buraco de meio metro de profundidade!

— Mika, avisei que não dava para passar. Nandi é longa e a curva era fechada.

Não adianta chorar o leite derramado. Mikael liga o motor novamente e tenta sair. Nada. O carro não se mexe, mesmo com marcha lenta e tração nas quatro rodas. Duas delas rodam no vazio. São 18h40 e temos poucos minutos de luz. Se não conseguirmos sair do buraco, como faremos? Dormir na barraca em cima do teto é impossível: o carro está torto. Armar nossa barraca de emergência no meio do caminho, em uma reserva de animais selvagens, também não parece uma boa ideia.

O barulho do motor atrai um Maasai que caminha de volta a seu vilarejo. Ele não articula nenhuma palavra de inglês, mas a cena não demanda grandes explicações. Sem falar nada, o novo amigo Maasai começa a escavar a terra atrás da roda traseira, com o longo pedaço de pau que leva nas mãos. Mikael usa nossa pá de emergência. Dou uma olhada no mapa e confiro com Odé: devemos estar a 800 metros do entroncamento com uma estrada mais utilizada.

Decido dividir os esforços. Enquanto Mikael e o Maasai cavam a terra em volta da Nandi, seguirei a estrada para ver se encontro alguma ajuda. Cinco ou seis pessoas tirariam o carro do buraco na força. Saio com o mapa e uma lanterna ao redor da cabeça, que libera o uso das mãos. Como a chuva havia terminado, não levo casaco impermeável.

Se a outra estrada estiver mesmo a 800 metros, chegarei ao entroncamento em 10 minutos. Mas o tempo passa, a luz diminui e nada de cruzamento. Começo a notar montes de fezes de elefantes. Encontrar um paquiderme sozinho no escuro é o último de meus desejos. Completo 20 minutos de caminhada e a chuva reaparece. Sem nenhuma alma viva ou luz a meu redor, decido dar meia-volta. Não vale a pena continuar me afastando do carro.

O caminho de regresso já não é tão fácil como o de ida. Estou molhado e sinto que minha missão para encontrar apoio adicional fracassou. Como estará Mikael? Como sairemos da enrascada? Teremos de passar uma noite imobilizados? Continuo andando, sem perder a confiança, mas sinto um friozinho na barriga.

Meu medo tem vida curta. Ouço um ruído surdo que parece ser o ronco da Nandi. Ao longe, na saída de uma curva, vejo dois faróis. Mikael conseguiu tirar o carro do buraco! Ele demora algum tempo para me ver, mas, quando levanto os braços, ele pisca os faróis. Logo estou dentro do carro.

— O Maasai e eu passamos meia hora escavando a terra atrás da roda presa. Resolvi fazer uma tentativa, dei marcha a ré e encontrei terreno firme para as quatro rodas — narra Mikael. — O Maasai me ajudou muito. Dei de presente para ele nossas mangas e sua melancia geladinha. Ele adorou as frutas.

Demoramos a alcançar a pousada e somos recebidos por uma dúzia de guerreiros Maasai:

— Ficamos preocupados. Estávamos nos preparando para sair em busca de vocês — diz James Ole Kinyaga, um dos gerentes.

A cena dos Maasai à nossa espera, com lanças nas mãos e vestidos com *shukas*, o tecido vermelho que cobre o torso dos homens, ficará em minha memória.

Requinte e luxo Maasai

Nas pousadas de luxo por onde passamos, sempre encontramos um *mzungu*, um branco, coordenando a logística. Será que os africanos negros não são capazes de fazer o mesmo trabalho e lidar com clientes exigentes?

A primeira comunidade no Quênia a responder à pergunta foi a dos Maasai de Il Ngwesi.

— Nossa comunidade é proprietária da pousada Il Ngwesi. É a primeira pousada no país totalmente gerenciada por uma comunidade local — afirma James, ao tomarmos juntos um generoso café da manhã, olhando para uma planície verde infinita.

Na tribo, James é um guerreiro sênior, pois está casado e tem mais de 30 anos. Ele possui um porte altivo e sua cabeça é raspada. Colares tradicionais recaem sobre a *shuka* vermelha. Ele fala um inglês impecável, fez um curso de marketing e viajou ao exterior inúmeras vezes para promover seu produto. Peço que ele me conte como a aventura começou.

— Em 1994, com 15 anos, fui iniciado como guerreiro júnior e convocado pelos anciões para construir a pousada. Durante dez meses, eu e 80 guerreiros trabalhamos sem tomar fôlego — diz James, lembrando-se dos momentos cruciais da obra. — Utilizamos apenas materiais locais. Os anciões indicaram que a melhor madeira, resistente a cupim, é a *loimigi*. Percorremos quilômetros e quilômetros nos leitos de rios em busca de troncos, secos e curtidos pelo tempo. A madeira, contorcida e espiralada, serviu como estrutura principal para os seis bangalôs.

James conta que, depois da construção, foi escolhido pelos anciões para trabalhar na pousada. Desde 1995, viu como a iniciativa trouxe benefícios para a comunidade:

— Desde o primeiro ano, a pousada deu lucro, dividido pelos anciões entre o clã Il Ngwesi, composto de 7 mil Maasai. O projeto ajuda 500 famílias com a criação de escolas e de poços de água potável.

Fico impressionado com a história de sucesso e que o lucro esteja beneficiando a comunidade há tanto tempo. Ochen Sakita Mayiani, outro gerente, se junta à mesa. Somos os únicos hóspedes e temos toda a atenção dos guerreiros seniores.

— Ouvi dizer que vocês receberam príncipes aqui na pousada — indago, sabendo que estou pisando em terreno sensível, a discrição sobre clientes.

Ochen e James trocam sorrisos, como se estivessem se consultando. James considera que pode revelar a informação:

— O príncipe William, do Reino Unido, esteve aqui oito vezes, com sua noiva Kate.* Sempre damos para ele a cabana 1, a que tem a melhor vista da savana e das montanhas.

---

*O príncipe William e Kate Middleton casaram-se em 29 de abril de 2011.

— Então estamos hospedados na mesma cabana em que o sucessor do trono britânico ficou — conclui Mikael, contente com a coincidência de ter dormido em uma cama real.

— Vocês são hóspedes ilustres — responde James, com uma pitada de humor. — A cabana 1 é a preferida do príncipe. Ele gosta de dormir sob o céu estrelado, com a cama no balcão, ao ar livre.

James nos convida a visitar um vilarejo Maasai. Durante o trajeto, fala sobre suas tradições, de como os animais selvagens são hoje preservados, da importância da conservação e da razão de o gado ser a essência da cultura.

Chegamos ao vilarejo Bamati Lemaa no momento em que os pastores levam o gado para beber água no rio.

— Nossas vacas são o que temos de mais precioso — diz Isaiah Torongos, um jovem guerreiro. — É a principal fonte de alimento. Elas nos dão leite, sangue e carne. Por isso tratamos muito bem o gado.

A riqueza de um Maasai é medida pelo número de cabeças de gado que cada família possui — uma riqueza tangível — e não por uma conta bancária. Isaiah segura um novilho com carinho e examina sua perna machucada. Cada vaca vale mais de 500 reais e o investimento é cuidado com atenção.

A sociedade Maasai está dividida em "grupos de idade". Em uma comunidade pequena, não existe uma pirâmide populacional contínua, pois ciclos de 15 anos marcam casamentos e futuros filhos. A cada 15 anos uma nova geração de jovens é iniciada. Todos os adolescentes na faixa entre 13 e 18 anos são circuncidados e passam a ser guerreiros juniores, *murran barnot*.

Teoricamente, os jovens precisam esperar um ciclo de 15 anos para se tornar adultos e ter permissão de casar. Aos 30 anos, passam a ser guerreiros seniores, *murran botor*. Após outro ciclo de 15 anos, são considerados como anciões, *ngesher*. James tenta simplificar a complicada estrutura social e esclarece que dentro de cada ciclo existem subdivisões. Enquanto converso com James, Isaiah dialoga com Mikael:

— Alguns guerreiros, escondidos, namoram meninas antes do casamento — conta Isaiah, discretamente. — Apenas os amigos íntimos dela e dele sabem sobre a relação. Nenhum adulto ou ancião pode ficar sabendo. É um problema grave engravidar uma moça, pois a criança vai nascer fora de seu grupo de idade.

No dia seguinte, visitamos outro vilarejo, aproveitando que um grupo de guerreiros *barnot* vai dançar e cantar.

— A dança do pulo, *adumu*, é uma competição para destacar aqueles que pulam mais alto e de forma mais reta — diz James.

Interessados em impressionar as jovens donzelas que assistem ao espetáculo, os guerreiros consideram as danças como as melhores ocasiões para flertar com as meninas que, um dia, serão suas futuras esposas. Eles demonstram uma vitalidade singular e dançam durante horas, balançando para trás e para a frente a cabeça e o tronco. E pulando.

Regresso à pousada fascinado com a iniciativa Maasai, um povo orgulhoso de suas tradições. Suas vestes e a importância de possuir cabeças de gado são alguns dos costumes que eles vão passar para as próximas gerações. James e Ochen também querem dar uma boa educação aos filhos e usam a internet em seus negócios. Com um pé em cada cultura — um celular no bolso, um laptop no escritório e vacas no curral — conseguem fazer a ponte entre os dois mundos e sabem transitar neste planeta globalizado.

— A pousada é nossa segunda vaca. Podemos tirar leite dela o ano todo e nem um período prolongado de seca pode matar essa vaca — afirma James.

O fantasma da estrada

No instante em que partimos de Il Ngwesi, iniciamos uma nova etapa na viagem. Termina o ciclo de pousadas ecológicas, com convites e mordomias.

James pede uma carona até Isiolo, a 32 quilômetros da pousada. Lá encontramos o asfalto e uma cidade suja, barulhenta e poluída.

— É por estas razões que não gosto de cidades. Prefiro o campo, com meus animais — diz James, despedindo-se para ir ao banco. — Boa sorte na estrada. Tome cuidado, ela é perigosa.

Pego a direção norte. Na saída da cidade encontro uma guarita policial. Minha lógica afirma que, se comboios existirem, eles são organizados em um posto policial.

— Queremos chegar hoje até Marsabit. Como está a estrada? — pergunto ao guarda que havia levantado a cancela.

— O asfalto acaba em 60 quilômetros. Depois a estrada está em obras e é ruim — responde.

— E é segura?

— Atualmente sim, não há mais bandoleiros como antigamente.

— Precisamos viajar em comboio? — continuo com meu interrogatório.

— Os caminhões preferem viajar juntos, pois transportam muitas mercadorias. Eles saem e chegam em grupo. Mas vocês não precisam. *Hakuna matata* — diz o guarda; ele faz sinal para seguirmos em frente.

Encostamos à beira da estrada de asfalto, recém-construída pelos chineses. O iPhone ainda está conectado à torre de Isiolo e Mikael aproveita para baixar as últimas mensagens. Talvez esta seja a última oportunidade de conexão nos próximos dias, pois na Etiópia tudo será complicado.

Em Isiolo, Odé indica que estamos ainda na latitude zero, mas já no Hemisfério Norte. Quatro dias atrás, pouco antes de chegar a Il Ngwesi, havíamos atravessado a Linha do Equador. Isso significa que o calor durante o dia será forte, principalmente nas duas áreas áridas que atravessaremos — hoje, o deserto Kaisut e, amanhã, o deserto Dida Galgalu. Aproveitamos para beber água antes da partida. Ligo a Nandi e seguimos.

Depois de 60 quilômetros de asfalto, a rodovia se transforma em uma ampla estrada de terra batida, depois em vias secundárias — as obras acontecem na faixa central — e, enfim, tudo volta a ser a pista antiga, a mesma das últimas décadas. Não vejo nenhum trabalhador chinês, todos são locais. Mas os caminhões amarelos e laranja *made in China* levam o nome da empresa construtora Hu Yi, em inglês e em caracteres chineses. Marco a quilometragem exata de quando termina o asfalto para saber o quanto eles terão avançado durante o tempo de minha ida e volta ao norte.

A estrada original corre paralela à fronteira com a Somália. Um deserto plano, sem obstáculos naturais, separa as duas linhas verticais. Fronteira e estrada distam apenas 350 quilômetros, um dia em uma camionete 4×4. É fácil compreender como bandos de um país sem governo e sem lei, a Somália, possam se aventurar terra adentro, no Quênia, para pilhar caminhões repletos de produtos e mantimentos.

O que chamo de estrada é um circuito de pedra, areia, poeira, barro e lama. É bem monótona. Mantemos a rotina de trocar de motorista a cada 60 minutos. Hoje resolvemos fazer no minuto exato, o que permite saber exatamente quantos quilômetros por hora rodamos. No primeiro segmento de terra, Mikael percorre 33 quilômetros; no seguinte, faço 30. Na prática, para vencer meros 100 quilômetros, demoramos três horas.

Por falta do que fazer, quando vemos um ponto geográfico adiante, bem longe, tentamos adivinhar a distância a olho nu. Nossos cálculos são sempre inferiores à realidade. Uma pequena montanha, que calculamos estar entre 18 (palpite de Mikael) e 20 quilômetros (o meu), está, na verdade, a 25.

Em uma das retas infinitas, vejo um ponto mais escuro. Parece ser uma casa perdida no meio do nada, construída com o mesmo barro do solo. O ponto, do lado direito da estrada, se aproxima. Descubro outro ponto menor: deve ser uma pessoa embrulhada em vestes da mesma cor do terreno. A figura parece estar agachada. Mas depois se levanta e está agora de pé. Leva um objeto aos ombros.

— Mikael, o que é aquilo?

— Parece um pastor, com um daqueles paus compridos nos ombros. Ainda não consigo ver.

Este é um trecho bom da estrada e posso rodar a 50 quilômetros por hora. Os rastros de poeira que deixamos para trás formam uma nuvem que fica parada no ar, pois quase não há vento.

— Mika, a pessoa está caminhando em direção à estrada.

— Talvez queira uma carona. Melhor seguir, sem parar — adverte meu filho.

Quando estamos a uns 150 ou 100 metros, podemos perceber claramente a figura. É um homem sozinho — e está armado.

— Pai, o cara tem um AK-47 nas mãos.

Muita calma. Mantenho a velocidade constante. O homem dá mais um passo em direção à estrada e está próximo a um dos carris. Mais cinco metros e ele estará no meio do caminho.

Finalmente, estou frente a frente, em carne e osso, com o maior fantasma da viagem. Aquele que assaltou minha primeira noite na África do Sul, que roubou horas de sono, que alimentou medos e incertezas.

Ele apareceu. Mas, enquanto ele não apontar a arma em minha direção, continuo na rota. Não há como parar. Maços de notas sem valor, jatos de repelente nos olhos ou buzinadas estridentes não servem para nada nestas areias perdidas.

É agora. Resolvo acelerar, acender os faróis altos e piscar de forma contínua, bem rápida, quase paranoica. O homem, sem esperar essa reação, dá um passo para trás. Ele deve estar assustado com a resiliência do motorista e com as luzes do carro — ninguém acende farol ao meio-dia no Quênia.

Poucos segundos depois, passamos rosnando em frente ao símbolo do banditismo africano. Confirmado, ele tem um AK-47 nas mãos. Pelo espelho retrovisor vejo apenas uma figura disforme sendo envolta por uma nuvem de poeira seca e quente.

Mas teria o homem armado intenção de parar o carro? Ou estaria ele com um AK-47 apenas para se proteger de outros bandidos? Nunca saberei.

— Lá se foi meu fantasma do AK-47 — anuncio aliviado. — Bem que eu sabia que iria encontrá-lo em algum lugar.

O ponto para dormir em Marsabit é o camping do Henry, padre católico suíço, dono da propriedade. Ele possui uma Land Rover e criou uma padaria, que fornece produtos deliciosos para a cidade e aos raros viajantes que passam pelo lugar. Hoje, o padre não está, mas compro pão fresco e encontro um casal de viajantes suíços. Eles saíram das terras alpinas na mesma semana em que nós deixamos a Cidade do Cabo, os dois veículos rodaram cerca de 13 mil quilômetros e nos encontramos aqui, neste pedaço perdido de mundo, como se fosse a metade do caminho. O casal está preocupado com o bagageiro, que quebrou tamanha era a trepidação da estrada. Checamos o nosso: está firme e forte.

O dia seguinte começa cedo, com o nascer do sol. Qualquer hora adicional de luz do dia é um ganho, pois nossa regra de não viajar à noite é incontestável. Temos 250 quilômetros de terra até Moyale, a fronteira. Estou tranquilo, o fantasma do AK-47 apareceu ontem e foi embora para sempre.

É um teste de paciência cobrir 30 quilômetros em cada hora. O estado da estrada é muito ruim, provocando tantos ruídos na lataria do veículo que não podemos sequer ouvir música. O copiloto precisa estar presente, com um olhar de longa distância, para complementar a visão do motorista, essa focada nos próximos 100 metros.

Os minutos e as horas passam. Ora conversamos sobre assuntos práticos de trabalho, ora dialogamos sobre temas mais existenciais. Em uma viagem de 10 horas atravessando o nada, cruzando com apenas seis caminhões durante todo o trajeto — sim, eles viajam em comboio —, é preciso força de vontade para manter o astral elevado e apoiar o parceiro.

Tocamos no assunto de companheiros de viagem. Quem segura uma jornada como esta? Um casal, sem dúvida. Os viajantes com os quais mais cruzamos são casais. Mas precisa ser um casal com milhagem, com consistência e que um deles não largue o outro no meio de uma crise. Também concluímos que a dupla pai e filho é uma das melhores composições, pois o compromisso é maior do que o de dois amigos. Sem precisar fazer uma declaração de amor paternal ou filial, estamos convencidos de que fizemos a escolha perfeita para a jornada.

Volto à realidade quando as costelas de vaca se transformam em um chão de pedras vulcânicas pontiagudas. Imagino o estrago que esteja fazendo nos pneus, comendo minúsculas frações de borracha a cada giro. Pelo menos a pista está seca. Dentro de seis ou sete semanas, quando regressarmos pelo mesmo caminho, as chuvas poderão fazer estrago maior na estrada.

Chegada à Etiópia

Moyale é uma avenida só, tanto do lado queniano como etíope. As pessoas são parecidas, as línguas tribais são as mesmas, os produtos nos mercados que margeiam a estrada são semelhantes, mas noto duas diferenças marcantes. Uma causa surpresa: a Etiópia é menos suja — as ruas do Quênia estão imundas e malcuidadas. Outra é esperada: existem mais pessoas do lado de lá da fronteira. Afinal, é um país menor do que os estados de Mato Grosso e Rondônia juntos, mas com uma população de 90 milhões de habitantes. A taxa de crescimento é uma das mais altas do mundo e a densidade populacional é quase quatro vezes superior à do Brasil. Esse mundão de gente representa um dos maiores desafios africanos.

Estive duas vezes na Etiópia. Em 1986, para um evento do Unicef, e, em 1983, para fotografar a Epifania em Lalibela. Lalibela é fascinante em qualquer época do ano, mas, quando vive uma festa importante, tudo ganha emoção, brilhos e cores. Por isso, depois de checar o calendário da igreja ortodoxa etíope e saber qual é a data exata da Páscoa — que não coincide necessariamente com a Páscoa católica —, resolvo que quero estar em Lalibela para a Páscoa e que a viagem pela Etiópia deve ser realizada depois da jornada sudanesa. Outra boa razão: quanto mais cedo chegarmos ao Sudão e sairmos do país, menos calor sofreremos. Faço as contas e concluo que podemos cortar os 1.750 quilômetros da Etiópia, de fronteira a fronteira, em quatro dias.

Precisamos de *bihrs*, o dinheiro local. Depois dos trâmites fronteiriços, enquanto Mikael vai à empresa nacional de comunicação para comprar um chip de um número local, vou ao banco, que está prestes a fechar. Consigo completar a tarefa, graças a muita insistência, pois os caixas já tinham encerrado suas contas. Mikael nota a diferença marcante entre países que se abriram à telefonia global (como Quênia, Tanzânia, Namíbia e África do Sul) e aqueles que ainda querem manter o monopólio estatal (como Angola e Etiópia). Conseguir um chip demanda uma tremenda mão de obra e são necessários vários documentos. Deixamos o trâmite para outro dia.

Quando regressamos, nos encontramos no carro estacionado em frente ao banco, vigiado pelo próprio segurança. Coloco a mão na tranca da porta traseira e ela está solta.

— Mika, mais uma vez: a tranca quebrou novamente!

— Putz, deve ter sido a estrada, com todas as costelas de vaca, ondulações e pedras.

— Acho que só poderemos comprar outra na capital. Enquanto isso, vamos trancar a porta por dentro, para que nenhum curioso tente abri-la.

Se o ponto fraco do carro dos suíços é o bagageiro, o nosso é a maldita tranca. Nossa primeira noite na Etiópia também marca uma nova experiência. Adeus pousadas de luxo e campings. Aqui, a única fórmula é conseguir um estacionamento em um hotel e dormir na barraca no topo do carro. Encontramos um lugar no Hotel Bekelle Molla, mas é um horror. Embora eu seja uma das pessoas menos frescas com banheiros — posso realizar qualquer das minhas funções em menos de 30 segundos —, não consigo entrar, de manhã, no toalete que me é indicado. O fedor de urina e de fezes é sufocante; a quantidade de moscas é irritante. O nojo é tão grande que tira minha vontade de comer qualquer coisa no café da manhã.

Antes das 7h já estamos na estrada, o banheiro sujo tendo provocado a saída brusca. Alguns quilômetros depois de ter deixado Moyale, vejo uma guarita.

— Será que vai ser como na Tanzânia, onde encontramos 12 postos policiais depois da fronteira? — pergunto.

O oficial vê que é um carro estrangeiro, mas não abre a guarita. Geralmente, os policiais estão mais interessados em parar veículos locais, pois os estrangeiros sempre possuem a documentação em ordem. Mas este manda parar.

— Bom dia, posso ver seus passaportes? — pergunta o guarda.

Mikael encontra o dele no envelope de plástico de documentos, mas não vê o meu. Procuro nos bolsos, no porta-luvas, no piso do carro, nada. Abro a porta e saio; procuro novamente com mais calma em todos os lugares.

Um pânico glacial começa a tomar conta de mim. Perdi? Fui roubado? Conseguir um novo passaporte será um caos. E o visto do Sudão? A tranquilidade de uma viagem pode se transformar em um pesadelo em apenas três segundos. Mais um Efeito Pati. Desta vez negativo? Sinto um vento gelado passar pela espinha, pelo estômago. As pernas ficam bambas.

O guarda não faz nenhuma pressão. Ele sabe, por notar minha ansiedade, que não estou mentindo. Apenas solicita que eu dê marcha a ré e fique no acostamento para dar passagem aos próximos veículos.

Mikael busca manter a serenidade:

— Vamos pensar com calma. Acho que não fomos roubados. Você deve ter esquecido o documento em algum lugar — diz ele. — Você usou seu passaporte ontem à tarde, na fronteira. Então, ele está na Etiópia. E depois?

— Isso mesmo, será que esqueci onde carimbamos o carnê? Na imigração eu estava com ele, disso me lembro.

— E na recepção daquele hotel, alguém pediu o passaporte?

— Não, nem na chegada nem na hora de pagar — respondo, com certeza.

— Ontem, depois da fronteira, onde você foi?

— Fui trocar 200 dólares no banco — uma luz se faz. — Lógico, já sei, deixei no balcão do banco. Os funcionários estavam me expulsando e nem me deixaram contar o dinheiro direito. Tenho certeza, deixei lá ontem no final da tarde! — Respiro aliviado. Mas estará o passaporte ainda no banco?

Confiante em que Omega Megog está me ajudando e que nenhum funcionário desapareceu com meu passaporte, dou meia-volta e regresso ao banco. Quando estaciono em frente à guarita, noto que o estabelecimento ainda está fechado. Deve abrir às 8h ou 9h e ainda são 7h30. O segurança vem a meu encontro. Explico que ontem esqueci o passaporte dentro do banco. Passaporte do Brasil. Ele não fala inglês, mas reconhece minha cara. Volta ao interior da guarita e sai de lá com meu passaporte azul nas mãos.

Viva! Problema resolvido. Como mensageiro da boa notícia, o segurança ganha um chaveiro com a bandeira brasileira. Havíamos comprado uma dúzia dessas lembrancinhas para ocasiões especiais.

A estrada que corta a Etiópia de sul a noroeste é toda asfaltada. Os primeiros 200 quilômetros atravessam uma área desértica; quase não vemos habitantes. Se na fronteira estávamos a 1.100 metros de altitude, duas horas depois subimos a 2.300 metros para descobrir a Etiópia de vales e de montanhas. Os cenários são lindos, mas decidimos que para realizar a maratona em quatro dias, só paramos para fotos excepcionais.

Com o verde e a terra fértil, aparecem as pessoas e os animais. Impossível cruzar um vilarejo sem buzinar dez vezes. Ter um acidente, mesmo insignificante, com uma pessoa, uma charrete ou uma bicicleta seria uma catástrofe. Por isso, a regra é atenção completa, usar os quatro olhos das duas águias.

Mikael e eu estamos impressionados com a quantidade de gente que caminha no meio da estrada. Não apenas na beira ou no acostamento, mas no meio da rodovia. Isso não acontece apenas em um vilarejo, mas em todos!

— Será que as pessoas pensam que as estradas asfaltadas foram construídas para que elas possam andar? Elas não sacam que as rodovias foram feitas para veículos? — pergunta Mikael, inconformado com o cenário e com o perigo que elas correm.

— A cultura automobilística, com carros trafegando em alta velocidade por amplas rodovias, como nos Estados Unidos, na Europa ou mesmo no Brasil, não chegou até aqui — tento entender a situação.

Não vejo nenhum veículo de passeio nos trajetos entre cidades, apenas dentro das cidades. Nas estradas, há caminhões, ônibus interurbanos, vans e raras camionetes 4×4 de órgãos governamentais. É grande o abismo entre o mundo urbano e rural.

Deduzimos que cabe a nós tomarmos cuidado para evitar que uma criança desgarrada atravesse na nossa frente, um bêbado dê um passo em falso ou uma bicicleta perca o equilíbrio e caia sob nossas rodas. Para marcar nossa passagem, Mikael prepara uma lista dos perigos encontrados nas estradas etíopes.

— Vou anotar os animais que já vimos no meio da estrada: camelos, cabras, ovelhas, vacas, burros e cavalos — afirma Mikael. — Todos são perigosos!

— Coloque também na lista os veículos locais: charretes a burro, charretes a cavalo, bicicletas e triciclos — completo.

— Temos os problemas das próprias estradas, como curvas fechadas, lombadas perigosas, buracos e os postos policiais com obstáculos — assinala Mika.

— E todo tipo de pessoas: velhos, vendedores, estudantes, camponeses.

— De todos esses, quais seriam os piores? Cada um pode escolher dois — diz meu filho, criando um novo jogo. — Começo eu: criança atravessando a rua sem olhar.

— Meu voto vai para o burro, pela quantidade. As vacas são inteligentes: antes de cruzar a estrada, olham para os dois lados; se um veículo está perto, esperam; se está longe, seguem adiante. Já os burros não olham, caminham e param no meio da estrada.

— Já que estamos nos animais, vou com as cabras e as ovelhas. Quando estão estressadas e sem um bom pastor tomando conta, elas são um risco.

— Último *top danger*: estou entre as vans Toyota HiAce de passageiros e as bicicletas. Acho que escolho as bicicletas, pois existem em maior número.

Adis Abeba dos viajantes

Como aconteceu na Tanzânia, a primeira tarefa na capital é comprar e instalar uma nova tranca da porta traseira. Já estamos na terceira peça, em três meses de viagem, é o calcanhar de aquiles da Nandi.

Odé nos ajuda a encontrar a Holland House, um camping dentro de Adis Abeba, cujo proprietário, Wim, é um velho holandês que ficou no país ao sucumbir, há duas décadas, aos encantos de uma bela etíope. Todos os viajantes que encontramos que passaram por Adis Abeba pernoitaram na Holland House.

O bar-restaurante-camping do holandês fica no bairro da estação ferroviária, é minúsculo (espaço para apenas três carros lado a lado) e poderia ser menos sujo. A única razão para passar uma noite no lugar é encontrar outros viajantes, pois Adis Abeba é ponto obrigatório na rota Europa-África.

No pátio, encontro uma meia dúzia de europeus e começo uma entrevista informal com eles. Carolyne Thomas, uma inglesa de 30 anos, viaja de motocicleta com seu namorado canadense Beau Stocker. O idealizador da jornada (da Inglaterra à Cidade do Cabo) é Ken Thomas, pai de Carolyne. O motoqueiro de 61 anos conhece tudo sobre mecânica.

Se algumas vezes penso que viajar de carro pela África é difícil, quando converso com Carolyne e Beau entendo as dificuldades de viajar de moto. A autonomia de combustível é de apenas 300 quilômetros (a da Nandi é de mil). Cada motoqueiro carrega apenas quatro litros de água (levamos 35 do tanque e inúmeras garrafas de dois litros). A quantidade de roupa, peças sobressalentes e remédios é drasticamente limitada a 20 quilos (dentro da Nandi temos, no mínimo, dez vezes mais do que isso). E comida? Os aventureiros sobre duas rodas levam apenas uma bolsa térmica com verduras e biscoitos. Quando mostro a Carolyne nosso gavetão repleto de dúzias de conservas, quilos de pacotes de massas e incontáveis sacos de granola e arroz, ela fica boquiaberta:

— Minha próxima viagem vai ser de Land Rover, não de moto!

Se viajar de moto pela África é complicado, não consigo conceber como foi chegar até aqui de bicicleta. A alemã Eva Reichholf e o mexicano Hiula Rodriguez saíram da Baviera há sete meses.

— As limitações na bicicleta são mais complexas. A bicicleta pode até ser mais leve do que a moto, mas quem faz o esforço são minhas pernas. Uma longa jornada pode render, no máximo, 120 quilômetros — afirma a alemã, de coxas fortes.

— Contamos com a sorte e com o destino para encontrar as pessoas certas no caminho. São elas que nos ajudam, dando abrigo, oferecendo água e provendo alimento — diz Hiula. — O problema é que, de bicicleta, estamos vulneráveis. Algumas crianças, apenas para brincar, atiram pedras e muitos cachorros nos perseguem.

Os dois casais chegam do norte e confirmam que as estradas etíopes e sudanesas estão em excelente estado. Minhas notícias sobre o primeiro trecho no Quênia, depois da fronteira Moyale, não são alentadoras. Explico os desafios que eles terão pela frente: pedras afiadas, muito calor no deserto e raros vilarejos para abastecimento de comida e de água.

— É preciso ter muita confiança e fé na viagem para continuar — confessa Hiula.

Saímos de Adis Abeba rumo a Cartum com a impressão de que nossa jornada é de primeira classe. Graças à geladeira Ocaia, temos água gelada e verduras frescas a qualquer hora do dia. A fiel companhia de Odé garante nosso itinerário e destino final. Podemos dormir em qualquer lugar e viajar por pistas que não estão mapeadas. Viajar pela África com uma Land Rover equipada é um verdadeiro luxo!

Capítulo 11

Existe outro Sudão

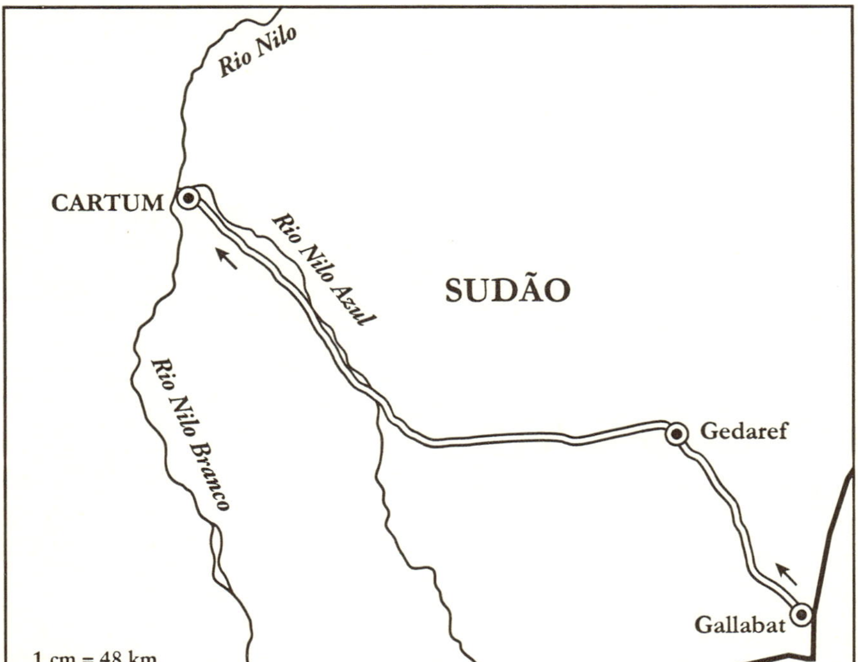
Rio Nilo
CARTUM
Rio Nilo Azul
SUDÃO
Rio Nilo Branco
Gedaref
Gallabat
1 cm = 48 km

Entrada receosa

Cruzamos a ponte entre a Etiópia e o Sudão bem devagar. Embaixo, um leito de rio estreito não revela nenhuma gota de água. Apenas recebe sacos de plástico, pedaços de papelão e restos de objetos velhos. Como em toda fronteira, assumo a direção do veículo. Os olhos de Mikael esquadrinham as pessoas que caminham ao lado, quase na mesma velocidade do carro. Alguns curiosos querem saber o que a camionete guarda no interior, esticam os pescoços e lançam olhares inquisitivos. Se estivéssemos parados, teriam metido as cabeças janela adentro. Estamos acostumados com a indiscrição dos etíopes e mantemos a janela aberta pela metade. Fechá-la poderia ser uma demonstração de arrogância e também transformaria o lar em uma sauna. Deixamos para trás o planalto etíope, que fica a 2.500 metros de altitude, e estamos novamente em terras baixas e quentes: o GPS marca 740 metros sobre o nível do mar. A cada hora o calor aumenta.

A guarita no final da ponte está aberta. Prefiro não passar diretamente e puxo conversa com a autoridade na casinha de madeira.

— *Al salamu aleykum* — digo, saudando os três oficiais com uma das poucas frases que sei em árabe e desejando que a paz esteja com eles.

— *Wa aleykum al salam* — responde o mais graduado, sorrindo para agradecer o esforço de usar o idioma nativo.

— *Welcome to Sudan* — diz outro, orgulhoso de seu inglês.

Com mais gestos do que palavras, os guardas informam que precisamos ir à Imigração, para carimbar os passaportes. Em seguida, à Alfândega, para fazer o registro da entrada do veículo. Na saída do vilarejo, parar no posto da polícia.

Nesta altura da viagem, conhecemos bem os trâmites e, em qualquer outra fronteira, seriam apenas uma questão burocrática e de paciência. Mas o Sudão não é um país como os outros. Quando anunciamos a amigos e colegas que o ponto mais ao norte da viagem seria o Sudão, não recebemos nenhum apoio moral. Entre expressões "vocês são loucos mesmo" e "querem se meter em confusão", fomos bombardeados pelos clichês que consideram o Sudão como um país inimigo do Ocidente e um bastião do terrorismo internacional. Afinal, Osama bin Laden morou no Sudão até 1995 e lá criou a organização Al-Qaeda.

Lembro-me da frase que Elizabeth Gilbert escreveu em seu livro *Comer, rezar e amar*, no início do capítulo da Indonésia, quando ela assume que chegar a Bali é algo bem tranquilo: "Não é como aterrissar no meio do Sudão, sem nenhuma ideia do que acontecerá em seguida." Até a aclamada escritora qualifica o Sudão como local de alto risco. Talvez, ao preparar sua viagem ao redor do mundo, ela tenha caído no site do Departamento de Estado dos Estados Unidos, que a transtornou. De fato, o que lemos sobre o Sudão no site não nos tranquilizara. O aviso aos viajantes adverte os cidadãos norte-americanos "sobre os riscos de viajar ao Sudão" e recomenda que toda e qualquer viagem seja adiada devido às condições de segurança precária e às possibilidades de violência e assédio a ocidentais. "Viajar a qualquer lugar no Sudão, incluindo Cartum e a cidade adjacente, Omdurman, é potencialmente perigoso."

E aqui estamos, estacionando o carro em uma rua de areia da vila de Gallabat, em frente à Imigração. Vista do espaço, a fronteira é apenas um ponto perdido no mapa da África. Será que não fomos ambiciosos demais querendo chegar até aqui? Sinto um friozinho, mas também uma confortável satisfação: colocamos os pés em um país nunca antes visitado pela dupla e que chegou a ser (até julho de 2011) a maior nação africana.

Até agora a viagem transcorreu com poucos sustos. Mas e se todos estiverem certos? Se realmente os sudaneses forem hostis a qualquer estrangeiro? O presidente Omar al-Bashir é um truculento ditador: tomou o poder em um golpe em 1989 e se transformou em um onipotente chefe de Estado, suprimindo a oposição e censurando a imprensa. Em 2008, foi acusado pela Corte Penal Internacional, sediada em Haia, de ter encabeçado um genocídio em Darfur, região no oeste do país, a partir de 2004. Até que ponto seremos afetados pela política?

O objetivo de nossa viagem é substituir a imagem estereotipada de uma África famélica, aidética e bélica por uma versão inspiradora. Não quero levar de volta ao Brasil histórias de catástrofes em Darfur, e sim de culturas nobres e ricas. Onde conseguiremos encontrar as Luzes do Sudão?

Levantamos as janelas da Nandi, trancamos as portas e, mesmo sem nos afastar muitos metros, armamos o alarme. Nandi responde com um toque de buzina curto e forte. Sutileza de elefante. O som destoa no ambiente e chama a atenção dos agentes do governo uniformizados que descansam em um lugar sombreado, ao lado do prédio oficial. Um deles, ao ver dois estrangeiros com passaportes nas mãos, sabe que está na hora de trabalhar. Ele se levanta da cadeira e troca um par de frases com os colegas, que caem na gargalhada. Imagino que somos o motivo da brincadeira. Sem perder o humor, respondo com um alegre *al salamu aleykum*. Talvez eles pensem que eu fale árabe e façam menos gracinhas. Mas as risadas continuam, entrecortadas com vários *wa aleykum al salam* como resposta.

O responsável por nos deixar entrar — ou não — no país faz um sinal com a mão para segui-lo. Penetramos no cubículo, com suas quatro paredes recém-pintadas de bege. O oficial de fronteiras dá a volta no balcão de fórmica azul-claro e ajeita sua camisa. A janelinha burocrática de vidro que nos separa possui o tradicional buraco circular no centro. Ele procura os formulários de entrada. Encontra apenas fotocópias de má qualidade e nos entrega. Preencho o papel com agilidade — quero que ele retorne feliz para a sombra e para o papo com os amigos. Ao ver a capa dos passaportes, ele muda de cara e seus olhos se arregalam com a surpresa.

— Brasil? *You* Brasil? — pergunta, apontando o dedo em riste para nós.

Sem esperar a resposta óbvia, ele dá uma risada e começa a listar os jogadores que conhece: Ronaldo, Kaká, Daniel Alves. Se havia tensão no ar, essa se dissipa um pouco. O agente folheia o passaporte buscando o visto — um adesivo verde colado pela embaixada em Nairóbi, que ocupa uma página — e, ao encontrar, sela o documento com um carimbo azul de entrada. Nem checa a página principal, que contém o essencial: nome e foto. Devolve os dois passaportes, ainda balbuciando o nome do país. Dá a volta no balcão, sai do escritório, volta a se sentar com os companheiros e explica de onde somos — reconheço a palavra *brasily*. Ouvimos mais gargalhadas que, desta vez, são cortadas por nomes de outros jogadores: Maicom, Lúcio, Júlio César. Depois da entrada da seleção na conversa, relaxo. Talvez atrás dos bigodes que falam um idioma incompreensível e gutural se escondam brincalhões e torcedores fanáticos.

Ao chegar ao carro, procuro um dos chaveiros com a bandeirinha do Brasil. Regresso ao grupo de funcionários públicos e entrego o souvenir ao oficial da imigração. O efeito é uma salva de palmas! Gol do Brasil!

Sabendo que o futebol brasileiro é conhecido nestas terras longínquas, chegamos à Alfândega com mais segurança. O fiscal reconhece o Carnê de Passagens do veículo, busca um imenso caderno horizontal e começa o trâmite de registrar os números do carro. Sem mostrar que confiro a tarefa, meus olhos seguem, de longe, as anotações. Ele parece saber o que faz com o precioso carnê. Sem muita conversa — o sujeito é carrancudo — ele nos cobra 14 libras sudanesas (10 reais) de taxa. Não sabemos se o valor do tributo é correto — preferimos não contestar — mas ele entrega um recibo.

A última parada é no posto policial, onde encontro um soldado deitado sobre um tapete de oração, ouvindo rádio. Entro de mansinho para não assustá-lo e entrego os documentos com humildade. Ele confere os carimbos de entrada, abre a porteira e volta a se deitar no tapete. Estamos liberados. Passar pela Imigração, pela Alfândega e pela Polícia em apenas uma hora e sem nenhum problema é uma grande vitória! Um parabéns especial: o Sudão é meu 150° país visitado!

Calor em Gedaref

Temos 420 quilômetros pela frente até a capital Cartum. À medida que penetramos no país, o calor aumenta. O termômetro de meu relógio de pulso marca 51° C — sim, cinquenta e um graus centígrados! Se abrirmos a janela, o calor abrasador nos assola. Se fecharmos tudo, precisaremos do ar-condicionado — o que retira força do veículo e aumenta o consumo em 20%. Nossa geladeira Ocaia trabalha sem tréguas. Ouvimos o ronronar do motor a todo instante. Espero que ela aguente os próximos dias infernais.

Sem avisar, nosso iPod deixa de funcionar e ficamos sem música. Entramos em pânico e optamos pelo ar-condicionado. Para ressuscitar os aparelhos eletrônicos, Mikael molha toalhinhas e as põe em frente ao ar. As toalhas frescas, com 20 graus a menos de temperatura, envolvem Odé (que também tinha dado erro), o iPod e o iPhone. Pouco a pouco, depois dos *resets* de praxe, as maquininhas — que não foram fabricadas para aguentar um calor de deserto sudanês — ressuscitam.

A estrada, apesar de asfaltada e não apresentar nenhum perigo, é monótona. Sofro com as retas infinitas, a luminosidade alta e as cores pastéis. Só vejo areia, rochas e montanhas desoladas. O verde é cada vez mais raro. Apenas um punhado de palmeiras e arbustos nos vilarejos esparsos. Paramos duas vezes para fotografar. Mas, com uma luz péssima e o céu quase branco, o resultado não é grande coisa. Os sudaneses possuem um nome para essa paisagem, *ghabsha*. O ambiente parece ter sido lavado e um tom neutro toma conta das imagens. E não há quase nada a ser fotografado. O melhor é colocar as câmeras nas bolsas e assegurar que a poeira não penetre nas lentes.

Aproveitamos as paradas para beber água. O calor é tão grande que consideramos o líquido como remédio. É a prevenção mais simples contra a desidratação. No meio da tarde, o copo de água passa a ser obrigatório a cada 30 minutos, marcados no relógio. Para evitar que os copos de metal esquentem a água no momento do contato, decidimos colocá-los dentro da geladeira, junto das garrafas. O consumo de água está no pico: bom ter um reservatório de 35 litros.

A primeira noite no Sudão é um ponto de interrogação. Precisamos parar em Gedaref, a três horas da fronteira. Aqui não existem campings e vamos com a solução etíope: encontrar um hotel com estacionamento, onde possamos usar um banheiro e uma possível ducha.

— Depois de tanta poeira, um pouco de água refrescante na cabeça cairia bem — confesso.

— Nem faço questão de chuveiro, pode até ser um banho de caneca. Estou mais preocupado com o carro. Não podemos deixar a Nandi sozinha na rua. Ainda mais no primeiro dia de Sudão — avisa Mikael.

— Tem razão. Não é porque tudo deu certo na fronteira que vamos relaxar. Ainda não sabemos como o país funciona.

— Vou dar uma olhada no Odé para ver que hotéis existem em Gedaref — diz meu filho, retirando o GPS de seu suporte fixado ao vidro dianteiro.

Ele inicia as operações de busca e encontra três: Tourist, El Motwakil e Amir. Coloca o primeiro hotel como destino e o GPS registra que em 12 minutos chegaremos lá. Odé também avisa que temos 40 minutos antes do sol se pôr, o que nos dá tempo para encontrar um pouso.

Quando estamos na estrada, poucos são os dias em que não passamos pela ansiedade de não saber onde dormir. Gozar da liberdade de viajar de carro na África tem um preço. Podemos mudar nossos planos a qualquer hora ou decidir ficar mais ou menos tempo em um lugar. Mas é difícil saber onde passaremos a próxima noite. Assim, antes do anoitecer, precisamos ter um plano.

Gedaref está em uma encruzilhada de rotas entre o mar Vermelho, o deserto e as montanhas da Etiópia. Começou há vários séculos como um simples mercado, onde árabes e povos africanos trocavam produtos. A lenda conta que ao anoitecer um dos responsáveis gritava para os mercadores algo como *alli gada-ye-rif*, avisando aos que ainda compravam ou vendiam que era hora de terminar os negócios. O nome vingou e o mercado se transformou em uma pequena vila. Camponeses também notaram que durante a época de chuvas (de junho a setembro) o lugar era propício para agricultura e que sorgo, amendoim, algodão e sésamo cresciam bem na região.

Como estamos em março, no início da época do grande calor, as terras não poderiam estar mais secas e os campos de cultivo mais abandonados. A última colheita já aconteceu e o próximo plantio ainda não teve início. Os campos estão vazios.

A temperatura alta também faz com que o ar seja banhado por uma poeira fina, espalhada pelo vento quente. À medida que nos aproximamos de Gedaref sentimos o pó penetrar mais fundo na garganta e nas narinas. A Land Rover está cheia de buracos e é muito mal vedada. Nem com as janelas fechadas podemos conter o avanço da poeira invisível. A ideia de tomar um banho começa a receber mais votos. Sinto o corpo cada vez mais sujo. Quando coço o ouvido, ouço o ranger da areia dentro da orelha.

Chegamos à praça do mercado. O sol beira o horizonte e o calor não é tão extenuante. Resultado: o mercado ganha mais movimento. A rua está tomada por camelos, burros, vans e motos. Mulheres de véus e homens com turbantes cruzam nossa frente com agilidade para aproveitar o momento de trégua antes do anoitecer. As mercadorias estão espalhadas por todos os lugares: no chão, em pequenos estandes ou em barracas.

Encontramos o Tourist Hotel, um prédio de três andares, com uma placa escrita, sem cuidados, em inglês e em árabe. Não consigo ver a porta de entrada, pois o mercado toma a calçada. A espelunca fica em frente à confusão dos mercadores.

— Nem pensar em ficar aqui. Não tem estacionamento e não vamos conseguir dormir com a agitação, que vai continuar noite adentro — afirmo sem paciência, sentindo o cansaço do dia.

Mikael concorda e saímos em busca da segunda opção, o Hotel Amir, a poucos quarteirões dali. Esse é melhorzinho, um pouco mais moderno e fora da balbúrdia do centro. Encosto o carro na ruela e vou até a recepção. Mikael fica no veículo. Pergunto se o hotel possui algum estacionamento fechado, além da calçada, mas a resposta é negativa. O recepcionista confirma que nenhum hotel em Gedaref possui estacionamento — incluindo o terceiro, o El Motwakil. O esquema Etiópia não é mais uma opção.

Plano C

Voltamos à estaca zero. O dia ainda está claro, mas o sol desaparece em minutos. A luz dourada do entardecer é bonita e daria boas fotos se eu estivesse em outro lugar. Mas agora estamos em uma corrida contra o tempo.

Começo a coçar a cabeça. Quando o estresse chega perto, sinto essa necessidade, como se fosse um macaquinho. Não sei se as coçadinhas despertam meus neurônios, mas ajudam a manter a calma. Preciso ter confiança em que encontrarei uma solução. Esse é o primeiro passo para que tudo possa dar certo.

— Mikael, hoje será nossa noite de sorte. Vamos descobrir um ótimo lugar para dormir e ainda vou conhecer uma gata sueca — exclamo, surfando a onda de otimismo.

— Por que não? Vamos ficar atentos aos sinais — responde, sorrindo.

Ao regressar à praça do mercado, percebemos um pequeno morro, com algumas árvores no topo, no oeste da cidade, a menos de um quilômetro. Esse poderia ser o "bom sinal" que procuramos. Decido conferir e seguimos até lá, ziguezagueando pelas ruelas empoeiradas. O morro parece ser um lugar excelente para acampar.

Ao chegar ao pé do monte, avistamos uma guarita. Um soldado de arma em punho adverte que a área é militar e que não podemos entrar. Quanto mais vejo o morrinho, agora de perto, mais a ideia de dormir no refúgio militar se torna atraente. É um lugar seguro, longe do buchicho do mercado. Desço do carro disposto a negociar alguma coisa.

O soldado, que não sabe falar inglês, pede apoio. Aparece um sargento, mais articulado, e explico a situação, de forma pausada:

— Somos dois brasileiros, pai e filho. Entramos no Sudão hoje. Precisamos estacionar em um lugar seguro para dormir. Temos uma barraca montada em cima do teto do carro — digo, apontando para o alto da Nandi. — Os hotéis em Gedaref não possuem estacionamento. Não podemos dormir no meio da rua. Dentro da área militar seria o lugar ideal. Seria possível? — suplico.

Não deixo o sargento ter a oportunidade de dizer "não" e continuo explicando que somos gente de boa-fé. Mostro como funciona a barraca e os soldados se aproximam, curiosos. Poucos viram o equipamento antes. Quero ganhar a simpatia de todos e continuo a seduzir os militares. Busco o envelope de plástico transparente dos documentos e mostro as cartas de apresentação que abonam a jornada.

Depois de passar os olhos nas cartas, o sargento retira o celular do estojo preso no cinturão. Afirma que não pode decidir nada sozinho e que precisa explicar a situação para o comandante do quartel. O sargento relata, com respeito e submissão, a ocorrência inusitada que vivencia. Consigo captar a palavra *brasily* um par de vezes. Em seguida, ele se cala e passa a ouvir as ordens do chefe. Responde apenas *aiwa* e *sah*, balançando positivamente a cabeça, aceitando as decisões superiores. Não sabemos ainda se seremos autorizados a entrar no quartel. Com todas as reverências de praxe, o sargento desliga e afirma:

— O comandante disse que vocês não podem dormir no quartel. É uma área estritamente militar.

Trocamos olhares de decepção. Nosso plano A, estacionamento do hotel, não havia funcionado. Nosso plano B era agora abortado. Qual será nosso plano C, visto que escurece? O sargento faz uma pausa e continua:

— Como vocês são hóspedes em nosso país e precisam descansar, o comandante me pediu que levasse vocês a um posto de polícia, na saída da cidade. Lá vocês poderão estacionar com toda segurança. A pedido do comandante, que vai telefonar para lá, vocês terão acesso a um banheiro.

Vejo o lado positivo da equação. Não conseguimos entrar na área militar — o que era óbvio desde o início — mas o comandante, que poderia ter dito um "não" redondo, encontra uma solução. Apesar de tantos avisos de que o país é inóspito, começo a ponderar que os sudaneses podem ser mais gentis do que os estrangeiros imaginam.

Abro a porta para o sargento ingressar na Nandi. Mikael dá a volta e, entre câmeras fotográficas e livros, consegue se sentar no terceiro assento. Dou partida no motor e o sargento, sorridente, saúda seus companheiros de armas, um tanto enciumados de vê-lo sair em uma Land Rover de aventureiros.

Cruzo a cidade e entro em uma pista dupla de asfalto novo. Passo em frente a prédios modernos: escritórios governamentais. Nesta parte da cidade há menos poeira do que no mercado central. Ao chegar a um trevo, o sargento explica que a estrada da direita segue para Porto Sudão, às margens do mar Vermelho. A da esquerda é a que devemos tomar no dia seguinte, rumo a Cartum. Ele pede que eu entre na pista marginal e mostra o prédio onde devemos parar. Em poucos instantes estamos ao lado de dois carros brancos, com sirene vermelha e com os dizeres *Police*.

O sargento, em traje militar, sai de nosso carro e se apresenta ao policial na entrada do posto. Outros chegam para desvendar o que acontece. Todos apontam e olham para a camionete. Depois dos diálogos, que observo de dentro do carro, um policial idoso, com a patente mais alta, vem em minha direção.

— Bem-vindos a Gedaref. Vocês podem dormir tranquilos aqui. O local é vigiado durante a noite. Amanhã, para o banheiro, vocês usam o da casa ao lado. Mas hoje já está fechado — avisa o chefe.

Agradecemos a gentileza dos policiais e aprendemos mais uma palavra em árabe: *tamam*, que significa ótimo, tudo positivo. Depois de ter cumprido a missão, o militar se despede e vai embora. Não sabemos como ele regressará ao quartel, do outro lado da cidade, a vários quilômetros de onde estamos.

— Certamente ele vai conseguir um transporte. Uniformizado, será mais fácil — afirma Mikael.

— Mas poderíamos ter oferecido uma carona de volta. Mesmo apenas por gentileza. O sargento foi muito legal em ter nos trazido até aqui — contesto.

— Você se deu conta de que ele não pediu nada em troca? Nem lembrancinha, nem dinheiro.

— Em outros países, teriam pedido uma gorjeta. Pelo menos o dinheiro para a condução de volta — concluo.

Estamos contentes com o desenrolar do plano C. Já dormíramos em frente a um posto policial na primeira noite em Angola, havia dois meses, e a experiência tinha sido tranquila, sem tropeços. Exausto, fico calado por alguns minutos dentro do carro, refletindo nos próximos passos. Mikael, mantendo o alto-astral, conclui:

— *Tamam!* Deu certo nosso primeiro desafio no Sudão. Estacionamos e temos até um pequeno café a 100 metros ao ar livre, logo ali em frente. Só falta mesmo nosso banho de chuveiro, não é?

— Pois é, nem banho nem gata. Mas vamos ver se encontramos um refrigerante gelado naquela loja. Preciso sair do carro, esticar as pernas e caminhar um pouco. Vai me fazer bem — respondo.

Tranco a Nandi, o alarme estridente apita novamente e caminho pela rua de terra. Mikael e eu chegamos ao pequeno comércio. Em uma das geladeiras de refrigerantes expostas aos clientes, vejo várias garrafas com um líquido vermelho escuro. O que será? Não parece morango nem cereja. A única explicação vem em gestos: uma fruta redonda, do tamanho de duas mãos juntas, como uma bola.

Por uma libra sudanesa desvendo o enigma. Descubro no primeiro gole: é um refrigerante de romã. Os muçulmanos consideram a romã como um fruto do Jardim do Paraíso e o sabor se tornou popular.

Enquanto provo o refrigerante paradisíaco, ouço um canto que vem do alto-falante da mesquita vizinha. Reconheço a frase *Allahu akbar* (Deus é grande), presente nas rezas muçulmanas. Como escureceu, esse é o chamado da quinta e última oração do dia. Um dos fiéis se ajoelha no solo, a uma dezena de metros de onde estamos sentados. Não para rezar, mas para se lavar. Vários pequenos cântaros de plástico, presos por alças a uma viga de ferro, oferecem ao passante a possibilidade de lavar as mãos, os pés e a cabeça. É um ato obrigatório antes de dar início à conversa com Deus.

Depois de terminada a oração e quando o estabelecimento está por fechar, pedimos permissão à dona da loja para lavar nossas mãos com a água das ânforas. Fora dos olhares dos locais, passamos o delicioso líquido nos braços e nas pernas e molhamos a cabeça. Não chega a ser um banho completo, mas voltamos à Nandi com a sensação de um brinde inesperado.

Serviço matinal

Querer estar perto de um banheiro de manhã tem uma boa razão. Depois de abrir os olhos, tenho poucos minutos para encontrar um lugar onde possa expelir o bolo alimentar digerido. Esse espaço — seja mato, vaso sanitário ou privada turca (um buraco no chão) — precisa estar perto de onde acordo. É o tempo certo para me vestir e entrar em ação. A vantagem é que o ato acontece apenas uma vez ao dia.

Por isso, acordar em Gedaref e estar pertinho de uma casa com banheiro era mais importante do que o comandante do quartel imaginava. Abro os olhos, visto um calção, pulo da barraca até o chão, coloco um tênis e caminho algumas dezenas de metros em direção à casa vizinha do posto policial. A estas horas da manhã e com apenas uma prioridade na cabeça, não me preocupo em saber quem é o responsável pela residência. Encontro o portão meio aberto e sigo em frente, com passo firme e um rolo de papel higiênico na mão. Percebo que o banheiro fica em uma casinha separada do prédio principal, nos fundos. Quando chego, a porta está fechada. Dou uma olhada embaixo da porta e vejo um par de botas negras. Logo agora tem gente na minha frente! A areia da ampola do tempo baixa sem piedade. Dou voltas, inquieto. Mais voltas e resmungos mentais.

Finalmente, a porta se abre e sai um forte sudanês, de pele negra, sem camisa, vestindo as botas negras e uma calça cáqui surrada. Não sei quem toma o susto maior. É certo que ele não esperava um branco, de cabelos brancos, em frente a ele. Ficamos dois segundos nos olhando, sem comentários. Aproveito o vacilo dele para entrar no banheiro e fechar a porta.

Em um minuto, cumpro minha missão matutina. Saio aliviado e dou de cara não com um, mas com três sudaneses. Eles querem saber, em árabe, o que faço no local. Minha resposta — nem adianta falar inglês — é em linguagem gestual: mostro o rolo de papel. Dois deles riem da resposta óbvia. O tom do terceiro — soldado, policial ou agente — não é de brincadeira e não se conforma com minha presença no lugar. Enquanto sou escoltado para fora do recinto, ele dá uma bronca nos outros dois, incluindo aquele que deveria estar vigiando a entrada — o que me havia antecedido na privada.

Quando chegamos à rua, um dos policiais do posto vizinho vê o rebuliço e vem ao meu resgate. O policial mostra a camionete, explica que passei a noite ali com permissão da Polícia e que eu havia usado o banheiro autorizado pelo chefe dele. A discussão continua em árabe e o policial decide me retirar do tumulto e me conduz até o carro. Em um parco inglês, explica a razão da confusão, enquanto continuo a fazer uma cara teatral de inocente.

Mikael coloca a cabeça para fora da barraca e pergunta o que acontece. Respondo, com um toque de humor:

— Acabo de descobrir que usei o banheiro da Polícia Secreta do Sudão.

A situação é contornada e decidimos apressar o passo. Antes de partir, resolvo beber mais um refrigerante de romã e vou até o bar. Mikael sente uma fragrância diferente e descobre o quiosque que prepara café. A vendedora, com as mãos decoradas com desenhos de hena, oferece, sentada em um banquinho, as especiarias que podem ser incluídas na bebida: cardamomo, gengibre, cravo ou canela. Parece que voltamos a Zanzibar. Mikael paga uma libra sudanesa, escolhe os sabores cravo e canela e aguarda a surpresa. Minutos depois, recebe uma tacinha com um líquido espesso e forte, com um aroma particular.

— Que pena que você não goste de café. Nunca tomei um café tão diferente. O sabor das especiarias é forte!

Passa das 7h e o calor vai aumentar. É hora de encarar a estrada. Contando as paradas para água e mudança de motoristas, teremos oito horas de asfalto até Cartum.

Clube de Vela em Cartum

Nossa primeira missão em Cartum é comprar um chip de telefonia local, o que não havíamos feito em Gedaref. Como usamos a empresa Zain* na Tanzânia e no Quênia com sucesso, ao chegar à capital buscamos a loja principal para adquirir um cartão pré-pago.

*A Zain vendeu em 2010 suas operações na África, mantendo apenas o Sudão, que representa uma importante fatia de seu faturamento total (28% em 2010, com mais de 10 milhões de clientes).

O processo é rápido, simples e barato. Colocamos o chip no iPhone, aprendemos como fazer o *setting* com o técnico e, em poucos minutos, dezenas de e-mails, que aguardavam no limbo cibernético, aparecem no telefone. Voltamos a estar conectados com o mundo. *Tamam!* Por apenas uma libra sudanesa (0,65 real), o mesmo preço de um café, enviamos um torpedo ao número 1234 e temos um dia inteiro de livre acesso à internet. Envio e recebo um número infinito de mensagens, sem limite de tamanho. Quando comparo com as tarifas telefônicas do Brasil, parece que estamos em um mundo muito mais civilizado.

O único camping dentro de Cartum é o estacionamento do Clube de Vela Nilo Azul. O GPS possui as coordenadas e chegamos ao destino antes do pôr do sol. Como se encalhada no pátio do clube, encontro a lancha torpedeira Melik. Em 1898, sob o comando do marechal inglês Herbert Kitchener, o barco fez um tremendo estrago na Batalha de Omdurman (cidade na outra margem do Nilo), assegurando a vitória britânica e a colonização até 1956. Hoje, o espaço ainda útil da embarcação enferrujada é usado como depósito de ferramentas e engradados de bebidas e um dos quartos é habitado por Walid, jovem que acumula os cargos de recepcionista, vigia e lavador de roupa do clube. Que triste fim para um herói de guerra.

O clube tem dois outros prédios. Um, com ar-condicionado, acomoda uma mesa de bilhar que fica aberta até 1h. O outro é um bar que vende apenas refrigerantes, pois bebidas alcoólicas são proibidas no país. Um pouco mais próximo ao rio, em um terraço a céu aberto, mesas e cadeiras de ferro estão colocadas estrategicamente de frente para o Nilo, que corre a uns 10 metros abaixo do mirante. À esquerda, a ponte moderna Al Mak Nimir enquadra a paisagem.

Sento em uma das cadeiras e peço o iPhone ao Mikael para ler os e-mails, contente por receber notícias. Ele, já tendo cumprido a tarefa, aproveita para caminhar pelo terraço e desfrutar da paisagem fluvial e das luzes do entardecer.

— Boa tarde. Meu nome é Kamal — um gigantesco sudanês vestindo uma túnica branca, a *jalabiya*, aborda Mikael em inglês.

— *Al salamu aleykum* — responde Mikael, aproveitando a ocasião para impressionar.

— *Wa aleykum al salam.* Então você fala árabe? Sou Kamal, um dos diretores do Clube de Vela. Venha tomar um café comigo.

Mikael aceita o convite e se senta à mesa. O café sudanês temperado com especiarias que ele havia bebido naquela manhã, em Gedaref, deixara boas lembranças. Kamal Omer se apresenta como inspetor da aviação civil. Diz que adora velejar e que gosta de conversar com os raros estrangeiros que chegam ao clube. Sem conter seu entusiasmo, começa a bombardear Mikael com perguntas:

— Conte um pouco mais. Quando vocês chegaram ao Sudão? Como encontraram o Clube de Vela? Quanto tempo vocês estão viajando pela África?

Desconfiado, Mikael responde com poucas palavras e fica atento para não falar demais. Depois de mais de três meses de viagem, já é uma disciplina nossa só compartilhar informações pessoais quando tivermos total confiança no interlocutor.

Sentindo que Kamal está sendo simpático demais, Mikael acha que devo estar presente na conversa e vem a meu encontro, pedindo que eu pare de ler as mensagens no iPhone.

— Pai, preciso que você venha avaliar uma situação. Aquele cara que me convidou para tomar café diz ser um dos diretores do clube. Ele parece uma figura interessante e é muito gentil. Mas é tão gentil que começo a desconfiar dele — avisa Mikael.

— Vai ver que ele é informante da Polícia Secreta. São muitos em Cartum. Deve trabalhar para o governo e checar os estrangeiros que chegam de carro ao Clube de Vela — respondo, rindo, mas sem descartar a possibilidade de que seja mesmo um agente.

Saio do mundo virtual, caminho até a mesinha e me apresento a Kamal. Ele nota o iPhone na palma da mão e retira, de um dos bolsos interiores de sua túnica, um aparelho semelhante.

— Também tenho um iPhone, adoro receber notícias de meus amigos europeus e fotografias de todas as partes do mundo — afirma o sudanês.

Ficamos surpresos com o aparecimento de um iPhone na mão de Kamal. Como ele terá conseguido o aparelho? Devido ao bloqueio comercial norte-americano ao Sudão, não existe em Cartum nenhuma loja Apple. Terá sido contrabando? Foi o Serviço Secreto que lhe deu um? Ou, simplesmente, viajou ao exterior e lá adquiriu o celular?

O Sudão e seus habitantes me surpreendem a todo momento. No segundo dia de estada, ainda não consigo desvendar a complexidade do país. A mistura entre África e mundo árabe é inusitada, bem diferente de qualquer outra nação visitada até agora. Tento afastar de minha mente qualquer julgamento apressado e prefiro buscar o lado positivo. Mas se essas advertências contra os sudaneses estiverem certas?

Decido falar pouco e ouvir mais. Sei fazer boas perguntas. Posso tirar informações de Kamal e observar se ele se contradiz ou não. Começo pelo óbvio e indago sobre o Clube de Vela e o Nilo.

— Somos abençoados por Alá por possuir o grandioso rio. Este é o Nilo Azul, que vem da Etiópia. Um pouco adiante, suas águas se juntam com as do Nilo Branco, que chega de Uganda. Cartum está na interseção dos dois rios. O Nilo refresca muito a cidade e é uma fonte de distração para todos. Ontem, amigos fizeram esqui aquático aqui em frente — explica Kamal.

— Esqui aquático em Cartum? — pergunta Mikael, abismado.

— Sim, por que não? As águas do Nilo são limpas, calmas e mornas. É uma delícia! Vocês também querem fazer? Amanhã deveriam tomar um banho de rio.

Entre prosas e risadas, Kamal não cai em contradições e ganha nossa confiança. Sua extrema gentileza e hospitalidade não parecem ser friamente calculadas nem mal-intencionadas. O diálogo começa a fluir e sinto que posso compartilhar um pouco de nossa história. Quando nosso anfitrião descobre que somos brasileiros, diz que vai nos apresentar a um amigo sudanês que fala português. Já não duvido de mais nada, tudo é possível.

Sua hospitalidade alcança um novo patamar e ele nos convida para um passeio de barco. Do alto da plataforma, pede ao barqueiro do clube que prepare a lancha Tito. Descemos a escadaria que dá acesso ao píer. Entramos na lancha e Kamal pega o timão. Seguimos em direção à ponte Al Mak Nimir, agora iluminada. Ao chegar perto de um dos pilotis, Kamal dá meia-volta e regressa pelo canal principal. Não posso acreditar que estamos em uma cidade considerada como das mais perigosas do mundo deslizando pacificamente sobre as águas do Nilo e curtindo o anoitecer.

Kamal nota, por nossas exclamações, que estamos impressionados com o passeio:

— Nós, sudaneses, somos um povo hospitaleiro e sossegado. Vocês podem não acreditar, mas Cartum é uma das capitais mais seguras da África.

— Mas por que a imagem do Sudão é tão negativa no exterior? — pergunto.

— A razão é que a imprensa internacional, alimentada por interesses, só fala dos problemas daqui, do genocídio de Darfur e dos conflitos entre o sul e o norte. O Sudão é bem mais do que isso — responde Kamal.

Sem esperar nossa réplica, Kamal completa:

— Amanhã levarei vocês a um casamento para que possam conhecer algumas de nossas tradições.

Festa de casamento

Kamal avisara que poderíamos levar máquinas fotográficas e a câmera de vídeo para a festa. Mesmo sabendo que no mundo islâmico é complicado fotografar pessoas, melhor estar com o material nas mãos do que perder uma boa oportunidade. Prevendo que poderíamos gravar alguma cena de vídeo, tomo mais um banho de chuveiro e faço a barba. Escolho uma camisa azul, tipo jeans, para sair bem na fita.

Às 10h Kamal chega ao Clube de Vela a bordo de um Toyota Corolla branco. Sua *jalabiya* está mais impecável do que a da véspera. Ele sugere que entremos todos no mesmo veículo e que deixemos a Nandi descansar na sombra das árvores do clube.

— O evento de hoje marca apenas o primeiro dia da celebração do casamento. O pai do noivo convida amigos e parentes, todos homens, para um grande almoço — diz Kamal.

O casamento é uma das festas mais importantes para a cultura muçulmana. Eu assistira a parte de uma cerimônia no Marrocos, décadas atrás. Participar novamente da festividade traz boas expectativas. Adoro festas de outras tradições. São momentos em que a essência de uma cultura brota à superfície, quando as pessoas estão felizes e radiantes. Vestindo seus melhores trajes, todos ganham uma nobreza natural.

Para receber as centenas de convidados, o pai do noivo montou uma enorme tenda retangular ao lado de sua casa, em um bairro de classe média de Cartum. Dentro da tenda, de coloração alaranjada e decorada com motivos florais, conto umas 15 mesas, cobertas por toalhas vermelhas. Nas laterais, dezenas de cadeiras de veludo vermelho acolhem os hóspedes que querem conversar calmamente com amigos. Ao entrar, mergulho em um mundo de turbantes brancos e de túnicas impecáveis.

Somos apresentados ao capitão Ali Yassin, o pai do noivo, piloto de avião agrícola. Ele é colega de Kamal: ambos trabalham na aviação civil. Fazem parte de uma elite técnica sudanesa que viaja ao exterior com frequência para realizar cursos e participar de encontros profissionais. Depois de uma rápida conversa com o noivo, Musab, o capitão leva Kamal, Mikael e eu até uma mesa onde cinco amigos já estão sentados. Dois empregados trazem uma pesada bandeja de cobre redonda e a colocam sobre a mesa. É um banquete de comidas tradicionais, que exala uma coleção de aromas. Kamal faz questão de explicar cada um dos pratos:

— Este é o *ta'mia*, bolinhos feitos com pasta de grão-de-bico, fritos no óleo. No Oriente Médio chamam de *falafel*. Vocês vão encontrar *ta'mia* em todos os mercados sudaneses — diz Kamal, mostrando as bolinhas douradas. — Provem também o *ful*, um refogado de feijão-branco, temperado com alho, limão, cebola, óleo de gergelim e especiarias — convida nosso amigo, apontando para outro recipiente.

Todos os integrantes da mesa, ávidos por revelar os pratos típicos aos dois estrangeiros, nos oferecem iguarias. Um dos convidados, primo do capitão Yassin, nos propõe um pedaço de carne de carneiro.

Agradeço a gentileza e explico, com tato, que somos vegetarianos. Todos parecem compreender nossa opção alimentar, mas resolvo dar um passo adicional, para que minha resposta não seja entendida como uma indelicadeza.

— Segundo o Islã, os muçulmanos não devem comer carne de porco, certo? — pergunto em inglês.

Peço a Kamal que refaça minha pergunta aos que só falam árabe. No final da tradução, todos concordam comigo, fazendo sinais afirmativos com a cabeça.

— Além de não comer carne de porco, como vocês, meu filho e eu não comemos nenhum outro tipo de carne, como boi, carneiro, frango ou peixe — concluo.

Kamal traduz minha segunda frase, listando os tipos de animais que não entram em nossa dieta. Meu argumento, com uma pincelada de princípios islâmicos, convence os convidados. Os muçulmanos que viajam ao exterior sabem quanto é desagradável ter de negar um alimento à base de porco ou com pedaços de presunto. Manifestando simpatia, o primo do capitão Yassin é o primeiro a me oferecer uma alternativa:

— Vocês vão adorar o queijo feta e o *mish*, uma coalhada preparada com cebolas e ervas — diz o parente do noivo.

Provo a coalhada, mais salgada do que a nossa no Brasil, e o novo paladar entra no repertório de sabores exóticos aprovados. Todos nos servimos da mesma bandeja. Não existem pratos individuais. Latinhas de refrigerantes substituem a cerveja e o vinho das celebrações ocidentais.

Mikael e eu prestamos atenção à etiqueta local e usamos apenas a mão direita para comer. É uma ofensa comer com a mão esquerda. De preferência, utilizamos as pontas dos três primeiros dedos — polegar, indicador e o médio — para capturar o alimento e levá-lo à boca, sempre em pequena quantidade. Algumas vezes, para ter maior domínio e não deixar cair nada na mesa, uso, por falta de prática, o quarto dedo. A manobra mais difícil é cortar um pedaço de pão árabe, achatado, com apenas uma mão. Meus anfitriões sentem que me embanano e ganho a permissão temporária para usar a mão esquerda nesse caso.

Os oito convidados terminam os pratos e agradecem a generosa refeição a Alá, proferindo *al hamdu lillah.* Alguns se levantam para saudar amigos nas mesas vizinhas, outros se despedem. Pergunto a Kamal se, antes de partirmos, seria possível visitar a cozinha.

— Sim, venha. Você compreenderá melhor como o banquete é produzido. Traga sua câmera para filmar — afirma.

Caminho em direção do fundo da tenda e entro na residência do capitão Yassin. A partir desse momento, saio do mundo dos homens e penetro no domínio das mulheres. A primeira diferença é a explosão de cores. O branco clássico das roupas masculinas é trocado por rosa, turquesa, laranja, verde e qualquer outro tom que possa homenagear a elegância feminina. A segunda surpresa é que nenhuma mulher usa véu. Apenas cobrem a cabeça com uma ponta de tecido, sempre com graça e sutileza, mas suas faces estão descobertas.

O ambiente feminino é mais agitado e barulhento do que o masculino. Se os homens se restringem a comer e a conversar, sentados à mesa, bem-comportados, as mulheres estão em pleno agito: cozinham, separam alimentos, servem porções, preparam as bandejas de cobre e limpam panelas. Parecem se divertir mais. Vejo uma dezena de mulheres, mesmo estando na cozinha, extremamente bem-vestidas, com joias pelo corpo e dezenas de pulseiras de ouro nos punhos. Seus olhos estão finamente maquiados. Como é costume para um casamento, as palmas das mãos estão pintadas com hena, com motivos florais.

Converso com uma tia da noiva. Em um inglês razoável, ela conta que a operação envolve ambas as famílias:

— É muito trabalho, começamos a preparar a festa há três dias. Compramos dez carneiros e vários sacos de grãos.

Quando vejo o tamanho dos panelões, imagino que não faltará comida na festa, mesmo que 200 convidados já tenham passado pela tenda. Apesar da mão de obra, o grupo está contente por participar do mutirão e apoiar o capitão Yassin e seu filho a receber, com brio e generosidade, parentes, amigos e colegas de trabalho.

Temos liberdade de fotografar e filmar o movimento dos bastidores e até entrevistamos algumas mulheres que falam um pouco de inglês. Saio impressionado com a maneira gentil com que sou recebido no ambiente alegre. Imagens como da mulher muçulmana totalmente submissa são substituídas por uma visão mais saudável. Se participar do almoço com os homens foi uma experiência interessante, entrar na casa e conversar com as produtoras do banquete foi um presente inesperado.

São momentos como esses que confirmam que a viajologia enriquece a alma humana e dissolve barreiras. Mas é preciso chegar com o coração aberto e deixar os preconceitos na fronteira.

— A viagem é uma grande escola. Nunca imaginei que poderia aprender tanto aqui — afirma Mikael.

— Aprender tanto em tão pouco tempo — completo.

Quanto ao novo amigo Kamal, de informante a serviço de uma ditadura é promovido a um valioso embaixador, disposto a revelar que existe, sim, outro Sudão. Um Sudão de paz.

Capítulo 12

Cartum mística

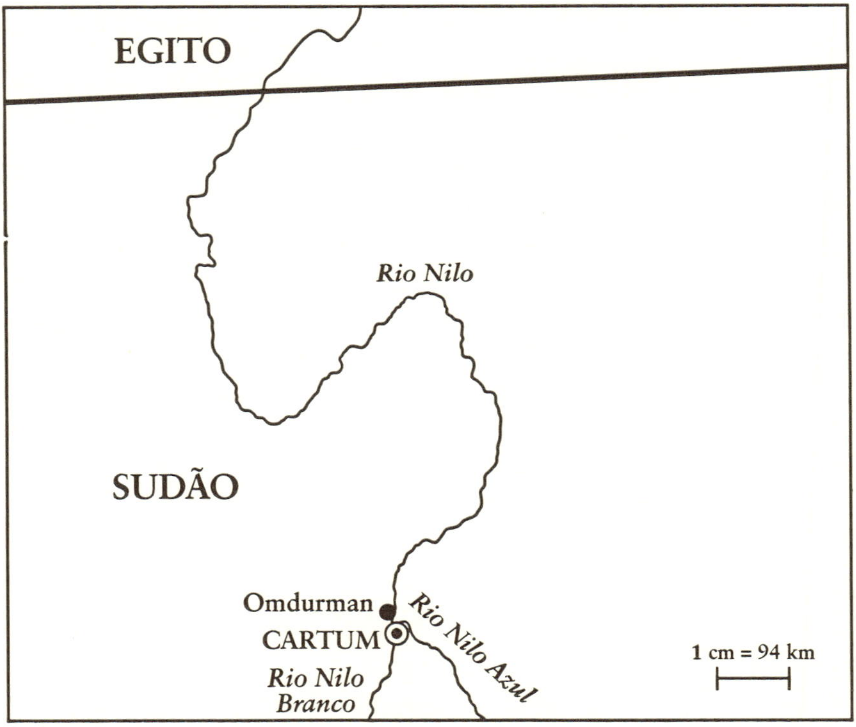
EGITO
Rio Nilo
SUDÃO
Omdurman
CARTUM
Rio Nilo Azul
Rio Nilo
Branco
1 cm = 94 km

Novo amigo

O Corolla branco rola suavemente pela Sha'ri al Nil, a avenida do Nilo. O guardião do Clube de Vela levanta a cancela e entramos no estacionamento poeirento, nossa casa em Cartum.

— Às oito da noite venho buscar vocês para outra festa — avisa Kamal.

Sem esperar pela resposta, ele insiste em que o programa noturno será ainda mais atraente. Aceito a proposta. Não tenho outra opção, Kamal é daqueles anfitriões que não deixam seus hóspedes dizerem não — um bom par para a Scholastica Ponera de Dar es Salaam.

O calor do início da tarde é insuportável. Não consigo ficar dentro da Nandi, mesmo na sombra. O único refúgio é a sala de bilhar do clube. Os afeiçoados ao jogo gozam de um local cujas portas e janelas podem ser hermeticamente fechadas e de um aparelho de ar condicionado que funciona. Explico a Walid que gostaríamos de usar nossos computadores em um lugar fresco e ele aceita a sugestão de colocar uma mesinha no canto da sala, sem atrapalhar os jogadores.

O barulho das batidas nos teclados se confunde com o ruído seco dos embates entre as bolas ou da emoção de quando uma cai na caçapa. Consigo entender a expressão *tamam*.

— Que tal um banho? Não é sempre que estamos às margens do maior rio do mundo — interrompe Mikael.

Como o chuveiro do clube é rudimentar — algumas vezes sujo, como eu havia comprovado de manhã —, a ideia não é louca. Kamal havia mencionado, na véspera, que a água do Nilo é limpa e que seus amigos praticam esqui aquático. Por que não explorar a alternativa?

Saímos do universo refrigerado e caminhamos até a esplanada de onde vemos o rio. Lá embaixo, um grupo de crianças brinca dentro d'água, no meio do Nilo — obviamente, não é a época de cheias.

Minutos depois, vestindo um calção, uma camiseta e uma sapatilha (um corte no pé poderia ser trágico), tomo coragem e decido entrar. Mikael é mais ousado e leva sua câmera fotográfica a tiracolo. Piso com cuidado, sentindo o lodo da margem e evitando qualquer galho que os olhos não percebam.

A água do Nilo Azul não é azul. Fica entre o verde e o marrom. Mesmo que não seja é transparente, é mais limpa do que se imagina. Passo por um canal mais profundo — a água morna chega ao umbigo — e piso em um banco de areia, perto de onde as crianças se borrifam.

— Mika, você se dá conta de que estamos tomando banho no Nilo, no meio da capital do Sudão?

Ele sorri — afinal, a ideia foi dele — e continua a fotografar a criançada, que, orgulhosa de ser o centro de atenções, faz poses e caretas de bandidos, de super-heróis e de guerreiros ninja.

Ao regressar à Nandi, recebemos um SMS. Kamal, que adora as comodidades digitais, avisa que passará no Clube de Vela uma hora antes do combinado. Ele virá com Samir, o sudanês que fala português.

Samir Rahamtalla aparece sorrindo. Ele veste uma elegante *jalabiya* branca, o uniforme masculino sudanês. Sua tez é um pouco menos escura do que a de Kamal — como no Brasil, o espectro de cores de pele no Sudão varia do claro ao negro profundo. Depois do *al salamu aleykum*, ele complementa a saudação em um português perfeito.

— Mas você não tem sotaque de Portugal. Onde aprendeu a falar português? — pergunto, já descartando a possibilidade de que ele tivesse morado em Angola ou em Moçambique.

— Meu português é do Brasil mesmo. Vivi cinco anos lá e estudei desenho industrial na Universidade de Brasília — afirma.

A conversa engrena como se fôssemos velhos amigos. Samir fala das amizades brasileiras e dos bons momentos que passou no Planalto Central. Suas palavras são requintadas e ele demonstra uma amabilidade ímpar. Certamente vem de uma família abastada e educada. Por isso, perguntar sobre a situação política do país não parece ser apropriado no momento. Mas não quero perder a ocasião de ter um interlocutor que fale meu idioma.

— Samir, ainda estamos surpresos com os habitantes de Cartum, tão hospitaleiros. Hoje, na festa de casamento, fomos muito bem recebidos, entramos nas dependências das mulheres, fotografamos a cozinha e só recebemos sorrisos. Eu esperava o contrário, aquela sensação de que nós, brancos ocidentais, somos infiéis e inimigos do Islã. Me explique um pouco mais isso — indago.

Samir sente que a resposta demanda atenção e puxa cadeiras para os três. Ele é o último a se sentar.

— Todos os estrangeiros que chegam ao Sudão e que são bem recebidos fazem a mesma avaliação. Para nós é simples. Vivemos em um país onde as rotas de caravanas se cruzavam. Estamos entre o Mediterrâneo, o deserto do Saara, a África tropical e o mar Vermelho. Muitas culturas transitaram por nossas areias. A hospitalidade está em nossas veias, é a essência dos nômades e dos viajantes — conta Samir. E continua:
— O Islã praticado no Sudão é, também, menos rígido do que o da Península Arábica. Aqui somos mais tolerantes por causa da mistura cultural. Não somos nem árabes puros nem africanos; somos uma combinação dos dois. Acabamos criando uma identidade particular.

Ao notar que minhas expressões faciais concordam com o que ele diz, ele pergunta:

— Você tem algum interesse em particular pelo Islã?

— Viajei a uns 20 países muçulmanos, da Indonésia ao Marrocos. A arquitetura islâmica me fascina, com mesquitas e minaretes — respondo.

— Você já ouviu falar do sufismo? — indaga Samir.

— Sim, alguma coisa. É a parte mais mística da religião, certo? — retruco.

— Isso. Amanhã, se vocês estiverem livres, podemos assistir a uma cerimônia sufi que acontece ao ar livre, antes do pôr do sol, em Omdurman. Que tal?

Nosso trato é selado com um aperto de mão no momento em que Kamal chega para nos lembrar de que precisamos partir. Mas minha dúvida sobre como Samir foi parar no Brasil ainda perdura. Impetuoso, como se eu o conhecesse há anos, puxo Samir pelo braço e pergunto de forma direta:

— Mas você não me contou sua história em Brasília. Afinal, por que você morou tantos anos na capital?

— Eu morava com meus pais — responde ele.

— E seus pais... — não completo a frase para que ele possa continuar meu pensamento.

— Bem, meu pai estava em missão diplomática — arremata, timidamente.

Fico esperando uma resposta mais completa e, finalmente, Samir resolve falar:

— Meu pai foi ao Brasil abrir a embaixada do Sudão em Brasília. Ele foi o primeiro embaixador e ficou no posto durante quatro anos.

Agora, sim, as peças do quebra-cabeça se encaixam.

Samiya para Mohamed

Atravessamos o centro de Cartum por largas avenidas, passamos perto do aeroporto — Kamal faz questão de mostrar onde ele trabalhara antes — e entramos em um bairro residencial moderno, com lojas abertas à noite, abusando de luzes neon. Dobramos em algumas ruelas e observo um arco iluminado — deve ser o portal por onde entram os convidados da festa.

Kamal para na esquina. Os primeiros 30 metros da rua transversal estão bloqueados para o evento. Imensos tapetes coloridos cobrem o asfalto e a calçada, que já não são identificados. O espaço está rodeado por tecidos decorados com figuras florais; a cerca de panos coloridos tem dois metros de altura e cria um ambiente íntimo. Para entrar no salão de festas ao ar livre, é preciso passar pelo arco de pequenas luzes brancas. Uma segunda abertura dá acesso à casa do dono da festa. Kamal vê meus olhos de espanto e explica:

— Fechar um trecho da rua em frente à casa é normal quando organizamos festas em Cartum. Por maior que seja uma residência, seria impossível colocar 100 ou 200 convidados dentro da sala.

Se a festa acontece durante o dia, como foi a do casamento horas antes, os anfitriões montam uma enorme tenda para que essa proteja os convidados da luminosidade forte e do calor intenso. Mas, à noite, o teto já não é necessário. Basta definir o espaço, explicar aos vizinhos que parte da rua será fechada para o evento e receber os convidados com comida farta.

Kamal nos leva para dentro da casa e nos apresenta ao dono da festa, Maki. Após as saudações, ele explica, em um inglês razoável, a razão de tanto investimento:

— A festa é chamada *samiya*. Marca o momento em que meu filho, que nasceu há 15 dias, é apresentado aos parentes e amigos e recebe seu nome, Mohamed. Mais de 150 pessoas virão aqui hoje.

— A *samiya* seria o equivalente ao batismo dos católicos — completa Kamal, para que eu entenda a festa no contexto ocidental.

— É uma noite para celebrar a chegada de meu primeiro filho. Estou contente com que vocês, de outro continente, possam compartilhar nossa alegria — diz Maki. Ele observa nossas câmeras de fotografia e de vídeo nas mãos e arremata: — Por favor, sintam-se à vontade para fotografar e filmar o que vocês quiserem. Quero que os brasileiros conheçam o Sudão.

Estamos em um país muçulmano, mas, até agora, nossas câmeras não foram barradas uma só vez.

Três espaços são criados nos sofás da sala para que possamos receber nossos pratos de comida. Kamal, já tendo passado pelo episódio "somos vegetarianos" na festa do casamento, intercede antes que percebamos, entra na cozinha e nossos pratos chegam sem carne. Reconhecemos a pasta de feijão refogado *ful*, os bolinhos de grão-de-bico fritos *ta'mia* (que continuo chamando *falafel*) e os sempre presentes queijo feta e azeitonas. A surpresa ficou para uma esfiha aberta, com molho de tomate, que parece uma minipizza!

De barriga cheia, sentado no sofá no canto da sala, sem grandes conversas, busco uma forma polida para descobrir novas situações. Quando Maki pergunta se eu havia apreciado a comida, respondo o óbvio e que eu gostaria de conhecer a mãe de Mohamed.

Nasik aparece vestida com um longo tecido de seda preto e cinza, com enormes pétalas de flores brancas; o pano envolve todo o corpo e cobre sua cabeça. Seus lábios são realçados com um batom vermelho, forte e chamativo, e seus olhos delineados com traços de hena negra. Deu à luz apenas há duas semanas, mas aparenta estar em excelente estado de saúde.

Ela pede desculpas por não falar inglês, mas me convida a visitar o quarto onde dorme o pequeno Mohamed. Estou preparado para um silêncio absoluto, próprio de um recanto de recém-nascido, mas caio em uma reunião ruidosa de uma dúzia de mulheres. Sentadas sobre duas camas e até mesmo no chão, elas seguram pratos de comida nas mãos, conversam animadamente e trocam efusivas gargalhadas. Enquanto isso, Mohamed dorme profundamente.

Minha comunicação com o mundo feminino é por gestos e por sorrisos. Mikael aparece com a câmera de vídeo e pede permissão para gravar a cena. Troco algumas palavras com Nasik e uso uma nova expressão que ouvi na festa — *mabrouk* — dando parabéns à mãe pelo seu lindo garoto (que continua de olhos fechados). Nasik está acompanhada por irmãs, primas e sobrinhas. Algumas explicam que não moram em Cartum e vieram apenas para participar da *samiya*. Todas agem com naturalidade e não se sentem constrangidas com a presença da câmera e de dois homens ocidentais.

Certo, foi Kamal, um amigo das famílias de Nasik e Maki, que nos trouxe à festa. Mas encontrei essa intimidade — de entrar no quarto onde dorme o recém-nascido e assistir à algazarra das mulheres — apenas em raríssimas situações em outros países. A explicação mais coerente é que a hospitalidade sudanesa está mesmo incrustada na cultura, na alma do povo, incitando os habitantes a abrir, com doçura e sem medo, suas portas aos visitantes.

Antes de pisar no Sudão, jamais poderia pensar que as pessoas fossem tão gentis e afetuosas. A imagem que nos chega sempre é parcial e o componente político é dominante. As notícias enfocam as aberrações do governo (que existem, sim), mas generalizam o contexto e o Sudão acaba sendo mostrado como um país de monstros. Os aspectos positivos da cultura são esquecidos ou mencionados apenas em entrelinhas. Uma viagem como a nossa, que busca os aspectos positivos dos lugares e de suas gentes, vem preencher essa lacuna e esclarecer mal-entendidos. Nada como conhecer a realidade com os próprios olhos e ouvidos.

Maki aparece na porta para avisar que o espetáculo musical vai começar. Três cantores, vestidos com *jalabiyas* amarelas, animam o ambiente. Quando a banda toca uma música mais conhecida, todos se levantam para dançar. Homens erguem o punho para cima, mulheres estalam os dedos e vários seguem a letra da melodia em voz alta. Maki e sua esposa Nasik dançam juntos e são saudados pelos amigos que desejam prosperidade ao filho. A alegria do ambiente é contagiante. Sou chamado a entrar em uma roda e tento acompanhar o ritmo. Tudo sem nenhuma gota de álcool, como preza a tradição islâmica.

— A amizade é um valor importante e as celebrações reúnem parentes e amigos. É uma alegria simples, mas verdadeira — revela Nasik.

Coisa rara durante a viagem, passa da 1h quando voltamos à barraca da Nandi para dormir.

Três semanas antes de começar a jornada, quando viajei à Itália por uma semana, conheci o jornalista sudanês Khalid Aziz, editor do diário *Al Sudani*, de Cartum. Na ocasião, afirmei que visitaria seu país quatro meses mais tarde. Ele certamente não acreditou na minha previsão — até eu tinha dúvidas sobre a viabilidade de entrar no Sudão. Logo que tive acesso à rede sudanesa, enviei um e-mail avisando, com grande entusiasmo, que estava em sua cidade. Khalid respondeu, no dia seguinte, com o número de seu celular. Depois de trocas de SMS e mensagens, marcou encontro no Clube de Vela para uma entrevista.

Por volta das 11h, Khalid aparece com um fotógrafo do jornal. Alto e de pele escura, o editor abre um grande sorriso, daqueles que significam "você cumpriu a promessa", e dá parabéns, com direito a tapinha nas costas. O fotógrafo não perde tempo e registra as trocas de saudações efusivas. Faço uma miniprodução para a foto que certamente ilustrará a reportagem e levo todo o grupo para a sombra, ao lado da Nandi. Khalid se coloca entre pai e filho.

O editor retira o bloco de anotações do bolso e faz as perguntas esperadas: quando saímos, quantos países percorremos, como resolvemos os maiores problemas, quais foram os lugares mais interessantes e o que achamos do Sudão. Khalid ganha um tour especial na Nandi, leva um susto com a diversidade de enlatados e sacos dentro do gavetão de comidas e custa a acreditar que existe uma barraca desarmada no teto do veículo.

— Khalid, você sabia que o Sudão é meu 150° país visitado? — pergunto.

— Por que você demorou tanto para conhecer nosso país? — retruca, com ironia.

O editor se despede e avisa que o artigo sairá em *Al Sudani* em dois ou três dias.

*

O iPhone apita e Mikael lê o SMS de Samir. Ele confirma que passará no Clube de Vela no início da tarde para nos levar ao ritual sufi. Temos tempo para colocar nossos escritos em dia.

Sufismo. Ouvi a palavra pela primeira vez quando viajava pela Turquia em 1974. Ao passar por Konya, visitei a tumba de Mevlana Jelaleddin Rumi e aprendi que o poeta e filósofo que viveu no século XIII havia sido o fundador da seita dos dervixes rodopiantes. Os monges islâmicos de Konya, vestidos com longos hábitos brancos, usavam o giro em volta de si mesmos como uma forma de entrar em transe e em contato com o mundo divino, sustentados por cânticos em honra a Alá.

Quando a Turquia se tornou república em 1923, o presidente Mustafa Kemal Ataturk promoveu reformas educacionais, adotou o alfabeto latino, proibiu as vestimentas tradicionais e aboliu as ordens religiosas, incluindo a dos dervixes. Tardou quase um quarto de século para que os turcos pudessem voltar a rodopiar — apenas com fins culturais, não místicos. Em 1974, em Konya, não vi nenhum monge em gira, mas uma trupe de dervixes-artistas passou por Washington nos anos 1990 e assisti ao espetáculo. Esteticamente foi lindo, mas faltou emoção e a parte sagrada.

— O sufismo é o braço místico e esotérico do Islã. Os seguidores buscam o amor divino e o conhecimento através de um contato direto com Alá — explica Samir, enquanto atravessamos a ponte sobre o Nilo que nos leva a Omdurman. — É uma experiência essencialmente pessoal. Os sufis, animados pelos hinos e pelo ritmo dos tambores, praticam o *dhikr*, que é a repetição constante do nome Alá e de frases como *la illah il Allah*, que significa "não existe outra divindade além de Deus".

Chegamos a um imenso quarteirão tomado por um cemitério muçulmano, sem muros. Samir pede que eu estacione em um espaço na calçada. Ele confirma que podemos levar máquinas fotográficas e a câmera de vídeo. Tranco o carro e armo o alarme, mesmo que o amigo sudanês insista em que ninguém ousaria tocar no veículo.

Samir, Mikael e eu atravessamos o cemitério, ziguezagueando entre túmulos baixos, e seguimos o fluxo de gente que caminha em direção ao mausoléu do Sheik Hamed Al-Nil, adornado de quatro cúpulas douradas em cada canto e uma maior no centro. O templo honra um dos principais expoentes do sufismo no Sudão e os rituais semanais são realizados ao ar livre, em frente ao prédio.

Ainda me sinto intimidado pelo ambiente. Estou a poucos metros de uma enorme tumba, no centro de um cemitério e cercado por uma centena de muçulmanos, a maioria deles com bastões ou cajados nas mãos. Vejo apenas uma cara pálida no canto oposto, um raro estrangeiro que, como nós, foi convidado para conhecer a tradição. As câmeras continuam penduradas nos ombros para não atrair nenhuma atenção antes do tempo. Meus olhos vasculham o espaço com curiosidade e meus neurônios tentam comparar as imagens percebidas com outras do passado. Passam flashes de uma gira de umbanda no Brasil, da dança Himba na Namíbia, de uma cremação em Bali, dos rituais às margens do rio Ganges na Índia.

Três dervixes aparecem e um espaço ao redor deles se abre. Um veste a usual *jalabiya* branca e toca um tamborim; o segundo segura um tamborim maior e está com uma túnica cinza; o terceiro, de bata azul-escura e com uma longa estola branca em volta do pescoço, tem címbalos nas mãos. Dois têm cabelos compridos, com pequenas tranças que chegam à altura dos ombros. São alegres e sabem lidar com o público.

— Vai começar o *madih* agora. É a etapa da preparação com cantos que honram o profeta Maomé — cochicha Samir.

— Você quer dizer cantos a Alá? — tento corrigir Samir, com a ilusão de que captei um lapso dele.

— Não, Haroldo. No início, os cânticos são para Maomé, o profeta. Só na segunda parte é que as louvações são para Alá — responde.

Os dervixes com os instrumentos musicais demarcam seu campo e mais de 100 devotos participam da roda. São homens de todas as idades, mas consigo vislumbrar algumas mulheres e crianças no círculo exterior. Os três sufis tocam, dançam e cantam, andando de costas. É como se puxassem uma corrente. Alguns devotos saem da roda do público, entram no campo de dança e seguem os músicos. Os fiéis abraçam o ritmo e dão pequenos passos saltitantes. Todos dançam segurando um bastão erguido aos céus, um símbolo que reverencia Maomé — o profeta, que, como bom pastor, possuía um bastão para guiar as ovelhas.

Algumas figuras diferentes aparecem aqui e ali. Uma mulher vestida de alaranjado segura dois compridos tridentes de metal. Um fiel de óculos escuros e cajado na mão baila orgulhoso, mostrando notas de duas e cinco libras sudanesas enfiadas em seu turbante, instigando o público a doar mais dinheiro. Um monge circula pela multidão, distribuindo a fumaça do incensário para limpar o ambiente e afugentar maus espíritos. Um dervixe aparece aos saltos, com uma túnica formada por retalhos de todas as cores e tecidos, simbolizando o voto de pobreza e o desprendimento dos bens materiais. Outro monge, coberto por túnica verde e *kufiya* verde na cabeça, dança com energia, com uma espada na mão esquerda e o bastão de Maomé na direita.

— Imagino que você notou que a cor do sufismo é verde — assinala Samir.

Respondo afirmativamente com a cabeça. Continuo a fotografar e a filmar sem trégua, mas a vontade é observar a cena a olho nu e não através de um visor — e até mesmo participar da dança.

Outros 20 dervixes aparecem no lado oposto ao mausoléu, acompanhados pelo som de dois pratos estridentes e de dois tambores (com couro estirado em ambos os lados, ao contrário dos tamborins). Bandeiras de cetim verde com bordas vermelhas tremulam nas mãos de jovens: é o estandarte da confraria. Os homens se aproximam como uma brigada. Eles são maduros e alguns, segundo Samir, são *sheiks*, autoridades espirituais que ensinam os princípios do sufismo.

Um deles, todo vestido de verde — até o turbante é verde — tem uma longa barba esbranquiçada pelo tempo e amarelada pela terra. Em volta do pescoço, leva dezenas de colares confeccionados com sementes redondas, marrons, de vários tamanhos. A figura tranquila e serena lembra um guru indiano. Aproximo-me dele, faço uma reverência respeitosa, mostro a câmera e pergunto, com um gesto, se posso fotografar. Ele responde afirmativamente, com um movimento sutil da cabeça; mantém a nobreza humilde e olha, com compaixão, para a lente. Totalmente zen.

Os *sheiks* se dirigem ao mausoléu, fazem sinal para que a música seja interrompida e entram. Silêncio. Quando saem do templo, o ritmo renasce e ganha tônus; o círculo se abre e triplica de tamanho para que os dervixes possam ter mais espaço.

Começa o *dhikr*, a segunda parte do rito, com as invocações a Alá. Vários grupos de monges, vestidos com trajes diferentes, dão um colorido particular à enorme roda. De um lado, 15 dervixes estão cobertos com uma mesma túnica verde, com detalhes vermelhos nas bordas das mangas e dos bolsos. De outro, um grupo está vestido de branco. Uma terceira confraria tem como uniforme a mesma túnica verde, mas com toques de creme nas bordas. Todos estão descalços.

Agora são mais de 200 pessoas cantando em uníssono. O espaço ganha força. O coro repete o nome de Deus — Alá, Alá, Alá — com convicção e júbilo. Também ouço a frase *la illah il Allah*, que lembra a unicidade de Deus. O ambiente se torna intenso, quase frenético. Sem aviso, um dervixe entra na roda vazia e começa a rodopiar. Seu longo hábito branco se enche de ar e dá um tom místico ao momento. Outros dervixes entram na gira e os cantos se tornam vigorosos. O ritual chega ao ápice.

— Impressionante, pai. Parece que estou em uma gira de umbanda. Tem bastante coisa semelhante — diz Mikael.

Todos que formam o círculo maior seguem o mesmo balanço de braços, ombros e pernas, em cadência com o mantra Alá. O ritmo começa com as mãos juntas na altura do peito e continua com um movimento que joga os braços para baixo e para trás. E volta para cima, seguindo os louvores ao nome de Deus.

Ao girar, os dervixes com mais experiência entram em transe, em busca da conexão com o divino. Existe uma sensação desmedida de alegria no ar. Todas as pessoas portam um sorriso nos lábios, mesmo se estão concentradas. Parece tão saudável rezar, cantar e dançar ao mesmo tempo. Ainda mais em um ambiente ao ar livre.

Quando não está viajando, Mikael tem a função de Alabê (na tradição afro-brasileira, o responsável pelos ritmos sagrados) em um templo de umbanda em Washington. Ele reconhece as batidas dos tambores e os compassos de dança:

— O transe sagrado não tem fronteiras! Já vi americano dançar para Xangô sem ter a menor noção de quem é Xangô ou como se dança para ele. Nunca pensei encontrar algo semelhante no Sudão. O dervixe no meio da roda parece estar incorporado por uma entidade. Outro movimenta dois bastões no ar, cruzando os cajados como se fossem espadas. Para mim, isso seria uma saudação de Ogum, o guerreiro. Esse que pula e aponta os dedos indicadores poderia estar dançando para Oxóssi, o caçador — afirma Mikael, que, atento aos detalhes, busca outras relações entre as duas tradições.

As louvações seguem um ritmo cíclico, repetitivo e inebriante. Depois de chegar ao ápice — momento em que vários devotos entram ou ameaçam ingressar em transe — a energia dos tambores diminui e os devotos ficam serenos. Mas, quando a música retoma o pique, a energia reaparece e os cantos e as danças voltam a crescer.

O sol está prestes a cortar a linha do horizonte e um dos *sheiks* faz sinal de que está na hora da reza, momento que marca o final do ritual sufi. Essa é a quarta oração do dia e todos os homens dão as costas ao crepúsculo. Voltados em direção a Meca, eles sentam no chão sobre seus pés e formam longas fileiras. Vejo outro mar de *jalabiyas*, turbantes e bonés brancos — agora, com manchas verdes. Os fiéis se levantam, se prostram, levam a testa ao solo, sussurram palavras sagradas e se erguem novamente. A reza dura alguns minutos.

O sol desaparece no horizonte do mormaço sudanês. O disco alaranjado se converte em uma bruma púrpura azulada que inunda os subúrbios de Cartum. A maré muçulmana também se dissolve e a harmonia geométrica criada por aqueles que oravam a Alá se transforma em um final de mercado. Continuo atônito, pensativo, silencioso, como se a mística dos cantos sufis impregnasse minha alma.

As duas horas que passei no campo sagrado em frente ao mausoléu do Sheik Hamed Al-Nil estão, agora, anotadas na minha memória. Percebo nos olhos de meu filho a mesma emoção.

O teste da latinha

O silêncio só é quebrado quando retornamos à Nandi e Samir faz troça dizendo que o carro não havia desaparecido.

— Estamos acostumados a outra realidade no Brasil — explico.

— Aqui no Sudão não existe essa possibilidade. Cartum é uma das capitais mais seguras da África. Pode confiar — diz nosso anfitrião. Ele faz uma pausa e engrena outro convite: — Para você constatar com seus próprios olhos, amanhã vou levar vocês ao mercado do ouro no centro da cidade.

A mesquita Al-Kabir fria no coração de Cartum. Em frente, um prédio de quatro andares, do tamanho de um quarteirão, abriga centenas de lojas que vendem joias de ouro. As lojinhas possuem apenas três metros de frente — espaço suficiente para a porta e uma vitrine que esbanja tesouros como se fossem retirados do cofre de Ali Babá. Dou a volta na quadra para conhecer as lojas em frente às quatro ruas. Conto mais de 120. Exploro as vielas internas do prédio e descubro mais ouro. Subo ao segundo andar e mais lojas. Ouro, ouro, ouro.

— Por isso trouxe vocês aqui. A quantidade de ouro no quarteirão é impressionante. Seria um paraíso para ladrões. E você vê algum policial, algum segurança? — pergunta Samir.

Fardado, não vejo nenhum. O ambiente é cordial, muitos comerciantes estão na porta da loja conversando com colegas. Todas as portas estão abertas, em um clima de segurança. Mulheres de famílias abastadas, cujos maridos dispõem de recursos para permitir que elas explorem o lugar e lambam as vitrines, discutem preferências com amigas. Indago os preços dos produtos mais encorpados — pulseiras e colares custam entre 10 mil e 20 mil dólares (17 mil e 35 mil reais). Faço as contas: cada lojinha de três metros de frente pode abrigar mais de meio milhão de dólares. O quarteirão vale algo entre 100 milhões e 200 milhões de dólares!

Decido gravar uma imagem do local. Mikael abre o tripé e monta a filmadora. Em menos de um minuto, antes que ele possa registrar alguma cena, Samir é abordado por um jovem. Eles conversam cordialmente e nosso amigo explica que somos jornalistas brasileiros. Outro rapaz de calça jeans e de cabelo bem curto se junta à discussão, já falando no celular. Mikael e eu entendemos a situação. Desmontamos a câmera com calma — para não causar nenhum mal-entendido — e esperamos o veredicto.

De fato, não havia nenhum segurança fardado. Mas, à paisana, existem policiais suficientes para conter qualquer incidente. Não parecem estar armados, mas prefiro não encarar nenhum. Samir sobe até o escritório da segurança, no terceiro andar do prédio, e desce, 20 minutos mais tarde, com a autorização para que possamos filmar. Não posso deixar de caçoar de Samir, que preconizava a não existência de policiais no local.

— Acredite, Haroldo, Cartum é mesmo uma cidade segura — afirma ele.

Ao retornar à Nandi e abrir a geladeira, tenho uma ideia diferente. O carro está estacionado em uma rua transversal de bastante movimento. Pego dentro da geladeira uma lata de Coca-Cola geladinha, daquelas que transpiram, como nos comerciais. Meto a mão no bolso e desamasso uma nota azul, quase nova, de duas libras sudanesas (1,30 real). Coloco a nota sobre o capô do veículo e a lata vermelha de refrigerante por cima.

— Vamos comprar o tênis novo de que Mikael precisa? — pergunto com um sorriso malicioso. — Vou deixar um presente bem à vista e testaremos a honestidade dos passantes. Afinal, essa latinha gelada é uma tentação em um dia quente como hoje — digo.

— Isso é maldade, pai. Não podemos julgar todo um povo por uma pessoa que pegue a lata porque está com sede — diz Mikael, achando que o refrigerante não vai durar no capô.

Mas ele topa a brincadeira. Imediatamente abre o iPhone, entra no Facebook e escreve em seu status, em inglês:

> 3h15 PM em Cartum. Deixamos uma lata de coke e uma nota de 2 libras em cima do carro, estacionado no centro. Estamos fazendo um teste: quanto tempo até que alguém leve o dinheiro e o refri.

— Podem ficar tranquilos. Tenho certeza de que ninguém vai mexer, nem na lata nem no dinheiro — assegura Samir, sorrindo, sem parecer ofendido, mas um pouco surpreso com minha ideia maluca.

Saímos em busca do par de tênis. Mikael, que já conhece os números em árabe, faz questão de discutir o preço com os vendedores. As negociações de meu filho não rendem nada, mas provocam boas risadas. Samir acha que a tática certa é ele comprar o calçado para ele e, assim, conseguir um preço que será a metade do nosso. Depois de quase uma hora de perambulações, nos lembramos do teste da lata e voltamos ao carro, Mikael com um novo par de tênis verde e amarelo nos pés.

Sim, mesmo não tão gelada, a lata continua lá! A nota de 2 libras também. Mikael atualiza o post:

> 4h10 PM, lata e nota de 2 libras continuam intocadas.

Mikael lê em voz alta alguns dos melhores comentários de seus amigos:

— Tem um aqui engraçado:

> Vou fazer o mesmo teste agora na praia de Ipanema.

— Gente, estou com fome. Vamos comer um sanduíche de *falafel* e tomar um suco? — pergunto, propondo ampliar a duração da brincadeira.

Todos concordam e Samir se sente mais próximo da vitória. Caminhamos em outra direção, encontramos uma lojinha de *falafel* e o suco de fruta do dia é o de manga. Cada item custa apenas 1 libra. Ofereço o lanche para todos, aproveitando o ambiente lúdico. Peço uma porção extra de *falafel*: estou começando a gostar das bolinhas fritas. Como devagar, esticando ao máximo o tempo longe do carro. Mais uma hora se passa.

Ao regressar à Nandi, Coca-Cola e dinheiro continuam no capô, na mesma posição. Mikael manda outra mensagem no iPhone:

> 5h20 PM, ninguém levou nada.

Ele lê os novos comentários dos amigos. O de Ipanema avisa:

> Refri e nota R$ 2 sumiram em 10 minutos, mas o carro continua.

Damos boas risadas e o sorriso de Samir é o maior.

— Não disse que vocês podem confiar no povo sudanês? — afirma, vitorioso.

Aproveitando o trajeto de volta, tento entender a razão da honestidade local. A explicação de Samir é cultural:

— Vivemos em uma sociedade na qual o clã e a família são elementos essenciais. Devemos respeitar nossos parentes e, mais importante, não sujar o nome da família. Cometer um crime, mesmo pequeno, representa uma desonra para todos. Assim, as pessoas não roubam ou não trapaceiam por receio de que sejam banidas ou expulsas da família. No Sudão, sem o apoio de sua família, você não é nada — explica Samir.

— E a Charia, a lei islâmica, influencia? — pergunto.

— Certamente. Um muçulmano praticante, que segue o Corão, tem excelentes razões para não cometer nenhum delito. Mas as regras religiosas podem não ser suficientes para convencer um indivíduo. Já a pressão de sua própria família é muito maior, por influenciar o cotidiano — conclui Samir.

Gigantes sudaneses

Como a areia do deserto, o tempo voa no Sudão. Fomos tão bem recebidos em Cartum e descobrimos tantos aspectos inesperados que é difícil deixar a cidade. O trânsito é complicado, muitas ruas são imundas, a poeira substitui o ar, a burocracia é lerda. Mas as pessoas que conhecemos são preciosas. A hospitalidade é um princípio fundamental e nossa passagem pela capital sudanesa foi marcada por incontáveis experiências positivas. Até então, qualquer menção a respeito de "capital africana" nos remetia ao roubo de Lusaka. Cartum ajuda a curar o trauma que vivemos na Zâmbia.

Para seguir para o norte do país, precisamos da Permissão para Viajar e Fotografar. O documento bilíngue é emitido pelo Ministério do Turismo e da Vida Selvagem. Passamos uma manhã para encontrar o prédio onde a permissão é concedida. Seguindo a dica de que fica na mesma rua que o British Council, chegamos a um local que continha uma placa escrita apenas em árabe. Nada em inglês, mesmo que o objetivo do departamento seja atender estrangeiros. Mas, uma vez lá dentro, tudo é fácil. Como temos fotos de identidade e fotocópias de nossos passaportes de sobra, o processo tarda apenas 15 minutos.

Antes de deixar Cartum, os amigos sudaneses confirmam que uma última experiência cultural é imperativa: assistir a um torneio de luta livre núbia que acontece em Cartum Norte. Dessa vez, não é Kamal nem Samir que nos levam ao local, mas Abdulah, um empresário, também sócio do Clube de Vela. Depois de rodar 15 quilômetros por subúrbios, chegamos a um estádio improvisado, montado com tecidos coloridos, no bairro Souq Sita, o Mercado 6.

Vejo gente caminhando com cadeiras de ferro sob o braço. Abdulah explica que, para entrar no recinto fechado, os assistentes precisam "comprar" seu assento. Esse é o ingresso. Dentro do estádio, cada um escolhe o lugar preferido. Como o ringue é circular, todos os pontos possuem uma excelente visão. Abdulah insiste em que não preciso comprar nenhuma cadeira e nos leva ao espaço reservado VIP, com assentos mais confortáveis. Somos apresentados a Hassan Aburass Salim, presidente da Associação de Lutadores de Cartum:

— Nossa luta é uma tradição milenar. Já era praticada há mais de três mil anos, na época dos faraós. Existem pinturas em uma tumba do século XV a.C. que mostram lutadores núbios — diz Hassan.

— Como se sabe que são lutadores núbios, e não egípcios? — pergunto, curioso.

— As figuras egípcias eram esguias e os núbios mais fortes — declara, orgulhoso de sua raça.

Ao ver um dos lutadores que se prepara para entrar no ringue, não posso discordar de Hassan. O atleta é um monstro: quase dois metros de altura, coxas adornadas com músculos de aço, bíceps e tríceps avantajados, tórax expandido e uns 120 quilos de massa.

Hassan conta que existem mais de 30 clubes em Cartum onde jovens podem praticar o esporte. Hoje, membros de dois grêmios vão se confrontar. O ambiente é festivo, com mais de 200 pessoas à espera dos embates. Além dos espectadores sentados, há os que ficam de pé atrás das cadeiras e os que estão no chão, quase deitados. Prefiro não ficar no setor VIP. Saio com uma câmera no ombro para captar imagens da multidão, mas um apito me avisa que uma luta vai começar.

Os dois gigantes se aproximam do centro. Ambos mantêm uma distância cautelar. Como se quisessem arranhar o adversário com as mãos abertas, fazem movimentos circulares com os braços. Os gestos felinos logo são substituídos por tentativas mais agressivas de segurar uma perna, um braço ou o pescoço. O maior deles ameaça dar uma rasteira e o oponente perde o equilíbrio por uma fração de segundo, tempo suficiente para que seu braço seja agarrado. Mais um golpe e o adversário vai para o chão.

Os juízes confirmam a vitória e o vencedor caminha em direção ao público com os braços levantados. O alto-falante proclama o resultado. O novo herói é celebrado com euforia, dá uma volta pelo estádio e passa entre as cadeiras para saudar os fãs, que entregam notas de libras e pequenos presentes, sob salvas de palmas. Os poucos minutos de luta rendem o triplo de tempo em comemorações.

Mais um apito e dois lutadores entram no ringue. A disputa começa da mesma forma, como se estivessem percebendo a energia e a força do outro. Cada confronto dura, no máximo, cinco minutos e a cautela entre os lutadores pode levar ao empate — situação que não agrada à plateia. Não é o caso da peleja. O mais jovem — e mais ágil — consegue se desprender de uma gravata e joga o mais pesado ao solo. Nova explosão de alegria. Dessa vez os fãs fazem questão de carregar o vencedor nos ombros e dão uma volta olímpica.

Depois de 30 lutas, o sol desaparece no horizonte e o pó da areia do deserto rende um tom dourado, quase místico, ao ambiente. Os espectadores saem contentes, devolvem a cadeira na saída e o estádio é desmontado. Em poucos minutos, tudo desaparece e o palco que recebeu os gigantes núbios volta a ser apenas areia. Tudo é areia no Sudão.

Capítulo 13

Pirâmides dos faraós negros

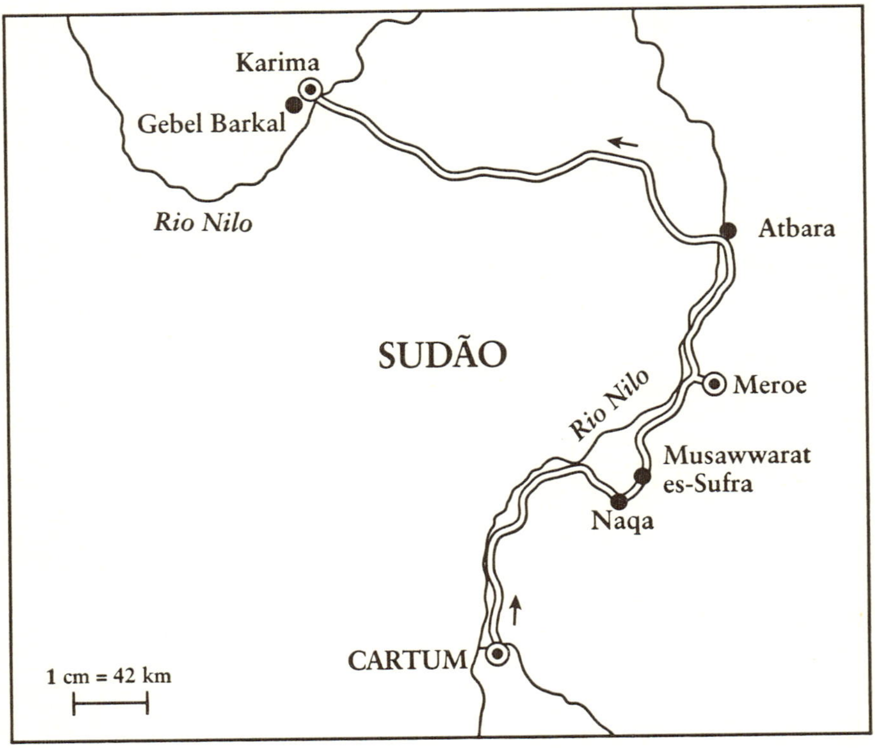

Karima
Gebel Barkal
Rio Nilo
Atbara
SUDÃO
Meroe
Rio Nilo
Musawwarat
es-Sufra
Naqa
CARTUM
1 cm = 42 km

Saída auspiciosa

Se entrei no Sudão com receios, saio de Cartum com confiança. Perdi o medo de estranhos, não me vejo rodeado por informantes nem sinto que estou em terras bizarras. Aprendi muito sobre a cultura sudanesa e as tradições muçulmanas. Mas agora é hora de seguir adiante. A viagem deve manter um ritmo. Sair de um lugar em um bom momento, no pico do ciclo e quando tudo está dando certo é sempre a opção desejada.

A entrevista sobre nossa passagem por Cartum deve ter sido publicada. Durante o café da manhã, envio um SMS a Khalid, o editor de *Al Sudani*. A resposta dele é positiva: a reportagem está na edição do dia. Decidimos passar pela redação do jornal, no centro da cidade. Subo até o quarto andar e entro na sala da redação, espaçosa e cheia de computadores. Como é cedo, os jornalistas ainda não chegaram. Digo a um repórter que gostaria de ver Khalid Aziz (mesmo sabendo que ele não está) e peço três exemplares do jornal. O repórter encontra a pilha de jornais recém-chegada da gráfica, corta a corda e me dá apenas um. Encontro a foto publicada, que inclui a imagem de seu chefe. Mostro ao jornalista, que, com orgulho, entrega mais dois exemplares.

Como o artigo está escrito em árabe, só entendo a foto dos três sorrisos. Todo o resto precisa de tradução. A casa da família de Samir em Omdurman não está distante da rota e aviso a ele que passaremos por lá para uma rápida despedida. De quebra, levo o jornal para ele traduzir.

Na casa de Samir, somos convidados a entrar em um dos dois salões amplos do térreo. Os quartos estão no segundo andar. O embaixador Rahamtalla Mohamed Osman desce as escadas e nos cumprimenta. Conto que nossos dias em Cartum foram excelentes, graças ao carinho de seu filho.

— Partimos agora para descobrir as pirâmides dos faraós negros — aviso.

Mostro a reportagem publicada no *Al Sudani* a Samir, que inicia a análise:

— O artigo está na seção *Adwaa Al Medina*, que significa Luzes da Cidade. Fala dos eventos culturais de Cartum — explica Samir, mostrando o nome em vermelho.

— Combina com Luzes da África — comenta Mikael.

— O título é "Castro, jornalista brasileiro na selva africana" — continua Samir.

— Selva? Pensei que estávamos no meio do deserto... — digo.

Samir lê em silêncio o texto da reportagem e depois faz um resumo:

— No início, Khalid escreve sobre sua profissão e os objetivos do projeto: quando e onde começou a jornada, como compraram o carro e que equipamentos ele viu na camionete — diz ele. — Depois, fala sobre a boa impressão que vocês tiveram do Sudão, da hospitalidade e da sensação de segurança em Cartum.

— Olha que o teste da latinha só aconteceu depois da entrevista — nota Mikael.

— Ele menciona que vocês pretendem conhecer as pirâmides no norte e que você, Haroldo, passará seu aniversário em nossas terras. No último parágrafo, escreve que a viagem vem fortalecendo a relação entre pai e filho — afirma Samir. — Ah, mais uma coisa. Ele descreve você como um "homem forte, trajando bermudas, cuja pele branca foi torrada pelo sol africano" — finaliza Samir.

Considero um elogio, mas a realidade é que só estrangeiros mostram suas pernas no Sudão.

*

Na saída da cidade, reabastecemos o carro com produtos básicos para a jornada. O principal é água. Compramos bananas, tomates, cebolas, berinjelas, queijo branco e pão fresco. Para não provocar o destino, completamos o tanque de óleo diesel. Pode não ser o mais puro, mas o combustível é o segundo mais barato de toda a viagem: o litro custa apenas uma libra sudanesa (0,65 real) nos arredores de Cartum e um pouco mais no interior. O país é produtor e exportador de petróleo.

Rodamos 150 quilômetros desfrutando de bom asfalto, sabendo que logo teremos de enfrentar 35 quilômetros de areia e pedra para chegar às ruínas de Naqa, o primeiro templo. Um pouco antes da bifurcação, avisto um posto de pedágio. Diminuo a velocidade. Cem metros antes da guarita, um homem, vestido à paisana, ordena que eu pare. Não vejo razão nenhuma para obedecer, ainda mais no meio da estrada. Apenas retiro o pé do acelerador. Quando passo por ele, ouço gritos incompreensíveis. O sujeito, gesticulando, corre atrás do carro. Chego ao pedágio antes, mas ele acaba alcançando o veículo. As palavras saem agora aos borbotões, resultado da respiração ofegante de seus 100 metros rasos. O único termo que consigo entender é *Police*. Muita calma nessa hora.

Um dos oficiais do pedágio, em seu parco inglês, explica que deveríamos ter parado antes da guarita, como o policial (à paisana) havia solicitado. Respondo que ele não usava uniforme e que eu não paro no meio da estrada para desconhecidos.

— Ele polícia. Precisa parar — insiste o oficial.

— Polícia precisa farda. Eu não parar para polícia sem uniforme — respondo em um inglês primário, mas começando a ficar assustado.

— Você pode ser preso. Mostre documentos. Quero passaportes — demanda o guarda do pedágio, mais irritado.

Não entregarei nenhum passaporte. Os policiais podem ficar com eles e criar uma confusão maior. Mikael encontra as duas Permissões para Viajar e Fotografar, emitidas em Cartum. O documento, por estar em árabe e em inglês, é mais completo do que o passaporte e contém dados importantes, assim como as localidades que pretendemos visitar.

— *Mafish mushkila* — respondo em árabe, dizendo que não há problema e tentando acalmar os ânimos.

Entrego os documentos e eles checam demoradamente — o alfabeto latino, com o qual estão escritos nossos nomes, não é facilmente reconhecido. Verificam fotos e carimbos. O policial pede que eu libere a guarita e encoste o carro para dar passagem a outro veículo que se aproxima.

Mikael passa para mim o jornal do dia, aberto na página da reportagem. Vou testar a reação.

— *Ana Brasily sahafi* — explico que sou jornalista brasileiro e entrego a folha de jornal.

Imediatamente os olhos das autoridades — já são quatro — enfocam o artigo escrito em árabe. A foto publicada confirma nossa identidade. Respiro ao ver que a tensão desaparece dos rostos. Alguns começam a sorrir e outros fazem comentários sobre os parágrafos que leem. Eles vão até o final da reportagem e respondem com gestos positivos.

— *Mafish mushkila. Welcome to Sudan* — diz o oficial do pedágio.

Ele entrega as duas autorizações e faz menção de guardar a página do jornal. Faço uma carinha de menino e peço o recorte de volta. Ele cede e partimos, salvos pela entrevista.

Templo do Deus Leão

É nas estradas de terra quando mais precisamos de Odé. O trajeto até Naqa está traçado na base de dados do mapa original do GPS e seguimos confiantes, mesmo quando a pista se confunde com o deserto.

Avisto, no pé de um morro, ruínas com a cor da areia. Mikael estaciona o veículo na sombra da única árvore. Não vejo nenhum outro carro, somos os únicos visitantes.

Vestido de branco e com um turbante enrolado como uma coroa, aparece o *ghaffir*, o guardião do sítio arqueológico. Ele não fala inglês. Mas, como lê árabe, entregamos a página de *Al Sudani*, depois do *al salamu aleykum* de praxe. A leitura provoca sorrisos e reverências e ele está convencido de que somos pessoas importantes. Ele abre o pequeno portão e nos convida a passar. Bendito Khalid.

Fizemos um desvio de 35 quilômetros no deserto por uma boa razão. Em Naqa, o Templo de Amon, construído pelo rei cuchita Natakamani no século I a.C., é uma das ruínas arqueológicas mais bem preservadas no Sudão. Carneiros enfileirados como guardiões cuidam da entrada do templo. No recinto principal, colunas cilíndricas de quatro metros de altura sustentavam um teto que hoje não existe mais. Seis delas estão inteiras e revelam figuras em baixo-relevo e hieróglifos bem definidos. Duas mostram que o tempo é implacável. Estou espantado com a descoberta. Jamais imaginaria encontrar um templo como esse nas areias do Sudão.

O diálogo com o *ghaffir* acontece com gestos. Ele assinala os hieróglifos conservados e os baixo-relevos mais representativos. Aponta para onde nasce o sol e sopra com força, de bochecha cheia. Ele marca, com movimentos das duas mãos em sua própria direção, que as tempestades de areia chegam do leste. São esses mecanismos de erosão — vento e areia — que, nos últimos 21 séculos, desgastaram os desenhos nos blocos de arenitos voltados para o oriente. Já a face oposta, protegida, guarda traços mais completos.

O *ghaffir* faz sinal para segui-lo. Andamos 200 metros na areia alaranjada e passamos por um poço de água. O templo fica a 30 quilômetros do Nilo, em linha reta, mas certamente sempre existiu água por aqui.

O Templo do Leão é outra joia arquitetural da cultura cuchita. Construído na mesma época que o de Amon, guarda um paredão de dois metros de altura, constituído por blocos de arenito esculpidos. Oito figuras humanas — um pouco maiores do que o tamanho natural — estão de perfil. À primeira vista, parecem idênticas aos baixo-relevos dos templos egípcios, mas um especialista poderia ressalvar que as figuras aqui são mais fortes e possuem ombros mais largos do que as silhuetas dos vizinhos do norte. Lembramo-nos das palavras de Hassan Salim, presidente da Associação de Lutadores de Cartum, quando explicava as diferenças entre os lutadores núbios (fortes e grandes) e os egípcios (franzinos).

A figura central da parede esculpida revela a divindade cuchita Apedemak, com uma cabeça de leão. Ela recebe oferendas do rei Natakamani e da rainha Amanitore, os responsáveis pela construção do templo. Ao lado de Apedemak, aparece o deus egípcio Horus, com sua conhecida cabeça de falcão.

Apedemak, o deus cuchita mais venerado pelos núbios, também é ilustrado no friso da coluna que emoldura a parede. Sua cabeça de leão coroa o corpo de uma serpente que dá 12 voltas e que brota de uma flor de lótus. Essa figura criou controvérsias entre arqueólogos, pois a presença de uma flor de lótus fez alguns estudiosos acreditarem que poderia haver uma influência cultural da Índia. Como os baixo-relevos estão voltados para o norte, a areia e o vento não castigaram os desenhos; estão em perfeito estado.

O *ghaffir* nos acompanha até o carro. Mesmo sem falar inglês, mostrou o que há de melhor em Naqa. Em nenhum momento nos cobra a entrada nem pede gorjeta. Penso na latinha de Coca-Cola que não havia sido levada em Cartum quando fizemos o teste. Abro a geladeira, pego o refrigerante e um copo de aço inoxidável. Tudo geladíssimo. Entrego o copo na mão do guardião — que chega a se assustar com o objeto tão frio — e despejo o líquido borbulhante bem devagar. Os olhos do *ghaffir* se arregalam e ele acorda da sonolência provocada pelo calor da tarde. Entre efusivos *chukrans* (obrigados), sorve lentamente o refrigerante e sorri como uma criança. Dar esse pequeno prazer a um senhor que vive no meio do deserto, debaixo de um calor inexorável, me enche de satisfação.

*

O segundo destino é Musawwarat es-Sufra, outro conjunto de edificações cuchitas. Somos recebidos por um guardião jovem que solicita nossos nomes para preencher um imenso caderno. Ele pergunta se temos alguma autorização oficial do Departamento de Antiguidades para visitar o local. Mais uma vez, mostro o jornal e tudo se resolve com sorrisos e sem burocracias. O *ghaffir* nos leva até o Templo 100, que abriga uma longa colunata. Embora considerado como um templo, os arqueólogos não estão seguros sobre o uso do local e possuem apenas palpites sobre as construções.

Pouco se conhece sobre a civilização cuchita. Desde o início da década de 1960, a Universidade Humbolt de Berlim trabalha em Musawwarat, onde reconstruiu o Templo do Leão e realizou vários estudos. Mas agora, durante o período de calor, os arqueólogos estão fora do país.

Para compreender um pouco mais o território núbio, é necessário mergulhar no passado. Usando dois guias de viagem e a conexão internet do iPhone, Mikael pesquisa a história Cuche. Existe um consenso entre os historiadores de que foi o rei cuchita Alara quem unificou a Núbia por volta de 780 a.C., declarando a cidade de Napata (hoje Karima), perto do monte Gebel Barkal, como capital. Seu sucessor, o rei Kashata, foi o primeiro a conquistar territórios egípcios, expandindo seu reino às terras do norte. Orgulhoso de seus feitos, ele se proclamou faraó, igualando-se a soberanos egípcios como Ramsés e Tutancâmon. Seu filho, o faraó Piye, foi mais longe: conquistou Tebas e estabeleceu a 25ª Dinastia do Egito, a dos Faraós Negros. O nome é óbvio: contrastando com os egípcios antigos, os núbios possuem pele mais escura.

Os cuchitas (também chamados de núbios, nome da região) dominaram o Egito durante 96 anos, entre 752 a.C. e 656 a.C., e o mais famoso de seus cinco soberanos foi Taharka. Filho de uma das esposas de Piye, foi educado no Egito e treinado como militar. Coroado em Mênfis, reinou durante 26 anos, tendo vencido importantes batalhas contra líbios e asiáticos. Construiu diversos monumentos, tanto nas terras núbias como nas egípcias, e ergueu o Templo de Amon em Karnak, hoje um dos lugares mais visitados do Egito. Seu reino de glória foi interrompido pelo rei assírio Esathaddon, que tomou Mênfis em 671 a.C. Após contra-ataques e novas ofensivas assírias, Taharka regressa a sua terra natal, onde morreu. Seu sobrinho Tantamani foi o último faraó da 25ª Dinastia. Ele conseguiu, por pouco tempo, reconquistar Mênfis, mas a fúria assíria regressou em peso, obrigando-o a regressar a Napata e dando fim ao controle núbio sobre as terras egípcias. Até hoje, os sudaneses se orgulham de ter dominado o Egito durante quase um século.

Quase quatro séculos mais tarde e 26 soberanos depois da Dinastia dos Faraós Negros, o rei Arkamani resolve, por volta de 270 a.C., transferir a capital de Napata para Meroe. Essa mudança em direção ao sul valorizou a cultura nativa e diminuiu a dependência cultural e econômica do Egito. Durante muitos séculos, a Núbia venerava apenas deuses egípcios, como Amon, Rei dos Deuses. Com a renascença núbia, os reis de Meroe decidiram elevar o Deus Leão Apedemak, de origem cuchita, ao mesmo nível das divindades faraônicas; também substituíram o uso de hieróglifos pelo alfabeto meroítico. A partir do momento em que Meroe ganhou status de capital, todos os soberanos e nobres cuchitas passaram a ser enterrados nas tumbas piramidais.

As pirâmides de Meroe

Passamos tantas horas em Naqa e em Musawwarat que chegamos a Meroe ao entardecer. Resolvemos deixar a visita às pirâmides para o dia seguinte. Na busca de um local para dormir, Mikael segue a indicação de Odé que afirma existir um camping a alguns quilômetros fora da estrada asfaltada. Saímos da rodovia no lusco-fusco e, a menos de um quilômetro da estrada, aparece um vulto — um homem caminhando com uma mochila nas costas. Mikael diminui a velocidade para que a poeira do carro não devore a pessoa, o que me dá tempo para analisar a situação.

— É um mochileiro. Aonde será que ele vai? Deve estar louco, andando no deserto à noite. Vamos parar — digo.

O andarilho solitário, sujo e cansado diz ser húngaro. Gosto muito dos húngaros. Penso em João e em Zsolt Makray, na amiga Andrea Margit e na jornalista Neuza Àrbocz, todos com raízes na Hungria. Não posso deixar um húngaro se arrastar pelo deserto à noite. Nem luz ele tem, pois as pilhas de sua lanterna estão fracas.

— Pensei que as pirâmides estivessem mais perto — explica o jovem, confuso.

— Temos ainda 3 quilômetros até o local do acampamento. Andando você vai levar quase uma hora, mas vai escurecer. Quer uma carona? — ofereço.

Ele aceita. Explico que só temos dois assentos e que ele terá de viajar fora do veículo: deve apoiar os pés na soleira da porta e, com as duas mãos, segurar firme o bagageiro. Prometo que tomaremos cuidado.

Odé indica que devemos contornar uma duna. Quando Mikael termina a curva, damos de frente com um Toyota Land Cruiser, com placa da Holanda. Paramos algumas dezenas de metros antes do veículo. Estamos no deserto e existe espaço de sobra para todos. É óbvio que o casal de holandeses possui o mesmo programa de GPS Tracks4Africa que usamos. Acabamos no mesmo lugar, pois seguimos a mesma indicação.

Mas indicação para encontrar o quê? Apenas um lugar plano para estacionar. Não existe nenhuma construção e estou rodeado de morros de pedra e de dunas de areia alaranjada. O solo é pedregoso, mais sólido do que a areia fofa, e sustenta tufos de vegetação. Nada mais do que isso.

Acampar no Sudão é assim mesmo. É o *bush camping*, camping selvagem. É a oportunidade de poder dormir em um lugar tranquilo, longe dos ruídos de caminhões e do barulho da cidade. Melhor do que parar em frente a um posto policial. Não se conhece nenhum caso de problemas com viajantes que acamparam no deserto — os sudaneses rurais são ainda mais respeitosos do que os urbanos.

A visita a Naqa e Musawwarat fora tão intensa que havíamos esquecido de almoçar. Quando me lembro de que estou de estômago vazio, viro um ogre precipitado e devoro a primeira coisa que encontro pela frente. Mikael resolve preparar um jantar decente antes que eu perca a calma.

— Vou fazer cuscuz e uma daquelas latas de legumes com *curry* — avisa.

— Melhor preparar uma porção extra para o amigo húngaro. Ele não tem apetrechos de cozinha — respondo, depois de ter dado uma espiada e constatar que o mochileiro comia uma banana.

Não é por estar em terras árabes que o cuscuz entra no cardápio. Adotamos o prato porque ele fica pronto em apenas cinco minutos. Quando estamos na estrada, comemos cuscuz uma vez por semana. Basta jogar os grãos de semolina de trigo na panela com água fervendo, deixar dois minutos em fogo baixo e mais quatro fora do fogo. Os grãos de semolina absorvem a água e ficam fofos e soltos. Na hora de servir, Mikael adiciona uma colher de manteiga ou de azeite de oliva.

Quando o cuscuz está pronto, outra panela entra no fogareiro. Mikael despeja o conteúdo da lata de legumes com *curry* e procura condimentos que possam melhorar o sabor: sal, molho de pimenta, alho em pó e ervas.

Montamos o prato do mochileiro e entrego, sem discursos. Ele me olha espantado e avisa que já havia comido uma banana como jantar.

— É a hospitalidade do deserto. Temos suficiente para todos — digo.

Ele oferece uma banana em troca. Agradeço, mas recomendo que a guarde para o dia seguinte. Temos várias na geladeira do carro. Não descubro muito sobre o andarilho e observo que ele acomoda seu saco de dormir. Ele vai dormir ao relento, no hotel das mil estrelas. Ainda bem que não é a época de chuvas e nem de tempestades de areia. Em um ambiente seguro, dormir ao ar livre é um privilégio para poucos. Bem-aventurados sejam os viajantes!

*

Acordo cedo, minutos antes de o sol nascer, excitado com a ideia de ver as pirâmides. Ainda dentro da barraca, aviso Mikael, ainda sonolento, que vou aproveitar o amanhecer. Não vi as pirâmides na véspera, mas tenho certeza de que elas estão do outro lado da duna que serviu de abrigo contra o vento. A areia é macia e sem pedras.

Faz dois meses que não subo em uma duna — desde as montanhas vermelhas de Deadvlei, na Namíbia — e sentir a areia fria da manhã escorrer entre os dedos dos pés descalços é um prazer refrescante.

Mais uma dezena de passos e chego ao cume da duna. Meus olhos deixam de observar o solo, buscam o horizonte e encontram a surpresa que eu antecipara. Descubro um cenário mágico de dunas e montes de onde brotam dezenas de pirâmides. Várias dezenas de pirâmides! O sol, quase às minhas costas, ilumina as construções de frente e cria um jogo de sombras que dão relevo e contraste. A visão merece uma longa pausa. Estou diante das pirâmides da Núbia! Quantas pessoas sabem que existem tantas pirâmides no Sudão?

Comovido, sento numa pedra e contemplo a paisagem. O deserto brilha com os matizes avermelhados do sol nascente. A beleza simples, serena, toca meu ser. Meu corpo reage com um suspiro. Sinto um misto de felicidade de adolescente que descobre o mundo com a tranquilidade de um sábio ancião. É um momento de paz interna. A cena permanecerá tatuada em minha mente e em meu espírito. Pelo bem que faz à alma, instantes como esse inspiram bondade e generosidade. Agradeço por estar vivo e estar aqui.

A 200 metros abaixo, descubro uma dúzia de pirâmides. A maior está em excelente estado. As linhas, que formam os três ângulos visíveis, estão retas, sem mordidas causadas pelo tempo. Ao lado, observo outra pirâmide quase do mesmo tamanho. Mas seu topo desmoronou. Erosão natural ou descaso humano? As duas pirâmides são acompanhadas por outras menores, algumas intactas e outras em pedaços.

Mais ao longe, calculo a uns 700 ou 800 metros de distância, avisto outras pirâmides que surgem da areia. Vinte, trinta, talvez quarenta.

Algumas devem ser maiores do que as que estão no primeiro plano. Muitas têm o topo destruído, como se tivessem sido cortadas. Três delas, bem pequenas, são mais claras. Mesmo de longe, parece que foram reconstruídas recentemente.

Entre um e outro clique fotográfico, reflito sobre como alguns cantos do mundo, mesmo no século XXI, ainda são desconhecidos. Quem acreditaria que em um só lugar eu poderia contar tantas pirâmides? E que essas pirâmides estão no Sudão, e não no Egito?

Saio do estado onírico e me lembro de que Mikael ainda está lá embaixo, no carro. Deixo o mirante, desço alguns passos e volto a ver a Nandi. Chamo a atenção dele, com um grito. Sua cabeça aparece fora da barraca, ainda armada no topo do veículo. Faço sinal para ele se apressar e trazer a câmera de vídeo:

— Esqueça o café da manhã e traga meus sapatos, pois quero continuar a caminhada.

Embora as pirâmides de Meroe tenham sido inspiradas nas egípcias vizinhas, as construções cuchitas são diferentes. Bem menores do que os gigantescos túmulos de Gizé, no Cairo, as tumbas aqui não ultrapassam 30 metros de altura. Mas a inclinação é bem mais acentuada, chegando a ângulos de quase 70°. As câmaras funerárias não se encontram dentro das pirâmides, como no Egito; foram cavadas na rocha e estão embaixo da edificação. Quase todas possuem uma entrada, de frente para o leste, em forma da letra H, que daria acesso a um recinto de oferendas, hoje interditado.

Depois que Arkamani fez da cidade de Meroe a capital do império cuchita, os reis núbios e suas rainhas passaram a ser sempre sepultados sob uma pirâmide. Durante seis séculos (entre 270 a.C. e 350 d.C.), mais de 30 reis e 50 rainhas foram enterrados aqui no deserto. Depois, o império de Aksum (na Etiópia) anexou a região e a cultura cuchita desapareceu, encoberta pelas areias do esquecimento e pela dinastia da igreja ortodoxa.

*

Mikael surge ofegante. Arma o tripé, monta a câmera e grava as primeiras imagens.

— Isso é uma loucura! Eu não imaginava que iríamos ver tantas pirâmides de uma vez só — diz Mikael, entusiasmado.

Mesmo sendo companheiros de viagem e nos tratando como colegas de trabalho, uma sensação de pai coruja toma conta de mim. Fico orgulhoso por proporcionar esta experiência ao filho. Tenho certeza de que ele também se lembrará do momento por toda a vida.

— É um dos *top five* da viagem. Sem a menor dúvida! — afirmo.

— Depois dizem que as civilizações negras não deixaram nenhum grande monumento.

— Mais um ponto para Luzes da África! — exclamo.

Do mirante natural, filmamos e fotografamos todos os ângulos possíveis. Um camelo aparece na cena, puxado por um senhor vestido de branco. Ele nos avista no topo do morro, obriga o camelo a se sentar e monta no animal. Desfila em frente às pirâmides, com calma, conduzindo o camelo de um lado para o outro. Os cliques fotográficos aumentam.

— Parece que ele sabe que está participando das fotos — diz Mikael.

— Ele sabe que um camelo na paisagem dá um toque de vida. Quando a gente descer, vai nos oferecer um passeio de camelo ou pedir um trocado. Pelo menos aqui em Meroe só existe um. Quando visitei as pirâmides de Gizé, dezenas de cameleiros vendiam todo tipo de passeios e retratos.

Quando chegamos perto dele, o dono desmonta e nos convida para subir no animal. Prefiro caminhar, mas, por 20 libras sudanesas (13 reais), encorajo meu filho.

— Vá lá, Mikael. O passeio é um lance de viajologia no teste mundial. Quem sabe esse ponto adicional não faz você conseguir o mestrado? — digo, com animação.

*

As pirâmides que formam o Cemitério Sul, o conjunto mais próximo, foram usadas pela nobreza cuchita. Enquanto Mikael navega no camelo, como um barco nas ondas de areia, perambulo pelas edificações. De perto, descubro que as pirâmides são formadas por blocos retangulares de arenito, medindo de três a quatro palmos cada. Calculo que cada bloco deve pesar 300 quilos. Como as pedras são menores e mais leves do que as das pirâmides do Egito, não há mistério: foram transportadas com facilidade.

O Cemitério Norte, aquele que eu avistara ao longe, lá de cima do mirante, não é tão distante. Quinze minutos de caminhada pela areia e me aproximo das maiores pirâmides núbias. Também aparece outro senhor coberto por panos brancos: é o *ghaffir*, o guardião das pirâmides.

— Caramba, vamos ter problema. Estamos com uma câmera de vídeo, três máquinas fotográficas e não temos nossa Permissão para Viajar e Fotografar — afirmo, sem tirar os olhos do guardião, que vem a nosso encontro. Mantenho um sorriso seguro e uma consciência tranquila.

— O pior é que não temos o recorte de jornal — cochicha Mikael.

— *Al salamu aleykum* — tomo a iniciativa, estendendo a mão.

— *Wa aleykum al salam* — responde o *ghaffir*, perguntando em inglês de onde somos.

Trocamos algumas frases sobre o Brasil e a beleza das pirâmides. Antes que ele solicite qualquer papel, explico que passamos a noite do outro lado da duna, que as autorizações estão no carro e que terei imenso prazer de mostrar a papelada quando passarmos no escritório, mais tarde. O guardião, que se apresenta como Ibrahim, aceita nossa justificativa e resolve nos acompanhar. O sol começa a esquentar e não há nenhum turista no local. Os holandeses saíram cedo e eu havia visto o húngaro caminhar pelas dunas, errante — na direção oposta ao sítio arqueológico.

No Cemitério Norte, muitas pirâmides têm a parte de cima destruída. Pergunto ao *ghaffir* como isso aconteceu.

— Foi um italiano louco, Giuseppe Ferlini, que destruiu nossa cultura núbia. Em 1834, ele decidiu pilhar a pirâmide 6, o túmulo da rainha Amanishaketo. Ele deu sorte e encontrou joias de ouro em uma câmara próxima ao cume do edifício — explica Ibrahim, fazendo uma pausa. Mesmo que conte essa história centenas de vezes por ano, revive o drama e faz uma cara de inconformado.

— O italiano pensou que todas as pirâmides teriam ouro no mesmo lugar. Ele desmantelou o topo de dezenas de pirâmides, em busca de tesouros. Não encontrou nada, apenas as joias de Amanishaketo — narra Ibrahim, com um sorriso sarcástico de vingança. — As joias de ouro estão hoje em museus da Alemanha. O que sobrou para nós, sudaneses, foram os destroços de 40 pirâmides, a comprovação do roubo. Não é uma história triste? — conclui o guia.

— E qual é a reação dos turistas italianos quando você conta o episódio para eles? — pergunto.

— Alguns ficam envergonhados, com razão. Outros começam a discutir entre eles, no seu idioma, e aí não entendo mais nada — diz Ibrahim.

— O governo italiano deveria investir na reconstrução das pirâmides — critica Mikael.

— O que poucas pessoas sabem é que existem mais pirâmides no Sudão do que no Egito. As pessoas têm uma obsessão pelo Egito, mas a terra das pirâmides é o Sudão. Temos 223. Aqui em Meroe, entre construções inteiras e destruídas, existem cerca de cem. Em Nuri, são 20 e em Gebel Barkal, mais 20. Vocês precisam visitar esses dois lugares — incita o guia.

Mais uma boa história: o país das pirâmides não é o Egito, muito menos o México ou a Guatemala. É o Sudão!

O sol esquenta e a luz fica clara demais. Impossível fotografar a partir de agora. O relógio marca 9h30, resolvemos regressar ao carro e cruzamos, mais uma vez, os colossos de pedra que revelam a história cuchita.

Antes de deixar Meroe, passamos pela entrada oficial do sítio arqueológico. O simples fato de cumprir a palavra e regressar com um envelope repleto de documentos deixa Ibrahim contente. Entrego o jornal nas mãos de Ibrahim. Outros guardiões e o cameleiro cercam Ibrahim para ler a notícia. *Tamam*. Ibrahim dá uma risada, quando me vê vestido com uma bermuda, exatamente como o jornalista havia descrito na reportagem. Ele não pede mais nenhum documento. *Wa aleykum al salam*, Ibrahim.

Montanha sagrada

Na região de Meroe, o Nilo acompanha a estrada, a 2 quilômetros de distância. As águas de um azul profundo refletem o céu límpido. As margens são verdes, o verde da vida que gera alimentos e que propicia — há quatro milênios — o desenvolvimento da civilização no deserto.

Quero ver o rio de perto. Atrevido, pego um caminho de areia, sabendo que Nandi adora desafios. A estradinha sinuosa acaba antes do Nilo. As parcelas de trigo e de milho têm prioridade. Caminho o resto da trilha a pé e escuto um barulho estranho. À medida que me aproximo do rio, o ruído se intensifica e se multiplica. Mais alguns passos entre as plantações e descubro que o ronronar vem de um motor dois tempos. Logo, vejo mangueiras negras que sugam o líquido do Nilo.

É assim que os agricultores aproveitam a água do rio. Uma razão prática para que o Nilo seja sagrado. Na margem, vejo dezenas de bombas de água que irrigam as areias estéreis e as transformam em terras produtivas. Mesmo com um mecanismo modesto — as bombas são pequenas, velhas e remendadas — a água pode ser lançada a centenas de metros no interior. Assim, em quase todo o percurso do Nilo, a água é escoltada por uma margem de cultivos de até 2 quilômetros de largura.

*

No nosso mapa Michelin, o rio sobe do sul ao norte. Mesmo se no papel parece subir, ele desce do Sudão ao Egito. Isso acontece quase em linha reta, com exceção da chamada Grande Curva. Depois de passar pela cidade de Abu Hamed, o rio faz uma volta fechada para a esquerda e se move em direção ao sudoeste por 300 quilômetros. Em Abu Dom, perto de Dongola Antiga, o Nilo, novamente, muda de direção de forma brusca e volta a correr para noroeste e depois norte. Em qualquer mapa-múndi a Grande Curva está presente e a melhor maneira de entendê-la é visualizar uma letra S na horizontal.

A Grande Curva do Nilo foi formada pela elevação da placa tectônica da Núbia nos últimos cem mil anos. Outra consequência do movimento da placa foi a criação das cataratas do Nilo. A primeira queda-d'água marcava a fronteira sul do antigo Egito, um pouco antes do local onde está hoje a hidrelétrica de Assuã. A represa causou o desaparecimento da segunda catarata, inundada pelo lago Nasser. As outras quatro quedas estão em terras núbias (hoje Sudão), espalhadas nos três trechos do S da Grande Curva. Desde a antiguidade, essas cascatas impediam a navegação contínua e, nos pontos rochosos, os barcos precisavam ser arrastados rio acima por dezenas de escravos.

Em Atbara, cruzamos o rio em uma nova ponte. Mudamos de rota e nossa bússola troca o norte pelo oeste. No mapa de papel, a estrada ainda não existe. Durante os últimos anos, muitas estradas foram criadas e asfaltadas no norte do Sudão. Cortamos, assim, o primeiro semicírculo do S da Grande Curva. Deixamos o Nilo de lado para entrar no deserto de Bayuda. Uma linha negra de asfalto de 280 quilômetros corta a areia virgem. Não existe nenhum vilarejo entre as duas margens do rio.

Durante o trajeto, trocamos quatro vezes de motorista. A cada hora, paramos para beber água e esticar as pernas. Dou sempre uma volta completa no carro e uso a escada traseira para fazer alongamentos. Na minha segunda folga, aproveito para checar o iPhone. Receber e enviar e-mails foi fácil em Cartum, Meroe ou Atbara. Mas tenho dúvidas de que, no meio do deserto, teremos alguma conexão. Ligo o aparelho e, surpresa, quatro das cinco barrinhas estão cheias. Peço o *download* e, por ser horário nobre no Brasil (no Sudão, estamos cinco horas à frente: nossas 15h são 10h no Brasil), uma dúzia de e-mails aparece rapidamente na telinha.

— Mikael, estamos no meio do nada e acabo de baixar mensagens — digo, surpreso.

— Deve ser aquela torre que vi, há uns dez minutos, não muito longe da estrada.

— Receber e-mails no deserto me deixa tranquilo. Não me sinto tão isolado — afirmo.

— Ninguém vai acreditar quando contarmos que temos conexão internet no meio do nada; e pagando menos de um real por dia — diz ele.

Aproveito a boa conexão para buscar informação na web. Entro com as palavras "Gebel Barkal" e "Wikipedia" para ver se o site traz algo sobre o próximo destino. Além de confirmar que o lugar abriga pirâmides e ruínas de templos, Wikipedia diz que a montanha é um importante marco geográfico no deserto e que pode ser avistada a dezenas de quilômetros de distância. De fato, estamos a uns 30 quilômetros de Gebel Barkal e já posso ver um ponto escuro no horizonte.

Barkal é um penhasco de 98 metros de altura, ao lado da faixa fértil do Nilo. Era considerado por egípcios e cuchitas como uma das duas moradas do deus Amon, a outra sendo Karnak. Para os núbios, a montanha era também o lugar de nascimento de todos os deuses e — mais importante — o ponto da criação do mundo. Seu nome em árabe significa Montanha Sagrada.

Chegamos ao pé de Barkal. Falta menos de uma hora para o pôr do sol. Nada melhor do que encontrar um lugar santificado para culminar o dia das pirâmides. A trilha que sobe Gebel Barkal serpenteia entre pedras escarpadas e trechos íngremes de areia solta. Visto uma calça comprida e coloco um bom tênis. Como o rochedo é o passeio dos habitantes da vizinha Karima, encontro pelo caminho meninos de 5 anos e avôs de 65. Eles conhecem bem o terreno e ascendem com mais facilidade do que eu.

Lá de cima, tenho uma vista de 360°. Ao norte, vejo a cidade de Karima com suas casas baixas sem telhado; a cena parece uma tela impressionista formada pelas moradas brancas, amarelas, verdes e cor de areia.

Olho para o leste e dou as costas para o sol que se põe. Tenho o grandioso Nilo e uma faixa de 700 metros de área fértil, arborizada por tamareiras. Os canteiros são a fonte de alimento para os locais.

No sul, aparece a imensidão do deserto de areia alaranjada — que recebe, neste final de dia, uma coloração rosácea. Também descubro restos de cinco pirâmides antigas, quase disformes; a maior se assemelha a um morro, mas a base quadrangular revela a mão cuchita.

A oeste, faço uma saudação de despedida ao sol que ainda levita sobre o horizonte, embora enfraquecido pelas brumas do calor. Na mesma direção, vislumbro outro grupo de pirâmides, em melhor estado.

Para culminar, caminho sobre a plataforma rochosa de uma montanha venerada há, no mínimo, 35 séculos! Respiro profundamente e me sinto feliz. Se, ao nascer do sol, eu vibrava com as pirâmides de Meroe, 12 horas mais tarde me emociono no topo de Gebel Barkal. Agradeço a oportunidade de conhecer mais um pedaço poderoso do planeta. O dia é mágico por uma razão adicional: é o Equinócio da Primavera. Para os astrólogos e para os que habitam o Hemisfério Norte (onde me encontro), hoje é o primeiro dia da Primavera e de um novo ciclo! Feliz Ano Novo!

O sol desaparece. Descemos lentamente, atendendo aos apitos do *ghaffir* local, que não quer que ninguém passe a noite no topo do morro.

— Onde vamos dormir? — pergunta Mikael.

— Não sei, mas acho que encontraremos um canto no pé da montanha — digo.

— O *ghaffir* pode não gostar da ideia — responde.

— O local é grande. Vamos descer em direção ao Nilo, deve ser tranquilo por lá.

Quando entramos no carro, já está escuro e precisaríamos acender os faróis. Mas prefiro evitar as luzes para não chamar atenção. Principalmente na hora de estacionar. Faço a Nandi rodar devagar por algumas centenas de metros até avistar uma edificação abandonada. Podemos estacionar por perto. Mikael inspeciona:

— Está começando a ventar bastante. Acho que você deveria colocar a Nandi bem colada à parede da casa — diz, apontando para o espaço no chão.

Antes de desligar o motor, Mikael averigua se o carro está no nível certo. Não está.

— Vamos precisar cavar um pouco. As duas rodas direitas estão mais altas — afirma.

Ele retira uma pá, estrategicamente guardada perto da porta traseira, marca a posição das rodas, pede para que eu dê uma marcha a ré e cava dois a três dedos de profundidade. Quando a operação é bem executada, as duas rodas se encaixam perfeitamente nos buracos e a barraca fica na horizontal.

Hora de comer. Mesmo estando atrás da casa, protegidos do vento, não conseguimos manter a chama do fogareiro acessa. Decidimos optar por um sanduíche rápido: o pão comprado em Atbara ainda está fresco.

Mikael sobe no teto para sua missão cotidiana, abrir a barraca. Debaixo, observo que a barraca armada fica mais alta do que o teto da casa. A ponta recebe o vento de frente. Vamos ter de aguentar o barulho.

O dia havia sido intenso. Por mais maravilhosas que tenham sido as descobertas, não tomo banho há dois dias e, mesmo que na secura do ambiente quase não transpire, minha pele começa a criar uma finíssima pasta composta de gordura, pó do deserto e suor — sem contar sujeira e óleo diesel. Mas ducha aqui não existe. Lavo as mãos e o rosto, entro na barraca, estiro as pernas, coloco os plugs nos ouvidos para amortecer o ruído do vento e tento adormecer.

Não consigo pegar no sono. O vento aumenta de intensidade e o plástico sobre a barraca se agita como uma bandeira desfraldada. O barulho é irritante. Rajadas mais fortes me deixam temeroso.

Vencido pela canseira e aproveitando uma amainada nos ruídos, relaxo. Mas, por volta da meia-noite, acordo com um barulho diferente. Ouço passos ao redor do carro. Tem gente por perto. Vozes ao longe. Fico arrepiado. Um frisson percorre a espinha, a nuca e os braços. Abro a janelinha lateral da barraca e jogo um facho de luz da lanterna na parede da casa. Mikael acorda assustado com meus movimentos bruscos. Explico que ouvi pessoas rondando o carro.

— Que isso, pai? Durma tranquilo. É apenas o barulho do vento — diz ele, calmo.

O vento diminui, os ruídos parecem se afastar. Talvez Mikael tenha razão. Vou dormir sem pensar em assombrações.

O céu azul está límpido e o sol começa a despontar. Depois de uma noite maldormida, com sonhos estranhos, estou ávido para sair da barraca. Quando desço ao chão e olho para o entorno, sinto um arrepio bem maior do que o da meia-noite.

— Minha nossa, Mikael — grito.

— O que foi?

— Dormimos em um cemitério! — exclamo.

Na brincadeira da noite anterior, não acendi o farol. Tinha luz suficiente para ver que estacionava ao lado da casinha. Mas não para saber que estávamos entre pequenas lajes, pedras que serviam de lápides dos túmulos muçulmanos.

— Pai, você estava mesmo muito agitado ontem à noite. Era a vibração do local. Vai ver que alguns espíritos andaram rondando a gente — responde.

Ligo o carro, ainda com a barraca aberta em cima, e procuro um local ao pé da montanha, perto das ruínas de um templo, a uma centena de metros dali.

— Nem pensar em tomar café da manhã dentro do cemitério — declaro. — De tumbas, já bastam as pirâmides.

Aos pés de Gebel Barkal, na faixa de areia entre a montanha e o rio, encontro dezenas de colunas de pedra, quase todas pela metade, algumas apenas com a base para fora do solo. O tempo foi duro com o Templo de Amon, edificado pelo faraó Tutmosés III. Trinta e cinco séculos separam a construção do santuário dos dias de hoje. Sento em um fragmento de coluna e medito como teria sido o período de glória: a pujança dos soberanos e dos sacerdotes, símbolos do poder político, econômico e espiritual; o recinto impecável, visitado apenas pelos escolhidos e tomado pelo odor de incensos.

Abro os olhos e a realidade é outra. O local está abandonado. Nem cerca possui e sacos de plástico furados perecem entre galhos de plantas rasteiras. As últimas rajadas de areia dão a impressão de que o recinto não foi pisado por um ser humano há anos. Nem mesmo um *ghaffir* toma conta do lugar.

Volto a caminhar, como se buscasse algum tesouro perdido. Encontro cinco grandes blocos de granito. Um deles jaz como uma massa disforme e três mostram faces desfiguradas. Apenas uma escultura conseguiu escapar das tempestades de areia, dos vandalismos e dos roubos europeus. É um grande carneiro, símbolo do deus Amon, o Grande Criador. A peça tem quase meu tamanho, mas bem mais pesada. Aqui, como no Templo de Amon de Naqa, existiram seis ou oito desses animais guardando a entrada do santuário. Esquadrinho os melhores ângulos para captar a beleza do granito entalhado. Os detalhes da cabeça — focinho, olhos e chifres — confirmam a qualidade artística. Como sou do signo de Áries, também venero o poderoso animal.

Regresso ao carro e preparo um sanduíche. Olhando as ruínas sofridas, reflito como outros países transformariam o lugar em um bastião de turismo internacional. Uma montanha que possui a fama de ser o local da criação do mundo com um templo de 35 séculos (sete vezes mais do que a idade do Brasil) é um prato perfeito para atrair viajantes de todo o mundo. Nos Estados Unidos, qualquer cidade com mais de 200 anos de existência recebe milhões de visitantes.

Mesmo se as novas estradas asfaltadas são boas, estamos sozinhos. A viagem de carro de Cartum até Karima é longa, dura dois dias, mas é viável. Em Karima, a pousada Nubian Rest House, gerenciada por italianos, é de qualidade internacional. O que falta? Valorizar os sítios culturais. Mesmo se a Unesco fez sua parte, conferindo a Gebel Barkal o status de Patrimônio da Humanidade, sofro ao ver restos de colunas e pórticos jogados na areia, sem nenhum cuidado. O Templo de Amon, mesmo com uma pequena reconstrução, poderia se transformar em uma pérola do deserto.

Quando estávamos no topo de Gebel Barkal na véspera, observamos dois grupos de pirâmides. A 300 metros, encontramos cinco delas. Pelo seu estado, elas parecem ser as mais antigas. A maior tem uma base quadrada de 25 metros de lado. As outras quatro estão em estado deplorável.

Descobrimos mais oito pirâmides 600 metros ao norte. Como Giuseppe Ferlini, o ladrão italiano que desmontou 40 construções em Meroe, não mexeu em nada aqui, cinco delas estão praticamente intactas e seus vértices se mantêm em excelente estado.

Segundo anotações no meu caderno, essas pirâmides teriam sido usadas como tumbas dos reis cuchitas no século III a.C., um pouco antes da transferência completa da capital de Napata para Meroe. As pirâmides possuem bases quadradas de 12 a 15 metros de lado e mostram frisos nas quatro linhas laterais que culminam no topo. Se eram gigantescas obras funerárias há 2.300 anos, hoje elas se mostram formosas e serenas. Tão belas que não podemos sair do local sem antes tirar uma foto dos três viajantes — Nandi, Mikael e eu — em frente às pirâmides.

— Chega de pirâmides ou você aguenta ainda ver mais alguma? — pergunto a Mikael.

— Só se valer a pena, como estas. Mesmo pequenas, elas estão em bom estado de conservação, como poucas em Meroe — ele responde.

— As outras pirâmides são as de Nuri. Você se lembra de que Ibrahim, o *ghaffir* de Meroe, mencionou o lugar?

— Vamos lá, então. É minha vez de dirigir. Enquanto isso, você lê o que precisamos saber sobre Nuri — escolhe o filho.

Os primeiros reis cuchitas foram enterrados em El Kurru, uns 20 quilômetros ao sul de Gebel Barkal, na mesma margem oeste do rio, mas a partir de 664 a.C. os soberanos passaram a usar Nuri, do outro lado do Nilo, como cemitério real. O faraó Taharka, da 25ª Dinastia, foi quem deu início ao novo costume. Sua tumba piramidal é a maior de todas, com uma base de 50 metros. Mais de mil *shabtis*, estatuetas de servos, acompanharam o faraó na sua viagem após a morte, e os criados, feitos de barro, tinham a missão de cuidar do amo. Outros 19 soberanos cuchitas escolheram Nuri como morada eterna e o cemitério foi usado até 315 a.C., durante 350 anos.

Cruzamos a ponte, viramos à esquerda como subindo o rio e chegamos a uma esplanada de areia. Lá descobrimos dez pirâmides enfileiradas — todas do mesmo tamanho — e mais nove disseminadas, irreconhecíveis. Fotografamos Nuri sem ver ninguém — nem viajantes, nem *ghaffir*. Como as pirâmides têm entre 2.300 e 2.600 anos, quase todas estão arruinadas. Os blocos de arenito já não formam o outrora desenho perfeito; despencaram e estão jogados pelo chão. Existe um ambiente de tristeza, de melancolia, talvez para lembrar que toda matéria, um dia, se desfaz.

— Agora sim, chega de pirâmides! — exclama Mikael. — Nestes dois dias devemos ter visto umas cem. Vamos embora para o norte.

Capítulo 14

Meia-volta, volver

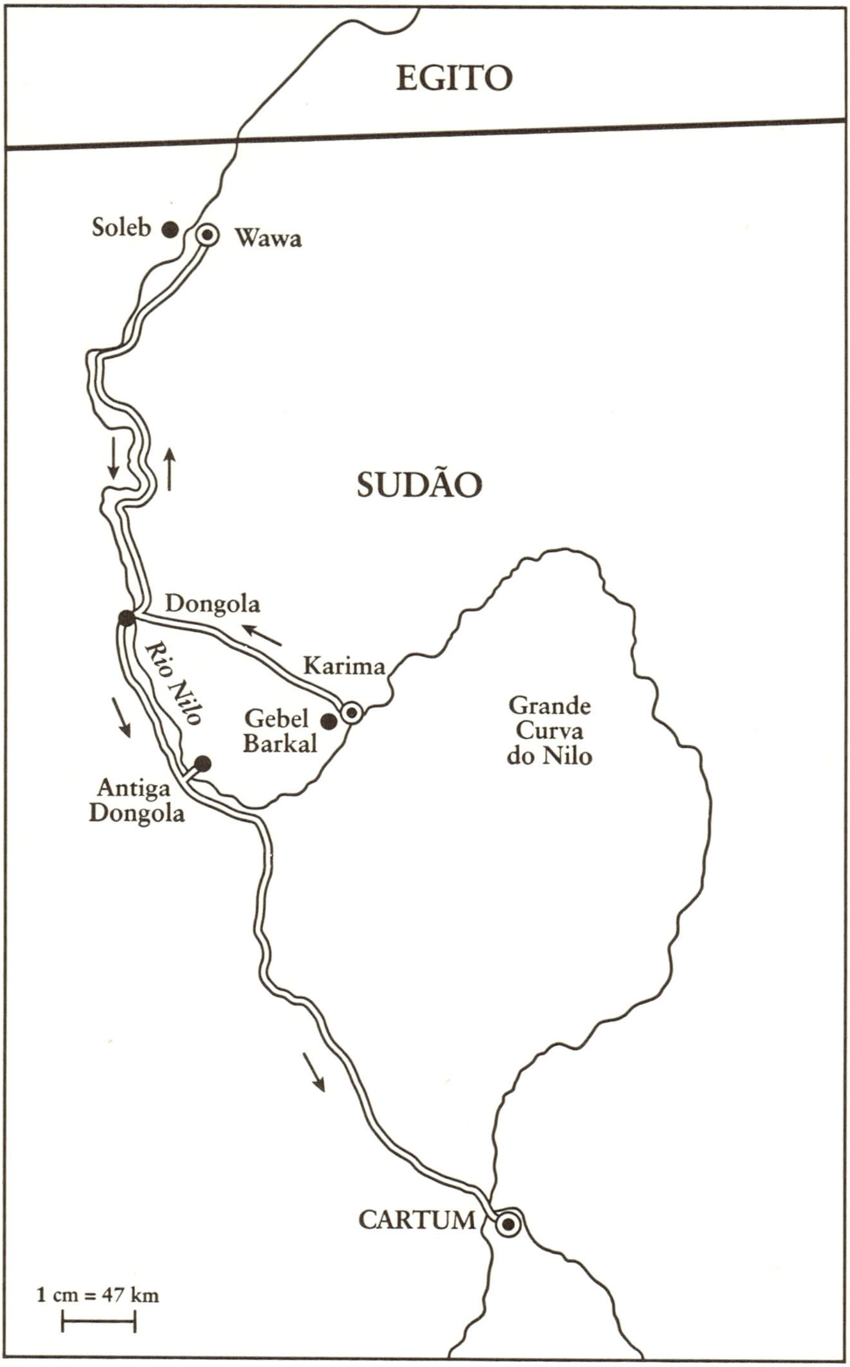
EGITO
Soleb
Wawa
SUDÃO
Dongola
Karima
Rio Nilo
Gebel
Barkal
Grande
Curva
do Nilo
Antiga
Dongola
CARTUM
1 cm = 47 km

Onde está Wawa?

O primeiro obstáculo ao plano inicial de realizar a rota Cidade do Cabo–Cairo veio da Associação Automobilística da África do Sul. Para cruzar a fronteira entre o Sudão e o Egito, eu deveria deixar uma caução de 200% do valor do veículo. Como eu já havia visitado o Egito, abortei a ideia, sem piedade. Por isso, o país mais ao norte que visitaremos é o Sudão — e hoje é o dia em que atingiremos o ponto mais ao norte da viagem.

A estrada direta entre Karima e Dongola, cortando a segunda curva em S do Nilo, cruza o sul do deserto da Núbia. Não existe nenhum povoado nos 170 quilômetros de asfalto novo, apenas antenas das operadoras telefônicas. Temos acesso à internet durante toda a jornada.

— Qual será o ponto final? — pergunta Mikael, no turno como piloto. — Fica meio sem graça dar uma meia-volta no meio da estrada.

— Precisamos encontrar um lugar significativo, meio simbólico. O *Lonely Planet* menciona que Soleb é um templo egípcio, em boas condições, construído há 3.400 anos. Pode ser uma boa opção, mesmo estando na outra margem do Nilo — explico.

— Soleb está a quantos quilômetros? Dá para chegar hoje? — ele pergunta.

Entre o mapa Michelin, o GPS e os guias, encontro respostas:

— Daqui até o vilarejo Wawa, em frente às ruínas de Soleb, são 200 quilômetros.

— Então, vamos direto a Wawa, sem perder tempo — resolve o filho; quem está no volante tem, na prática, a última palavra.

Em vários momentos, a estrada se aproxima do Nilo e de sua faixa fértil. O nova estrada cortou curvas desnecessárias. Ganhamos nos quilômetros, mas perdemos nas paisagens, pois passamos por lugares áridos e sem vida. À medida que navegamos rumo ao norte, em direção ao Egito, descobrimos casas decoradas com mais cuidado. Não se trata apenas de pintar a fachada de branco, amarelo-claro ou verde-piscina, como em Karima. Aqui noto um requinte adicional. As colunas e as bordas das residências levam toques de azul-turquesa, vermelho ou laranja. As portas e os portões de entrada são decorados com detalhes e revelam uma geometria multicolorida. As janelas, sem exceção, são pintadas de azul ou amarelo-ouro. O resultado é alegre.

Alguns vilarejos ganharam placas com seus nomes em árabe e em inglês. Mas o sistema não é consistente. Passo por povoados que são um enigma para o estrangeiro e até mesmo para os de Cartum. Depois de duas horas de percurso, não encontramos nenhum sinal de Wawa. Paramos para pedir informações a três senhores na beira da estrada. Ao entender o nome Wawa com um tom de interrogação, um deles faz um sinal de seguir adiante. Mas nenhum consegue responder minha pergunta seguinte, tão simples, *kem kilo Wawa*, tentando saber quantos quilômetros faltam até Wawa. Talvez eles não saibam.

Com a parada, um Land Cruiser nos alcança e ultrapassa. A placa do carro é local. Piso no acelerador para não perder o carro de vista. Vamos lá, Nandi, você consegue atingir 120 quilômetros por hora. Encosto e noto que três estrangeiros brancos e dois árabes viajam no interior. O veículo faz sinal que vai entrar à esquerda, em um conjunto de casas. Deve ser Wawa.

Sigo a camionete pela estradinha de terra, entre moradias e parcelas plantadas. O motorista nota que tem companhia, mas segue adiante. Ao estacionar, saio do carro para me apresentar ao motorista árabe. Peço desculpas por seguir o carro tão de perto.

— Estamos procurando por Wawa há algum tempo e, graças a vocês, encontramos. *Chukram*! — digo, agradecendo pela escolta.

— Mas aqui não é Wawa! Wawa ainda está a 5 quilômetros — responde o motorista, sem entender por que concluí que havíamos chegado ao destino.

— Então Wawa não é aqui... É mais adiante... — respondo com uma cara de estúpido e viajante perdido. Penso no húngaro extraviado.

— Paramos aqui apenas para comprar peixe para nossos clientes austríacos — explica o motorista, rindo da mancada que dei. — Mas, se esperar, você pode me seguir e levarei vocês até a pousada em Wawa. Vocês vieram aqui para visitar Soleb, certo? Nossos clientes também.

Enquanto o guia turístico procura o jantar, converso com os três austríacos. Os dois homens formam uma dupla parecida com a nossa, mas são mais idosos. O pai tem 75 anos e o filho 42. Decidiram passar três semanas no Sudão, pois fazia décadas que não viajavam juntos. A terceira pessoa é uma mulher que viaja sozinha. Bem-disposta, corpo em boa forma, ela sai do carro sem nenhuma dificuldade. Mas seu rosto marcado pelas rugas do tempo trai seu ano de nascimento. Embora eu tenha perguntado a idade aos dois homens, não penso em fazer o mesmo à senhora europeia. Mas sua experiência de vida e seu orgulho por estar viajando no deserto fazem com que ela mesma revele o mistério:

— Tenho 84 anos e me sinto saudável. Minha paixão é viajar — diz ela.

Ela viaja sozinha? No Sudão? Com 84 anos? Imediatamente, crio uma empatia pela senhora corajosa. Pergunto por onde ela viajou no mundo e trocamos figurinhas. Ela conhece bem a África, esteve no Brasil e seu sonho é ir à Mongólia. Fico impressionado com a disposição dela. Poderia estar passando seus dias tranquilos em Viena, mas veio encarar a aridez da Núbia.

— Tenho outra paixão: história. Sempre tive muita curiosidade de aprender sobre os Faraós Negros. Adorei as pirâmides de Meroe, elas são maravilhosas. Raras são as pessoas, mesmo na Europa, que conhecem essa página da civilização humana — afirma a dama audaciosa.

Ela tem a mesma idade que minha mãe, que sofre de Alzheimer e que mal consegue caminhar. Em um quarto de século, quero ser como ela!

Chegamos a Wawa, atrás do Land Cruiser. Nunca teríamos encontrado a pousada, escondida no final do vilarejo e sem nenhuma placa.

— Veja como a magia da viagem funciona... Paramos para pedir informações aos três senhores na beira da estrada e isso deu tempo para o Land Cruiser aparecer e a gente ir atrás dele — compartilho meus pensamentos com Mikael.

— Foi uma questão de minutos para que os acontecimentos pudessem ser sincronizados. Mais um Efeito Pati. Omega Megog faz as coisas direitinho — afirma.

Os 34 séculos de Soleb

Na pousada em Wawa, ponto de encontro para quem visita as ruínas de Soleb, negocio o preço do bote para cruzar o Nilo na manhã seguinte. Como os austríacos querem começar apenas às 10h, escolho sair às 7h. Escaparemos do sol forte e o bote estará de volta para a segunda viagem.

Depois de uma noite bem-dormida, sem vento e sem assombrações, temos meia hora para organizar o equipamento e comer uma banana com granola. O barqueiro aparece com um pequeno tanque de gasolina nas mãos. Seguimos a *jalabiya* branca entre plantações de trigo.

Entramos no bote e o barqueiro explica que a correnteza é forte. Confiro: o rio é bem mais vigoroso do que o sereno Nilo Azul em Cartum. Do outro lado, subimos o barranco de terras férteis, gerado por séculos de sedimentação, e ziguezagueamos entre campos agrícolas e palmeiras. Entre folhas de tamareiras, descubro colunas gigantescas e a parede de um templo. À medida que me aproximo, confirmo que o ponto final Soleb foi a escolha perfeita.

Quando saio do palmeiral, vejo um templo radiante. Conto oito colunas colossais. As maiores têm 14 metros de altura, diz o barqueiro. A parte superior dos pilares é esculpida como folhas de palmeiras ou troncos de papiros. O corpo é decorado por hieróglifos, baixo-relevos de figuras sagradas e cartelas que guardam nomes reais. O Templo de Amon — sim, mais uma vez o Grande Criador —, foi concluído em 1358 a.C. pelo faraó Amenhotep III para comemorar 30 anos de seu reino e seu domínio absoluto sobre os núbios.

Maravilhados com as colunas e os hieróglifos em excelente estado, não percebemos que um conhecido personagem se aproxima. É o *ghaffir*, o guardião do templo.

— Vai dar confusão, Mika. Esquecemos de trazer o jornal — digo, baixinho.

— Confusão ao quadrado. Nem temos a Permissão para Viajar e Fotografar — responde.

Tento explicar ao *ghaffir* que saímos com pressa, ainda adormecidos. Somos jornalistas brasileiros, escrevemos maravilhas sobre o Sudão. Mas esquecemos nossas autorizações no carro. Os sudaneses são hospitaleiros. *Tamam*! Fotografaremos e filmaremos só um pouco e depois voltaremos a Wawa e mostraremos as autorizações. *Mafish mushkila*. Tudo sem problemas!

— *Fish mushkila*. Sim, tem problemas. Para entrar são 20 libras sudanesas para cada um. Para fotógrafos profissionais, mais 20 libras. Para filmar são 50 dólares. Sem pagar, não pode entrar nem fotografar — diz o irredutível *ghaffir*.

Faço as contas e a visita sai a 80 dólares (140 reais). Nem tenho todo esse dinheiro na carteira. Abaixo o tom de voz e chamo o *ghaffir* para sentar comigo na sombra. Explico tudo novamente e enumero os lugares que visitamos como convidados: Naqa, Musawwarat, Meroe, Gebel Barkal e Nuri. A negociação se torna uma questão de honra para mim. Cabeça oca, a minha, de ter esquecido o recorte do *Al Sudani*.

Continuo insistindo e a estratégia é vencer o *ghaffir* pelo cansaço. Para terminar a discussão — ele quer voltar logo ao escritório — aceita que eu pague as duas entradas e faz questão de me dar um recibo. Fará vista grossa para a taxa de fotografia e a de gravação de vídeo. *Tamam*!

No barco, de volta, comentamos sobre a sorte que tivemos nos lugares anteriores e como fomos bem tratados pelos guardiões.

— Até esse *ghaffir* foi bacana — diz Mikael.

Regressamos à pousada na hora certa. Os austríacos terminam o café da manhã e a senhora de 84 anos está ávida para cruzar o Nilo e visitar Soleb. Ela veste um jeans, uma camisa bege de mangas compridas e um chapéu de abas, tipo Indiana Jones. Leva no bolso uma pequena câmera digital.

— A senhora gosta de fotografar? — pergunto, fascinado pela dama.

— Gosto de mostrar imagens para minhas amigas quando regresso a Viena. Elas acham que sou maluca, viajando sozinha em países como o Sudão. A reação delas me diverte muito — afirma.

— A senhora não é maluca. A senhora gosta de viver a vida! — digo, encantado.

Bebemos um copo de água fresca na Nandi. Este é o momento da virada. Silêncio e olhares cúmplices. Nossa bússola vai trocar o norte pelo sul. Nosso destino passará a ser Hermanus, na pontinha da África.

— Precisamos documentar o momento, com foto e vídeo. É um marco para a expedição — digo, com entusiasmo.

— Latitude 20°26′ Norte, longitude 30°21′ Leste. Estamos a 205 metros do nível do mar e amanhã é seu aniversário, Haroldo! — exclama Mikael, compartilhando minha intensidade.

Mikael vira a chave, espera os três segundos de praxe e põe o motor em marcha. Saudamos os austríacos que saem para o rio e os locais que se contentam em ver estranhos passarem como cometas.

A sensação de completar metade da viagem traz um misto de alegria e nostalgia. O lado positivo é óbvio: rodamos 17 mil quilômetros em 98 dias e os problemas foram pequenos. A principal vitória: não ficamos gravemente doentes, apenas uma dor de garganta e um mal-estar no estômago. Fomos roubados uma vez e o trauma já virou história. Não furamos nenhum pneu. A Nandi vem se comportando bem e os problemas que aparecem são solucionados. O lado triste: a "interminável viagem" chega à metade. O tempo passa, irredutível.

Top five

É um bom momento para fazer um balanço. A estrada de volta, reta e vazia, instiga ao diálogo.

— E aí, Mika? O que você mais curtiu até agora? Quais são os *top five* da primeira metade?

— Então, os meus são as dunas de Deadvlei, os elefantes-do-deserto em Damaraland, os Maasai de Il Ngwesi, o ritual Sufi e o encontro com Kamal e Samir.

— Os meus são parecidos — respondo. — Na minha lista, de diferente tenho o encontro com os Himba, a praia de Chumbe e as boas-vindas de Peter Munyi. Sem o apoio dele não teríamos conseguido trabalhar em Nairóbi.

Depois da listagem começa a sessão nostálgica com lembranças de detalhes que borbulham. Enquanto vencemos os quilômetros, damos excelentes risadas.

O mais importante de todos os *top five* não está escrito em nenhuma lista: é a relação que desenvolvi com Mikael — como amigo, piloto e copiloto, companheiro de aventura, colega de trabalho e pai e filho. Respeitamos o outro, de igual para igual, mas não deixamos de emitir nossas opiniões sinceras. É uma relação franca, honesta, sem frescuras e com diálogo aberto.

Ambos já sacamos, por exemplo, que, quando estamos com fome, com muita fome, ficamos com pavio curto. Nessas horas, para não perder a paciência nem ficar irritado, resolvemos o problema comendo alguma coisa rapidinho. Encontramos um biscoito, uma banana, um punhado de amendoim ou uma barra de granola e o desconforto está resolvido.

Na maior parte do tempo, graças ao bom caráter do Mikael, as opções e alternativas de viagem são discutidas sem apegos e as decisões são tomadas em conversas objetivas. A possibilidade de que aconteçam atritos entre nós é cada vez menor. Os laços que nos unem estão bem cimentados.

Mikael vem se tornando um viajante cada vez mais experiente, sabendo reagir na hora certa. A confiança que manifesta nos encontros com autoridades ou com novos amigos me deixa tranquilo. Qualquer pepino que aconteça, sei que pode segurar sozinho. Ao volante, tem perícia e destreza. Segurança absoluta, mesmo se falhou quando caiu no buraco Maasai.

O episódio Maasai me faz recordar alguns dos maus momentos que passamos.

— Vamos ver quais foram os cinco piores momentos. Escolha os seus — digo.

— Não é difícil: a estrada de Lubango, o roubo da câmera, a avenida inundada em Lusaka, o buraco Maasai e a estrada de Isiolo a Moyale — responde Mikael.

— Para mim, a quebra da lente e o susto do passaporte esquecido em Moyale também foram fortes — lembro.

Recordar os desafios da jornada, principalmente quando já passamos pelo pior, adiciona sabor ao relato de aventura. Triste mesmo é cair na real de que cumprimos metade da viagem e que um dia ela vai acabar.

Dongola cristã

No século XXV a.C. — portanto, há 4.500 anos — os soberanos de Kerma construíram dois templos maciços com tijolos de barro. Para visitar as famosas *deffufas*, saímos do asfalto e caímos em um labirinto de estradinhas rurais, entre palmeiras e plantações. Um fiasco total. Com tantas curvas e desvios, nos perdemos e nem Odé consegue nos ajudar.

Encontramos dois jovens que nos indicam a direção do mercado de Kerma e saímos do mundo de poeira e de lixo dos fundos da cidade. Agora, me sinto ainda mais imundo. É o quarto dia sem banho. Um mergulho no Nilo teria sido uma solução, mas fomos desaconselhados a fazer isso. Nem na pousada de Wawa conseguimos nos molhar, pois o banheiro estava quebrado.

A Nandi também precisa de uma limpeza, de um jato de ar comprimido. Não na carroceria, mas em um componente essencial, o filtro de ar. Mesmo rodando no asfalto, Nandi absorve grandes quantidades de poeira e o filtro deve estar sórdido, mais sujo do que os motoristas. Mikael encontra um borracheiro e usa o jato para limpar cuidadosamente o filtro. Penso nas palavras do mecânico alemão: um dos principais inimigos da Land Rover é a poeira finíssima que consegue passar pelo filtro e, depois, entra no motor.

A um quarteirão, encontro um vendedor ambulante de *falafel*. O cozinheiro termina de preparar a massa de grão-de-bico. Com uma colher, forma um bolinho, colocado no caldeirão de óleo quente. Aqui no norte comemos *falafel* todos os dias. Cada bolinho tem um gosto diferente. O da véspera veio com pedacinhos de salsinha e cebola. O de hoje é misturado com gergelim e tem um ótimo sabor. Pedimos duas porções de uma libra sudanesa: cada saco traz uma dúzia de bolinhos. Será meu almoço, não preciso de mais nada. Mikael come os dele com molho de salada.

*

De volta ao asfalto, resolvemos que nosso pernoite será perto das ruínas de Dongola Antiga. Devemos chegar o quanto antes às margens do Nilo para cruzá-lo por balsa.

Na beira do rio, temos uma longa espera. A embarcação — velha, mas segura — demora a aportar. Nenhum outro veículo entra, apenas a Nandi. Os outros pagantes são um camelo e uma dúzia de *jalabiyas* brancas. Agora não temos pressa. Podemos saborear a brisa do rio. Sabemos que o capitão do *ferry* azul partirá apenas quando der vontade.

Dongola Antiga possui uma história diferente. Aqui nada de templos faraônicos, deuses mitológicos e pirâmides cuchitas. A cidade foi a capital da Makuria, um dos três estados cristãos da Núbia. Sim, cristãos ortodoxos. Por volta do século VI d.C. (depois que o império de Aksum perdeu o controle da região), os núbios mantiveram a cristandade, aceitaram a fé da Igreja Copta Egípcia e se colocaram sob a autoridade espiritual do patriarca de Alexandria. A empatia religiosa entre o Egito e a Núbia criou novos vínculos culturais e econômicos entre o Mediterrâneo e o deserto. O reino da Makuria floresceu.

Enquanto isso, do outro lado do mar Vermelho, a apenas 1.000 quilômetros em linha reta, nascia em Meca uma religião que transformaria o mundo, o Islã. Dez anos após a morte do profeta Maomé, a crença criada por ele já dominava grande parte da Núbia e do Egito. Em 642 d.C., os cristãos da Makuria (que ocupavam a área entre a Terceira e a Sexta Catarata, englobando a Grande Curva do Nilo) se defenderam com bravura para não entregar Dongola aos muçulmanos. Conseguiram vencer a primeira Batalha de Dongola, assim como a segunda, dez anos depois. Reconhecidos como excelentes arqueiros pelos historiadores árabes, os cristãos núbios negociaram um benéfico tratado de paz com os árabes, que os deixaram independentes por cinco séculos. De 650 a 1150, o pequeno reino da Makuria viveu seu apogeu cultural e econômico: uma ilha cristã cercada por um mar islâmico.

São desse período dourado as relíquias que encontramos nas ruínas. A mais espetacular está na entrada; dez das 16 colunas que sustentavam uma imponente igreja ainda estão de pé. Os pilares estão ornamentados por capitéis finamente esculpidos com motivos florais; a cruz cristã copta, de quatro braços iguais, é um dos símbolos presentes.

Fico boquiaberto diante da complexidade cultural da região: o deserto da Núbia e o rio Nilo não são os ambientes mais óbvios para o progresso de um reinado cristão. A luz do entardecer ressalta as sombras do santuário construído no século VII que leva o nome, hoje, de Igreja das Colunas de Granito. Não há registros que confirmem se a igreja era dedicada a algum santo ou se era uma catedral. As areias guardam muitos segredos.

Encontramos nosso companheiro, o *ghaffir.* Como aprendemos a lição em Soleb, voltamos imediatamente até a Nandi para mostrar a documentação. *Al Sudani* continua sendo o artilheiro e marca o último gol da partida: ganhamos de 6×1.

O *ghaffir* nos convida para caminhar. Chegamos a uma edificação pesada e quadrada, o palácio de Makuria. Com a queda de Dongola, o aposento do trono foi transformado em uma mesquita. Hoje, ela está inerte. Ainda mais adormecidas estão as antigas construções da Dongola cristã, ao sul do palácio.

Uma cidade quase completa foi conservada pelo clima seco do deserto. Paredes, armadas com tijolos cozidos, chegam a dois andares. Vigas e colunas de madeira sustentam o vazio. Marcos de portas e de janelas insinuam que o lugar esteja habitado. Os utensílios deixados nas ruínas — como potes, vasilhas e pratos — confirmam que Dongola vivia de um extenso comércio.

— Mikael, venha ver, rápido — chamo.

Metade de uma jarra, com duas alças perfeitas, brota da areia. De cerâmica cozida, ainda guarda a pintura branca ao redor. Um fragmento de outra jarra tem desenhos decorativos. A poucos passos, um monte de cacos de cerâmica vermelha expõe a variedade de formas dos utensílios e de suas pinturas — negra, branca e vermelha.

— Tudo isso, jogado ao vento e tomado pela areia. Quantos turistas já não levaram um pedacinho como lembrança? — pergunta Mikael.

*

Passamos a noite a dois passos das ruínas. Mikael, em busca de situações fotográficas diferentes das minhas, encontra sua marca registrada nas fotos noturnas com tripé. Enquanto faço a digestão do jantar, ele fotografa velhos paredões de Dongola, usando exposições que variam entre 15 e 60 segundos. Minha função é apenas a de iluminar estrategicamente o objeto com uma lanterna. Belas obras.

Acordo antes de o sol aparecer. Abro o zíper da barraca e tenho, "da minha janela", uma vista extraordinária. Vejo o azul forte das águas do Nilo, o verde das margens e das plantações na ilha em frente e as dunas douradas que escorrem em direção ao rio. A areia está virgem e revela apenas as ondas criadas pelo vento da noite anterior. A cena traz paz.

— Feliz aniversário, Haroldo — Mikael interrompe minha meditação com uma frase alegre. — Não tenho nada para lhe dar, mas a paisagem do Nilo é o melhor presente, não é?

— Só falta um camelo para compor a foto — digo, em tom de brincadeira, agradecido pelo fato de estar às margens do rio mais longo do planeta.

Este é o terceiro ano seguido em que passo meu aniversário em um país que não conhecia. No ano anterior, fui ao deserto de Akakus, na Líbia. Antes disso, estava nas montanhas do Butão. Completo agora a tríade, com o Sudão.

— Você sabe o que realmente quero para meu aniversário? — pergunto.

— Diga lá, pai. Se estiver ao meu alcance, consigo para você.

— Não quero só uma, quero três coisas: um banho quente de chuveiro em um banheiro decente, dormir em um quarto de hotel com ar-condicionado e jantar em um restaurante indiano — suplico.

— Combinado. Vamos conseguir isso em Cartum. Depois de cruzar o Nilo com o *ferry*, temos apenas 430 quilômetros de asfalto até a capital — conclui.

*

Sete horas depois, voltamos ao mundo urbano, deixando o tempo dos faraós. Ficamos hospedados no Hotel Dandas, descoberto quando fizemos a Permissão para Viajar e Fotografar — está na mesma rua. Por 70 dólares (120 reais), posso realizar meus dois primeiros sonhos de aniversariante. O terceiro, um jantar com um sabor diferente, é concretizado no restaurante Little India.

No último dia de Sudão, percorremos 600 quilômetros, de Cartum até a fronteira com a Etiópia, o mesmo ponto onde entramos no país. Durante o trajeto, cruzamos com caminhões que parecem trens: vários deles possuem 12 eixos com 42 rodas. Para aproveitar a inspiração da jornada pelas terras núbias, trabalho em algumas frases para o vídeo do *Jornal Futura*. Uma delas, apesar de óbvia, sintetiza minha experiência no país: "O Sudão é, para muitos, sinônimo de guerra e fome. O conflito de Darfur existe e resultou em centenas de milhares de mortos e desabrigados. Mas quero mostrar para você outro Sudão, um país hospitaleiro, repleto de riquezas culturais." Foi esse Sudão que conheci.

Capítulo 15

Pedras sagradas de Lalibela

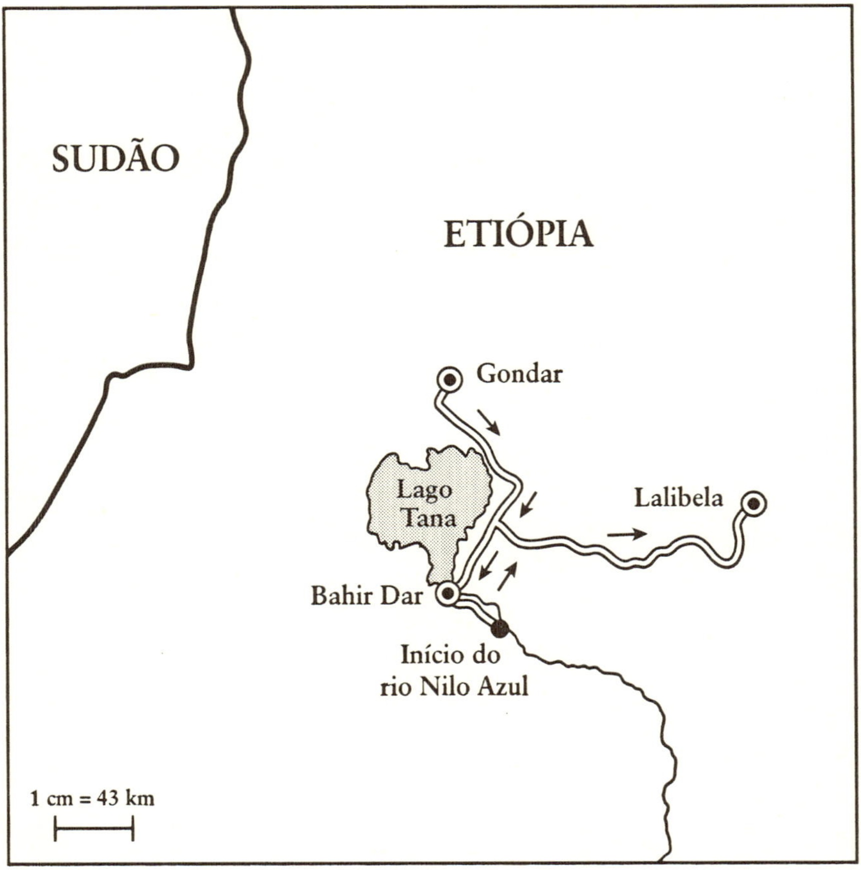
SUDÃO
ETIÓPIA
Gondar
Lago
Tana
Lalibela
Bahir Dar
Início do
rio Nilo Azul
1 cm = 43 km

Castelos medievais

Estou de volta ao planeta congestionado, ao país dos 90 milhões de habitantes, o segundo mais populoso do continente. A Etiópia é uma nação singular, bem distinta de tudo que encontramos na África. Aqui, até a contagem do tempo é diferente. As horas do dia têm início com o nascer do sol, às 6h. As outras 12 horas são para a noite. Quando são 8h para nós, são 2h do dia para os etíopes; às 20h, são 2h da noite.

A Etiópia usa o calendário juliano da Igreja Ortodoxa e não o nosso gregoriano. O ano possui 12 meses de 30 dias e um 13° de cinco ou seis dias, dependendo de se o ano é bissexto. Em números de anos, os etíopes estão sete anos e nove meses atrasados. O Ano Novo na Etiópia acontece no nosso dia 11 de setembro, o primeiro do mês local Meskerem. Assim, 11 de setembro de 2012 equivale ao primeiro dia do ano 2005 para os etíopes. Calendários à parte, precisamos estar em Lalibela na próxima sexta-feira, quando começa a Páscoa etíope.

— Meu amigo Hitesh Mehta também estará lá. Ele é um viajante experimentado e quer conhecer Lalibela em dia de festa — lembra Mikael.

Em Gondar, a primeira grande cidade da Etiópia, a 200 quilômetros da fronteira, Mikael vai ao prédio da Ethiopian Telecommunications

Corporation para conseguir um chip. Não podemos receber ou enviar e-mails, mas precisamos de um número para atender a chamadas internacionais e contatar gente local. Para os e-mails, encontraremos cafés internet ao longo do percurso.

Deixamos Nandi em um porto seguro — no pátio da pousada Beleguez — e convido Mikael a conhecer, a pé, um mundo medieval bem distante da realidade africana.

Por estar situada em um importante entroncamento nas rotas de caravanas, Gondar viveu momentos de esplendor a partir do século XVII. O coração da cidade é o Recinto Real, onde reinam as construções de Fasíladas e de seus descendentes: castelos, palácios, banhos, arquivos, igrejas e tumbas.

Eu conhecera Gondar em 1983, quando de minha primeira passagem pelo país. Tinha ficado impressionado com os castelos da dinastia do imperador. Mas as edificações eram tão pouco africanas que minha mente, na época, preferiu gravar outras imagens etíopes, como as igrejas de Lalibela. Gondar me marcou pouco.

Entramos no recinto medieval pela porta dos fundos. É o caminho mais curto e também o mais misterioso, com passagens estreitas e túneis escuros. Não penetramos ilegalmente no lugar (tínhamos comprado os bilhetes antes de deixar o carro na pousada). Mas meu instinto lúdico quer apostar quanto tempo conseguirei estar nos castelos antes que um guarda venha solicitar o tíquete de entrada.

A cada passo que damos, encontramos uma nova edificação. Se estivéssemos na Europa, perambular por castelos seria algo normal. Mas quem poderia imaginar que existem, em plena Etiópia, castelos medievais desse tamanho? O palácio do rei Fasíladas foi o primeiro a ser levantado no topo da colina, obra de um arquiteto indiano que combinou vários estilos, como o árabe, o português, o indiano e o local. A estrutura tem 32 metros de altura e é guardada por quatro torres. Da elegante sala de orações o imperador podia observar as igrejas mais importantes da cidade.

Fasíladas teve um papel dominante no mundo religioso. Depois de ter entrado em conflito com os católicos portugueses que queriam se impor na região e de ter banido os jesuítas, o imperador saiu vitoriosos, e fortaleceu a Igreja Ortodoxa Etíope.

Já havíamos visitado todos os castelos do complexo real quando um etíope levando um crachá pendurado no bolso da camisa branca se aproxima. Oba! Consegui burlar a fiscalização por quase duas horas. Com amabilidade — os etíopes são muito gentis, mesmo se alguns turistas discordam da afirmação — ele solicita os bilhetes e eu os entrego.

— *Chiger yellem*, Tavon — respondo com o tradicional "não há problema", mencionando seu nome, que acabo de ver no crachá.

Quando ele pensa em solicitar o bilhete especial para as câmeras fotográficas e filmadoras (que não tínhamos) — noto seus olhos descobrindo o equipamento pendurado nos nossos pescoços e ombros —, digo que somos do Brasil e começo a falar sobre futebol. Dou sorte e ele inicia um discurso exaltando os times e os jogadores brasileiros.

— Vocês estão assistindo às partidas da Liga dos Campeões da Europa? Os clubes europeus possuem o futebol de maior qualidade, pois contratam os melhores jogadores do mundo — afirma Tavon.

Respondo com palavras vagas, uma vez que as oportunidades de ver televisão foram raras. Até mesmo na casa de Peter Munyi, em Nairóbi, estávamos mais focados no trabalho do que em esportes. Mas rebato que torço pelos times que têm jogadores brasileiros.

— Este ano acho que um dos espanhóis vai ganhar. O Barcelona está muito bom, sou fã do brasileiro Daniel Alves e do argentino Messi — diz o etíope, bem mais informado do que eu.

Antes de se despedir — não tocamos mais no assunto das taxas para os equipamentos — Tavon ainda quer tirar uma dúvida:

— Você se lembra da final Brasil × França em 1998? Por que os brasileiros entregaram a partida, com aquela encenação do Ronaldo? Você não concorda com que a partida foi comprada? Os brasileiros entregaram o jogo, não foi?

Embora rodeado por castelos medievais na Etiópia, me sinto agora cercado pelos fantasmas da Copa de 1998. Tento explicar que os franceses jogaram bem, Zidane estava com sorte e que, afinal, o jogo era em casa, com a torcida a favor.

— Nada disso, tenho certeza de que rolou dinheiro nisso. Os franceses compraram os brasileiros — sentencia Tavon.

You-you-you, faranji

Saímos dos castelos de Fasíladas pela mesma porta em que entramos, rumo ao hotel, discutindo como a globalização da informação aproxima as pessoas. O último diálogo sobre futebol era uma prova disso.

Na pousada, Nandi reina. Todos os quartos, de frente para o pátio, têm como vista principal nosso veículo. Um casal holandês de viajantes toma chá, sentado na entrada da porta do quarto 3. Ela está pálida e fraca. Parece estar mal de saúde. Depois de alguns sorrisos amigáveis, me aproximo para perguntar se precisam de alguma coisa.

— Acabo de levá-la ao médico. Estivemos nas montanhas Simien e ela está com uma infecção intestinal — explica seu companheiro. — Precisa de repouso.

Dialogamos um pouco sobre o Parque Nacional Simien, que esteve em nossos planos de viagem. Mas nesta época do ano a neblina embaça o encanto das paisagens. O holandês confirma que a névoa estava presente, mas que adorou o lugar, mesmo sendo de difícil acesso.

Pergunto se o ventre dela está inflamado, mais quente do que o resto do corpo. Ele confirma que sim, colocando uma mão sobre o estômago da moça e outra em sua própria testa, para checar a diferença.

— Tenho uma receita para inflamação de intestinos e estômago. É muito simples e usei com meus três filhos — digo ao holandês, receptivo e atento. — Molhe uma camiseta ou uma toalha de rosto com água fria; o ideal seria quase gelada. Torça o tecido e deixe apenas a umidade. Em seguida, coloque a faixa sobre o ventre dela. O pano vai esquentar em poucos minutos. Molhe novamente e volte a colocar a compressa molhada fria no corpo. Repita isso umas dez vezes. Em uma hora ela vai se sentir bem melhor. Ela deve beber muito. Você precisa de água mineral?

O holandês diz que tem duas garrafas, mostra a cama para sua companheira, encontra uma pequena toalha e agradece, fechando a porta do quarto.

De longe, duas outras viajantes seguem meu diálogo com o casal. Quando retorno ao carro, recebo delas um olhar de simpatia. Devem ter gostado de meu gesto de solidariedade. Mikael está dentro do carro, aproveitando um raro momento livre para escrever seu diário de bordo.

— Vi duas belas jovens na entrada do quarto 7, atrás do carro — sussurro. — Talvez teremos companhia para jantar! Vou conversar com elas.

Mikael diz que virá a meu encontro logo que ele termine de registrar os acontecimentos do dia.

Dou a volta no carro, abro a porta traseira e aproveito para confirmar se o trinco está em boas condições. Na hora de fechar a porta, sorrio para as duas viajantes. Elas estão sentadas na entrada do quarto e decido falar com elas. Dou os primeiros passos e escuto palavras em francês.

— *Bonjour*, vocês são francesas? — pergunto sem pestanejar, em um francês quase impecável.

— Somos, sim. Meu nome é Isabelle.

— Sou Valérie. E você, também é francês?

— Venho do Brasil, mas morei na França e tenho sangue francês — afirmo.

— Você fala tão bem francês... — diz Isabelle, admirada.

— Você também — respondo, brincando.

Depois das risadas, a conversa engrena. Elas chegaram do Parque Nacional Simien e confirmam a beleza do lugar; mas as paisagens estavam tomadas pelo mormaço.

— Minhas fotografias ficaram azuladas — diz Valérie.

Ao ouvir a palavra "fotografia", meu foco de atenção muda da Isabelle para Valérie. Mikael se aproxima, consciente de que terá de desenferrujar o idioma nativo de sua avó.

— Em Simien, vocês chegaram a ver o babuíno Gelada, um primata endêmico ao altiplano etíope? — pergunto.

— Vimos um grupo de macacos, sim. Acho que deve ser esse mesmo, com bastante pelos. Eles pareciam estar comendo grama ou capim — responde Valérie.

— Exatamente. Os macacos Gelada são quase como antílopes ou zebras, eles pastam. Noventa por cento da dieta deles são gramíneas — esclareço, mostrando meus conhecimentos sobre vida selvagem.

Começa a escurecer. Com preguiça de cozinhar, pergunto a Isabelle e a Valérie o que elas pretendem fazer para jantar. Elas respondem que combinaram encontrar um amigo no Hotel Goha, o mais luxuoso de Gondar, empoleirado no topo da montanha que domina a cidade.

— Querem vir com a gente? — pergunta Valérie.

Mesmo sem banho tomado, resolvemos sair para uma noitada urbana, coisa rara durante a expedição.

Saímos da pousada com a intenção de andar uns 30 minutos até o pé da montanha do Goha Hotel. Levo um casaquinho fino, pois estamos a 2.200 metros de altitude. Valérie fala de seu trabalho como gerente de marketing em uma empresa de Lyon, conta que terminou uma longa relação há pouco e que decidiu viajar com a amiga — estudaram na mesma escola quando adolescentes — para mudar de ares. Escolheram a Etiópia por causa do *despaisamento*. Mais por gentileza do que por interesse, ela pergunta sobre nossa viagem. Falo sobre o projeto, relato alguns dos momentos emocionantes no Sudão, mas não acontece nenhuma química. Ela ainda deve estar com o coração abalado pela ruptura amorosa.

Chegamos ao início da subida. Vários triciclos a motor esperam os visitantes para a última etapa. Como o desnível é de uns 200 metros, vale o investimento. Aos risos, subimos os quatro, bem apertadinhos, em apenas um *tuk-tuk*, apesar dos protestos de outros taxistas, que queriam aproveitar a presença dos turistas. Graças às queixas e ao bate-boca que acontece, aprendo outra palavra chave — *faranji* — sinônimo de estrangeiro.

Eu já tinha ouvido antes a frase *you-you-you, faranji*. Mas somente hoje, primeiro dia no país — descontando a maratona dos quatro dias na ida ao Sudão —, é que percebo o sentido completo. Isabelle, que está há duas semanas na Etiópia, tem a explicação etimológica:

— Li que a palavra *faranji* em amárico teria vindo do persa *farangi* e do árabe *faranji*, com o mesmo significado, estrangeiro. Aqui ela é utilizada a toda hora, faz parte do cotidiano, nossos nomes passam a ser *you-you-you, faranji*. Chega a me dar dor de cabeça.

— Quando estava no carro à tarde, li no *Lonely Planet* algo sobre o *Frenesi Faranji* — relata Mikael. — As crianças em bandos adoram seguir os turistas, gritando a frase preferida *you-you-you, faranji*.

Do topo do Hotel Goha, tenho uma bela vista. Milhares de pontos luminosos demarcam os limites da Grande Gondar, hoje com quase 250 mil habitantes, e consigo identificar o Recinto Real. Curto meu entardecer tomando um humilde suco de manga e penso na holandesa doente e fraquinha. Será que o namorado dela fez as compressas de água fria? A prioridade nº 1 na viagem é a saúde. Penso como seria complicado contrair malária. As últimas semanas estiveram a nosso favor. No Sudão seco e quente quase não havia mosquitos. Aqui na Etiópia, um planalto acima dos 2 mil metros de altitude, também estamos fora da área de risco. Mas e depois?

O caminho de baixada é mais rápido. Vamos de triciclo ao centro da cidade para comer no restaurante Golden Gate. Como o nome sugere, fica em uma ponte suspensa de uns 10 metros de comprimento que une dois prédios de uma rua. Peço um prato chinês de vegetais fritos. As francesas querem esticar a noite, mas nossa agenda — sempre acordamos com o sol batendo na barraca — não nos permite.

*

Na manhã seguinte, quando nos preparamos para deixar a pousada, encontro a holandesa com uma cara bem melhor.

— Fizemos as compressas durante duas horas e funcionou. Muito obrigado pela dica — diz o holandês, aliviado.

Isabelle e Valérie também saem do quarto na hora da despedida. Valérie, que teve mais tempo de conversa comigo, parece tomar coragem para me dizer alguma coisa. Saio do carro, para facilitar um possível diálogo.

— Vocês vão para Bahir Dar, no lago Tana?

— Sim, queremos chegar lá hoje à tarde — respondo, sem esconder o itinerário.

— Pensei, pensamos... — balbucia Valérie, olhando para Isabelle; ela respira e completa: — Vocês gostariam de uma companhia para esse trecho? Podemos ir com vocês?

Peço a elas que venham ver a Nandi por dentro e mostro que temos apenas um terceiro assento, mesmo assim ilegal por estar solto.

— Se fosse apenas uma pessoa, poderíamos até correr o risco. Mas não há espaço, como vocês podem ver, para duas — respondo.

Elas entendem e dizem que irão de ônibus. Quem sabe nos encontramos lá? Ela dá um sorriso de agradecimento, se aproxima da janela e me dá um beijo na face.

Jejum da Páscoa

Os filhos, netos e bisnetos do rei Fasíladas mantiveram a capital da Etiópia em Gondar por dois séculos e construíram palácios e igrejas ao redor dos existentes. A igreja Debre Berhan Selassie, uma das mais antigas e mais bem preservadas, teria sido obra de Iyasu I, neto do imperador. Conta uma lenda que o templo estava prestes a ser destruído por invasores muçulmanos quando um assustador enxame pegou os árabes de surpresa. Os agressores só tiveram uma opção: fugir das abelhas e deixar a igreja intacta.

Quando entro no interior, entendo as razões do contra-ataque da rainha das abelhas. Todas as paredes estão finamente decoradas com pinturas que têm, pelo menos, dois séculos. O teto de Debre Berhan Selassie é impressionante. Dezenas de querubins, desenhados no espaço entre as vigas que suportam o telhado, parecem estar protegendo os fiéis com seus olhares arregalados, de cima para baixo. Fito o teto por algum tempo. Cada anjo é diferente do outro e o conjunto é de uma harmonia extraordinária. Os olhos amendoados e as pupilas bem negras são emoldurados por sobrancelhas longas e elegantes. O nariz aquilino e uma boca com lábios finos tratam de marcar a diferença com o traço africano Banto. O cabelo cacheado negro envolve todo o rosto, quase como uma auréola. Cada carinha é protegida por um par de asas de onde saem penas verdes e vermelhas. Uma obra de arte!

É na igreja que Mikael tem o primeiro contato com a religião ortodoxa. Foi também nesse templo que assisti, em janeiro de 1983, à primeira cerimônia com cânticos e rezas. É um lugar que revela seu aspecto sagrado de imediato.

Se as pinturas coloridas nos muros de Debre Berhan Selassie parecem desvanecer um pouco após séculos de existência, a fé dos devotos continua a preencher o santuário com vigor e energia. Os fiéis leem trechos da Bíblia em voz alta e parecem entrar em transe com seus próprios sons místicos. Tudo acontece em *ge'ez*, o idioma litúrgico usado nos livros sagrados. O ambiente exala um perfume místico que acalma meu ser. Reverencio a igreja, pois ela está viva!

Deixamos Gondar satisfeitos. Três horas depois, contornando o lago Tana, chegamos a Bahir Dar, uma cidade onde havíamos passado uma noite durante a maratona rumo ao Sudão. Todas as dicas dos viajantes convergem para apenas um lugar, Ghion Hotel. Na primeira passagem, eu tinha conversado com o gerente Bisrat Weldu, um jovem descolado e descontraído. Na ocasião, prometi a ele que, quando regressássemos à cidade, voltaríamos ao hotel.

Na recepção, ele me reconhece imediatamente — talvez pelos cabelos brancos, que não abundam por aqui.

— Você prometeu e cumpriu, Castro. Vou emprestar um quarto para vocês tomarem uma ducha quente merecida — diz Bisrat. — Estacione o carro na plataforma de cimento perto da cozinha, não no estacionamento. Lá vocês estarão mais sossegados. Depois, venha jantar no jardim, temos uma partida de futebol no telão hoje.

Aterrissar em um lugar conhecido — mesmo na Etiópia — é uma sensação confortável. O local parece familiar; reconheço as pessoas, os cheiros e os detalhes. O imponderável das incógnitas, que cria tanta tensão, desaparece.

Limpos e de barbas feitas, caminhamos até o restaurante aberto, no centro de um belo jardim. Canteiros de flores cheirosas, sombras de árvores frondosas e a vista sobre o lago Tana refrescam ainda mais o ambiente. Escolho uma mesa não muito perto do lençol branco — o telão — onde será projetada a imagem do canal sul-africano SuperSport. Pelo número de cadeiras, coladas umas nas outras, em frente ao telão, teremos hoje uma boa plateia para um jogo da Liga dos Campeões.

Bisrat se aproxima da mesa.

— Como a cozinha vai receber muitos pedidos na próxima hora, aconselho que vocês escolham seus pratos agora — diz ele, entregando dois cardápios.

— Bisrat, somos vegetarianos. Que prato você tem sem carne e sem peixe? — pergunto, esperando que ele não me ofereça as opções banais, como pasta ou omelete.

— Vocês são vegetarianos? Perfeito! Vocês estão viajando na Etiópia no momento certo — afirma Bisrat. — Estamos no período da Quaresma e todos os restaurantes no país, durante as 8 semanas que antecedem a Páscoa, oferecem pratos sem nenhum tipo de carne.

— É um jejum obrigatório? — Mikael pergunta.

— A Igreja Ortodoxa Etíope espera isso de seus fiéis. Teoricamente, todos cristãos deveriam jejuar também 40 dias antes do Natal e todas as quartas e as sextas-feiras do ano. Mas poucos seguem a disciplina estrita — ele responde. — O importante é que vocês vão adorar o prato. Vou à cozinha para pedir que preparem uma *injira* com refogados vegetarianos para duas pessoas.

— É muito picante? — pergunto, lembrando de experiências anteriores com a cozinha etíope.

— Alguns dos refogados, sim. Os vegetais, menos. Mas a pimenta vermelha, que chamamos aqui de *berbere*, faz bem à saúde. *Chiger yellem*, Mister Castro. *No problem.*

A afirmativa recebe aplausos de Mikael, que curte uma comida ardida.

Tanto meu filho como eu provamos várias vezes a cozinha etíope. Nos 19 anos em que vivi em Washington levei muitos amigos estrangeiros ao restaurante Meskerem, na 18th Street, em Adams Morgan. Comer uma *injira* no bairro Little Ethiopia fazia parte do programa cultural da visita à capital americana. Existem poucos restaurantes etíopes espalhados pelo mundo, mas na região metropolitana de Washington há quase 40, pois 200 mil etíopes — a maior colônia nos Estados Unidos — residem na área da capital.

Nos restaurantes washingtonianos, a *injira* é quase sempre feita com farinha de trigo. Aqui na Etiópia ela é confeccionada com o cereal nacional, o *teff*. A planta nativa do planalto etíope é cultivada entre 1.800 e 2.200 metros de altitude. A gramínea rende minúsculos grãos avermelhados, ricos em proteínas, cálcio e ferro.

São necessários três dias para que o *teff* comprado no mercado se transforme em uma *injira*, em um processo que começa com a fermentação do cereal na água. É a fermentação que dá um gostinho azedo à panqueca etíope. A mistura líquida é preparada como um crepe e tem aparência esponjosa.

Bisrat chega à mesa acompanhado por um garçom que traz, em uma bandeja larga, a *injira* decorada com pequenas porções de refogados.

— Mandei preparar um *atkilt beye aynetu*, um prato com diversas amostras da cozinha etíope, sem nenhum tipo de carne — afirma Bisrat, apontando para a bandeja. — Aqui temos alguns vegetais cozidos, *atkilt*, que não são apimentados. Desse lado, os *wats*, os refogados. Esses, sim, levam um pouco de *berbere*, a pimenta vermelha. Bom apetite!

— Bisrat, espere! Explique um pouco mais — digo, querendo aproveitar a aula.

— Além da *injira* que está na base do prato, há uma outra *injira* para cada um. Vocês cortam um pedaço pequeno da *injira* e, com a ponta dos dedos da mão direita, pegam um pouco da comida. Nós etíopes comemos com as mãos e não usamos talheres.

— Certo, já comemos *injira* nos Estados Unidos. Mas o que eu gostaria de saber é sobre os refogados e os vegetais — digo.

— O *atkilt beye aynetu* traz uma variedade de sabores. Este refogadinho é de ervilhas, este outro de lentilhas vermelhas e aqui é uma pasta de grão-de-bico — mostra Bisrat, com orgulho. Ele continua a lição identificando os montinhos de vegetais: repolho com cenoura em molho de tomate, batatas cozidas com cebola e uma espécie local de espinafre. — Podem comer com confiança.

Corto um pedaço da minha *injira* e agarro alguns pedacinhos de batatas, as mais fáceis de serem fisgadas. Tomo cuidado para que, do prato à boca, nada manche minha roupa. Como tudo vem empapado de molho, as gotas tendem a escorrer. Na primeira tentativa, Mikael presenteia a camisa limpa dele com um belo rastro de molho de tomate.

Os refogados de grãos — como ervilha, lentilha e grão-de-bico — são mais secos. Parecem um purê e são mais fáceis de ser capturados com a *injira*. Mas são bem picantes.

Paulatinamente, as porções desaparecem da mesa. A *injira* de base, originalmente acinzentada, fica manchada com as cores dos molhos de cada porção. Agora é hora de comer a *injira* empapada com os sabores dos *atklits* e *wats*. Mesmo fria — a injira gelada pelo contato com a bandeja de alumínio — a comida do jejum etíope é um deleite vegetariano!

Nossa primeira aventura culinária etíope chega ao fim quando tem início o jogo entre o time inglês Arsenal e o espanhol Barcelona. Mesmo que a seleção da Etiópia esteja entre as 100 piores do mundo, a população masculina adora seguir os campeonatos europeus. Eu nunca teria pensado que os etíopes seriam torcedores tão expansivos. Assim que as imagens aparecem no lençol estendido, os que apoiam as duas equipes suspiram de tristeza ou reagem com alegria. O argentino Lionel Messi, que joga no Barça, constante goleador do torneio, é um dos preferidos. Um torcedor local mais endinheirado assiste ao jogo com a camisa 10 azul e vermelha do Barcelona.

No intervalo do primeiro tempo, Bisrat senta à mesa. O assunto passa a ser as riquezas culturais do lago Tana.

— Amanhã cedo vou preparar um barco para vocês, com um motor de 25 cavalos. Normalmente, os turistas usam barcos com motores de 15HP, mais baratos. Mas vocês perderiam muito tempo — diz Bisrat. — Vou pedir ao barqueiro que leve vocês a três monastérios, alcançados apenas pelo lago. No final do passeio, ele vai passar no lugar onde começa o rio Nilo Azul. Combinado? O preço que vou fazer é apenas para cobrir o combustível e pagar o dia do barqueiro.

Monastérios do lago

Antes de subir aos aposentos — a barraca no teto da Nandi — leio um pouco sobre o que me espera no dia seguinte. O lago Tana é o mais importante da Etiópia. A 1.820 metros de altitude, possui um significado especial para etíopes, sudaneses e egípcios, transcendendo fronteiras. O lago marca o início do rio Nilo Azul, um dos dois braços que formam o grande Nilo, a partir de Cartum. As margens do pequeno mar de 3.500 quilômetros quadrados são habitadas há milênios e guardam relíquias do cristianismo ortodoxo; as igrejas e os monastérios escondem tesouros.

Às 7h30 zarpamos com águas calmas e o sol ainda fraco. Segundo nos conta o barqueiro Darwit, durante esta época do ano o céu fica encoberto depois das 14h e o vento aumenta. É preciso aproveitar a manhã.

Demoramos quase uma hora para chegar à península Zege, lar para 10 mil habitantes e que ainda possui uma pequena floresta. Pelo número de montes de lenha cortada e pronta para ser transportada para Bahir Dar, confirmo que a devastação ambiental na Etiópia segue firme. Darwit repara na minha cara de desaprovação:

— É a única maneira que os habitantes de Zege têm para conseguir um pouco de dinheiro — diz o barqueiro, querendo justificar a destruição contínua.

A lenha cortada na península de Zege é transportada por botes de papiro até Bahir Dar para ser vendida no mercado de sexta-feira. Como hoje é quarta-feira, vejo uma meia dúzia de barcos preparados para a travessia. Quando a embarcação zarpa, a linha-d'água parece estar a um centímetro do bote. Ainda bem que o papiro e a madeira boiam. A viagem dura quase seis horas, na força do remo.

Já em terra firme, Mikael e eu entramos por uma trilha de pedras que nos leva ao monastério Ura Kidane Mehret. Segundo Darwit, começamos o dia com o templo mais afastado, mas também o mais bonito de todos. Não nos decepcionamos. Por fora, Ura Kidane Mehret é redondo. A primeira seção — onde entramos sem sapatos — é reservada para cânticos. O segundo setor, dedicado às orações, é outro círculo interno. O deslumbramento acontece quando chegamos ao centro do monastério, o lugar mais sagrado. O *maqdas* tem uma forma quadrada e o de Ura Kidane Mehret está totalmente coberto por pinturas primitivas. As quatro paredes, de cima a baixo, são um festival de figuras coloridas.

As pinturas do santuário datam do século XVI, mas algumas foram refeitas, no mesmo estilo, nos séculos seguintes, à medida que perdiam o brilho. Cada parede apresenta uma história. Uma é reservada para a Virgem Maria, outra para Jesus, uma terceira para os milagres do Cristo e uma última para os Doze Apóstolos e os mártires cristãos.

Para uma população que não tinha acesso à leitura do idioma litúrgico *ge'ez*, era mais simples entender os acontecimentos bíblicos através de desenhos multicoloridos do que por textos simbólicos e esotéricos. As figuras mostram claramente quem segue ou não a fé cristã. As faces que estão de frente, com dois belos olhos arregalados, são os cristãos; as caras de perfil representam os infiéis.

Apenas sacerdotes, monges e auxiliares podem penetrar dentro do *maqdas*, local onde estão guardados os tesouros de cada templo. Como a fé se mantém viva nos santuários, o *maqdas* conserva tesouros religiosos que podem ter alguns séculos de idade.

A jornada de retorno passa por uma pequena ilha, dominada pelo monastério Kebran Gabriel. Apenas homens vivem no local. A alegria e a balbúrdia das crianças estão bem longe daqui e o silêncio cria um ambiente austero. Nenhuma mulher pode entrar na ilha — nem mesmo as *faranjis*, as estrangeiras.

Kebran Gabriel possui uma longa tradição de religiosidade e, durante séculos, tem servido como refúgio para aqueles que querem se dedicar à oração. Como em todo monastério, aqui se conservam antigos livros sagrados confeccionados em couro de cabra, preciosas cruzes de procissão e até coroas de reis etíopes. Um sacerdote mostra uma Bíblia escrita e ilustrada no século XVI, um dos tesouros guardados no monastério.

Nosso barqueiro, emocionado, confessa:

— Gosto de vir aqui. Alimenta minha alma. Quando ficar velho, vou deixar a cidade para morar com os monges.

Depois de passar por um terceiro monastério — cujas pinturas a óleo são tão recentes e brilhantes que os muros sagrados parecem mais uma parede de supermercado anunciando promoções —, decidimos retornar a Bahir Dar. O céu azul se transforma em um manto de nuvens escuras e as ondas do lago crescem com o vento norte.

Nossa última escala acontece onde as águas do lago Tana escorrem para criar a saída de um rio. O Nilo Azul tem um nascimento tão discreto que chega a ser frustrante. O valor do local é mais simbólico do que fotogênico. Ponho a mão para fora do barco e reflito que as moléculas de água que toco navegarão milhares de quilômetros rio abaixo. Vão cortar o deserto, irrigar plantações, passar por cachoeiras, matar a sede de pessoas e animais, acariciar os cascos das embarcações, até chegar ao delta no mar Mediterrâneo.

A Jerusalém africana

Hoje é Quinta-Feira Santa na Etiópia. Não podemos perder o início das festividades da Páscoa. Temos apenas um dia para vencer 380 quilômetros de uma estrada de qualidade duvidosa e chegar a Lalibela. Pelo menos não será preciso buscar lugar para dormir. O queniano Hitesh Mehta está hospedado no Hotel Lal e lá conseguiremos um estacionamento para a Nandi.

Odé nos ajuda a encontrar o caminho até o hotel e lá topamos com Hitesh jantando no restaurante. É a primeira vez em que Hitesh e eu nos vemos cara a cara, só nos conhecíamos por e-mail. Mas o encontro é como se fosse entre velhos amigos de infância.

Mikael conheceu Hitesh, um dos membros do conselho diretivo, na Sociedade Internacional de Ecoturismo. Nascido no Quênia de família indiana e radicado nos Estados Unidos, Hitesh possui várias paixões, da arquitetura à viagem. Nas últimas duas décadas, buscou unir o paisagismo e o planejamento arquitetural com a sustentabilidade e o ecoturismo. Sua alma de conservacionista fez com que ele participasse da elaboração de inúmeros planos de turismo sustentável para proteger os gorilas-das-montanhas de Ruanda, os chipanzés de Uganda, os pandas da China e os tigres da Índia.

Em 2007, Hitesh passou a rodar o mundo para conhecer as pousadas ecológicas mais autênticas, aquelas que pudessem ser exemplos de consciência social e ambiental. Sua jornada rendeu o livro *Authentic Ecolodges*, lançado em 2010 pela Harper Collins, no qual apresenta as 36 pousadas que considera as mais legítimas, apoiando-se em 11 critérios que determinou.

Conhecemos algumas das pousadas preferidas de Hitesh — como Chumbe, na Tanzânia, e Il Ngwesi, no Quênia — e meu primeiro abraço é para agradecer o e-mail dele que nos colocou em contato com a pessoa certa em cada albergue, abrindo as portas para passar dias inesquecíveis naqueles lugares. O segundo abraço é para dar parabéns pelo livro.

— O livro é uma sinfonia inacabada. Não existe uma pousada ecológica perfeita e a cada ano surgem mais algumas — diz Hitesh. — Imagino que vocês devem ter conhecido outros lugares extraordinários, não?

Mikael faz um rápido relatório sobre pousadas que ainda estão no primeiro ou segundo ano de existência:

— Visitamos lugares novos. A pousada !Xaus, na parte sul-africana do Parque Transfronteiriço Kgalagadi, Onkoshi, na planície salgada de Etosha, e Toka Leya, perto das Cataratas Vitória, merecem estar na segunda edição do livro.

— As melhores pousadas ecológicas estão na África — afirma Hitesh, com autoridade. — Aqui no continente os dois mais importantes critérios, que são a conservação do ambiente e os benefícios diretos para comunidades, estão obrigatoriamente presentes.

A conversa dá uma volta ao mundo seguindo o itinerário das pousadas e, como uma cobra que morde seu rabo, regressa ao espaço onde estamos. Hitesh está feliz:

— Sempre foi meu sonho conhecer as igrejas de pedra de Lalibela. Escolhi estar aqui na Páscoa para ver os templos com mais vida.

— Que ótimo que nossos planos coincidiram. Lalibela em festa fica mais colorida — respondo, contando que estive aqui para o *Timkat*, uma outra festa religiosa, há quase 30 anos. — Por ter sido uma experiência tão marcante, quero dar ao Mikael a mesma oportunidade.

Uma conversa entre viajantes faz com que as horas passem sem notar, mas estamos exaustos e decidimos continuar o papo no dia seguinte. Combinamos visitar as igrejas de manhã e à tarde, pois as cerimônias começam após o entardecer.

Conheci Lalibela em 1983. Cheguei a bordo de um DC-3 que, na época, tinha 40 anos de uso. Ainda me lembro de que a porta do velho avião era fechada com um arame grosso. O vilarejo era pobre e o único hotel era uma espelunca. Bem diferente dos hotéis, dos restaurantes e das ruas empedradas de hoje. Tinha uma razão especial para realizar a jornada: como acontece todo 17 e 18 de janeiro, Lalibela é o palco do *Timkat*, a epifania ortodoxa. Três eventos religiosos são celebrados na mesma data: a visita dos Reis Magos ao Menino Jesus, o batismo de Jesus Cristo no rio Jordão e seu primeiro milagre nas núpcias de Canaã, a famosa transformação da água em vinho.

Aquela viagem representou um marco na minha vida e na minha carreira jornalística: nunca mais esqueci o lugar, consegui fotos únicas e publiquei uma bela reportagem na revista *GEO* francesa. Por isso, regressar à Etiópia durante a expedição pela África significava, obrigatoriamente, rever Lalibela. Se, neste ano, as datas do *Timkat* e do *Leddet* (Natal) já haviam passado, a festa de *Fasika* (Páscoa) era a melhor oportunidade para reencontrar a cidade das igrejas de pedra.

As igrejas de Lalibela não são construções tradicionais, são esculturas na rocha. Para entender como Lalibela se transformou em um dos lugares mais sagrados da Etiópia e da África, é preciso regressar à época de quem mudou o destino da cidade.

Gebre Mesqel Lalibela nasceu em condições insólitas: rodeado por um enxame no momento do parto. Sua mãe considerou o fenômeno como um sinal de proteção e de que o bebê seria imperador da Etiópia. A aspiração materna foi realizada e Lalibela ascendeu ao trono em 1189. Mas foi envenenado por parentes invejosos e entrou em um estado de coma que o levou, segundo a lenda, ao primeiro, segundo e terceiro céus. Acompanhado por uma legião de anjos, o imperador visitou igrejas celestiais e se encontrou, cara a cara, com Deus. Em vez de receber o soberano no paraíso, o Pai Celestial o incumbiu de uma nova missão. Lalibela deveria regressar ao mundo dos humanos, esculpir igrejas na montanha e criar uma Nova Jerusalém.

A visão mística do imperador Lalibela — ou seu delírio à beira da morte — foi colocada em prática e dezenas de milhares de camponeses se tornaram pedreiros. Quebraram e retiraram milhões de toneladas de rocha para que novas igrejas pudessem aparecer do nada. Os trabalhos começaram pelo teto. Cavaram a pedra em volta do futuro templo para deixar apenas um bloco maciço de granito rosado. Depois se dedicaram às paredes e às fachadas, dando forma ao monumento. Em seguida os escultores entraram na igreja e esvaziaram os espaços para criar colunas, santuários e nichos. As portas foram emolduradas, os pilares cinzelados e as janelas desenhadas. O trabalho foi tão árduo que, segundo os etíopes, o imperador contou com a ajuda de um batalhão de anjos. Enquanto os humanos laboravam de dia, os seres celestes completavam o serviço à noite. Outra lenda conta que os cavaleiros templários teriam apoiado a missão divina.

Fé em Lalibela

Na Etiópia, o limite entre a fábula e a realidade é como a fumaça do incenso queimado dentro dos templos, intangível e que se dissipa por todas as partes. Nenhum documento escrito resistiu aos séculos que nos separam das nobres construções. Mas meus olhos não mentem: as igrejas de Lalibela existem, de verdade!

À beira de um buraco retangular com 15 metros de profundidade, descubro Bet Giyorgis, a Casa de São Jorge. Seu desenho é o resultado da inspiração religiosa que soube moldar o principal símbolo cristão — a cruz — à arquitetura lítica. O topo do teto foi esculpido com a forma de três cruzes concêntricas e as sombras criadas pelo sol baixo da manhã realçam o gigantesco baixo-relevo. A beleza se uniu à praticidade e até as canaletas para o escoamento de água não foram esquecidas.

Mesmo se a visão de cima é grandiosa, quero encontrar o caminho de descida — o movimento de entrada de fiéis na igreja, aos meus pés, é contínuo. Uma rampa de baixada, também cavada na rocha, me leva a um túnel. Caminho na penumbra com cuidado e, quando saio à luz do dia, estou dentro de um enorme buraco, cercado por quatro paredões altos. À frente, vislumbro a escultura mística, o templo dedicado àquele que venceu o dragão. Como se não bastasse a surpresa visual, uma trilha sonora acrescenta encanto ao momento. De dentro da igreja brotam cânticos suaves. São padres e diáconos que leem passagens da Bíblia no sagrado *ge'ez*. Mikael está atônito, nunca viu nada igual. Mantemos silêncio, mas nossos olhos vivazes buscam imagens marcantes.

Como em qualquer igreja etíope, no centro da construção lítica está o *maqdas*, o santuário íntimo. Apenas sacerdotes podem penetrar no recinto, que preserva os tesouros do templo. Ali estão guardadas pesadas cruzes de ouro, de prata e de bronze; coroas de reis, de nobres e de patriarcas; pinturas glorificando Jesus, Maria ou São Jorge. Uma velha arca de madeira ajuda a manter a integridade dos objetos litúrgicos: ela teria sido talhada pelo próprio rei Lalibela e jamais retirada do local.

Se Bet Giyorgis fosse a única obra de arte em Roha — vilarejo rebatizado com o nome do imperador Lalibela — ainda assim valeria a pena visitar o povoado de 15 mil habitantes, a 2.500 metros de altitude. Mas o legado deixado pelo soberano cristão foi bem maior. Lalibela abriga mais dez maravilhas monolíticas. Agrupados em dois grupos, os templos estão interconectados por túneis, caminhos subterrâneos e passagens secretas.

Bet Medhane Alem é a maior de todas as igrejas escavadas na rocha — não apenas na Etiópia, mas em todo o mundo. A edificação de 34 metros assemelha-se a um templo grego e possui 34 colunas externas que ajudam a sustentar o pesado teto. As três colunas coligadas em cada esquina representam a Santíssima Trindade. Imagino o labor árduo dos operários ao desbastar cada um desses pilares de quase 10 metros de altura. A fé não apenas move montanhas, mas as escava com ardor.

Atravesso mais um túnel e entro em um pátio enorme, 12 metros abaixo da superfície, para encontrar mais três igrejas. Enquanto duas delas estão embutidas no paredão de pedra, Bet Maryam, dedicada à Virgem Maria, reina no centro da esplanada. Suas dimensões são modestas, mas a decoração interna é exuberante. O teto e os arcos estão pintados com cruzes e motivos florais, em tons quentes de verde e vermelho, dando um toque alegre ao ambiente. Afrescos e baixo-relevos decoram frisos e paredes. A Casa de Maria é o templo mais popular em Lalibela e seus devotos — são muitos, pois a Virgem é venerada com fervor na Etiópia — visitam diariamente o santuário. Bet Maryam teria sido o primeiro templo a ser escavado pelo imperador.

O fascinante em Lalibela é que as igrejas estão vivas. Raros monumentos com tantos séculos de idade ainda mantêm suas funções essenciais. Quantos templos não se transformaram em museus; quantos palácios não viraram ruínas? Em Lalibela, não. Os rituais prosseguem inalterados e a atmosfera é de fé intensa.

Entro nas diferentes igrejas e descubro devotos enrolados em longos tecidos de algodão branco. Parecem estar ébrios com os mantras sagrados. Alguns leem passagens bíblicas em voz baixa, outros preferem se deitar sobre os tapetes que revestem o assoalho frio. Os mais discretos encontram cantos sombrios do santuário, onde nenhum raio de luz possa atrapalhar as reflexões. O aroma do incenso não está apenas no ar, mas impregna paredes, tecidos e quadros no interior da igreja.

A Sexta-Feira da Paixão marca a morte de Jesus e alguns fiéis etíopes parecem reviver os momentos de dor do Cristo. Em uma alcova, vejo duas senhoras que deixam escorrer lágrimas enquanto leem os trechos que narram o sofrimento pelo qual o Messias passou. A barreira do tempo não existe.

*

O santo imperador tinha boas razões para criar a Nova Jerusalém. Em 1187 (dois anos antes de Lalibela ser coroado), a cidade sagrada judaico-cristã havia sido tomada pelos árabes e os devotos ficaram sem abrigo espiritual. A Etiópia segue os ensinamentos de Cristo desde o século IV, quando o imperador Ezana de Aksum transformou a fé em religião do Estado. A aspiração de criar a Nova Jerusalém na Etiópia era tão grande que o pequeno riacho do vilarejo (geralmente seco) foi rebatizado como rio Jordão e a colina adjacente, monte das Oliveiras.

Por vontade divina ou pela insistência de seus soberanos, Lalibela se tornou um lugar de peregrinação para todos os ortodoxos etíopes. Desde o final do século XII, suas igrejas e seus monastérios nunca deixaram de ser habitados e a religiosidade se manteve ardente até hoje. O tempo passou e as igrejas se conservaram idênticas; inabaláveis como as pedras que as engendraram. Até os fiéis parecem viver em séculos passados. Um mundo parado no tempo!

Lalibela pode ser visitada a qualquer época do ano. O movimento cotidiano nunca deixa uma igreja vazia e sempre há algum fiel pedindo favores à Virgem Maria ou a seus santos preferidos. Mas em dias de festa a cidade borbulha. Como é no campo que a religião está mais arraigada, os fiéis vêm a pé das montanhas vizinhas para acompanhar os cantos místicos e as danças sagradas. O mercado dobra de tamanho e as ruas fervilham de gente.

A Páscoa marca o final de um jejum de 56 dias. A tradição pede que os fiéis não comam nenhum produto animal nesse período e que sua refeição aconteça depois de terminada a liturgia, às 15h. Os últimos três dias são mais estritos, quando alguns fiéis não comem e nem bebem nada até a madrugada do domingo de *Fasika*.

Com pouca comida no estômago e com os olhos voltados para o Senhor, os fiéis afluem às igrejas preferidas na Sexta-Feira Santa para cantar e rezar durante horas. Os tesouros do *maqdas* de Bet Maryam são retirados e colocados em um altar montado sobre tapetes. Coroas, cruzes e pinturas são mostradas à população, que não perde a oportunidade de reverenciar os objetos sagrados.

No sábado à noite todas as igrejas estão repletas. Regresso a Bet Medane Alem e Bet Maryam para vivenciar as horas que antecedem a missa solene. As leituras da Bíblia e os cânticos religiosos são intensos. Alguns sacerdotes lideram procissões ao redor do templo ou vigílias no interior. Outros organizam danças ao ritmo do sistro, um chocalho metálico. Cada um dos santuários tem um ambiente particular e a fé é o denominador comum.

À meia-noite tem início a missa, um ritual que dura horas. Os fiéis em jejum precisam passar essa etapa com paciência, mas sabem que a comida está próxima. Quando a cerimônia termina, mesmo às 3h, o desafio é vencido e o jejum é quebrado com carne. Os mais famintos devoram, ainda na saída da igreja, um pedaço de *injira*. Quando retornam às casas, a festa é bem maior. Uma madrugada carnívora, sem limites.

Segundo os parâmetros do Banco Mundial, estou em um dos países mais pobres do mundo. Mas, se os indicadores artísticos e espirituais pudessem ser computados, a Etiópia seria considerada uma das nações mais ricas do planeta.

Capítulo 16

Tesouros etíopes em Aksum

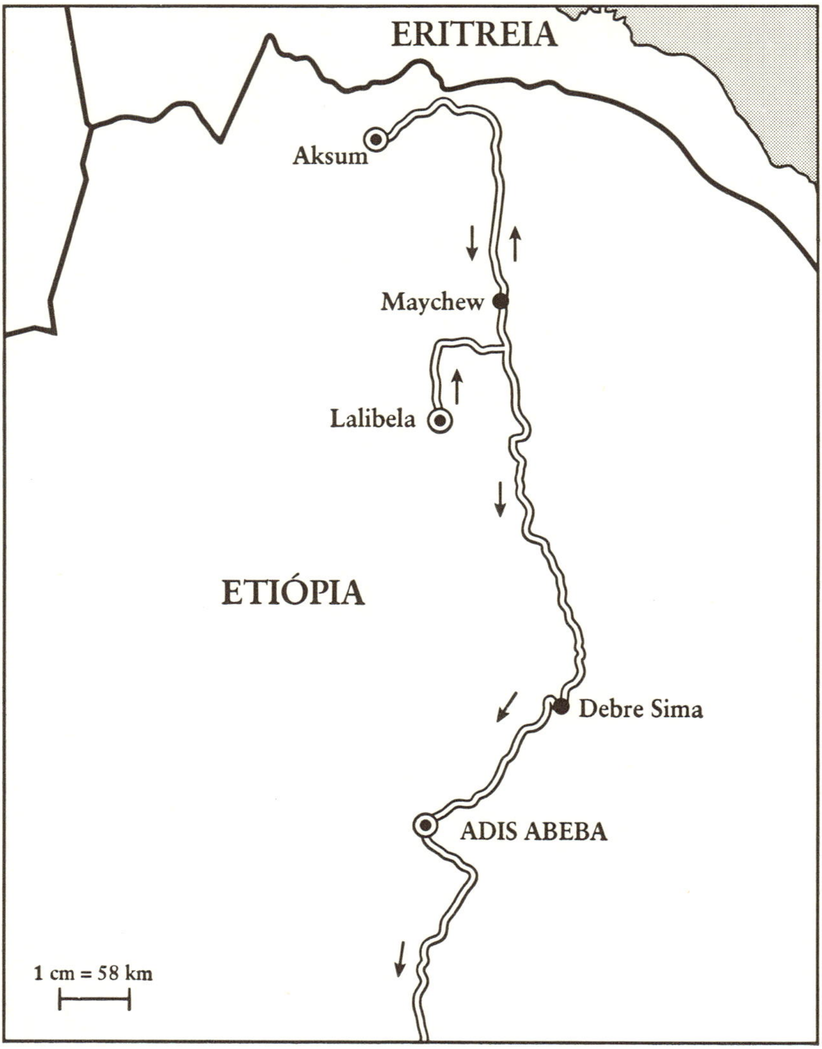
ERITREIA
Aksum
Maychew
Lalibela
ETIÓPIA
Debre Sima
ADIS ABEBA
1 cm = 58 km

Festa em Maychew

Deixamos Lalibela com dificuldade, uma espécie de saudades antecipadas. *Fasika* nos brindou imagens que ficarão em nossas almas. Mostrar Lalibela em festa a Mikael foi um presente que rendeu alegrias. Aproveitando o sagrado do lugar, ele faz uma promessa:

— Assim como você me trouxe a Lalibela, dentro de duas ou três décadas regressarei aqui com seu neto ou sua neta para que três gerações dos Castro possam ter o privilégio de conhecer o lugar.

— Creio que algumas coisas nem vão mudar, como os rituais. A fé dos etíopes é tão vigorosa como há três décadas — respondo.

Além das imagens armazenadas nas mentes, sabemos que gravamos momentos únicos em foto e em vídeo. Aproveitamos a paisagem monótona para lembrar belas sequências. Cumprida a missão em Lalibela, conversamos sobre os próximos passos.

— Por que estamos indo para o norte? — pergunta Mikael, como se voltando à realidade depois de dias em outro mundo.

— A ideia é visitar Aksum, capital de um reino que floresceu na mesma época que o Império Romano, a partir de 400 a.C. — respondo. — Em 1983, quando estive aqui, o voo fez uma escala no aeroporto, mas estrangeiros não podiam visitar a região. Da janela do avião cheguei a ver alguns dos monolitos deixados pelos aksumitas.

— E você ficou com tanta vontade de ver as pedras ao vivo que vamos ter que fazer 600 quilômetros de estrada? — caçoa meu filho.

— E mais 600 quilômetros de volta. Mas garanto que vai valer o esforço.

*

Passamos nosso Domingo de Páscoa na estrada e escolhemos Maychew para dormir. Encontramos alguns hotéis na avenida principal — a própria rodovia — e preferimos um com portão de ferro, dando acesso a uma garagem interna. Na conversa com o gerente, peço para estacionar o carro sob o galpão. Ele aceita, mas diz que o preço do estacionamento é o mesmo que o dos quartos.

— Se você dormir no carro ou no quarto, você pagará o mesmo preço, 100 birr — declara o dono do Hotel Ahadu.

— Escolho o quarto, assim posso tomar um banho de chuveiro — respondo.

Como é mais confortável dormir na Nandi, pago o equivalente a 13,50 reais por um banheiro limpo. Depois do banho refrescante, vamos ao restaurante, na entrada do prédio. Quando noto que o movimento é intenso e que há apenas uma mesa livre, cai a ficha de que hoje é o domingo da quebra do jejum. As garrafas de cervejas correm soltas no recinto e muitos clientes já estão alegrinhos. O público é essencialmente masculino, mas existem alguns casais, que escolheram mesas um pouco afastadas do bafafá.

Somos atendidos e sabemos exatamente o que queremos: nosso prato vegetariano *atkilt beye aynetu*. Bisrat havia garantido que todos os restaurantes possuem essa opção no cardápio.

— *Aznallo*, desculpe. O jejum acabou hoje de madrugada. Hoje, ninguém come vegetais. Hoje é dia de carne. Não temos o prato vegetariano — informa o garçom.

— Mas você tem alguma coisa sem carne? — pergunto.

— Temos espaguete. Mas o molho é de carne.

Lembro que uma das porções que comemos em Bahir Dar era um purê de grão-de-bico, temperado com cebola, alho, tomate e o tal do *berbere* picante. Em todas as refeições em Lalibela o purê estava presente. Tento explicar ao garçom o que queremos e, depois de alguns palpites da mesa ao lado, chegamos à conclusão de que a iguaria se chama *shiro*.

— Então, traga um *shiro* com *injira* e outro *shiro* com espaguete, como se fosse o molho — peço ao garçom, assustado com a mistura ítalo-etíope.

Ao lado estão dois etíopes. Começamos a falar sobre futebol, mas a conversa engrena quando discutimos sobre os salários na Etiópia. Gosto de saber o quanto as pessoas recebem por seu trabalho em cada país.

Amde Mikaele se apresenta — comemoramos quando ele menciona seu nome e passa a ser xará de meu filho — e revela alguns números surpreendentes. A garçonete do restaurante ganha por mês 200 birr (27 reais), um motorista do governo 400 birr (54 reais), um motorista privado 800 birr (108 reais), um motorista de caminhão pesado 2 mil birr (270 reais) e um empregado público um mínimo de 1.068 birr (145 reais).

— Por mês? — confirmo, para saber se o valor não é semanal, o que faria mais sentido.

— Sim, mensalmente. Os salários são pequenos, mas não se esqueça de que o custo de vida é baixo também. Sua refeição vale apenas 20 birr, menos de um dólar e meio — explica Amde.

— E as pessoas que foram à universidade, como você?

— Tenho mestrado em desenvolvimento regional e trabalho para uma empresa paraestatal da região de Tigré. Ganho mensalmente 4.700 birr (equivalente a 635 reais) — responde Amde. — Se estivesse trabalhando para uma ONG internacional, ganharia mais. Mas, com meu salário, posso sustentar uma família com dois filhos.

Amde nota que ficamos surpreendidos com os valores:

— E no Brasil? Os salários são mais altos?

Faço os cálculos para converter reais em birr e respondo:

— O salário mínimo no Brasil equivale a um pouco mais de 4 mil birr. Mas você, com seu mestrado, ganharia por volta de 30 mil birr — informo, sem fazer julgamentos sobre a disparidade de salários.

Atento às sensibilidades, mas sem querer perder o interlocutor, Mikael procura outro tema de interesse — a posse da terra — e pergunta como funciona o sistema fundiário.

Amde diz que a situação variou durante os diferentes governos:

— Vivíamos em um sistema feudal sob o imperador Hailé Selassié. A família real e os nobres etíopes eram os proprietários das terras. Os camponeses trabalhavam, mas ganhavam uma porção mínima da produção, alguns apenas 10% — informa Amde. — Em 1974, o coronel Mengistu depôs o imperador em um sangrento golpe de Estado, instituindo um governo comunista. As terras passaram a ser do governo. Era a administração que cedia os lotes.

— O que aconteceu depois que Mengistu deixou o poder, em 1991? — pergunto.

— Nosso maior problema é a superpopulação. Mesmo se as terras do planalto são de boa qualidade, não há espaço suficiente para os 90 milhões de habitantes. Todas, absolutamente todas, as terras do planalto estão tomadas. É impossível conseguir um pedaço de solo na região, que é a maior parte do país — explica. — Hoje as terras estão subdivididas em parcelas de até meio hectare. O que pode ser produzido em um pedaço de 50 por 100 metros? Apenas algum cereal para subsistência. Muitos agricultores não possuem nem mesmo um boi para arar a terra e precisam pedir emprestado. Trator, nem pensar. A superpopulação é a verdadeira causa da pobreza dos camponeses.

Continuo atento a Amde e aproveito para fazer algumas contas no bloco de notas; chego a números drásticos:

— Amde, quando estive aqui em 1983, o país tinha 40 milhões de habitantes. Agora tem 90 milhões. Entre 1983 e 2010, a população cresceu 125%. Enquanto isso, no Brasil, o aumento foi de apenas 38%. A diferença é grande. Como produzir comida para 50 milhões de bocas novas se o espaço não aumentou?

— Sinceramente, não sei — Amde responde; após uma pausa, ele completa: — No futuro, vamos usar as terras baixas, menos férteis, mas que podem receber uma agricultura mecanizada.

O movimento no restaurante e no bar aumenta. O número de alegres também. Não estamos no Sudão, onde não existem bêbados. Amde e seu colega se despedem e agradecemos a conversa. Decidimos que é hora de subir no teto da Nandi.

A camionete está estacionada no centro de um galpão coberto, atrás do prédio do hotel, a meio caminho do restaurante e do banheiro público masculino. Só me dou conta de que estamos na rota de colisão com os beberrões quando ouço as gargalhadas dos etíopes que vão urinar. Como o banheiro é apenas um buraco, sem descarga, as dezenas de litros de urina acumuladas se esparramam pelo chão. Pelas janelas abertas da barraca entram os vapores de amoníaco e de ureia. Impossível dormir no local.

Desarmamos a barraca. Como já tínhamos a chave de um quarto, Mikael precisa apenas de um outro. Prefiro uma cama ruim, mas longe da confusão. Viva o Domingo de Páscoa.

Arca da Aliança

Dormi vestido. Acordei louco para sair da espelunca. Fora de Maychew, a paisagem montanhosa traz o entusiasmo de volta. A estrada, mesmo sendo asfaltada, não permite altas velocidades. Em um trecho montanhoso difícil, cheio de curvas fechadas e abismos, me pergunto se não teria sido melhor ter deixado o carro em Lalibela e ido de avião até Aksum.

— Este trecho é barra, muito cansativo — opina Mikael. — Estaremos exaustos hoje à noite.

— Deveríamos ter conversado sobre isso antes e não assumir que ir pela estrada é sempre a melhor opção — digo. — Além do cansaço, perdemos quatro dias dirigindo. Nessa altura da viagem, cada dia vale ouro.

— Já que estamos falando sobre uma melhor programação, precisamos discutir se vamos visitar as tribos do vale do rio Omo, no sul da Etiópia — diz Mika. — Li alguma coisa e achei interessante. É um dos raros lugares na África onde as tradições se mantêm quase totalmente intactas.

— Vi belas imagens das tribos do Omo tiradas por um fotógrafo alemão, Hans Silvester. Eram retratos de caras de crianças e adultos, pintadas de forma bem criativa, com frutas e flores em cima da cabeça — respondo. — As fotos pareciam produzidas, mas eram estupendas. Não sei se vamos encontrar o mesmo espetáculo.

— A região do Omo fica a 200 quilômetros do asfalto. Acho que podemos tirar alguns dias para isso. As imagens poderão completar a série de povos autóctones que temos: os bosquímanos, os Himba, os Maasai — Mikael insiste.

— Uma das francesas de Gondar me disse que os nativos do Omo cobram 2 birr por cada foto. Imagine o *frenesi faranji* que vai rolar — opino.

— Você não dá uma lembrancinha quando a pessoa colabora com uma imagem? Então será a mesma coisa. Tenho certeza de que o fotógrafo alemão deve ter dado uma boa doação aos vilarejos por onde passou — replica meu filho. — Pagar 27 centavos de real por foto não fará nenhum buraco em nosso orçamento, mas garanto que quem receber 2 birr vai apreciar muito.

Sem argumentos para rebater, concordo com Mikael:

— Vamos ter que apressar o passo e não parar em Adis Abeba na volta.

— Melhor ver as tribos do Omo do que uma capital africana — diz ele.

No final da tarde, com uma bela luz, chegamos a Aksum. Vamos à esplanada onde estão — de pé e deitados — dezenas de monolitos esculpidos para homenagear os soberanos aksumitas. O mais belo — e mais fotogênico, pois não tem nenhum cabo tratando de equilibrá-lo — é a Estela de Roma. Hoje, foi rebatizada como Obelisco de Aksum. A pedra, esculpida há 1.700 anos, passou várias décadas na capital italiana. O ditador Mussolini, ao saber que em seu protetorado havia tal objeto de arte, ordenou que a estela fosse levada de barco a Roma em 1937.

A escultura de 24,6 metros de altura ornou a Piazza di Porta Capena até 2002, quando um relâmpago fraturou a ponta do obelisco. Os etíopes aproveitaram a ocasião para solicitar a devolução da gigantesca peça de arte. Conseguiram: em 2006, após a pista do aeroporto de Aksum ter sido renovada, a estela retornou ao lugar de origem e, em 2008, foi erguida novamente.

A principal função dos obeliscos de Aksum era marcar o lugar das tumbas subterrâneas dos soberanos. Quanto mais alta a estela, mais importante o personagem enterrado. A família real ganhou estelas finamente decoradas, com portas e janelas falsas. O desenho, apesar de ter sido feito no século IV, tem linhas que lembram a arte moderna.

Poucos obeliscos estão ainda de pé. Das 120 pedras existentes no campo onde estou, consigo ver apenas uma dúzia na posição original. A Estela do Rei Ezana, também com 24 metros, é a única que conseguiu se manter ereta por 17 séculos seguidos. Mas hoje precisa de cabos de aço para ajudá-la a conservar o prumo.

A Grande Estela — óbvio — é a maior de todas. O obelisco tem 33 metros e foi o pedaço de pedra mais imponente que seres humanos tentaram erguer em algum lugar do planeta. Acredita-se que tenha caído e quebrado quando os engenheiros de Aksum tentavam levantar o obelisco, no início do século IV. Hoje, rompida em vários pedaços, a Grande Estela dorme sobre a grama e outras pedras. Por estar tão próxima, consigo vislumbrar os detalhes da decoração, como as janelinhas falsas e os frisos. Um trabalho artístico tão belo como o dos obeliscos egípcios.

Somos os únicos *faranjis* na esplanada dos monolitos. Mikael aproveita o céu azul e as raras nuvens brancas que passam atrás dos obeliscos para filmar em *time lapse*. A câmera registra apenas um *frame*, um quadro, a cada segundo — em lugar dos 30 quadros habituais. Assim, tudo é gravado 30 vezes mais rápido. O movimento de uma nuvem, quase imperceptível a olho nu, passa a ser veloz, dando um belo efeito no segundo plano. Com a câmera fixada no tripé durante quatro minutos, ele grava 240 quadros, equivalentes a oito segundos de imagem com o efeito acelerado.

Em frente aos monolitos, do outro lado da avenida, vejo um imenso santuário.

— É a igreja de Santa Maria de Sion — diz o guia Gebre, que acaba de rever, incrédulo, o resultado da filmagem em alta velocidade das nuvens. — É o templo mais importante da Etiópia.

— Mais importante do que as igrejas de Lalibela? — pergunta Mikael.

— Muito mais. Dentro da capela, entre as duas igrejas, está a Arca da Aliança — diz o guia, demonstrando um nobre orgulho. — Aksum foi o primeiro reino cristão no mundo e, depois de Roma, o maior deles.

Cruzamos a avenida de terra, entramos no recinto cheio de jacarandás e de outras árvores que sombreiam o jardim. Damos de cara com uma imensa igreja moderna redonda. Gebre vem atrás.

— A igreja foi inaugurada em 1964 pelo imperador Hailé Selassié. O primeiro templo cristão, que hoje não existe mais, foi construído no século IV, na mesma época que as estelas. Aksum é considerada o berço da cristandade na Etiópia — diz Gebre.

Damos uma volta ao redor do templo contemporâneo, de linhas circulares. O interior é iluminado pelos últimos raios de luz solar, que enfatiza o vermelho do tapete que cobre o assoalho. Gebre se detém em frente a um segundo prédio, menor:

— Esta é a igreja de Santa Maria de Sion, a antiga, construída em 1635 pelo imperador Fasíladas. Vocês estiveram em Gondar, não é mesmo? Então, foi o mesmo imperador que construiu o castelo que mandou edificar este templo — conta o guia. — A primeira igreja, a do século IV, antes de ser destruída pelos muçulmanos, foi visitada pelo frei português Francisco Álvares. Ele a definiu, em seu diário, como uma "nobre igreja, de cinco naves, com pinturas em todas as paredes e nos tetos". Essa igreja teria servido como modelo para Bet Medhane Alem, a maior de todas de Lalibela, que vocês devem ter visto.

São tantas informações, incluindo as conexões com Gondar e Lalibela, que é difícil montar o quebra-cabeça. Tento recapitular:

— Então, o desenho da igreja original de Aksum inspirou o imperador Lalibela a construir o maior dos templos de pedra. A igreja de Aksum é destruída pelos árabes da Somália e, em seu lugar, brota o santuário do imperador Fasíladas, que traz uma arquitetura parecida com a dos castelos de Gondar.

— E aquela capela atrás? — pergunta Mika.

— É a capela onde está guardada a Arca da Aliança. Dentro da arca sagrada, que mede 115 centímetros por 70, estão as Tábuas dos Dez Mandamentos. Vocês se lembram do filme de Indiana Jones *Os caçadores da arca perdida*? Tanto no Antigo Testamento como na história do filme, a arca tem o poder de tornar invencível o povo que a guarda.

— Como a arca foi parar em Aksum? — pergunto, sabendo que ninguém resolveu o mistério, nem mesmo Steven Spielberg.

— As lendas são muitas. Uma delas conta que a Arca da Aliança estava no Templo de Jerusalém, onde era zelada pelo Grande Sacerdote. Quando as tropas de Nabucodonosor II, da Babilônia, invadiram o Reino de Judá, em 587 a.C., o profeta Jeremias teria retirado a arca antes da destruição do lugar e a trazido até aqui — afirma Gebre.

O guia faz uma pausa, como se precisasse organizar seu pensamento:

— Outra história relata que a arca chegou à Etiópia bem antes disso, com o rei Menelik I, filho do rei Salomão e da rainha de Sabá, que era etíope. De retorno à terra natal de sua mãe, Menelik I recebeu a arca de seu pai e se tornou o primeiro rei judeu da Etiópia. Não se sabe se a arca que está aqui em Aksum é a original ou se foi uma réplica confeccionada pelo rei Salomão. Como isso aconteceu em 950 a.C., mesmo a cópia da arca teria quase três mil anos.

— Mas essa dúvida pode ser esclarecida se pesquisadores conseguirem datar a madeira com a qual ela foi confeccionada — alimento o assunto.

— Ninguém pode entrar no recinto onde está a Arca da Aliança. Segundo a tradição, apenas um monge pode ver a arca e cuidar dela. Atualmente o responsável é Abba Tesfa Mariam. Ele foi precedido por centenas de outros homens santos que tiveram como único objetivo na vida zelar pela arca. Antes de Abba falecer, ele deverá nomear seu sucessor. O monge escolhido deverá ser confinado na capela e passará o resto de sua vida queimando incenso e rezando em frente à arca — completa Gebre.

Saio dos templos de Santa Maria de Sion como se estivesse em outro tempo, em outro mundo. Para os etíopes, as histórias do rei Salomão e da rainha de Sabá parecem ter acontecido ontem e eles acreditam piamente no que a Igreja relata.

Mas muitas perguntas brotam na mente de qualquer ocidental. Por que os fiéis não podem ver a Arca da Aliança, mesmo se protegida com vidros de segurança? Essa permissão não serviria para alimentar ainda mais a fé? Será que a arca, tão sagrada para judeus e etíopes, está mesmo guardada em Aksum? Talvez o tempo ajude a resolver os mistérios. Apenas uma coisa é certa: Santa Maria de Sion é o primeiro templo cristão construído na África.

Cenários etíopes

Após nossas incursões ao mundo dos monolitos e das tábuas da lei de Aksum, descobrimos o Hotel Remhai, o melhor da cidade. O gerente, atencioso, nos deixa dormir na Nandi no estacionamento, com direito a chuveiro quente, gratuitamente. Sob duas condições: jantar no restaurante e usar o café internet. Mais do que uma obrigação, os dois requisitos são o que buscamos. A semana da Páscoa havia sido tão rica que eu nem havia pensando em checar mensagens. Duas horinhas em frente a um computador não são uma má ideia.

A noite em Aksum é marcada por mais uma noitada de futebol europeu. Do restaurante ou da sala de internet vejo dezenas de jovens animados passarem em direção aos fundos do hotel. Por curiosidade, aproveitamos uma pausa e seguimos os retardatários. Caímos em um imenso salão de festas transformado em cinema para 200 pessoas, todos homens. A tela gigante mostra a imagem com o segundo jogo do confronto entre Arsenal e Barcelona. Pagamos 4 birr (0,54 real) e estamos de volta à Etiópia do século XXI, um país de constantes contrastes.

Durante os próximos dias, pretendemos cortar a Etiópia de norte a sul, de Aksum, perto da Eritreia (que não podemos visitar, pois a fronteira está fechada), até o vilarejo Konso, porta de entrada do vale do rio Omo, no extremo do país. Ao contrário da primeira passagem pelo país, não teremos pressa para percorrer os 1.700 quilômetros de distância. Vamos parar sempre que uma bela foto ou um lugar interessante chamar nossa atenção.

As paisagens do norte da Etiópia são magníficas, com muito verde. Desfilam frente a meus olhos terras férteis e gente trabalhadora. Um dos espetáculos que fotografamos é o ritual da junta de bois arando a terra. O agricultor conduz os animais, introduzindo o arado no solo com a mão esquerda e usando, na outra mão, um chicote de couro de mais de dois metros para incitar o gado a caminhar. A grande surpresa é o tamanho dos chifres dos bois: eles têm quase o dobro do tamanho da cabeça do animal e desenham uma lua crescente sobre ela. Os cornos devem medir quase um metro.

Esse gado é chamado sanga, uma raça criada pelo cruzamento, há 3 mil ou 4 mil anos, entre o boi egípcio de chifres longos e o zebu indiano de corcova; esse teria chegado da Índia pela costa da Somália. O resultado é um animal forte, bem-adaptado ao clima do planalto etíope, capaz de trabalhar a terra 12 horas por dia. Ele mantém os chifres longos e ganhou uma minicorcova de zebu.

Quando nos aproximamos de algum vilarejo, além do cuidado redobrado e de diminuir a velocidade, reparamos nas mulheres carregando nas costas galões de 20 litros de água. Por ser mais prático e bem mais leve do que as jarras artesanais de cerâmica, os galões de plástico — de cores fortes, como amarelo, vermelho, azul ou verde — passaram a dominar a paisagem. Imagino que estarão cada vez mais presentes no mundo rural, uma vez que a água encanada ainda é uma realidade longínqua para milhares de vilarejos.

Também noto que muita gente caminha descalça. Não por opção, mas por falta de recursos. Pela janela, faço uma rápida avaliação. Oito ou nove de cada dez homens estão calçados, mesmo que seja uma simples sandália. A maioria das crianças também tem calçados: aqui na região do Tigré, duas de cada três caminham com sapatos. Já a situação das mulheres é deprimente. Mais da metade não está calçada. Nem mesmo um chinelo barato chinês. Em alguns vilarejos, as mulheres com sapatos podem chegar a ser apenas uma ou duas em cada grupo de dez. Minha pesquisa é empírica, nada científica e não pode ser generalizada, mas o resultado do que vejo na beira da estrada me deixa triste. Imagino que no interior, a 30 ou 50 quilômetros das grandes vias asfaltadas, a situação seja bem pior.

Passando por um vale esmeralda, cortado por um fio brilhante de água e salpicado por pontos negros — cabeças de gado — resolvemos parar para um lanche. Mas, em poucos minutos, os meninos que cuidam dos animais, lá embaixo no vale, descobrem os visitantes. Engolimos o pedaço de pão com velocidade quando vemos mais de 20 garotos correndo em nossa direção. Seus gritos de guerra *you-you-you, faranji* estão cada vez mais próximos. Em vez de entrar no carro e sair em disparada — como fizemos algumas vezes — resolvemos encarar a invasão.

Eles chegam excitados. O inglês dos meninos se limita a frases pedintes, *give me pen* (me dá caneta), *give me food* (comida), *give me water* (água), *give me five birr* (não cerveja, mas a moeda local). Para uma tropa desse tamanho, não há presente que chegue. Impossível dividir nossos últimos dois pães com 22 bocas. Mas o que fazer com a caneta que tenho no bolso da camisa, já descoberta pelos olhares infantis? Um deles, mais esperto, dá um salto e tenta arrancá-la. O ambiente de amabilidade se transforma em leve agressividade, contrabalançada apenas pelo coro das risadas soltas. Os maiores, para impressionar os pequenos, começam a gritar e a ordenar que eu dê alguma coisa, como se fôssemos reféns.

Só sairemos ilesos se deixarmos alguma coisa com eles — essa coisa será a caneta. Com gestos, explico que temos apenas uma lembrança para todos eles. Por isso, vamos organizar uma brincadeira. O primeiro a agarrar a caneta leva. Eles entendem e topam o jogo. O ambiente volta a ser lúdico, não de voracidade. Mikael leva o grupo a uns 50 metros da beira da estrada, do outro lado de um campo recém-arado. Levanto o braço e mostro a caneta. Mikael dá a partida e os meninos correm em minha direção.

Durante os 20 segundos em que eles galopam, tenho a nítida impressão de que acabo de cometer um erro. Na ânsia de agarrar a caneta, os meninos vão se jogar em cima de mim, sem medir condutas. Eles se aproximam em passos velozes, vencendo as irregularidades do terreno — um menorzinho fica para trás, dois tropeçam nas valas cavadas pelos bois e desistem.

Três estão na dianteira. Suas mãos esticadas, como se empunhassem espadas, miram o objeto entre meus dedos. Os últimos cinco metros são ferozes. Sinto que três mãos me atacam, uma agarrando o braço, outra puxando meu punho para baixo e uma terceira agarrando o tesouro. Em décimos de segundos, dedos e mãos disputam, com ganância, a caneta que já larguei. A rixa é tão intensa que eles destroem o frágil objeto, não desenhado para passar por uma prova de *frenesi faranji*.

Aproveitamos o momento frustrante para entrar no carro, dar partida e acelerar. Somos perseguidos, durante dezenas de metros, pelo bando de garotos, que continuam gritando, em coro, *you-you-you, faranji*. Alguns ameaçam jogar pedras, mas estamos fora do alcance.

— Passamos por nosso *frenesi faranji*. Não imaginava que eles seriam tão agressivos. Destruíram a caneta — responde Mikael.

— Não podemos entrar nessa onda. Um deles pode se machucar e aí a comunidade vem em cima da gente — afirmo. — Da próxima vez, melhor ignorar e cair fora, como fazem os outros estrangeiros.

— O triste é que eles precisam mesmo de caneta, de água, de comida, de qualquer coisa — nota Mikael. — Aqui na Etiópia as pessoas no meio rural são de uma pobreza que nunca vi antes.

— Mas distribuir presentes e mantimentos só aumenta o comportamento assistencialista, à espera de que os *faranjis* ou o governo atendam às carências — observo. — Quando perguntei a Amde Mikaele, lá em Maychew, se as crianças também pediam coisas, ele respondeu que sim, que elas também entram na onda de pedir esmola. Amde disse que nunca dá nada, justamente para não criar uma maior dependência.

Nem todas as crianças consideram os viajantes — locais ou estrangeiros — como uma fonte de doações. Após deixarmos o vale e passarmos por uma cadeia de montanhas, a estrada volta a se transformar em um festival de curvas fechadas. Em baixa velocidade, avistamos uma meia dúzia de meninas perto de uma bica natural. A água escorre da montanha e, ao cair no chão, forma uma poça transparente. Manchas alaranjadas estão dentro da água e nas mãos das meninas. Mikael, na direção, diminui a velocidade e resolve parar quando vê que elas oferecem cenouras.

— *Faranji, two birr, please* — afirma a menina mais velha, cobrando apenas 27 centavos de real por um maço de seis cenouras.

Ela enfia as cenouras, presas pelos talos, janela adentro, à espera do pagamento. Enquanto isso, outras crianças também querem vender seus produtos pela outra janela. Em sã consciência, não posso pagar tão poucos centavos por meio quilo de cenoura. Pego uma. Ela está fresquinha, quase gelada, pelo contato com a água que desce da montanha. Com o raspador, limpo a casca e dou uma mordida.

— Mikael, está uma delícia. Muito doce, suculenta, crocante. A melhor cenoura da viagem! — afirmo.

— Vamos ajudar a criançada.

Resolvemos comprar um maço de cada criança e pagar o dobro do preço pedido. São seis crianças, faço as contas e arredondo para 30 birr. Para elas, é muito dinheiro e elas não entendem por que queremos pagar 5 birr em vez do preço normal. Ninguém faz isso na Etiópia. Entrego três notas de 10 birr para a vendedora mais velha para que ela reparta — devem ser todas de uma mesma família. As meninas ficam alegres com a venda inesperada e nós nos sentimos um pouco mais solidários com a população rural sofrida, mas que sempre mostra um sorriso. Antes de partirmos, uma das meninas corre até a janela e entrega mais um maço, de graça. Temos 4 quilos de cenouras e colocamos tudo na geladeira. Ficará como uma bela lembrança etíope.

As montanhas aparecem, crescem e somem. A paisagem é tão variada como a qualidade do asfalto. Alguns trechos são novos, mas esses, quando surgem, nos dão apenas minutos de alívio. Logo enormes buracos germinam em um asfalto cinzento, quase branco de tão velho. Há obras de manutenção ou renovação em vários pontos. Quando passamos por Debre Sima, somos avisados de que o túnel adiante está interditado para reformas. A única solução é usar o antigo caminho de terra, que dá a volta por cima da montanha.

Os números no altímetro de Odé não param de crescer e passamos a marca dos 3 mil. Subimos mais um pouco e atingimos 3.240 metros de altitude. Como a estrada começa a descer, resolvo parar para documentar a maior altitude de toda a viagem. Nandi sente um pouco a falta de oxigênio, mas continua firme.

A descida corta parcelas agrícolas que vibram de fertilidade. O local é tão exuberante que as pedras da estrada e as curvas fechadas passam despercebidas. Paramos para preparar o sanduíche oficial: abacate, tomate, molho de salada e fatias de queijo etíope — algo entre provolone e mozarela — comprado em Gondar.

Como estamos em uma estrada que só é utilizada em casos de emergência, noto que as pessoas daqui estão menos acostumadas com o movimento constante de ônibus e de vans — quanto menos com um *faranji*. Em qualquer outro lugar da Etiópia, estacionar na beira do caminho para comer um sanduíche significa ter de lidar com uma horda de crianças que aparece do nada e quer um pedaço de alguma coisa. Aqui é diferente. Surgem dois meninos, mas eles se mantêm a distância, do outro lado da estrada. Quando encaro os garotos, eles desviam o olhar, tímidos. Mas é óbvio que gostariam de comer alguma coisa diferente ou receber um pedaço de doce.

Ao terminar de comer, sobram dois pães e um pedaço de abacate. Chamo os meninos. Eles relutam, mas atendem ao pedido. Ofereço os alimentos. Cada um fica com um pão e agradece. A surpresa é com o abacate. Um deles cheira o fruto com uma cara inquisitiva e passa para o outro, que morde um pedacinho, como se fosse para provar. A cena confirma que nenhum dos dois teve, até agora, a oportunidade de comer um abacate. De fato, vivem em uma região de altura, onde não existem abacateiros, e, isolados nas montanhas, não têm acesso a produtos de regiões mais quentes.

Morrer de fome na Etiópia, ninguém morre mais — isso em condições climáticas normais, que fique claro. No mundo rural — onde habitam 83% da população do país, quase 75 milhões de bocas — existe o mínimo para a sobrevivência. As terras que dão o sustento às famílias etíopes são trabalhadas intensamente pelas comunidades, mesmo com técnicas ineficientes e de forma artesanal.

O problema acontece quando algum imprevisto climático, como uma seca, afeta o equilíbrio tênue, sempre por um triz. Foi o que aconteceu em 1984. A quantidade de chuva assustadoramente baixa e um governo despreparado (que priorizava o combate aos insurgentes) mataram mais de um milhão de etíopes de fome em quatro províncias no norte, nordeste e leste do país. Mais de oito milhões de pessoas sofreram o impacto político-ambiental.

A catástrofe provocou um despertar de consciência e o cantor e ativista Bob Geldolf decidiu realizar um concerto duplo nos Estados Unidos e na Inglaterra — Live Aid — em julho de 1985 para ajudar a Etiópia. Os shows musicais de 16 horas contaram com os astros dos anos 1960, 1970 e 1980, como Madonna, U2, Paul McCartney, Elton John, Bob Dylan, Led Zeppelin, Mick Jagger e Tina Turner. Cerca de 50 milhões de libras (equivalentes hoje a 130 milhões de reais) foram arrecadados durante o espetáculo para combater a fome na Etiópia. Esse cenário tão drástico jamais se repetiu, mas ONGs continuam a captar recursos para combater a fome, apelando para as imagens chocantes da tragédia.

Barragem à vista

Nosso plano é evitar Adis Abeba. Mas paramos em um supermercado na periferia da capital para comprar papel higiênico, papel-toalha, granola, molho de salada, um pacote de manteiga e outro queijo. Pão, tomate, abacate e banana conseguimos sempre na beira da estrada.

Interessado em saber mais sobre os povos do vale do Omo, eu havia pedido a Flavia para pesquisar o tema. Ela conta, por telefone, que a ONG Survival International, com sede em Londres, lançara uma campanha para proteger a região e os povos que vivem lá, pois uma usina hidrelétrica está em construção no rio Omo.

Exatamente na hora em que passamos por Adis Abeba, com boa conexão no celular, recebo uma chamada de Fiona Watson, que trabalha na ONG. Ela explica a situação:

— A construtora italiana Salini assinou contrato com o governo etíope para a construção da barragem. A usina vai inundar uma grande área e isso terá um impacto negativo nas tribos que vivem do pastoreio e da agricultura. E mais, violando as leis do país, o contrato foi entregue à empresa italiana sem passar por uma concorrência oficial. Os povos do Baixo Omo nunca foram consultados a respeito.

— Você tem algum contato na área? — pergunto.

— Tenho sim, é um norte-americano que conhece bem a região. O nome dele é Bob. Não posso revelar a identidade completa dele, pois ele pode correr perigo se o governo descobrir que está passando informações para a Survival International — afirma Fiona.

Correr perigo? Identidade camuflada?

— Segundo os especialistas, a barragem vai alterar o sistema de cheias do Omo e os sedimentos ricos em matéria orgânica não vão mais chegar aos campos daqueles que vivem às margens do rio. Outro impacto será a redução do volume de água, o que poderá eliminar parte da mata ciliar e tornar a região ainda mais seca. O problema é grave — conclui Fiona.

Por essa história eu não esperava. A ideia inicial era conhecer algumas tribos do Omo e tirar belas fotos. Embarcar em uma campanha anti-hidrelétrica será mais arriscado. A construtora Salini não deixará nenhum estrangeiro, mesmo com a bandeirinha do Brasil na janela do carro, visitar a obra. Mas me comprometo a seguir o assunto. A conversa continua com Mikael:

— O tema energia é complexo. Mesmo se uma hidrelétrica produz uma energia mais limpa do que as termelétricas a óleo ou a carvão e de uma forma menos perigosa do que uma usina nuclear, o impacto de uma barragem nunca pode ser negligenciado — comento. — No Brasil aconteceram erros brutais nos anos 1980, como a construção da usina Balbina, no Amazonas. Uma área imensa foi inundada e a vegetação foi engolida pela água. Os troncos de árvores podres provocaram uma alta emissão de gases de carbono, muito maior do que a produzida por uma termelétrica. As burradas do passado não deveriam se repetir no presente e no futuro.

— Sem contar os impactos sociais — lembra meu filho.

— Essa é a pior parte. No Brasil, quando uma população de dezenas de milhares de trabalhadores, de várias partes do país, flui para um mesmo local, essa massa de gente deixa marcas permanentes. É um rastro de prostituição, de crimes, de grilagem de terras e de desmatamentos. Quando isso acontece perto de territórios indígenas, o impacto cultural é ainda mais perverso.

— Aqui na Etiópia será complicado. A chegada de trabalhadores a uma terra virgem como a do Omo vai provocar uma mudança cultural drástica.

Enquanto conversamos sobre os problemas de energia do planeta, nos deparamos com uma longa fila de caminhões. São carretas duplas: cada caminhão transporta dois contêineres longos. Mikael aproveita uma reta e ultrapassa o primeiro, o segundo e o terceiro, todos de uma vez. Temos mais oito ou nove pela frente. Um logo retangular vermelho, colado na porta da jamanta, chama minha atenção: Salini Costruttori. É a empresa italiana! A barragem é uma realidade mesmo: as duas dúzias de contêineres viajam em direção ao sul, para a represa Gilbel Gibe 3, no rio Omo.

Capítulo 17

Tribos do vale do Omo

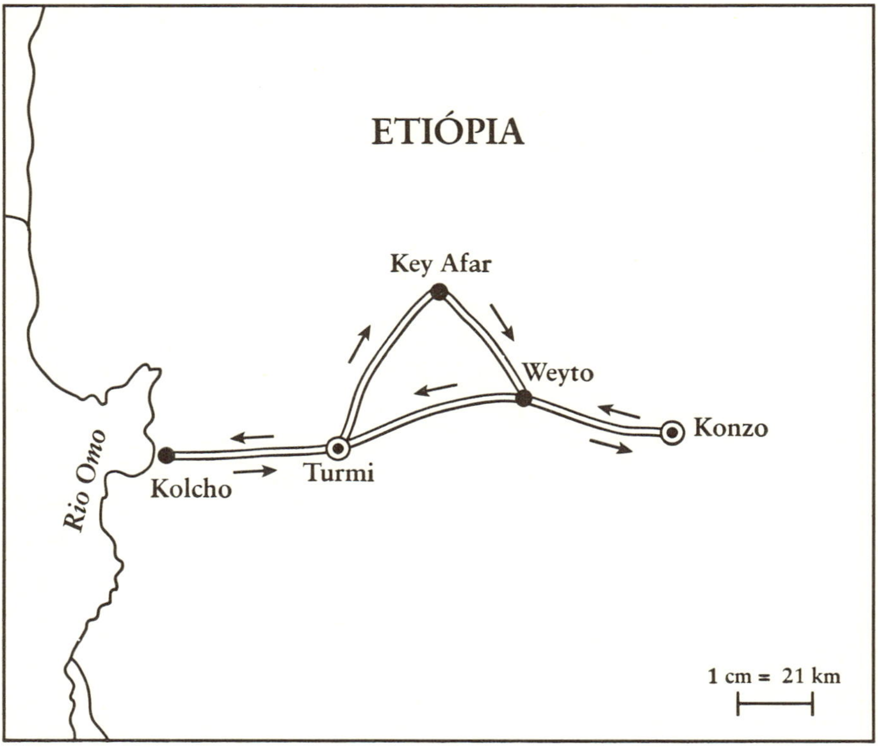
ETIÓPIA
Key Afar
Weyto
Konzo
Turmi
Kolcho
Rio Omo
1 cm = 21 km

A fúria do Kaske

É na pousada Strawberry Fields — uma alusão à música dos Beatles e ao "oásis verde no meio da poeira de Konzo", segundo o folheto — que conheço Adimas Gabayo Genebo. Enquanto como um prato vegetariano, preparado com verduras orgânicas da horta que segue os princípios de permacultura, escuto Adimas contando que é guia turístico e que viaja com um *faranji* francês, Jacques. Seguem amanhã cedo para as terras do vale do rio Omo.

— Nós também — respondo, mais interessado agora no novo amigo e em suas dicas do que nas verduras temperadas.

— Imagino que vocês têm a permissão para entrar nas terras do Omo — pergunta Adimas.

Que permissão? Nenhum guia, nem o *Lonely Planet*, menciona que precisamos de uma autorização para entrar na região. Mikael ouve Adimas com mais atenção.

— Temos algumas cartas que nos apresentam. Como é essa autorização? — pergunto.

Adimas retira da pasta uma folha de papel escrita em amárico, idioma oficial da Etiópia. Não entendo nada, mas ele diz ser a autorização de entrada nas terras comunitárias.

— Não se preocupe. A autorização é em nome de minha empresa, Black Lion Tour. Amanhã, colocaremos o logo da Black Lion no vidro de seu carro e entraremos juntos — afirma Adimas.

*

Acordamos antes de o sol nascer, comemos nossa banana com granola no estacionamento da Strawberry Fields e Adimas cumpre a promessa. Traz um decalque plastificado com a imagem de um leão e as três cores da Etiópia — verde, amarelo e vermelho. Ele cola o logo circular no canto superior do para-brisa.

— Quando chegarmos ao posto policial de entrada, daqui a 40 quilômetros, não saia do carro. Pagarei a taxa de 50 birr ao Conselho Cultural dos Povos do Vale do Omo — avisa Adimas, já pedindo o dinheiro adiantado. Entrego a nota alaranjada, com confiança.

Durante uma viagem como a nossa, os encontros com as pessoas certas são chamados de sorte. Prefiro pensar que é obra do plano cósmico ou de uma conspiração auspiciosa. Cada encontro tem uma razão de ser.

São 10h quando chegamos a Weyto, onde a estrada faz uma bifurcação para nosso destino, Turmi, vilarejo a pouco mais de 100 quilômetros das fronteiras do Quênia e do Sudão. Vamos adentrar o vale do rio Omo, terra de uma dúzia de etnias que ainda vivem um cotidiano baseado em suas regras tradicionais, fora da cultura cristã ortodoxa e muçulmana. Usam suas vestimentas, falam seus idiomas, honram suas divindades e mantêm suas festas e seus valores.

Os pastores escolheram uma vida seminômade: os animais precisam de novos pastos. Outras tribos se tornaram agricultoras e seguem uma vida sedentária para cuidar da lavoura. Estou na extremidade sul da Etiópia, uma terra isolada, longe da civilização moderna. Aqui deixamos o asfalto, as torres de celulares e as benesses do século XXI para conhecer uma África tribal.

Adimas encosta o carro ao lado de uma palhoça que serve refeições locais. Peço dois *shiros*, a *injira* com pasta picante de grão-de-bico. Adimas aprova o pedido. Jacques prefere um espaguete com molho de tomate, opção mais segura. O guia conta que, antes de chegar a Turmi, teremos de cruzar o rio Kaske:

— Tenho medo do rio. As enxurradas já levaram muitos carros e caminhões.

— Mas o tempo está firme, não há nenhuma nuvem no céu. O rio deve ter hoje pouca água — afirmo.

— O problema não é aqui, é nas montanhas. Lá pode ter chovido e não sabemos. O *flash flood,* a cabeça-d'água, chega de repente. É uma questão de minutos.

Já havia ouvido falar sobre cabeças-d'água, mas nunca vi uma. O caso mais próximo havia ocorrido na Serra dos Órgãos, em Teresópolis. Mas aqui na Etiópia, um país seco desse jeito, uma cabeça-d'água não deveria causar tanto alarde. Adimas deve gostar de contar aventuras para impressionar os *faranjis.*

No início da tarde chegamos ao Kaske. Adimas sai do Land Cruiser e dá alguns passos no leito seco — completamente seco. Ele regressa ao veículo e faz sinal de que podemos seguir adiante.

— Muito barulho por nada. O leito do rio não tem nenhum fio de água e não há nuvem no céu — digo eu.

— Sempre é divertido amedrontar os turistas. O francês deve ter ouvido muitos casos durante a viagem — responde Mikael.

Três quilômetros depois estamos no modesto restaurante do Tourist Hotel, em Turmi. Peço outro prato de *injira* com *shiro* — estou viciado em *injiras* — e converso com Adimas sobre o mercado que acontecerá no dia seguinte, razão principal da vinda dele ao local.

No final da tarde, de estômago cheio, voltamos pela mesma estrada para passar a noite no camping Mango, à beira do rio Kaske. Sentado à sombra de enormes mangueiras, converso com os locais sobre a situação dos povos do Omo. O ambiente bucólico é rompido por gritos estridentes de crianças, seguido por um barulho incomum. Parece um trovão contínuo, que se aproxima rapidamente. Sigo minha intuição e, de câmera em punho, corro em direção ao Kaske. Dois rapazes estão no meio do leito seco do rio, pulando de excitação. Posso ver a primeira onda da cabeça-d'água que chega. Eles chutam e gritam, como que desafiando o *flash flood*, a inundação-relâmpago. A onda tem menos do que um palmo de altura. O máximo que pode acontecer é molhar os pés dos atrevidos.

O estrondo aumenta. A explosão de lama e de pedra desce com intensidade. O nível do rio sobe: dois palmos, meio metro. Agora, a água alaranjada cobre todo o leito, de margem a margem. Impossível atravessar, o Kaske vem com força total. Difícil acreditar que o leito estava seco há poucos minutos.

Noto que há ciclos mais fortes: ondas e correntezas que aparecem e crescem em lugares onde há pedras embaixo. O fenômeno atrai a atenção dos que estão por perto, fascinados pela energia que beira o sobrenatural. Em pouco tempo, a natureza cria uma barreira intransponível.

Do outro lado do rio vermelho, vejo caminhões e camionetes.

— Não poderão passar hoje. Terão que esperar até amanhã. Não há como atravessar o rio. Os que tentaram, no passado, perderam seus veículos — diz o encarregado do camping. — Na época das chuvas, as cabeças-d'água acontecem uma ou duas vezes por semana.

Não apenas os viajantes na estrada de Konzo a Turmi são pegos de surpresa pela descida do Kaske. Amanhã, segunda-feira, é o dia do mercado em Turmi, ponto de convergência semanal dos nativos Hamer, uma das etnias mais populosas do Omo. Eles moram em vilarejos a 20 ou 30 quilômetros de distância e caminham um ou dois dias para vender seus produtos e comprar os que necessitam. Muitos dos Hamer moram do outro lado do rio.

Adimas chega em seu veículo. Ele estava no vilarejo, soube da enxurrada e veio ver a subida repentina das águas. Quando me vê, ele abre um sorriso e declara, vitorioso:

— Você achou que eu estava exagerando, não foi? Mas o rio Kaske é assim mesmo. Do nada ele aparece. Aqui em Turmi não caiu um pingo de água, mas choveu nas montanhas. Poucas horas depois, o rio chega como um estrondo.

Admito que ele tinha razão. O espetáculo é bem mais impressionante do que suas palavras.

Cerimônia do Café

Todos os mercados do mundo possuem algo em comum: acontecem de manhã cedo. Em uma região quente como esta — deixamos o planalto etíope e estamos a apenas 910 metros de altitude —, faria mais sentido dar início às compras e às vendas ao alvorecer, quando o ar ainda está fresco. Não é o que acontece em Turmi: o mercado ao ar livre abre às 10h, mas somente depois das 11h30 é que o movimento aumenta.

Para matar o tempo, nos reunimos com Adimas em uma varanda aberta de uma modesta pousada para tomar café. Mikael aprecia o convite. Afinal, o café teria sua origem nas montanhas da Etiópia — ou nas montanhas do Iêmen, como escrevi quando estive naquele país em 1975.

Aparece uma mulher alta e sorridente. Estimo que tenha mais de 30 e menos de 40 anos. Veste uma camisa solta de mangas curtas e uma calça larga e aérea, ambas feitas com o mesmo tecido fino vermelho e turquesa. Seus olhos negros grandes e amendoados lembram as imagens dos querubins de Gondar. Ela se chama Elsabet, é a *Coffee Lady*, a Senhora do Café.

Ela traz os apetrechos para a Cerimônia do Café e um pequeno forno de cerâmica, em forma circular, com brasas quentes. Coloca uma placa de ferro, também redonda, sobre o calor ardente, abre um saco e retira uma caneca de grãos secos e inteiros de café para jogá-los sobre a placa. Com se estivesse penteando sua filha, acaricia os grãos com uma colher para não deixar nenhum deles parado no mesmo lugar por mais de uns segundos. Joga algumas gotinhas de água sobre a placa e o ruído saltitante do líquido que se evapora deixa todos à sua volta hipnotizados por seus gestos delicados e harmoniosos.

À medida que os grãos perdem sua cor gris esverdeada e ganham um tom bronzeado, um aroma forte toma conta do ambiente. Quem já tostou café de forma artesanal reconhece a fragrância. Não gosto de café, mas o perfume do café torrado embriaga qualquer um, inclusive eu.

Elsabet continua tostando seus grãos e cuidando deles até que ganhem uma coloração vermelho escuro ou marrom mais denso, quase negro. Ela retira a placa da brasa e, enquanto os grãos continuam a encher o ambiente com o odor sensual, se levanta para buscar, em um pequeno depósito, não muito longe de onde estamos, um pilão de madeira. Regressa e derrama as sementes torradas no instrumento longo e estreito.

Acompanho seus movimentos precisos, documentando o ritual. Ela sai da varanda e encontra um espaço no pátio, a alguns passos de onde a meia dúzia de espectadores está reunida. Ela segura o pilão com vigor e, em um movimento cheio de graça e cadência, o move para cima e para baixo. O sorriso de Elsabet é malicioso e, apesar de eu estar concentrado na fotografia, ela quer que eu saiba que seu ritual tem um duplo sentido. Mesmo por trás da câmera, noto uma leve e rápida agitação de sua língua rosada sobre seus lábios carnudos. Os últimos movimentos, para terminar de moer os grãos, são claramente sensuais. No ângulo em que ela se encontra, de costas para o pequeno público, seus gestos luxuriosos são reservados apenas para mim.

Ela conclui a moagem, derrama o pó do café em um prato fundo e o leva de volta à varanda, onde estava sentada, junto ao fogo. Ela volta até o pilão — perto do qual permaneci — e, com um sorriso e um leve gesto de mão, pede que eu a ajude a levá-lo até o depósito onde o guarda. Coloco a câmera nos ombros, me levanto e sigo seus passos. Elsabet caminha em direção ao quartinho, fora do campo de visão dos que participam da cerimônia. Faz sinal para eu abrir a porta, obedeço e entro. Elsabet segue, fecha a porta atrás dela e deixa os utensílios no chão.

O ambiente é de uma penumbra aconchegante. Sem palavras, ela se aproxima e me dá um abraço carinhoso. Sua mão esquerda circunda meu pescoço, a direita envolve minha cintura. Aceito a surpresa. Sinto meu corpo solto. Boa a sensação de sentir uma mulher ao meu lado, me apertando com doçura, depois de tantos meses sem esse contato. A mão que envolve meu pescoço faz leves carícias na nuca.

Gentilmente, ela torna uma de minhas mãos e a coloca sobre seu seio esquerdo. Deixo-me ser levado. Ela aproxima seus lábios dos meus e os beija delicadamente. Sinto um leve sabor de café tostado em sua boca.

Duas respirações longas marcam o fim da inesperada cena de carinho e, lentamente, os corpos se afastam. Como se nada tivesse acontecido dentro do depósito, ela abre a porta, confiante e segura, e caminha rumo à varanda para continuar a cerimônia.

Sigo seus passos, sem saber exatamente o que aconteceu dentro do escuro do depósito. Quando entrei, pensava apenas em ajudá-la, uma mão adicional para carregar o pilão. Não esperava nenhuma retribuição, muito menos a de carícias que fizeram despertar, por rápidos segundos, uma energia em hibernação. Elsabet não é muçulmana, o que permite a ela ter um comportamento mais espontâneo.

Sobre o fogo está uma cafeteira de cerâmica artesanal, com um pescoço longo e fino. Dentro, a água está em ebulição. Elsabet a retira das brasas e, com o mesmo carinho com que me abraçou alguns minutos antes, faz o pó do café penetrar pelo pequeno orifício. Tampa a jarra e deixa no fogo.

É o cheiro que anuncia quando a cocção está pronta. Ela despeja o líquido negro em cada uma das xícaras brancas apoiadas na bandeja. O fino jorro cai de uma altura de 30 centímetros, criando um pouco de espuma. Sua mira é certeira. Com um sorriso nos lábios, oferece uma xícara a cada um. Agradeço com um olhar malicioso. Levo a xícara ao nariz e aspiro profundamente o aroma para recordar este momento lúdico com Elsabet. Mas não bebo.

Dia de mercado em Turmi

Passa das 11h. Mikael, de café tomado, e eu, de energia desperta, seguimos a pé até a praça central. Um mar de gente Hamer veio das aldeias e ocupa os espaços para vender e comprar produtos. Todo mercado africano era assim há 50 anos. Por Turmi estar fora das rotas de comércio, aqui não existem coisas de plásticos ou trastes *made in China*. As mercadorias expostas são de necessidade básica, comida para sobrevivência.

Vejo mais mulheres do que homens, todas vestidas com roupas nativas. Elas levam um longo pedaço de pele de cabra pendurado no pescoço, cobrindo a frente do corpo. A borda da pele é decorada com dezenas de búzios. As laterais estão abertas, deixando transparecer os seios. As costas estão nuas. Reparo que algumas adolescentes usam a pele de cabra em diagonal, revelando um dos pequenos seios.

No pescoço levam colares conforme a idade e o status. As adolescentes adornam seus pescoços com gargantilhas largas confeccionadas com dez a quinze fileiras de contas. A cor preferida é a vermelha, mas o turquesa, o amarelo e o preto também fazem parte do adereço. Fileiras de contas vermelhas e amarelas estão presas em várias partes da pele de cabra. Os enfeites não acontecem por acaso e expressam significados simbólicos.

Perambulo devagar, meus olhos buscando a harmonia das formas e das cores; minha mente afirma que estou, de verdade, em território nativo, longe da cultura ocidental. Um dos últimos bastiões de tribos de tradição pastoril. Que oportunidade única!

Noto que as mulheres casadas possuem no pescoço argolas de ferro. A maioria delas leva duas ou três, sempre decoradas com figuras geométricas simples, como triângulos e barras paralelas.

— As argolas são chamadas *esente* e indicam o prestígio e as posses do marido — diz Adimas, ao me encontrar. — Repare que algumas mulheres usam uma argola diferente, com uma protuberância de metal, parecida com um pequeno pênis. Esse realce, chamado *binyere*, significa que ela é a primeira esposa do marido.

Jovens, adultas e idosas sempre usam uma meia dúzia de colares largos que caem do pescoço até a altura dos seios. Eles são confeccionados com sementes, pedaços de madeira ou contas de plástico. Todas as mulheres possuem um penteado semelhante. Os cabelos são curtos, com uma franja. Atrás são mais longos e podem chegar até os ombros. Os cabelos são enrolados em pequenos cachos e untados com uma pasta vermelha. Esse creme também é usado ao redor do pescoço. Com respeito, peço a permissão a uma jovem para tocar, com um dedo, seu ombro lambuzado com a pasta. Levo meu indicador oleoso de volta ao nariz e uma conexão olfativa acontece:

— Mikael, você notou o creme que elas usam ao redor do pescoço? — pergunto, já adiantando a charada. — Acabo de cheirar e é uma mistura parecida com a que as mulheres Himba usam, apenas um pouco mais líquida.

— Como pode acontecer isso, se as Himba vivem na Namíbia, a 4 mil quilômetros? — pergunta.

— Os Himba também são pastores, como o povo Hamer. As tradições se propagaram por milhares de quilômetros e inúmeras décadas. Basta que a matéria-prima exista; no caso, a gordura animal e o mineral ferroso.

Adimas confirma que os Hamer produzem manteiga e que as mulheres usam a gordura no corpo e nos cabelos, misturado com o pó de uma pedra vermelha. Exatamente como fazem as mulheres da Namíbia.

— Você pode entender a base da economia dos Hamer pelos produtos que eles vendem e compram — assinala Adimas. — Eles trazem ao mercado manteiga, leite, mel e animais. E levam de volta sorgo, milho e folhas de tabaco. Eles são mais pastores do que agricultores, embora alguns plantem cereais.

Os Hamer também vendem artefatos que produzem para uso próprio. Eles sabem que o mercado de Turmi atrai alguns *faranjis* interessados em adquirir objetos nativos. Caminho em direção à área do mercado reservada ao artesanato e lá encontro homens e mulheres que exibem, em mantas estendidas no solo, uma diversidade de colares, gargantilhas, braceletes de ferro, peles de cabra decoradas com contas e objetos utilitários.

Acabo interessado por uma borduna de madeira de 70 centímetros de comprimento. A "lâmina" é decorada por linhas que criam losangos vazios e triângulos cheios. Após uma boa negociação, selamos a compra. Outro utensílio que chama minha atenção é o *borkoto*, um minibanco de 15 centímetros de altura que serve para apoiar a cabeça. Todos os homens levam um *borkoto* nas mãos, quando viajam à cidade ou vão para o mato. Ao se deitar no solo, colocam a cabeça no encosto de madeira. Além de mais conforto, o objeto permite um melhor campo de visão, uma vez que o corpo fica ligeiramente inclinado para a frente. O *borkoto* é feito de uma só peça de madeira e decorado com motivos geométricos.

Compro um *borkoto* de um ancião chamado Gumar. Ele parece ter um pé nas terras Hamer e outro no mundo etíope. Nos últimos anos, de tanto conversar com *faranjis*, conseguiu desenvolver um vocabulário razoável em inglês. Durante a negociação, observo que tem escarificações pelo corpo. A primeira resposta que recebo é que as marcas fazem parte da tradição de seu povo. Insisto no tema, com respeito, tendo ouvido outras versões mais detalhadas.

— São marcas de homem valente. Quando Hamer mata leão, elefante, animal feroz ou inimigo, ele ganha sinais no corpo — explica Gumar.

— Você tem marcas diferentes no peito, nos braços e no rosto. As marcas significam vitórias diferentes? — pergunto, me aprofundando no assunto, com cuidado.

— Você é esperto — responde Gumar; ele olha para o infinito como se estivesse voltando às imagens de quando era um forte guerreiro. — A marca no braço esquerdo foi quando consegui matar duas hienas. Um bando atacava meu gado. Fui corajoso, eu estava armado apenas com uma lança. Mas não perdi nenhuma vaca. A comunidade me considerou como herói.

— As hienas são muito perigosas. Você teve muita coragem! E a outra marca?

Gumar reluta em responder. Deve ser um tema delicado. Mas ele sabe que um *faranji* é apenas um viajante e, como todo homem audaz, orgulhoso de suas proezas:

— Existem aqui diferentes tribos, Hamer, Karo, Arbore, Galeb. Sempre tivemos conflitos entre tribos. Também roubamos gado uns dos outros. Faz parte de nossa vida — conta o ancião. — Uma noite vi que um Galeb roubava meu gado. Consegui segurar o homem e lutamos muito. Eu era mais forte. Dei uma pancada com um pedaço de pau e ele morreu.

Gumar abaixa a cabeça. Fico quieto. Qualquer palavra, positiva ou negativa, pode soar falsa.

— Meus parentes escutaram a briga e vieram ver o que acontecia. Consegui evitar que o ladrão levasse os animais e meu clã me considerou como um guerreiro valente. Ganhei a marca no braço direito, o braço que usei na luta.

Evito comentários. Deixo o silêncio preencher o espaço.

— Não gosto de matar pessoas, mesmo um ladrão — esclarece Gumar. — Hoje o governo etíope não quer mais lutas entre tribos. Os homens que aparecem com marcas novas, depois de ter matado uma pessoa, podem ir para a prisão. Os que fazem as marcas também.

Talvez a terceira escarificação, no rosto, não precise de explicação. Fico em silêncio durante alguns minutos para absorver a conversa, sem fazer nenhum julgamento. Nenhum animal ou ser humano é perdoado por tentar roubar uma cabeça de gado, essência da vida dos Hamer.

Mikael está de olho em um *borkoto* e se aproxima na hora certa. Apresento meu filho a Gumar, agradeço a conversa e caminho em direção ao centro do mercado. Adimas acompanha o francês, mas, ao me avistar, corre em minha direção. O sorriso aberto denota uma notícia boa:

— Estamos com sorte. Hoje à tarde teremos a cerimônia *bullah*, a mais importante da tribo Hamer. É um rito de passagem, quando os jovens passam a ser homens — diz Adimas. — Será do outro lado do rio Kaske, onde vimos a enxurrada ontem. Combinei com a família que faríamos uma doação de 100 birr por pessoa para poder assistir à cerimônia e fotografá-la. Será uma boa ajuda.

Põe sorte nisso. A oportunidade de assistir ao *bullah* durante os dias em que estamos no vale do Omo é uma coincidência preciosa. Só agradecendo ao viajante Omega Megog... e à família que teve a ideia certa no dia certo.

As tribos do Omo representam alguns dos últimos exemplos de povos nativos africanos com pouca influência da cultura ocidental. Hamer, Karo, Ari ou Mursi equivaleriam, culturalmente, aos nossos Yanomami, Terena, Kayapó ou Bororo. Por isso, presenciar um ritual nativo significa conhecer e aceitar um sistema de vida que hoje beira a extinção.

O mercado de Turmi se desmancha. Vendedores e compradores desaparecem da praça e retornam às aldeias. Depois de mais uma *injira*, deixamos a Nandi à sombra de uma mangueira no camping Mango e cruzamos o rio a pé. A água da véspera ainda corre, mas com apenas dois dedos de profundidade.

O ponto de encontro para o primeiro ritual é uma clareira da mata à beira do Kaske.

— O ritual das mulheres sempre acontece perto de um rio. O lugar simboliza a renovação da vida porque as águas, na época da chuva, chegam até aqui e limpam a areia — explica Adimas. — Preciso avisar a vocês que as cenas do ritual são fortes. Sejam discretos ao fotografar.

Um grupo de uma dúzia de mulheres entra em fila no palco natural. Todas são da família de Gusho, aquele que será iniciado. São irmãs, primas ou tias que possuem uma ligação forte com o jovem que se transforma, hoje, em homem. Elas vêm preparando essa festa há dias e querem mostrar a Gusho o quanto elas o admiram. Pretendem dar, à sua maneira, um exemplo de coragem e de motivação para que ele vença a prova pela qual logo terá de passar.

Graças à cerveja de sorgo e ao vinho de mel que tomam desde a véspera, as mulheres estão em estado etílico que as torna atrevidas e provocantes — principalmente destemidas. A tradição Hamer manda que a prova de amor feminino por aquele que vai passar pela iniciação masculina seja mostrar que a dor não importa e que a coragem é o valor mais nobre. Para o grupo de mulheres, o ritual simboliza que elas sempre estarão ao lado de Gusho, em qualquer ocasião. O som de uma corneta metálica, a *gola*, soprada com intensidade pelas mulheres mais maduras, expande o delírio do ambiente. Elas dançam, cantam e gritam.

O próximo passo das mulheres é provocar um grupo particular de adultos, os *maza*. Elas chamam os homens de covardes, dizem que não são verdadeiros machos e os insultam no idioma local. Os *maza*, ainda tímidos e recatados, apenas sorriem. Todos passaram pelo ritual de iniciação, conhecem o procedimento, mas não se casaram nem formaram família. Ao contrário, formam um pequeno grupo que percorre o território Hamer, participando dos rituais. Eles não têm nenhuma relação de parentesco com Gusho ou com as mulheres. O papel do *maz* é cumprir a tradição, sem estar envolvido emocionalmente com a família que organiza a festa.

Assisto às cenas muito perto dos Hamer. A clareira não tem mais de seis metros de diâmetro e, se existisse mais espaço, gostaria de estar mais afastado.

Depois de tanta zombaria e escárnio, a função do *maz* é pegar uma vara flexível de dois metros de comprimento. A provocação está escrita no roteiro Hamer e serve como estopim da reação masculina. Com força, eles revidam as palavras baixas, açoitando as costas das mulheres audaciosas. É exatamente essa reação que elas buscam, para que a vara *micere* bata com vigor em seus corpos e que possam mostrar a Gusho o quanto aguentam a dor.

A meia dúzia de *faranjis* que se encontram no local está boquiaberta e perplexa. O episódio não é um show para turistas, é um ritual baseado em um sistema de vida tradicional e simbólico, bem diferente do ocidental. Uma senhora europeia esconde os olhos a cada chibatada e um casal jovem prefere escapar para a beira do rio. Jacques, o francês trazido por Adimas, está revoltado e, com argumentos em um idioma desconhecido pelos Hamer, pede que a sessão seja interrompida. Adimas prefere retirar Jacques do lugar para evitar que sua intervenção venha a criar um mal-estar, resultado do choque entre culturas.

Com ou sem discursos feministas ou antropológicos, o ritual das chicotadas continua e as mulheres parecem estar em transe. Saltam nas pontas dos pés, gritam e tocam a infernal corneta, a poucos centímetros do rosto dos *maza*, como provocação para receber mais açoites. O som é tão estridente que chega a irritar, de verdade, os senhores dos *miceres*.

Várias mulheres expõem dez cortes de mais de um palmo de comprimento nas costas e o sangue começa a brotar. Quando vejo as gotas vermelhas escorrendo, fico arrepiado, imaginando a dor que devem sentir. No lombo das mais maduras, observo os açoites de cerimônias do passado. Uma adolescente, ainda sem corpo formado e com seios diminutos, consegue se meter no meio das mais velhas e pede a um *maz* para lhe dar uma chicotada. Ele não atende a seu pedido, mas dispara a vara no dorso de uma irmã ou prima mais robusta.

Noto que as mulheres usam uma camiseta ocidental. Antes de ser fustigadas, levantam a camiseta até a altura dos seios, dobrando o tecido sobre as mamas, para protegê-las de qualquer estilhaço. Os seios precisam ser preservados para a amamentação. Elas deixam o dorso nu para que os *miceres* possam flagelar a pele, marcas que serão mostradas, no futuro, com orgulho.

Nem as mulheres nem os *maza* desistem de suas funções. Enquanto uma solicitar ser espancada, o outro vai surrar. Cabe aos mais idosos comunicar o momento em que o ritual termina. Com palavras pacificadoras, pedem às mulheres para abandonar o recinto. Os *maza* aceitam prontamente a voz dos anciões, mas as mulheres relutam. O efeito do álcool, o frenesi da corneta e a sublimação da dor criam um êxtase nas mulheres indomadas que continuam a instigar os donos dos *miceres*. Os velhos da tribo, tendo participado de dezenas de *bullahs*, sabem como lidar com os casos mais críticos: a mulher que não obedecer será levada de volta para casa e não participará do resto da festa.

Enfim terminam os flagelos. Mikael e eu nos olhamos, sem trocar palavras. Foram raros os momentos em que consegui tirar o olho do visor da câmera. Assisti à maior parte do ritual através da máquina, como se estivesse me protegendo. Sei que tenho fotos chocantes, mas nem penso em rever imagens agora. Está tudo muito fresco na mente e na alma.

As cenas foram chocantes e não consigo emitir uma opinião. De um lado, a força de uma tradição, repleta de emblemas incompreensíveis; de outro, a violência de um ato que levaria, no mundo ocidental, qualquer *maz* à cadeia durante anos por chicotear tantas mulheres em uma só tarde. Deve o governo etíope, em nome dos direitos humanos, proibir o ritual dos açoites? Impedindo a manifestação, não estariam as autoridades também destruindo um elemento da tradição cultural do povo Hamer? Até que ponto uma sociedade urbana pode entender e até mesmo julgar uma comunidade tribal pastoril?

Adimas regressa com Jacques. O francês, até então educado e gentil conosco, se torna agressivo, como se tivéssemos sido os idealizadores do ritual. Chega insultando:

— Vocês são uns *paparazzi* de merda. Querem ver sangue e mostrar sensacionalismo.

Não é o momento de entrar em um bate-boca com um *faranji* descompensado. Puxo Mikael pelo braço e sigo os anciões:

— O cara pirou, Mika. Adimas já tinha me avisado que o francês era estranho.

Pulando seis touros

Caminhamos meio quilômetro pela estrada de terra, nos afastando do rio Kaske. Sigo os passos da multidão e entro no mato por uma trilha. Caio em uma clareira ampla, rodeada por pequenos arbustos, onde encontro dezenas de cabeças de gado. Conto uns 60 touros e bezerros machos. Não consigo ver nenhuma teta.

O grupo de *maza* está sentado no chão, em um canto da clareira. Caminho até onde estão reunidos para ver o que os sete homens preparam. Dois deles raspam pedrinhas sobre uma laje maior, meio ovalada, tipo pedra de rio. Um dos minerais fornece um pó branco e o outro um pó ocre, avermelhado. Com as duas cores, os *maza* decoram os rostos de seus colegas. Um deles ganha um círculo branco ao redor do olho direito e um círculo vermelho em volta ao esquerdo. Um *maz* recebe duas cruzes brancas nas bochechas; outro, com dotes mais artísticos, preenche o interior da cruz com pontinhos vermelhos, usando um palito.

Gusho chega acompanhado dos anciões. Ele tem 20 e poucos anos e deveria ter realizado o *bullah* antes. Mas, segundo um membro da família, passou os últimos anos no mato, muito longe da aldeia, cuidando do rebanho da família, razão do atraso.

Seu cabelo foi cortado de forma bizarra. A cabeça está raspada da testa até a coroa do crânio. Não tem nenhum cabelo na primeira metade da cabeça. Para compensar, dali para trás seu cabelo está comprido e armado para cima e para os lados. É um penteado grotesco, que beira o ridículo, como se fosse uma versão africana do palhaço Bozo. Adimas conta que todos que passam pelo *bullah* usam penteados grotescos:

— Os Hamer chamam esse corte de cabelo de *ukuli*, que significa "burro".

Ele explica que os anciões consideram que o jovem, antes da iniciação, não tem experiência, é um tonto e faz muita besteira. Ele só será um adulto aceito pela sociedade depois de ter passado pelo rito e pela purificação. A explicação faz sentido: para uma cultura que preza tanto os penteados, o cabelo esdrúxulo de Gusho precisa de uma boa razão para existir.

Os homens mais maduros mostram uma arte particular no penteado. Assim como as mulheres criam seus cachos encaracolados, os homens corajosos têm o direito de usar, sobre o couro cabeludo, uma camada de barro pintada de vermelho e branco. Parece um capacete fino. Algumas vezes, um pequeno osso decorado é incrustado na argila. Uma pena branca de avestruz — símbolo do caçador de sucesso — completa o arranjo.

As mulheres espancadas voltam à cena, com seus pulos, saltos, gritos e suas cornetas. Elas se misturam com os touros e atiçam os animais, que até então estavam tranquilos. Uma delas faz questão de enfiar dois dedos no ânus de um touro e ali ficar durante algum tempo. Não tive coragem de perguntar a razão a ninguém.

Com todo o alvoroço que elas provocam, chego a pensar que os homens da tribo devem sentir que algumas chibatadas dos *maza* são merecidas. Elas não sossegam e, alcoolizadas, continuam a pedir mais uma rodada de açoites. Mas as varas *micere* já foram jogadas no mato e os *maza* têm agora outras prioridades.

Eles caminham ao encontro de Gusho, pois devem encenar o momento de um nascimento. Gusho e um *maz* se sentam no chão, com as pernas abertas e entrelaçadas. A dupla está cercada pelos companheiros restantes, ajoelhados. Ao redor deles, de pé, anciões e parentes homens criam uma barreira humana para que ninguém de fora veja a cena. O objetivo do ritual é mostrar a Gusho que ele está, agora, nascendo como homem. O momento é solene e prefiro dar dois passos para trás para evitar que cliques fotográficos distraiam os protagonistas. Um som anuncia que Gusho morre como jovem e surge como adulto.

Após o parto simbólico, os *maza* se levantam. Eles devem escolher seis touros fortes no meio do rebanho. Um touro cinza é o primeiro selecionado. Enquanto um *maz* segura, com veemência, o rabo do animal, outro não tem medo de agarrar os chifres. O rebanho não é de raça sanga, como no planalto, com chifres grandes e perigosos. Aqui todos são zebus, com corcovas grandes e chifres normais. O touro cinza é levado para onde o ritual será realizado. Três touros brancos, um marrom-escuro e um marrom-claro são posicionados lado a lado. Os *maza*, os anciões da família e os amigos íntimos de Gusho seguram os animais. Seis deles agarram a base do rabo, mais seis a cabeça e os chifres dos touros.

Tudo está preparado para o ritual de iniciação. Gusho precisa correr, saltar por cima dos seis touros emparelhados e, sem cair, chegar ao outro lado. A tensão é grande. Ele não pode falhar. Sua honra está em jogo. Os membros da família estão reunidos para assistir a um momento de glória. E não de fracasso.

— Se o rapaz não consegue passar na prova e se tropeçar e cair de um touro, receberá as chicotadas que as mulheres levaram. Todos zombarão dele, ele perderá sua reputação — explica Adimas. — Nunca poderá se casar. Nenhuma mulher vai querer alguém que não venceu o *bullah*, que não se tornou um verdadeiro homem. A única solução é deixar a comunidade.

Gusho está pronto. Está completamente nu — outro símbolo do nascimento para uma nova vida. Seus pelos púbicos foram raspados e seu órgão genital está à mostra e desprotegido. Veste apenas duas tiras de casca de árvore cruzadas em diagonal sobre o peito.

Ele começa do lado oposto de onde estou, junto a um grupo de 50 pessoas. Sem grandes alardes, toma impulso e salta para chegar à altura das costas do primeiro touro. Sem perder equilíbrio, coloca o outro pé no segundo animal e, assim, segue adiante. Entre o quarto e o quinto touro, ameaça perder a estabilidade, mas consegue, com seus braços abertos, continuar sua caminhada sobre as espinhas dorsais dos animais e retorna ao solo firme.

As mulheres tocam suas cornetas com alento, os gritos femininos são altos. Gusho consegue vencer a primeira prova.

— Ele se saiu bem — diz Adimas, a meu lado. — Ele tem mais cinco pulos pela frente. Não pode errar nenhum.

Gusho se concentra. Toma distância e acelera. Levanta seu pé direito e consegue alcançar o dorso do touro branco, a um metro de altura. Seu pé esquerdo sobe até as costas do touro cinza, o segundo animal. Como que andando sobre uma ponte frágil e perigosa, consegue vencer a barreira bovina e chegar ao chão novamente.

A terceira rodada é também exitosa e Gusho regressa ao lado onde me encontro. Os *maza* aproveitam o intervalo para empurrar as reses umas contra as outras, para que formem um bloco mais compacto, sem buracos ou armadilhas para os pés do iniciado. Ninguém tem interesse em ver o jovem falhar.

O quarto salto também começa com o pé direito, colocado exatamente nas costas do primeiro touro. Mas seu terceiro passo parece ter sido em falso e ele é jogado, por algum impulso, em direção à parte posterior do animal. A plateia expressa a tensão, mas fica aliviada quando o vê em equilíbrio e, instantes depois, em terra firme. Mais toques de cornetas!

O quinto pulo é o último de frente para mim. Como estarão as imagens? Não tenho tempo de rever nada. Sei que consigo bater umas oito fotos a cada salto, que dura apenas dois segundos. Uma delas deve estar boa.

O céu escurece. Ainda não são 17h, mas as nuvens estão encorpadas e cinzentas. Sinto um ou dois pingos de água nas costas. Não há tempo a perder. O último salto precisa ser realizado sem demora. Todos gritam palavras de apoio a Gusho, que, com determinação, parte com tudo que lhe resta de energia. Ele dá seis rápidos passos sobre os touros e está de volta ao terreno. Vitória!

Como cada salto dura poucos segundos e o intervalo entre eles é curto, o ritual termina em menos de cinco minutos. Tudo acontece muito rapidamente; o tempo é preenchido pela intensidade do momento.

— Agora os *maza* vão cortar o cabelo dele, para mostrar que ele não é mais um bobo — diz Adimas. — Mas, se você não quiser dormir deste lado do rio, é melhor correr. Precisamos atravessar o Kaske antes que as águas das montanhas cheguem até aqui.

Bastou Adimas mencionar a possibilidade e outras gotas descem das nuvens escuras. Os Hamer, conhecedores dos caprichos da natureza local, saem em disparada em direção ao rio. O rebanho é enxotado para seguir o mesmo caminho. Atravesso o rio de sapato, notando que o nível da água continua o mesmo desde o início da tarde.

Em poucos minutos, a multidão se dissipa, cada um voltando para sua casa ou seu vilarejo. Ficamos onde estamos, uma vez que a Nandi está no camping à beira do rio. Para ganhar tempo até digerir os eventos do dia, brinco com Mikael:

— Você acha que vamos ter uma cabeça-d'água hoje ou não?

Mikael olha para o céu, as nuvens pesadas estão em cima de nós e não na direção das montanhas.

— Acho que hoje chove um pouco, mas não teremos a inundação-relâmpago de ontem — aposta.

Três horas depois, no momento em que jantamos, ouvimos o ronco da tarde anterior. Como está escuro e nossas lanternas estão fracas, vemos apenas os contornos das ondas que chegam das montanhas.

Arte corporal

Nossa passagem pelo vale do rio Omo ter coincidido com um dia de mercado em Turmi e com o ritual *bullah* foi auspiciosa. Para concluir a visita, só precisamos encontrar um vilarejo de uma etnia que faça pinturas corporais. No mercado de Turmi encontrei duas crianças Hamer que haviam ilustrado seus rostinhos com listras vermelhas ao redor dos olhos e se enfeitado com pingos brancos. Mesmo que a cena tenha sido fotogênica — qualquer criança sorrindo com a face pintada chama atenção —, não era das mais autênticas, uma vez que os Hamer usam desenhos corporais em raríssimas ocasiões — como no *bullah* — e não para ir ao mercado. A estratégia de arrecadação das crianças espertas — 2 birr por foto — funciona com alguns *faranjis* desavisados, ávidos para regressar para casa com imagens como as do fotógrafo Hans Silvester.

Se os Hamer se pintam pouco, os Karo, que habitam as margens do rio Omo, são conhecidos por sua arte. Eles se sentem livres para decorar seus corpos quando assim o desejarem, mesmo fora das festas e das celebrações tradicionais.

O plano original era seguir o Toyota de Adimas para chegar ao vilarejo Kolcho dos Karo. Mas depois do episódio das chicotadas o francês se tornou hostil à cultura etíope e decidiu cancelar a viagem. Adimas mal teve tempo de se despedir de mim, tamanha era a paranoia e a impaciência de Jacques para regressar a Adis Abeba e, de lá, para Paris.

Um dos jovens com quem eu havia conversado de manhã no mercado era um Hamer que trabalha como guia local de turismo. Ele aprendeu a falar um inglês razoável e se autodenominou Hamilton — inspirado no nome de sua tribo e no sobrenome anglo-saxão. (Tenho dúvidas de que tenha ouvido falar do campeão de Fórmula-1 Lewis Hamilton.)

Passo para dar adeus a Elsabet, a Senhora do Café, e encontro Hamilton na sede da associação de guias da qual faz parte. Como Turmi está morta na terça-feira, o convite para ir ao vilarejo Karo soa perfeito. Ele pede 150 birr (20 reais), o preço de tabela. Concordo sem negociar, mesmo sabendo que é o salário quinzenal do auxiliar do camping.

Hamilton tem pouco mais de 20 anos, está vestido como um ocidental e diz que vive em Turmi porque quer se dedicar ao turismo. Se retornar à aldeia, para morar com a família, de forma tradicional, ele irá se sentir isolado. Pergunto se ele vai passar pelo *bullah*.

— Meu pai quer que eu faça o *bullah*. Ainda não sei — afirma. — Mas quero me casar com uma mulher Hamer, elas são muito bonitas; estou de olho em duas.

Saímos da estrada de terra para uma pista de areia. Hamilton avisa que o caminho segue o leito de um córrego, mas assegura que ele sabe como chegar ao destino. Odé não tem nenhum registro da rota, estamos no meio do nada.

— Os Karo são uma tribo pequena. Existem 1.500 ou 2 mil pessoas e são parecidas com os Hamer. Consigo me comunicar com eles no meu idioma. Somos parentes longínquos — diz Hamilton. — Também são pastores, mas algumas aldeias vivem da agricultura, pois o rio Omo corre perto.

— Então teremos, finalmente, uma vista para o rio Omo? — pergunta Mikael, quase incrédulo. — Ouvi falar tanto do Omo que quero ver o rio, mesmo de longe.

— Você vai ver, sim. A aldeia está em cima de um barranco e o rio lá embaixo. Mas não entre na água, tem muitos crocodilos — brinca o guia.

*

Duas horas depois da saída de Turmi, avistamos as cabanas de Kolcho. Hamilton tinha razão: estamos em cima de um mirante natural de 30 metros de altura, no exato lugar onde o rio faz uma curva fechada de quase 90º. O Omo, largo e barrento, corta uma planície de vegetação baixa, composta mais por arbustos do que por árvores. Na beira da ribanceira, dois jovens adultos dão as boas-vindas e conversam com Hamilton. Um deles faz questão de se apresentar, com ajuda do guia:

— Nós somos Karo. Vocês bem-vindos a Kolcho. Aldeia criou taxa de visitação. Dinheiro é distribuído para comunidade. Taxa por visita de carro é 250 birr — explica, em um inglês quebrado.

Ele nota nossas câmeras penduradas no pescoço e observa:

— Vocês podem fotografar as paisagens e as casas da aldeia à vontade. Faz parte da taxa de visita. Para fotografar pessoas, vocês pagam 2 birr para cada. Alguns adultos, como chefes de comunidades, pedem mais birr — afirma.

Hamilton explica que, no passado, houve abuso dos *faranjis* e também discussões por causa das taxas. Assim, a comunidade preferiu deixar tudo claro. Kolcho, por estar isolada — a 60 quilômetros de Turmi e mais de 250 quilômetros de Konzo, onde fica a última torre de celular —, é uma aldeia pobre e os Karo precisam de dinheiro. As colaborações dos estrangeiros esporádicos acabam aliviando um pouco a penúria.

Concordamos com a posição da comunidade. Regresso ao carro para buscar o dinheiro da taxa e também o maço de notas de 1 birr que logo será distribuído entre os que serão fotografados.

O primeiro cenário de fundo é o mais óbvio: o rio Omo. Uma jovem chega sorrindo e aceita ser fotografada. Seu rosto está pintado com traços espessos brancos. Os dois olhos estão rodeados por um círculo. Uma linha reta sobe da ponta do nariz até a testa e lá se divide em três: parece um pé de milho estilizado. Círculos brancos cheios preenchem os vazios e contrastam com a pele negra. Além da pintura, ela leva no pescoço muitos colares: devem ser sete ou oito dúzias de colares brancos, vermelhos e azul-escuro. No pulso, traz 12 pulseiras circulares de cobre. Está vestida com a mesma pele de cabra usada pelas mulheres Hamer.

Os cabelos das mulheres Karo também são tratados com a pasta vermelha oleosa, mas são cortados de forma diferente. Nada de cachos caindo em franjas e, atrás, indo até o pescoço, como as Hamer. Entre as Karo, os cabelos são curtos, com apenas 1 ou 2 centímetros de altura. Com a ajuda de um pauzinho, os cabelos são enrolados para formar bolinhas avermelhadas. O penteado cobre apenas o topo do crânio e parece uma peruca, cheia de minúsculas esferas.

Depois da jovem, chega um garoto. Ele desenhou um par de óculos com pontos brancos ao redor dos olhos e traz uma coroa de flores para ornamentar sua cabeça. O rosado das flores com o fundo verde da mata que rodeia o Omo rende um belo contraste. Ainda estou extasiado com a boa imagem quando outro garoto aparece. Ele traz sobre a cabeça uma coleção de centenas de asas de besouros, amarradas umas às outras. Seu lábio inferior está perfurado com algo que parece um espinho longo, de uns 4 centímetros. Chego mais perto e vejo que não é um espinho, mas um prego galvanizado! Uma senhora ao lado tem o mesmo prego na base do lábio. Pelo visto, os Karo são extremamente criativos com seus adornos pessoais.

Somos convidados a visitar a aldeia. O chefe sai de sua palhoça para nos saudar. Ele não está pintado e leva apenas três colares no pescoço. Em compensação, traz nas mãos seu brinquedo preferido, um AK-47. Afinal consigo ver a tão temida Kalashnikov a menos de um metro de distância. O ancião empunha a arma e solicita, com gestos, que eu o fotografe. Obedeço às ordens imediatamente e não discuto na hora de pagar 5 birr. Um chefe com um AK-47 sempre tem razão.

Continuo a perambular pela aldeia. As casas circulares são construídas com paus colocados lado a lado, sem nenhum barro, e levam um telhado de palha por cima. Uma senhora idosa, com dezenas de colares no pescoço e o mesmo prego perfurando o lábio inferior, tritura milho para fazer farinha. Ela esfrega uma pedra pequena sobre uma placa grande, um instrumento parecido ao utilizado pelas mulheres Himba da Namíbia. Uma mais jovem, de seios firmes e escarificações em forma de escamas no ventre, limpa grãos de sorgo.

As duas mulheres possuem desenhos de tinta branca no nariz, na testa e nas bochechas. As pinturas são totalmente individuais, não seguem nenhum padrão em particular. São enfeites da vida cotidiana, tão comuns como um batom nos lábios ou um rímel nos cílios de uma mulher ocidental. Também não são pinturas simbólicas. Para os Kayapó, os traços negros na face simbolizam a guerra e os vermelhos a vitória. Aqui entre os Karo qualquer cor é utilizada — o branco é mais comum, mas também usam o vermelho do ferro, o negro do carvão ou o ocre da terra. Pintar o corpo é um jogo, faz parte do prazer de ser diferente ou, quem sabe, de uma intenção velada de sedução.

Os povos nativos do vale do rio Omo possuem uma boa dose de vaidade. A diversidade de colares, braceletes, brincos, argolas ou gargantilhas é tão grande como a garra que têm para sobreviver. Mesmo em um ambiente inóspito, homens e mulheres conseguem devotar tempo para preparar seus penteados — cachos ou bolinhas vermelhas para elas e placas de barro colorido com penas de avestruz para eles.

Entendo um pouco mais como a pintura corporal faz parte da busca natural pela harmonia e beleza, uma busca inerente a qualquer povo. Aqui, a pintura é gratuita e simples — bastam dedos e palitos. Ela também é passageira, pois amanhã já não existe: um banho no rio Omo mostra o quanto elas são efêmeras.

Capítulo 18

Uma floresta impenetrável em Uganda

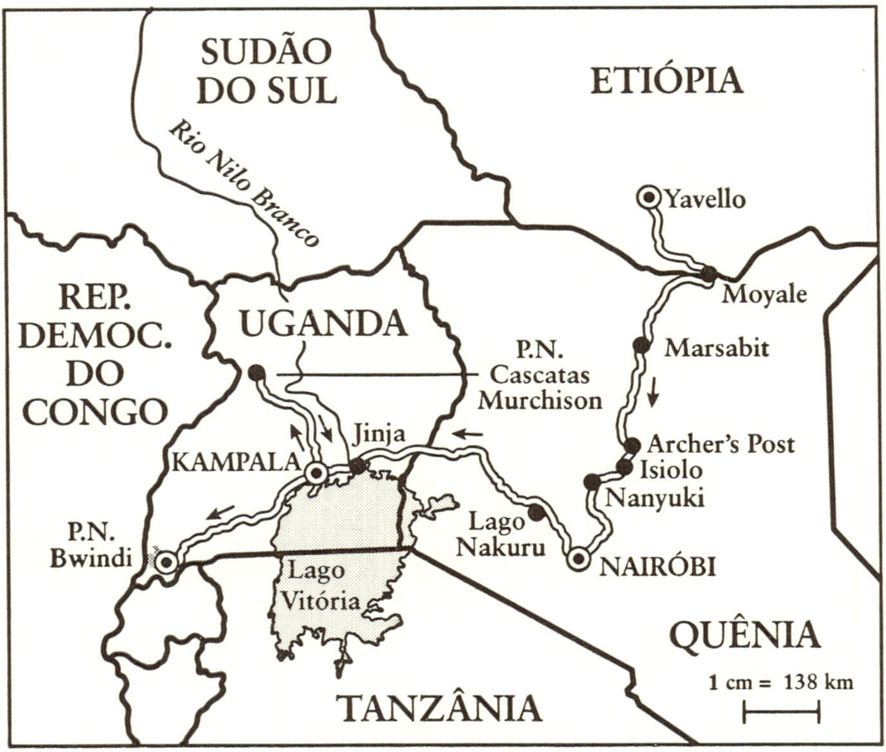
SUDÃO
DO SUL
ETIÓPIA
Rio Nilo Branco
Yavello
Moyale
REP.
DEMOC.
DO
CONGO
UGANDA
P.N.
Cascatas
Murchison
Marsabit
Jinja
Archer's Post
KAMPALA
Isiolo
Nanyuki
Lago
Nakuru
P.N.
Bwindi
NAIRÓBI
Lago
Vitória
QUÊNIA
1 cm = 138 km
TANZÂNIA

Cratera de sal negro

Depois de 23 dias na Etiópia, é hora de partirmos rumo ao sul. Como estamos a apenas 200 quilômetros de asfalto da fronteira, temos tempo para conhecer, ainda na Etiópia, um local imperdível segundo Adimas: a cratera do vulcão El Sod.

Chegar ao vilarejo do mesmo nome é um desafio para Odé. O programa do GPS não reconhece o lugar e, quando atingimos o entroncamento, cisma que a estrada à esquerda não existe. Depois de 14 quilômetros de chão, chegamos a um vilarejo na borda de um vulcão e somos recebidos por um bando de crianças felizes de verem um *faranji*.

Estacionamos a Nandi na beira da cratera. Alguns passos e tenho uma visão surpreendente do vulcão completo. As encostas que formam a cratera estão, nesta época do ano, totalmente verdes; os arbustos ganharam folhas novas graças às chuvas. No fundo, repousa um lago de águas escuras.

Mikael e eu analisamos se temos tempo para descer até o lago. Calculamos que a trilha tem 2 quilômetros.

— Vamos — insiste Mikael, pronto para a aventura. — Precisamos fazer um pouco de exercício.

Um grupo de cinco adultos se aproxima; um deles fala algumas palavras em inglês e se apresenta:

— Meu nome é Doba Barako. Sou um dos chefes da associação de guias — diz, explicando que a visita da cratera deve ser realizada, por questões de segurança, com um guia credenciado.

Aceito a proposta, mas peço que nosso acompanhante deva falar um pouco de inglês para que possamos entender o lugar. A exigência cria certo burburinho, pois no vilarejo raros são os que falam um idioma ocidental. Doba é o melhor candidato, mas ele não quer descer. Seus colegas o motivam — ninguém quer perder os *faranjis* do dia — e ele aceita, por fim, o desafio.

El Sod é um dos quatro vulcões no sul da Etiópia que possui minas de sal dentro da cratera. O caminho de descida é estreito e dividimos o espaço com dezenas de burros sem carga que nos ultrapassam sem aviso prévio. Outros burros sobem a encosta, carregando dois sacos pretos de 25 quilos. Transportam uma lama negra pegajosa que exala um cheiro forte de minério.

Quando chego à base da cratera, a água tem outro tom. Com o reflexo da mata no espelho-d'água, o lago ganha uma coloração verde-escura. Vejo homens emergindo da água oleosa como se fossem seres sobrenaturais que teriam escolhido as profundezas da cratera como morada. Capturo várias imagens dessa cena insólita das entranhas do planeta.

Entendo a operação: homens nus, com narinas e ouvidos tapados com bolinhas de algodão, entram na água negra para retirar enormes blocos de lama salgada do fundo da lagoa. Para soltar os fragmentos dentro da água, os mergulhadores usam uma longa vara, a *dongora*. Mergulham de seis a dez metros de profundidade para buscar o produto.

A lama é transportada até a beira do lago em bacias de plástico e depois é ensacada. O trabalho é pesado e demanda força e fôlego. Aqui, no fundo da cratera, cada saco de 25 quilos vale 50 birr (menos de 7 reais). O mesmo produto é vendido por 125 birr na cidade vizinha, como complemento alimentar para camelos e animais domésticos.

— Agora, na época das chuvas, o lago tem mais água. Apenas homens com experiência descem para pegar sal — explica Doba. — Na época da seca, os cristais de sal ficam brancos.

Difícil acreditar que o local possa proporcionar produtos tão diferentes. Doba diz que, na época da seca, El Sod é mais acolhedor.

— A cratera é nossa principal fonte de renda durante muitas gerações. Nossos avôs e bisavôs já tiravam sal daqui — diz Doba. — Queremos que o sal possa trazer muitos visitantes como vocês ao lugar.

Olho no altímetro do relógio de pulso e observo que descemos 350 metros. Nosso tempo se esgota e precisamos enfrentar a subida para seguir viagem. Mesmo rápida, a passagem por El Sod mostra como comunidades isoladas já consideram os raros visitantes como uma opção adicional de renda. Vai demorar algum tempo para que o vulcão esteja nos mapas turísticos do sul da Etiópia, mas Doba e seus amigos já estão organizados.

Estrada perversa

Gastamos os últimos birr no posto de gasolina e no mercado de Moyale, cidade da fronteira. Decidimos entrar no Quênia ainda hoje. Adeus, Etiópia, país das surpresas e dos *you-you-you, faranjis*. Mais um capítulo concluído.

A perspectiva dos próximos dois dias, porém, é enfrentar outra vez o pesadelo da pior estrada da viagem, entre Moyale e Isiolo. Na alfândega, encontro um Toyota Land Cruiser todo enlameado: os desafios parecem ser maiores na volta do que na ida.

— A chuva fez seus estragos. Vários caminhões estão atolados, interditando a pista. Mas, com uma Land Rover, vocês passam — conta o inglês do Land Cruiser que segue para o Sudão.

Debatemos sobre o risco de ficarmos atolados em um lugar qualquer da estrada e até mesmo de encontrarmos (novamente) o fantasma do AK-47. Mas não temos escolha, precisamos seguir. Daqui para a frente, a chuva só vai piorar.

No dia seguinte, acordamos antes do sol nascer para ganhar uma hora adicional de luz do dia. Na pista, constato imediatamente a diferença: agora, há muito mais lama. As montanhas etíopes Mega, não tão distantes, atraem as nuvens de chuva e a água escoa pela planície até chegar à estrada.

À medida que cruzamos com outros veículos, recebemos informações atualizadas. O trecho bloqueado pelos caminhões atolados já está liberado, mas teremos de enfrentar um trecho bem ruim de lama.

Continuamos com a disciplina de troca de motorista a cada 60 minutos. Quem ficará com a tarefa de vencer a lama? A resposta surge quando avisto um grupo de pessoas na estrada e uma camionete Isuzu no meio da pista, impedindo a passagem: Mikael está na direção.

— Vou dar uma olhada para ver o que está acontecendo — aviso.

Saio do carro e piso em um tapete de mousse de chocolate. Caminho deslizando, como se estivesse sobre patins. Desde os primeiros passos posso dar adeus ao tênis.

No meio do bafafá, verifico que a carroceria da Isuzu, mais baixa do que a da Land Rover, está raspando no solo, pois os canais por onde passam as rodas estão profundos. Sem a dúzia de pessoas na traseira, a camionete fica leve, mas o motorista parece perdido: não sabe se vai para a frente ou para trás. Cada pessoa dá uma opinião e ele não toma nenhuma decisão.

Está na hora de o *faranji* ariano atuar — aliás, *faranji,* não; aqui volto a ser um *mzungu.* Analiso a situação, chamo o motorista e explico que é melhor ele retroceder, pois as valas adiante estarão mais fundas. Ele concorda comigo. Reúno a moçada e peço que todos empurrem a camionete. Eles estão tão enlameados que uma lambuzada a mais não fará diferença. Coordeno a operação e em poucos minutos a Isuzu está livre. A segunda etapa é mostrar ao motorista qual caminho ele deve escolher para que o chassi não fique preso ao chão. Ele entende. Toma impulso, consegue passar evitando as valas e desimpede o caminho.

Para a Nandi, o episódio não chega nem a fazer cócegas. Mikael escolhe o caminho da vala profunda, sabendo que a Land Rover tem altura para vencer o obstáculo. Ele passa facilmente e sou o único a não aplaudir, pois minhas mãos estão ocupadas em fotografar a passagem.

Cada poça de lama deixa uma marca na Nandi. Com o sol forte secando os espirros da água barrenta, uma coleção de linhas e de manchas cria uma pintura contemporânea na carroceria. São traços vermelhos, alaranjados, marrons, amarelos e cinza, todos fluindo, de forma desorganizada, para uma mesma direção. É uma forma poética para concluir que nosso carro está imundo e que jamais poderemos estacionar a Nandi, suja desse jeito, em frente à casa de Peter Munyi, em Nairóbi.

O primeiro trecho de 256 quilômetros de lama, água, pedra, terra e buracos é vencido em nove horas de chacoalhadas e trepidações. No camping do Henry, onde paramos na ida, somos agraciados com um chuveiro quente e com um pão fresco que acaba de sair do forno. Desta vez o padre católico suíço não está no mato apoiando os locais e me convida a conhecer sua casa. Ele fala das dificuldades de morar em Marsabit, isolado no norte do Quênia. Talvez seja por isso que sua sala é decorada com fotos emolduradas de paisagens europeias. Nevados, flores silvestres, vacas leiteiras gordas e chalés alpinos transportam Henry de volta ao cotidiano pacato de sua terra natal.

O segundo segmento da estrada perversa está menos alagado, mas as pedras parecem ter crescido de tamanho. As arestas ásperas das rochas vulcânicas comem preciosos milímetros dos pneus, os quais, até agora, se mantêm virgens, sem nenhuma penetração de pregos ou pedaços de metal.

A boa notícia é que, durante o período em que estivemos no Sudão e na Etiópia, o asfalto chinês conseguiu avançar 19 quilômetros. A esse passo, a cada dois dias um novo quilômetro passa a ser transitável. Se a vontade política de integrar o norte do país persistir, o inferno entre Isiolo e Moyale poderá se transformar em uma moderna rodovia em 2013 ou em 2014.

A obra realizada pela construtora Wu Yi é apenas um dos investimentos chineses no Quênia. Durante os últimos meses, vimos caminhões, máquinas, acampamentos e técnicos chineses em quase todos os países pelos quais passamos. Por que Beijing se interessa tanto pelo continente? Uma razão é a fome incansável por matéria-prima: o petróleo de Angola e do Sudão é um produto essencial para a economia chinesa, assim como qualquer mineral. Outro motivo é a quase infinita oportunidade de negócios: os países africanos necessitam de estradas, ferrovias, portos, barragens e obras de infraestrutura; os chineses oferecem custos e condições irrecusáveis. Na última década, a China desencadeou um safári à procura de recursos naturais e ainda ganhou aliados. Os africanos, ávidos em estabelecer parcerias que não sejam apenas as usuais, com as potências colonizadoras, querem experimentar um novo paradigma e veem no modelo chinês uma porta para o futuro. Teremos uma África chinesa em 2020?

Mulheres valentes

Em Archer's Post, no asfalto, reconheço o nome da aldeia Umoja Uaso em uma placa. Um viajante alemão que encontramos em Peponi, na Tanzânia, nos havia sugerido visitar o vilarejo se passássemos pela região.

Dou uma guinada no volante e saio da rodovia para seguir uma pista de areia. A estradinha acaba às margens do Ewaso Ngiro, um rio que alimenta várias reservas naturais, território do povo Samburu. Registro a paisagem e retrocedemos até uma aldeia.

Duas mulheres Samburu, vestidas com trajes multicoloridos, indagam se nossa intenção é conhecer a comunidade. Confirmo que sim e elas pedem para esperar cinco minutos no carro, à sombra de uma acácia. Aproveito para beber um copo d'água, estirar as pernas e alongar os músculos.

Saio da letargia do calor da tarde ao ouvir um som de cantos e palmas. Uma dúzia de mulheres, com vestidos de todos os matizes, se aproxima da entrada do vilarejo. Somos as únicas pessoas no local e é evidente que as danças são para nós. Gosto dessa maneira surpreendente de acolher visitantes. O grupo canta e dança três músicas.

No final, uma das líderes se aproxima de mim:

— Meu nome é Rose. Falo um pouco de inglês porque fui à escola — diz ela. — Rebecca Lolosoli, fundadora da comunidade e nossa matriarca, está viajando. Mas terei prazer em explicar o trabalho que realizamos aqui, no vilarejo de mulheres.

Rose apresenta as colegas. Todas portam no pescoço uma coleção de colares circulares, marca registrada das mulheres Samburu. Os colares Samburu não caem soltos sobre o peito. As contas não estão presas por linhas ou barbantes, mas por arames finos, o que lhes dá maior firmeza e conexão entre elas. Cada círculo de contas está preso ao seguinte; e assim por diante as artesãs criam um enorme aro que pode ter 50 ou 100 círculos concêntricos de contas. Parecem discos. Como se um desses colares já não tomasse dias para preparar, muitas usam 15 ou 20 diferentes. A massa de contas é tão grande — mais ampla do que espessa — que não consigo ver os ombros de algumas mulheres, encobertos pelos enfeites. Quando dançam e saltam, os colares seguem os mesmos movimentos.

Rose nota que fotografo detalhes dos colares e conta que cada cor tem seu significado na tradição Samburu:

— As cores de nossa tribo são o vermelho e o laranja. O verde simboliza a vegetação, o azul-claro é a oração e o amarelo o amor — explica Rose. — O branco representa o leite e o preto é a África.

— São parecidos com os colares Maasai — digo.

— Samburu e Maasai possuem muitas coisas em comum. Somos pastores e consideramos o rebanho nosso maior bem. Os idiomas estão relacionados e podemos nos entender. O sistema de grupos de idade também é semelhante — responde Rose.

— E por que este vilarejo é apenas de mulheres?

— Rebecca criou a comunidade em 1990. Ela não queria mais viver sob o clima de violência com o marido e fugiu de casa. Rebecca e outras mulheres também maltratadas decidiram formar uma aldeia só feminina. Eram poucas no início, mas agora somos mais de 60 — conta Rose. — Cada uma de nós viveu algum tipo de violência: fomos violentadas, feridas ou mutiladas. O vilarejo também acolhe mulheres separadas, viúvas e as que foram expulsas de seu lar.

— Vocês mantêm suas tradições Samburu aqui no vilarejo? — pergunto.

— Nossa cultura é rica, como você vê com as danças, os cantos e os enfeites — diz Rose, com orgulho. — Mas somos contra alguns ritos antiquados, como a circuncisão feminina. Não podemos aceitar isso em silêncio. Já sofremos muito. São problemas de saúde física e psicológica.

— Ainda se pratica a circuncisão entre os Samburu? — Mikael indaga.

— Aceitamos a circuncisão masculina. Mas não queremos nenhum tipo de mutilação genital feminina, desde o *sunna*, o corte do clitóris, à remoção e à costura dos lábios genitais.

— Mas como fazer para modificar a tradição da tribo? — pergunto com liberdade, uma vez que Rose não tem receio de abordar o assunto.

— O maior problema é a barreira cultural. A circuncisão feminina continua sendo praticada até hoje e está enraizada profundamente na tradição Samburu. Os anciões têm medo de modificar isso, porque a circuncisão, tanto masculina como feminina, é um rito de passagem para a fase adulta, a porta para o casamento e para ter filhos — afirma Rose.

Uma das razões camufladas da circuncisão feminina é evitar que a mulher possa ter prazer sexual. Se a circuncisão masculina tirasse o prazer do homem, as coisas seriam diferentes.

— Mas a situação melhorou, se comparada com o passado? — pergunto.

— Muito. Evitamos que centenas de jovens passassem pela circuncisão, incluindo nossas próprias filhas. A campanha abrange todo o distrito Samburu e outras tribos de pastores que possuem a mesma tradição. Com os contatos de Rebecca com organizações internacionais, nossa causa atravessou fronteiras. Temos muitas aliadas no mundo e vamos ganhar a batalha.

Fico impressionado com a consciência de Rose e com o trabalho que Rebecca iniciou há mais de 20 anos. Hoje Rebecca passa mais tempo em Nairóbi ou no exterior do que na comunidade, mas tem sido bem-sucedida em arrecadar fundos e armar parcerias com governos e organizações. Um dos resultados foi a criação de uma escola com duas salas de aula e de um pequeno museu, com o apoio do governo norte-americano.

Entro no museu e encontro um traje feminino feito com uma pele de carneiro e decorado de contas:

— Mikael, venha ver. Até a década de 1980 as mulheres Samburu usavam roupas bem parecidas com as vestimentas que as Hamer e as Karo ainda usam hoje — afirmo.

— Com a chegada do celular e do asfalto, as mulheres do Omo também irão substituir o couro de cabra pelo tecido industrializado — diz ele. — Mais uma tradição que vai se extinguir. Aliás, em uma década, o ritual das chibatadas também deverá mudar.

— Depois do que ouvi aqui, a principal tradição a ser expurgada, sem nenhuma pena, é a da circuncisão feminina — afirmo.

Essa mutilação não pode existir no século XXI. Rebecca e Rose são exemplos luminosos da luta pelos direitos da mulher africana. Deixo Umoja Uaso com o sentimento de que uma revolução profunda começa a acontecer e que tradições cruéis como essas vão, inexoravelmente, deixar de existir.

Maratona em Nairóbi

Mantivemos contato por e-mail com James Kinyaga e Ochen Mayiani, os dois Maasai da pousada Il Ngwesi, e recebemos um pedido para enviar algumas de nossas fotos. Estão refazendo o website e querem usar imagens novas. Seguindo as instruções do SMS enviado por

James, deixamos um CD com 30 fotos com o gerente do posto de combustível na entrada de Nanyuki.

— Esta é uma boa oportunidade para dar um banho na Nandi — recorda Mikael. — Cada vez que encosto na carroceria fico imundo.

Não hesito e avanço com a Nandi até o box de lavagem. Aqui nada é automático. Dois jovens trazem um esguicho de água, baldes com sabão e imensas esponjas. Com energia, começam um baile harmonioso: um esfrega e o outro enxágua. Nenhum detalhe é esquecido.

Aproveitamos para inspecionar o carro. Os quilômetros rodados nas estradas penosas cobraram um preço alto. Em Nairóbi, precisaremos trocar óleo e pastilhas de freio, consertar um farol e resolver um barulho estranho na bomba de combustível. Passamos dos 23 mil quilômetros e quatro meses de viagem. Nandi continua saudável, mas precisamos tratá-la como uma filha mimada.

Somos recebidos com carinho por Peter. Sheila está no Canadá, fazendo um curso que a converterá na primeira especialista em glaucoma no Quênia. Peter passa a ter jornada dupla: advogado ambiental de dia e mãe à noite. Austin está cada vez mais esperto e sapeca, mas atende a todos os pedidos do pai.

Peter é o primeiro a ver nossas fotos do Sudão e da Etiópia. Mesmo morando na região, fica impressionado com as riquezas culturais dos países vizinhos. As pirâmides de Meroe, a Páscoa em Lalibela e o ritual *bullah* no vale do Omo mostram uma África totalmente desconhecida para ele, africano.

Explico que nossa carga de trabalho será maior do que a anterior.

— Podem ficar em casa o tempo que quiserem — diz Peter. — No escritório, perderam a sala em que estavam. Como Sisule, o terceiro sócio, está de volta, providenciei uma mesa para vocês perto da recepção. É menor, mas a boa notícia é que mudamos de provedor e a conexão de internet está mais rápida.

Antes de dormir, na cama de casal do segundo andar, aproveitamos para fazer a lista das tarefas. Três são essenciais: escrever posts para o blog Viajologia, editar as últimas matérias para o *Canal Futura* e preparar a reportagem da Etiópia e do Sudão para *Época*. Não podemos sair de Nairóbi sem completar esses trabalhos. Calculo que, desta vez, ficaremos enfurnados no escritório durante duas semanas, 14 horas por dia.

Sair de uma vida de aventura, na qual os impulsos do mundo exterior trazem estímulos constantes, e cair em uma rotina de trâmites administrativos e de produção, confinado em um escritório, é um desafio à minha liberdade de andarilho. Mas o período de trabalho mental traz outras alegrias. É uma delícia escrever sobre o que vimos nas últimas semanas, encontrar fotos espetaculares que eu nem imaginava ter conseguido captar e concretizar o objetivo de mostrar uma bela história àqueles que seguem nossas aventuras no continente africano.

Uma vantagem da parada em Nairóbi é ter acesso, durante as horas de trabalho, a uma internet de banda larga. Entre uma tarefa e outra, posso escapulir para ler e responder e-mails de amigos e da família. Como estarão reagindo aos nossos relatos de viagem?

Da família, recebo o aviso de casamento de meu filho Tamino e a notícia de que minha filha Mayra abriu uma agência de viagens para organizar jornadas espirituais. Dos amigos e amigas, leio mensagens que esquentam o coração, dando força à nossa aventura. Também encontro mensagens dos novos amigos que fizemos na África, abrindo portas e possibilidades:

> De Ochen Mayiani, Maasai de Il Ngwesi: Foi um privilégio receber vocês na nossa comunidade. Recebi os CDs com as fotos. Vimos sua reportagem publicada, vamos traduzir pelo Google. Obrigado pelo apoio e por contar a história de Il Ngwesi ao mundo. Que as luzes da África continuem a brilhar.

> Hitesh Mehta, Flórida, Estados Unidos: Ótimo encontrar vocês em Lalibela, um momento inesquecível. Em Ruanda, entrem em contato com Werabe, ele cuida das autorizações para visitar

os gorilas-das-montanhas. Vou mandar uma mensagem para ele apresentando vocês. Boa sorte!

Scholastica Ponera, Dar es Salaam: Estou preparando o tour de vocês na Tanzânia. Começaremos por Serengeti, pela cratera de Ngorongoro e pelo monte Kilimanjaro. Preciso da data de chegada de vocês no país para pedir a autorização de entrada nos parques e as cortesias nos lodges. Temos o apoio do governo.

A maratona em Nairóbi chega ao fim quando vejo que os 37 itens da lista estão concluídos e dou adeus aos dois pacotes FedEx enviados ao Brasil. Bom ter essa sensação de dever cumprido. Não basta apenas tirar milhares de fotos, preciso utilizá-las e saber que nossas histórias serão publicadas. Mas as duas semanas sentado em uma cadeira frente ao laptop provocaram uma necessidade urgente de voltar ao mato e à estrada em busca de novas Luzes da África.

Espetáculo ornitológico

A falha geológica que forma o Vale do Rift e que pode dividir a África dentro de milhões de anos é a responsável pelos vulcões e pelos lagos da região. O lago Nakuru é uma dessas depressões geológicas, cujas águas alcalinas atraem centenas de espécies de aves. Os dois visitantes mais ilustres são o flamingo-pequeno e o flamingo-rosado. Entre março e setembro, o número de aves pode ultrapassar, em um bom ano, 1,5 milhão de indivíduos. Os quenianos consideram a concentração em Nakuru como o maior espetáculo ornitológico do planeta.

Conheci o Parque Nacional Lago Nakuru em março de 2009, no início da estação dos flamingos. Durante as poucas horas que passei ao redor do lago, fiquei deslumbrado com o show cor-de-rosa, mesmo se a população de flamingos era ainda pequena. Prometi a mim mesmo que voltaria. Agora cumpro. Meu palpite — de que a população seria maior em maio — estava certo. As margens estão bem mais rosadas do que na primeira visita.

Pagamos 60 dólares (105 reais) cada um para passar 24 horas contínuas na reserva. Comparando com outros parques, é um preço alto. Mas exorbitante mesmo é ver os gorilas-das-montanhas em Uganda ou em Ruanda: o visitante desembolsa 500 dólares (880 reais) para uma hora de observação dos primatas. Se tivéssemos de pagar todas as entradas nos parques nacionais, nosso orçamento já estaria estourado há muito tempo. Sinto que, como jornalistas e fotógrafos, estamos contribuindo para a divulgação e a conservação do lugar.

Uma pista tortuosa e molhada nos leva até a beira do lago, onde somos recebidos por um mar rosáceo de aves cabisbaixas. Os flamingos caminham em uma faixa próxima à linha da água e passam 98% do tempo com o bico mergulhado à procura de cianobactérias, algas azuis que proliferam em ambientes altamente alcalinos. As duas espécies de aves convivem bem entre si. Para diferenciar o flamingo-pequeno do rosado, preciso lembrar que o maior deles (o rosado) possui um bico rosa-choque com uma pontinha preta, enquanto o bico da espécie menor é vermelho-escuro. Outro diferenciador: as pontas das asas do flamingo-pequeno são pretas.

Mas a multidão de aves esquadrinhando o lodo do fundo do lago não é fotogênica. A beleza das cores dos flamingos só pode ser apreciada plenamente quando as asas das aves estão abertas, como na decolagem ou aterrissagem. Não perturbamos a calma dos animais e nem infringimos nenhuma regra do parque. Mas, para os mais apreensivos, a presença de um veículo já é o suficiente para que centenas de flamingos abram suas asas, comecem a correr e levantem voo. São essas revoadas que geram a beleza do "maior espetáculo ornitológico".

As margens do lago Nakuru também podem se transformar em um cemitério de carcaças rosadas, com milhares de aves mortas. Leio que, em 1993, mais de 40 mil flamingos pereceram no lago e, na ocasião, metais pesados — como mercúrio, cádmio, cromo ou arsênio — foram encontrados nas análises. Conservacionistas acreditam que os extermínios em massa são causados pela crescente poluição da cidade de Nakuru, pelos agrotóxicos utilizados nas fazendas ao redor da reserva e pelo desmatamento do frágil ecossistema.

Estou concentrado em fotografar, tratando de isolar um grupo de flamingos, quando ouço um aviso do Mikael:

— Haroldo, cuidado, saia daí! Aquela pedra cinza dentro d'água são as costas de um hipopótamo!

— Minha nossa, são dois — respondo, quando vejo o segundo animal colocando a cabeça fora d'água.

Os hipopótamos conseguem ficar com o corpo submerso até seis minutos, tempo para surpreender qualquer ser humano desavisado. Apesar de ser vegetariano e pacato, o hipopótamo é o mamífero responsável pelo maior número de ataques fatais a seres humanos na África. Como ele pode sair em disparada em minha direção — em terra, o animal corre a 50 quilômetros por hora —, me coloco em uma posição mais protegida.

Mas Nakuru revela um lado negativo que eu não havia percebido com tanta acuidade em 2009. Alguns trechos das margens do lago — a essência do parque — são lixeiras ao ar livre! Não é difícil identificar os elementos poluidores e o principal é a garrafa PET, de variados tamanhos, formas e cores. Uma zebra pasta às margens do lago e, ao lado, boia um garrafão de 10 litros de água mineral. Um búfalo caminha entre dezenas de frascos de medicamentos, garrafas de vidro e plásticos. Quem traz o entulho é a chuva. O lago drena os rios da região e recebe os detritos sólidos trazidos pela água.

— A culpa não é apenas da chuva — diz Mikael. — Existem fundos suficientes para tomar medidas e evitar essa imundice. A sujeira prejudica a fauna e dá uma péssima impressão ao visitante.

— Como a porcaria vem de fora, o parque poderia colocar filtros para impedir que o grosso da sujeira entre na reserva — respondo. — Os detritos que passarem pelos filtros e chegarem às margens podem ser retirados por uma brigada de guarda-parques conscientes.

Leio que, em 2009, mais de 196 mil visitantes vieram a Nakuru e 63% desses eram estrangeiros. Faço as contas: o parque rende mais de 7,8 milhões de dólares (mais de 13 milhões de reais) ao Serviço de Vida Selvagem do Quênia. Não cuidar do lixo é matar os flamingos dos ovos de ouro.

Mergulho no Nilo Branco

Uganda é o país nº 11 da expedição. Na fronteira, somos tratados com atenção. Depois de tantos anos de guerra civil e de ditadura, o governo busca apresentar uma nova imagem, a de um país hospitaleiro e repleto de tesouros naturais. O chefe de Polícia, sem querer nada em troca, mostra os passos que devemos seguir e em 20 minutos resolvemos os trâmites.

Vamos até Jinja, nascente do Nilo Branco, o braço que encontra o Nilo Azul em Cartum. Seguindo uma dica, encontramos a sede da empresa Adrift, especializada em salto *bungee* e em rafting, em um penhasco com vista para o rio. No bar, me apresento a Gavin Fahey, um neozelandês que gerencia as operações de aventura. Além de garantir que podemos dormir no estacionamento da base de operações, ele descreve o lugar:

— Este trecho do Nilo Branco contém dezenas de corredeiras de níveis 1 a 6 e oferece um dos melhores raftings da África. Ao contrário de outros rios, o Nilo apresenta poucos perigos aqui. Não há rochas traiçoeiras e o máximo que acontece é você ficar embaixo d'água durante alguns segundos — diz Gavin. — Vocês querem descer amanhã? Tenho um bote com duas vagas.

Aceitamos o desafio. Mas Mikael também quer fazer o salto *bungee*. Como acho que receber quatro cortesias já é demais, deixo a negociação nas mãos dele. Depois de 140 dias de viagem, Mikael está craque na arte de formar parcerias e acaba convencendo Gavin a dar um salto de presente.

Na manhã seguinte, subo à torre que dá acesso a uma plataforma 44 metros acima das águas do Nilo. Olho para baixo e, mesmo sabendo que os sistemas de segurança são infalíveis, questiono se eu daria o salto, mesmo de graça. Enquanto Mikael recebe as instruções, vou para o restaurante, de onde tenho uma vista de frente para o mergulho.

Lá de cima Mika acena, abre os braços e pula no vazio. A corda elástica tem 11 metros, um quarto da altura total do mergulho. A equação peso/velocidade é calculada com perfeição e as costas de Mikael aterrissam suavemente nas águas do Nilo, no momento exato em que a corda o puxa de volta para cima.

— Pai, foi uma delícia! A chegada à água foi espetacular, apenas encostei no rio e subi novamente — diz ele, ao me encontrar no restaurante.

A segunda emoção começa logo em seguida. Após as recomendações de segurança, entramos no bote inflável com cinco jovens norte-americanos. Remamos até uma área aberta e calma, onde mergulhamos para que nos acostumemos com a temperatura agradável da água.

Alguns minutos de remo e estamos frente à corredeira Bujagali, a segunda mais difícil do trajeto, de classe 5. O instrutor explica qual deve ser a estratégia e dá o sinal de ataque. Entramos na água branca cheia de espuma e, durante instantes, não tenho ideia de onde estou. Saímos encharcados, mas o bote consegue se manter a prumo. Uma rápida contagem confirma que não perdemos ninguém. Somos oito, com o guia.

Depois de vencer algumas corredeiras de nível 3, intercaladas com banhos em trechos calmos do rio, temos o último enfrentamento. O nome da queda ilustra sua força: Silver Back, o gorila macho dominante de dorso prateado. As ondas laterais assustam, mas não há espaço para meia-volta. Levado pela correnteza, o bote mergulha nas borbulhas do Nilo.

Entre golfadas de água, percebo que Mikael já não está a bordo. Um segundo depois, uma onda gigantesca aparece a meu lado e uma rajada me arremessa para fora do barco. Fico alguns segundos submerso. Espero apenas que a correnteza me leve a um lugar calmo e que não me puxe para baixo. Finalmente, consigo levantar a cabeça, abrir a boca e respirar. Não tenho nem um pouco de sede: acabo de beber meio litro de água.

Enquanto isso, Mikael, que caiu no início da Silver Back, passa por baixo do bote e aparece do outro lado da cascata. Para quem queria uma experiência cheia de adrenalina, o pedido foi atendido!

— Caraca! Que loucura! O tempo que passei embaixo d'água demorou a passar! — exclama Mikael. — Muita adrenalina mesmo esse Silver Back.

Respondo com caretas e sem palavras. Acho que perdi meu vocabulário nas corredeiras.

Infelizmente, Silver Back e Bujagali têm seus dias contados. A construtora italiana Salini — a mesma da barragem no rio Omo, na Etiópia — está terminando de construir uma hidrelétrica neste trecho do Nilo.

— Todas as corredeiras por que passamos deixarão de existir em 2012, pois a área será inundada — afirma Gavin. — Mas já desenhamos novos percursos, que começam depois da barragem. Não vamos parar de fazer rafting.

Passo o final da tarde de molho no restaurante de Adrift e aproveito para organizar as fotos do lago Nakuru. O esforço físico do rafting e o susto do mergulho no rio demandam algumas horas de indulgência, para recuperar as forças. A preguiça me torna pesado e não tenho ânimo para buscar uma calça comprida quando o sol se põe. Só caio na real quando sinto uma mordida de mosquito, acima do joelho da perna esquerda.

Antes de ir para a capital Kampala, passamos pela nascente do Nilo Branco. Ao contrário do que acontece com o Nilo Azul no lago

Tana, na Etiópia, aqui em Jinja as autoridades municipais criaram um pequeno parque bem cuidado. Os locais organizam passeios de barco até a linha imaginária que divide o lago Vitória e o início do Nilo Branco.

Como o Nilo Branco é maior do que o Azul, a distância de 6.650 quilômetros até o mar Mediterrâneo é contada daqui. Teoricamente, estou no início do maior rio do mundo — mesmo se essa afirmação é hoje questionada por alguns geógrafos. Estar no princípio do Nilo provoca uma sucessão de imagens. Sem saber qual é a origem do último pensamento, declaro:

— Mika, você sempre ouviu que, como o Vô Armando, quero ser cremado.

Meu filho me olha com uma cara espantada:

— Francamente, Haroldo, agora é hora de falar sobre isso?

— Acabo de tomar uma decisão, meio intuitiva. Vou fazer meus filhos e meus netos viajarem, mesmo depois de eu ter partido deste mundo — explico.

— Como assim?

— Minhas cinzas serão divididas em quatro partes. Uma porção será entregue à terra do Parque Nacional da Serra dos Órgãos, em Teresópolis; em algum lugar na trilha que sobe para a Pedra do Sino, perto do lugar onde as cinzas do Vô Armando foram espalhadas.

— Se você faz questão, faremos sua vontade — responde.

— A segunda parte será jogada aqui, na nascente do Nilo, o rio mais longo do planeta. Você já conhece o lugar — afirmo. — A terceira porção deve ser espalhada no ar, em algum monastério budista tibetano. Pode ser na Mongólia, no Tibete, no Butão ou no Ladakh.

— Falta uma quarta localização — lembra Mikael.

— O último pacote será levado ao litoral, a uma praia, de um país que eu nunca tenha visitado, em algum outro continente. Para essa etapa faço questão de divulgação pela mídia, com release do tipo "grande viajante completa mais um país" — digo, rindo das minhas ideias excêntricas.

— Então, mesmo depois de morto, você vai nos dar trabalho... E quem vai pagar tudo isso?

— Deixarei uma quantia reservada para cobrir as despesas de duas pessoas para cada uma das quatro viagens — respondo.

— Combinado, suas cinzas estarão nas Américas, na África e na Ásia. E em um país não visitado, que pode ser em qualquer continente.

— Incluindo a Antártica...

Burocracia em Kampala

A única razão para passar por Kampala, capital de Uganda, é ir ao escritório da Uganda Wildlife Authority (UWA, sigla em inglês da Agência de Vida Selvagem de Uganda), entidade governamental responsável por organizar as visitas aos gorilas-das-montanhas. Meus e-mails enviados desde Nairóbi nunca foram respondidos e só uma visita pode esclarecer se, como jornalistas, poderemos ter acesso aos animais. Como turistas, sabemos que podemos passar uma hora perto deles, sempre que comprarmos os tíquetes.

Na mesma tarde da chegada, vamos ao escritório da UWA para falar com Lilian Nsubuga, a gerente de Relações Públicas. Durante o chá de cadeira de duas horas — ela estaria em uma reunião — encontro sobre a mesa da sala de espera o livro *Hotposts*, produzido pelo colega Russell Mittermeier. Boa coincidência, o livro contém várias fotos de minha autoria, não sou um mero desconhecido. No final do expediente, a secretária avisa que a chefe ligou dizendo que não passaria mais no escritório. Precisamos regressar no dia seguinte.

O ponto de encontro dos viajantes em Uganda é a pousada Red Chilli. O logo da pimenta vermelha é conhecido por qualquer mochileiro da África do Leste. O local tem acomodações de todo tipo, um restaurante badalado, excelentes refeições, salão de festas, biblioteca e conexão wi-fi. O ambiente parece ser tão internacional como a Praça de Armas de Cuzco, no Peru, e identifico uma dezena de idiomas, do espanhol ao hebreu.

Com a mania de falar com todos, conheço o britânico James. Ele mora em Kampala e veio encontrar dois amigos hospedados no Red Chilli. Falamos sobre turismo de aventura, conservação e gorilas. Digo que estive na UWA e ele responde que conhece uma italiana que trabalha como consultora, Donna Piera.

— Ela tem um contrato de um ano para ajudar o Departamento de Marketing. Se você voltar lá amanhã, diga que conversamos. Gente boa — diz James.

Anoto o nome da italiana e agradeço.

De manhã, retornamos ao prédio de três andares da UWA em Kira Road, rodeado de jardins e estacionamento. Mais uma vez, Lilian não está. Como não temos nenhuma outra prioridade, resolvemos esperar.

— Mika, você viu que, no térreo, fica o escritório de reservas para as visitas aos gorilas? Vamos dar uma passada lá, pois podemos aprender um pouco mais sobre o tema.

Descemos, somos bem atendidos na recepção e digo que um casal amigo, que deve chegar a Uganda em breve, deseja informações sobre a visita aos gorilas.

— Quantos grupos de animais podem ser visitados? Como funciona o esquema? — pergunto.

— Existem seis grupos que podem ser visitados. Cada grupo pode ser observado por um máximo de oito turistas — diz o funcionário.

— E como está a disponibilidade nas próximas semanas?

O responsável vai ao computador e abre a planilha de visitação mensal:

— Em maio, todos os dias e todos os grupos ainda estão em aberto — diz; em seguida, busca os próximos meses. — Em junho, apenas o dia 24 está completo. Temos espaço todos os outros dias.

Agradeço a atenção e regressamos à sala de espera com boas informações: algumas pessoas diziam que era necessário esperar um ou dois meses na fila para conseguir espaço. Puro boato.

Uma hora mais tarde, somos recebidos por Lilian Nsubuga, uma funcionária de mais de 40 anos e, certamente, muitos de casa. Ela diz não ter muito tempo e pede que eu explique a razão da visita.

Com entusiasmo, exponho o objetivo da expedição, as publicações e o que eu havia escrito no e-mail enviado há três semanas. Enquanto falo, ela folheia a revista como um robô, sem prestar a mínima atenção (nem no que eu digo nem na revista). Beira a falta de profissionalismo. Finalizo solicitando dois passes de jornalistas para poder observar um grupo de gorilas.

Lilian responde com sarcasmo. Alega que recebe vários pedidos por semana e que não pode atender a todos os jornalistas do mundo; que os gorilas não precisam de publicidade; que os turistas fazem fila para pagar 500 dólares e que, se quisermos ir, devemos fazer o mesmo. Ela termina com uma pérola de incoerência:

— Mesmo se você tivesse me convencido da importância de seu trabalho, eu não poderia, de um dia para outro, conseguir espaço para a visita. Todos os grupos de gorilas estão reservados nos próximos quatro meses. A alta estação começa em junho.

Que vontade tenho de desmascarar a mentira da funcionária! Mas aguento firme. Fazer isso significaria fechar todas as portas.

Lilian encerra a reunião, dizendo que pode nos ajudar a ir a outras reservas. Mas, se queremos ver os gorilas, só pagando. Saímos decepcionados com o tratamento recebido.

— É a primeira vez que encontramos uma pessoa tão antagônica — digo.

— Ela foi muito antipática e arrogante, além de ser uma grande mentirosa. Dizer que não há espaços disponíveis foi ridículo — Mikael responde. — Mas o que fazemos agora?

— Vamos procurar a consultora italiana, a Donna. Talvez ela possa nos ajudar.

Descemos ao térreo e encontramos a sala de Donna. Mas ela saiu para almoçar. Decidimos fazer o mesmo, a pé: a casa ao lado da UWA é um restaurante de comidas tradicionais.

Depois de encher o estômago, analisamos a situação. Os gorilas-das-montanhas vivem em um pedaço de floresta tropical de altitude que está na fronteira entre três países: República Democrática do Congo (ex-Zaire), Uganda e Ruanda. No Congo, a situação política continua complicada e é melhor descartar. Em Uganda, Lilian não foi com a nossa cara. Mas em Ruanda temos o contato dado por Hitesh Mehta. Com a impulsividade própria de um ariano, resolvo ligar para Werabe.

Digito o número do celular que Hitesh havia enviado por e-mail. A ligação completa e o próprio Werabe atende. Ouço o sotaque de suas primeiras palavras e respondo em francês. Em dois minutos consigo explicar a situação e peço as permissões para ver os gorilas. Digo que estou em Uganda, mas que posso estar em Ruanda em uma semana.

— Consigo a autorização para o dia seguinte. Logo que você chegar à capital, me ligue. Quais são os nomes das duas pessoas? — pergunta Werabe.

Confirmo os nomes e agradeço o apoio. Efeito Pati em ação: em minutos, a situação dá uma reviravolta. Se entramos cabisbaixos no restaurante, saímos saltitantes. A visita aos primatas vai acontecer, agora no país vizinho.

No prédio da UWA, resolvemos fazer uma visita, apenas de cortesia, a Donna. Agora ela está na sala. Como ela é *mzungu* como nós, relato o episódio ocorrido com Lilian Nsubuga, sem censura e sem ressentimentos.

— Vocês deveriam ter passado por meu escritório antes de ir falar com ela. Lilian não sabe lidar com a imprensa e tem uma visão burocrática. Essa mentalidade é um dos maiores problemas aqui dentro da UWA — conta Donna. — Vamos mudar de tática. Eu trabalho com outro departamento, o de Turismo e Marketing. A diretora, Eunice Duli, é bem mais moderna e empreendedora. Vamos mostrar o material que vocês trouxeram e tenho certeza de que vocês receberão o passe livre.

Mikael e eu nos olhamos, incrédulos. Efeito Pati novamente?

Donna sai da sala e regressa em seguida.

— Ela pode receber vocês agora, mas apenas por 15 minutos. Sejam sintéticos e claros. Expliquem os benefícios para a UWA. Quais são os parques que vocês querem visitar?

— O Parque Nacional Cascata Murchison e a Floresta Impenetrável Bwindi, onde estão os gorilas.

— *Hakuna matata* — sorri Donna.

A apresentação é convincente e na hora seguinte tudo está acertado.

Cascata Murchison

Durante a década de 1970, quando imperava o ditador Idi Amin, e até 1986, Uganda viveu os horrores da guerra civil. Além das barbaridades humanas, as milícias dizimaram grande parte dos animais selvagens que viviam nos parques nacionais — para comer a carne ou para vender os chifres de rinocerontes e as presas de elefantes. Como resultado da catástrofe social e ambiental, uma espécie desapareceu do mapa de Uganda: o último rinoceronte-branco foi observado em 1982.

A caminho de Murchison, paramos no Santuário Ziwa para confirmar mais uma boa notícia sobre a África: o retorno ao país de um dos *Big Five* desaparecido. Damos sorte. Angela Genade, a diretora executiva do projeto, está prestes a sair, mas tem um tempinho para explicar como nasceu a iniciativa:

— Uganda ficou mais de 20 anos sem um dos principais mamíferos africanos. Em 2005, com o apoio do Banco Mundial e da Comunidade Europeia, quatro rinocerontes-brancos foram comprados no Quênia, por 15 mil dólares americanos cada, e transferidos para as terras de Ziwa — afirma Angela. — No ano seguinte, um casal foi doado pelo parque Reino Animal da Disney, dos Estados Unidos. Começamos, assim, com seis animais.

— E hoje quantos são?

— Os primeiros resultados são excelentes. As três fêmeas deram cria e os três filhotes sobreviveram. Agora temos nove rinocerontes. Em 2012 esperamos ter 12.

— E o futuro? — pergunta Mikael.

— Dentro de 15 anos, quando a população de rinocerontes em Ziwa crescer e as reservas estiverem seguras, os rinocerontes voltarão a povoar os parques de Uganda — diz Angela. — É um trabalho a longo prazo.

Angela é sul-africana e traz uma longa experiência de manejo de vida selvagem em reservas particulares em seu país. Ela conta que Obama, o filhote da fêmea Nandi — sim, o mesmo nome que nossa Land Rover —, veio ao mundo em junho de 2009. Obama foi o primeiro rinoceronte nascido em Uganda, depois de quase três décadas de intervalo. A segunda cria, Augusto, nasceu de Bella em outubro de 2009.

Richard Ogenchan se junta à conversa. Ele é um antigo policial que se tornou guarda-parque. Armado com um AK-47, ele se propõe a nos mostrar a terceira fêmea com seu bebê. Ele conta que os animais são monitorados 24 horas por dia, sete dias por semana.

— Não podemos permitir que nenhum dos nove animais seja caçado — afirma Richard. — Estou orgulhoso por proteger essa espécie rara. Também, graças a meu salário, posso colocar meus três filhos e meus dois sobrinhos na escola.

Conservação de mãos dadas com benefícios sociais.

Em Jinja, havíamos visitado o início do rio Nilo Branco, no lago Vitória. A massa de água que sai do maior lago africano (e segundo do mundo em tamanho) é impressionante. Mas é no Parque Nacional Cascata Murchison que o Nilo se torna literalmente branco — de espuma. O rio é forçado a passar por uma garganta de apenas seis metros de largura. A quantidade de água pressionada por um espaço tão estreito cria uma queda de 45 metros de altura. Ela é considerada uma das mais potentes do mundo, pois a cada segundo mais de 300 mil litros explodem entre as rochas.

▲ Um camelo dá um toque de vida à paisagem desértica de Meroe, capital cuchita. © HC

A figura central do Templo do Leão é Apedemak, divindade com cabeça de leão. © HC ▼

▲ Mais de 30 reis e 50 rainhas cuchitas foram enterrados sob as pirâmides de Meroe. © HC

▲ O Templo de Amon está aos pés de Gebel Barkal; o carneiro simboliza o Criador. © HC

Uma família de Karima sobe ao monte Gebel Barkal, local da criação do mundo. © HC ▼

▲ O Templo de Amon, em Soleb, foi concluído em 1358 a.C. pelo faraó Amenhotep III. © HC

Da janela da barraca, contemplo o azul do Nilo e o verde de suas margens. © HC ▼

▲ Dongola, capital cristã, viveu um apogeu cultural e econômico entre 650 e 1150. © MC

Potes, vasilhas e pratos confirmam que Dongola mantinha um intenso comércio. © HC ▼

▲ O teto da igreja Debre Berhan Selassié, em Gondar, exibe dezenas de querubins. © HC

A fé dos devotos da igreja Debre Berhan Selassié mantém o vigor do santuário. © HC ▼

▲ A lenha cortada em Zege, no lago Tana, é transportada por botes de papiro até Bahir Dar. © HC

Um sacerdote do monastério Kebran Gabriel mostra uma Bíblia do século XVI. © HC ▼

▲ A igreja ortodoxa Bet Giyorgis está situada em um buraco de 15 m de profundidade. © HC

Um sacerdote desce as escadas de Bet Abba Libanos, templo construído por anjos. © MC ▼

▲ Um sacerdote do monastério Na'akuto La'ab segura uma pesada cruz de procissão. © HC

Os tesouros do templo Bet Maryam são mostrados ao público no pátio da igreja. © HC ▼

▲ O rei Lalibela mandou esculpir o teto de Bet Giyorgis com a forma de três cruzes. © HC

Uma procissão passa por Bet Maryam; a figura da Virgem Maria lidera o cortejo. © HC ▼

▲ Na Páscoa, fiéis enrolados em tecidos brancos oram em frente à Bet Maryam. © HC

▲ O Obelisco de Aksum, de 24,6 m e esculpido há 1.700 anos, está em excelente estado. © HC

▲ Um vale fértil, com cabeças de gado, é cortado por um fio cintilante de água. © HC

A raça sanga é um gado forte, cruzamento entre o touro egípcio e o zebu indiano. © HC ▼

▲ Um jovem Arbore — uma das etnias do vale do Omo, no sul da Etiópia — decora o rosto. © HC

No mercado de Turmi, uma mulher Hamer limpa os dentes com um graveto. © HC ▼

▲ Anciã Karo penteia uma jovem; as mulheres Karo usam dezenas de colares. © HC

Arte corporal da etnia Karo; o vilarejo Kolcho situa-se às margens do rio Omo. © HC ▼

▲ Com uma corneta na mão, uma Hamer provoca um jovem *maza*, que a chicoteia. © HC

Os açoites deixam as costas ensanguentadas; a corneta é essencial durante o rito. © HC ▼

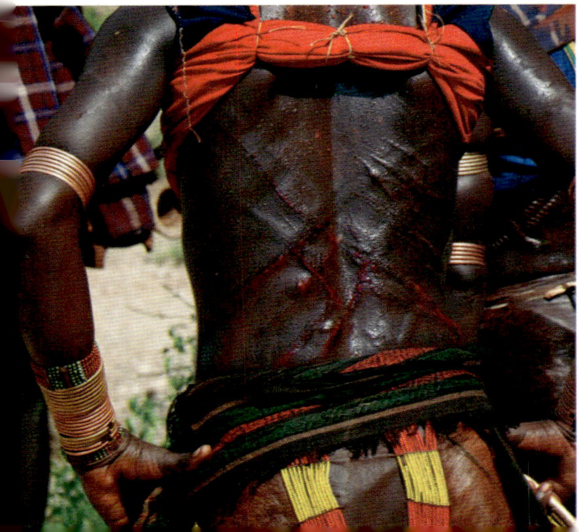

▲ Os *maza* celebram o ritual de renascimento ao redor do jovem iniciado Gusho. © HC

Gusho precisa correr e saltar por cima de seis touros emparelhados, sem cair. © HC ▼

▲ Um homem retira blocos de sal da cratera do vulcão El Sod, no sul da Etiópia. © HC

No Quênia, mulheres cantam e dançam músicas tradicionais da etnia Samburu. © HC ▼

▲ No lago Nakuru, Quênia, búfalos bloqueiam o caminho e, ao fundo, flamingos voam. © HC

Um rinoceronte-branco, espécie ameaçada, caminha às margens do lago Nakuru. © HC ▼

▲ Em Uganda, a girafa Rothschild é encontrada no Parque Nacional Cascata Murchison. © HC

Existem 600 chimpanzés na floresta Budongo e 40 estão habituados aos humanos. © HC ▼

▲ Na Floresta Impenetrável Bwindi, um jovem gorila-das-montanhas faz sua refeição. © HC

Uma gorila-das-montanhas do grupo Nshongi de Bwindi se alimenta com folhas. © HC ▼

▲ Guhonda, o macho do grupo Sabyinyo, é o maior gorila-das-montanhas do mundo. © HC

No Parque dos Vulcões, os gorilas-das-montanhas moram nos bambuzais. © HC ▼

▲ Ex-caçadores de gorilas saúdam os visitantes com a dança Intore, em Iby'Iwacu. © HC

Só após tomar a quinta dose do medicamento contra a malária, consigo sair da cama. © MC ▼

▲ Mais de 1,3 milhão de gnus-de-barba-branca participam da migração anual em Serengeti. © HC

Pelo tamanho de suas presas, esse elefante macho é o maior de Ngorongoro. © HC ▼

▲ O rolieiro-de-peito-lilás vive em todo o leste da África, inclusive no Parque Serengeti. © MC

Um grupo de cachorros-selvagens-africanos atravessa uma trilha na Reserva Selous. © HC ▼

▲ O abelheiro-de-frente-branca faz seu ninho nos barrancos dos rios, em Selous. © HC

Um hipopótamo no rio Rufiji, em Selous; um calau-terrícola-africano come gafanhoto © HC ▼

▲ O baobá é uma árvore sagrada em toda a África; existem 500 mil baobás em Ruaha. © HC

Um guepardo se detém à sombra de um majestoso baobá, no Parque Ruaha. © HC ▼

▲ Uma família de elefantes, chefiada pela fêmea dominante, atravessa o rio Ruaha. © HC

Um crocodilo-do-nilo de boca aberta à espera de uma presa na cachoeira do rio Ruaha. © MC ▼

▲ Uma impala perdida vai ao encontro de duas leoas que a capturam, em Ruaha. © HC

O leão macho, depois de agarrar parte da impala, regressa ao grupo familiar. © HC ▼

Cap. 21 - Malawi e Moçambique

▲ Malawi foi o primeiro país africano a produzir chá em grande escala, em Mulanje. © HC

Moçambicanos conduzem sacos de carvão em bicicletas ao mercado de Milange. © HC ▼

▲ O Baixo do Pinda é um banco de areia de 7 km de largura e 10 km de extensão. © HC

Um menino Makua passa por exame médico no vilarejo Nangata, em Moçambique. © MC ▼

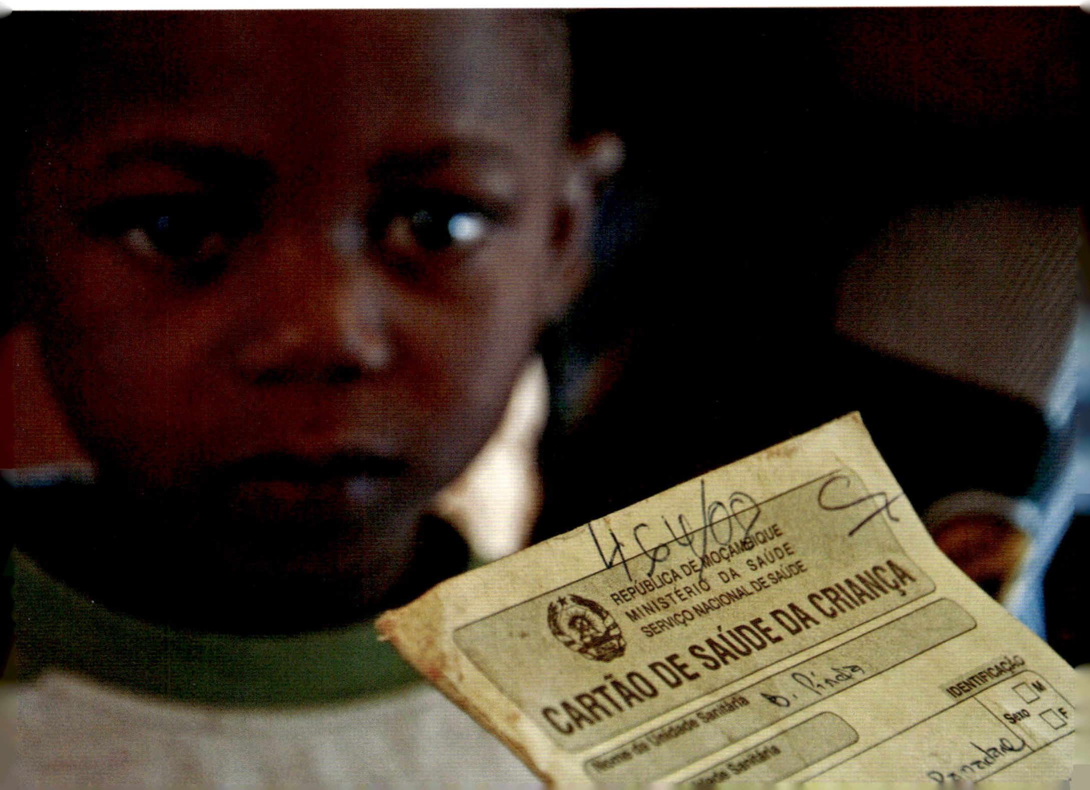

▲ Um dos últimos sanduíches na estrada: termina a jornada africana de 40 mil km. © MC

A Nandi é vendida e viaja para outras terras; na vida, nada é permanente. © HC ▼

Desde que o explorador britânico Samuel Baker a identificou em 1863, a cascata Murchison passou a simbolizar o inexplorado do continente africano. Líderes mundiais, como Winston Churchill e o presidente Theodore Roosevelt, visitaram o local há um século. Hollywood tornou as cascatas famosas quando, em 1951, trouxe Humphrey Bogart e Katharine Hepburn para filmar o clássico *Uma aventura na África* (*The African Queen*), dirigido por John Huston.

Mas o período de terror entre 1970 e 1980 devastou a biodiversidade do parque. Dos 15 mil elefantes que existiam antes da guerra, poucas dúzias conseguiram sobreviver ao massacre. Três décadas depois, o maior parque de Uganda recomeça a florescer e é um exemplo de safári na região equatorial. Embora aqui os animais possam ser avistados com menos facilidade do que nas savanas abertas do Quênia e da Tanzânia, a vegetação exuberante valoriza os encontros fortuitos. O Parque Murchison também acolhe uma espécie nativa, o cob de Uganda: o antílope está presente até no escudo nacional.

Depois de chegar bem perto da queda-d'água e tomar um banho da bruma do Nilo, visitamos a floresta Budongo. Adjacente ao Parque Nacional, esse pedaço virgem de mata tropical abriga centenas de chimpanzés.

Mesmo se Budongo não faz parte do Parque Nacional, Robert Okello, responsável pela pequena reserva, lê a carta de recomendação assinada por Eunice Duli, da UWA, e nos convida a conhecer a iniciativa. Ele tem bastante experiência com chimpanzés, pois trabalhou anos no Santuário Ngamba, ilha no lago Vitória que se tornou o segundo lar para primatas apreendidos e feridos.

Robert calça as botas, chama dois colegas e pede que entremos no mato com o grupo.

— Budongo é a segunda reserva em números de chimpanzés em Uganda. Existem cerca de mil animais no Parque Nacional Kibale e aqui temos 600 — afirma o guarda-parque.

— Robert, a população de chimpanzés em outras partes da África continua a diminuir e a União Internacional para a Conservação da Natureza considera que a espécie está ameaçada de extinção. Como é a situação em Uganda?

— Muitos chimpanzés ainda morrem em armadilhas. Descobrimos algumas perto de nossa floresta. As ciladas são montadas para capturar antílopes, fonte de proteína para as pessoas que moram ao redor da floresta. Mas os chimpanzés acabam sendo vítimas. A única solução é encontrar, desarmar e confiscar as armadilhas — conta Robert. — A boa notícia é que hoje ninguém mais come carne de chimpanzé e é quase impossível negociar e contrabandear um bebê chimpanzé para o exterior. O problema maior é mesmo a caça acidental. Mesmo assim, em Uganda, a população está crescendo.

Continuamos nossa caminhada. Estamos em uma floresta equatorial, as árvores são fortes e altas. Tem um gostinho de Amazônia. A cada 100 metros encontramos uma trilha estreita, perpendicular à principal.

— Para facilitar a localização dos chimpanzés, a reserva está marcada por quadrados de 100 metros, de um hectare cada, e cada bloco é identificado — explica Robert. No momento em que ele termina a frase, um bip soa no rádio. É um colega que confirma a posição do grupo que buscamos. — Vamos encontrar um grupo de 40 chimpanzés habituados à presença humana.

Como no caso dos gorilas-das-montanhas, visitantes só podem observar os chimpanzés que passaram pela fase de aproximação. É praticamente impossível chegar perto de um grupo de chimpanzés selvagens. Ao ouvir ruídos ou sentir movimentos na floresta, os primatas desaparecem, saltando entre as copas das árvores.

Quando ouço os primeiros gritos dos chimpanzés, me emociono. Mais alguns passos, olho para cima e lá estão eles. Fotografo freneticamente três jovens machos que perambulam por um tronco aberto, quase na horizontal. Nesta hora da manhã, os animais estão ativos e querem brincar.

Acompanho uma tarefa de um dos machos adultos. Com seus dedos hábeis, consegue abrir uma fenda em um galho da árvore. Com cuidado, levanta um pedaço da casca, de uns dois dedos de largura. Demonstra ter paciência e saber o que quer. Prudente, puxa a casca avermelhada, desprendendo-a do galho. No final da coleta, consegue uma faixa de quase dois metros.

— E o que ele vai fazer com ela? — pergunto.

— Os chimpanzés adoram mastigar cascas de árvores. Eles fazem uma bola com a polpa, chupam o açúcar da seiva e depois cospem — conta Robert.

As diversas vocalizações enchem a floresta de vida. As correrias de galho em galho, por cima de nossas cabeças, produzem um espetáculo espontâneo que existe em poucos lugares do planeta. Estamos em um ambiente selvagem, não em um zoológico! Mesmo tendo trabalhado 16 anos em uma organização ambiental, esta é a primeira vez em que vejo chimpanzés livres e soltos. Estou mais alegre do que os primatas.

O tempo passa e Robert avisa que precisamos regressar:

— Você nem notou, mas ficamos uma hora e meia com o grupo. Os visitantes ficam apenas uma hora.

— Tão rápido, não é?

— É bom você se acostumar, com os gorilas serão apenas 60 minutos, cravados.

Floresta Bwindi

Três dias depois estou em outra floresta, cercado por todo tipo de verde. Raízes tentam agarrar meus pés, cipós e trepadeiras se enroscam em meus braços. As plantas parecem impedir que eu entre no território reservado.

— Este é um dos piores trechos da caminhada — diz Godfrey Binayisa, ao ouvir meus sussurros de aflição; o guarda-parque continua a abrir caminho com o facão, desbravando a floresta. — Só falta meia hora para chegar ao destino.

Além da luta contra a vegetação, agora tenho novo desafio: a trilha se torna íngreme. Checo o altímetro e estamos a 2.200 metros de altitude, 350 metros acima do lugar de onde partimos. O caminho também está mais escorregadio. Agarro uma raiz que deveria estar presa, meu sapato resvala, e calça e mãos tomam mais um banho de lama.

O nome do local explica a aventura. Estamos na Floresta Impenetrável Bwindi. Sim, o nome oficial inclui o adjetivo. Quase uma redundância: Bwindi, em idioma Bakiga, significa tenebroso. A selva fechada e escura guarda um dos principais tesouros de Uganda: cerca de metade da população de gorilas-das-montanhas do mundo, estimada em 700 animais em 2010. Bwindi é Parque Nacional desde 1992 e Patrimônio Mundial desde 1994.

Completamos duas horas e meia de esforço quando, do meio do mato, surgem três vultos quase tão tenebrosos como a floresta. Um deles carrega um AK-47. Quando vejo os outros dois homens, fico mais tranquilo: suas armas são um rádio e um GPS.

Binayisa nota meu espanto e explica que os três guardas trabalham para o parque. Saíram em busca do grupo de gorilas duas horas antes de nossa partida. Como de costume, os rastreadores foram ao local onde os animais passaram a noite anterior. Os primatas acordaram, fizeram sua primeira refeição e começaram a se movimentar em busca de outros alimentos — sua dieta vegetariana é composta por mais de 60 tipos de plantas e um adulto pode comer 20 quilos de folhas por dia. Os três pares de olhos seguiram o grupo e os guardas sabem agora exatamente onde os animais estão. Estamos prontos para ver os primatas cara a cara.

O guarda-parque lembra as regras do jogo. Manter uma distância mínima de sete metros dos animais. Não fotografar com flash. Não espirrar ou tossir perto dos primatas para que não sejam contaminados. Se algum gorila vier em nossa direção, não olhar diretamente nos olhos dele, baixar a cabeça e seguir as instruções dos guarda-parques.

Deixamos a trilha e adentramos o mato impenetrável. Depois da caminhada final, também exaustiva, nossa recompensa está prestes a acontecer. O guarda que lidera a fila para, ergue a cabeça e aponta para uma árvore. A uns dez metros de altura, bem encaixado entre dois galhos, um jovem gorila retira cuidadosamente tufos de musgo da casca e os mete na boca.

Começa o frenesi fotográfico: Mikael e eu apontamos nossas lentes em direção ao primata e disparamos dezenas de imagens em poucos segundos. Nossa presença — e até mesmo a metralhadora de cliques — não interfere na atividade principal do gorila: comer. Mesmo consciente de que está sendo observado, o animal não olha em nossa direção. É como se não existíssemos.

— Os gorilas do grupo Nshongi foram habituados aos seres humanos há pouco tempo — diz Binayisa. — Foi um processo lento, que demorou dois anos, com a visita diária de um guarda-parque ao grupo. Depois de acostumados, eles perdem o medo, já não nos consideram como perigo e permitem nossa companhia.

Até 2011, 123 gorilas-das-montanhas foram habituados em Bwindi à presença humana. Estão divididos em sete grupos — seis podem ser visitados por turistas e um está reservado para os pesquisadores. O grupo Nshongi foi o último a ser habituado aos seres humanos e recebe visitantes desde setembro de 2009.

Binayisa faz um sinal para prosseguir. A poucos metros, encontramos um dos machos adultos, o chamado *silver back*, o dorso prateado. Ele está sentado no chão, dentro da mata, e come passivamente suas folhas preferidas.

Em Bwindi, o grupo Nshongi possui o maior número de indivíduos — 34 animais de idades variadas. Ao contrário de outros, o clã contém três machos adultos *silver back*.

— Os três machos convivem em harmonia e sem conflitos, pois dois deles reconhecem a liderança do mais velho — diz um dos guardas, que segue os animais há quatro anos. — É também o grupo com a maior quantidade de bebês. As oito fêmeas cuidam de oito filhotes com menos de quatro anos.

Os números são positivos. Em 2006, a população de Nshongi era de 26 animais. O censo realizado quatro anos mais tarde — que coincide com o período reprodutivo de uma fêmea gorila — mostrou um crescimento de 30%. Binayisa explica que essa taxa não pode ser extrapolada para outros grupos, pois depende do número de fêmeas de cada bando. O primeiro censo em Bwindi computou 270 animais em 1987. Em 2003, o número saltou para 320 e, em 2006, para 340. O censo de 2010 revelou um número superior a 360 indivíduos.

— A população de gorilas-das-montanhas em Uganda está protegida e só tem crescido nas últimas décadas — afirma Binayisa.

Uma fêmea muda de posição e se senta no chão, a 10 metros de onde estou. Ela tem à frente um conjunto confuso de plantas trepadeiras. Com serenidade, separa e desembaralha os ramos que são levados à boca. O ritual pacato simboliza a docilidade e a ternura desses primatas. Passo longos minutos com a teleobjetiva focada no rosto dela e consigo notar uma ternura em seu olhar.

— Precisamos voltar. Já estamos aqui há 65 minutos — avisa Binayisa.

Clico as últimas imagens. Que sensação extraordinária ter conseguido ver os maravilhosos primatas de tão perto! Um belo ponto de viajologia. Entendo por que pessoas que gostam de animais e possuem recursos pagam a taxa de visitação elevada.

Depois de assistir ao espetáculo a que tanto aspirava, o caminho de volta é mais fácil. Mikael e eu trocamos impressões sobre ecoturismo. Como a observação dos gorilas se tornou a atração principal em Uganda, tanto as autoridades como o setor privado precisam manter a sustentabilidade e a vitalidade do empreendimento. Mais de 10 mil visitantes anuais rendem à UWA alguns milhões de dólares e parte dos rendimentos é destinada aos guarda-parques e a medidas de conservação. As comunidades rurais que rodeiam o Parque Nacional também começam a se beneficiar com o afluxo de turismo: de cada visita, nove dólares (16 reais) vão para as comunidades rurais vizinhas. A impenetrabilidade de Bwindi protegeu os gorilas-das-montanhas da extinção. Hoje é mais fácil entrar em Bwindi e cabe aos ugandenses cuidar dessa mina natural.

Capítulo 19

Delírios em Ruanda

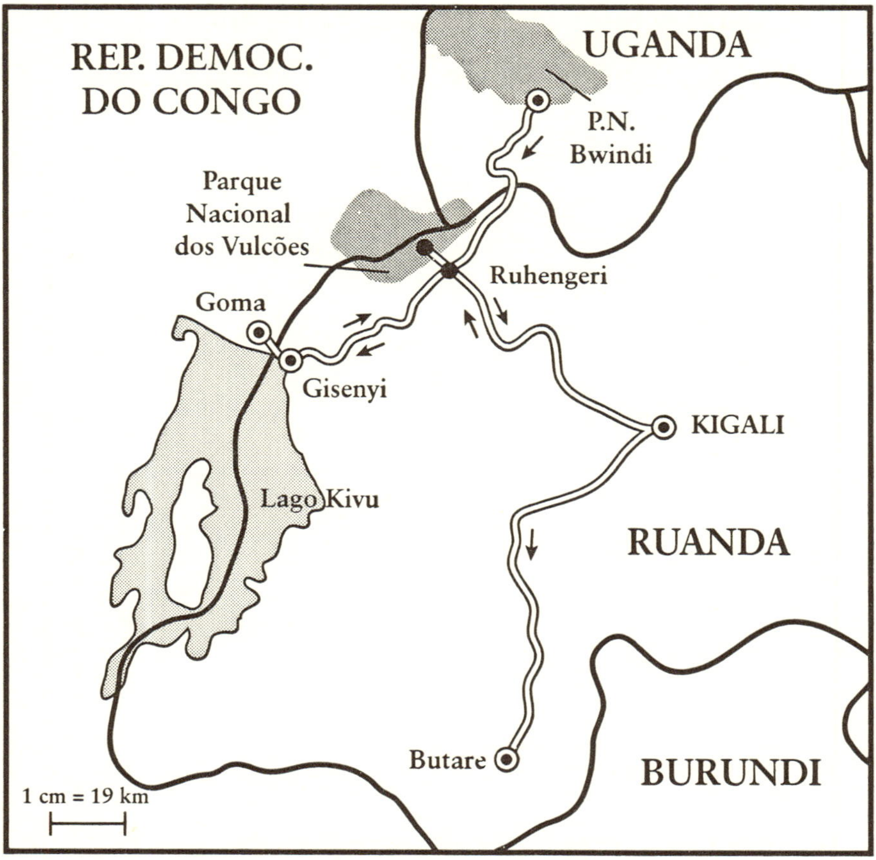

REP. DEMOC.
DO CONGO
UGANDA
P.N.
Bwindi
Parque
Nacional
dos Vulcões
Ruhengeri
Goma
Gisenyi
KIGALI
Lago Kivu
RUANDA
Butare
BURUNDI
1 cm = 19 km

País sem plástico

Volto da caminhada dos gorilas Nshongi com a roupa imunda e as pernas moídas. Só penso no chuveiro quente prometido por Malaka, o gerente do Lodge Gorilla Safari. A pousada, com uma vista magnífica para a mata montanhosa de Bwindi, é a opção confortável para aqueles que fazem a excursão de um dia na floresta. Quem gasta 500 dólares para passar uma hora com os primatas paga qualquer preço por uma boa noite de sono.

Nosso caso é diferente. Malaka permite que estacionemos o carro em um lugar seguro e nos empresta um quarto para usar o chuveiro. Ele espera, em contrapartida, que gastemos nossos últimos xelins ugandenses no restaurante. O acordo é perfeito: depois de seis horas de trekking, não temos energia para preparar jantar, nem mesmo um sanduíche.

Estamos a 50 quilômetros da fronteira de Ruanda. Antes de sair da pousada, temos uma tarefa doméstica incomum: precisamos organizar os sacos plásticos espalhados dentro da Nandi e encontrar um esconderijo para eles. Desde que a lei 57/2008 foi assinada, em 10 de setembro de 2008, pelo presidente Paul Kagame, "a fabricação, a importação, a venda e o uso de sacolas de plástico à base de polietileno estão proibidos em Ruanda". Um ato louvável! Diversos países, como Butão ou Austrália, e incontáveis cidades europeias, americanas e brasileiras também decidiram banir a sacola plástica.

No Red Chilli, viajantes confirmaram que as punições podem ser severas e que os sacos são confiscados. Para quem produz sacos clandestinamente, a pena é dura: de 6 a 12 meses de prisão e a multa chega a 500 mil francos ruandenses (1.530 reais).

Organizamos nossa bagunça, deixamos os plásticos sujos, nos desfazemos do lixinho e ocultamos uma dúzia de sacos de lixo novos que havíamos comprado em Nairóbi. Em Ruanda usaremos a alternativa local, sacos de papel, biodegradáveis.

A sacola de plástico é uma praga na África. Nas zonas rurais e nas cidades, os arames farpados agarram as malditas e após uma ou duas embaralhadas elas fazem parte da paisagem por meses ou anos. A situação se complica quando sabemos que a possibilidade de reciclar o produto não é tarefa simples, demandando um sistema eficaz desde a coleta até o processamento.

Mas transformar o uso da sacola plástica em crime (na lei, o usuário é multado no valor de 15 a 30 reais) é um passo audaz. Se o regime político de Ruanda fosse uma democracia madura, a decisão seria considerada como uma sábia medida ambientalista. Infelizmente, a polícia abusou e, muitas vezes, apreendeu não apenas os sacos, mas os produtos comprados pelos consumidores.

Na fronteira, a última surpresa de Uganda. Antes de deixarmos o país, um funcionário corre até a janela da Nandi:

— Obrigado por ter visitado Uganda! Vocês viram os gorilas?

Respondo que sim, que gostamos de tudo.

— Este é um presente para a viagem. Voltem sempre — diz o ugandense, entregando um abacaxi maduro e cheiroso.

Jogada de marketing ou não, apreciamos o gesto inesperado.

Como será Ruanda, palco de um truculento genocídio em 1994 e hoje um país buscando esquecer as chagas do passado? Entramos com os passaportes norte-americanos, para os quais não há necessidade de visto. Para minha surpresa, o fiscal da alfândega não pergunta nada sobre sacos de plástico e não há nenhuma inspeção no carro.

A estrada de asfalto permite uma conversa relaxada:

— Agora que conseguimos ver os gorilas em Uganda, o que vamos falar com Werabe, que está providenciando as autorizações para ver os gorilas em Ruanda? — pergunto.

— Atacamos em duas frentes, mas não esperávamos que teríamos sucesso em ambos os países — responde Mikael.

— Podemos simplesmente dizer que, na última hora, fomos convidados pelas autoridades de Uganda e que não podíamos recusar o convite — afirmo.

— Embora seja mais honesta, essa opção pode ferir os sentimentos de Werabe. Ele foi muito atencioso quando falou com você por telefone. Pode até ficar mal para o Hitesh, que nos apresentou a ele.

— Além do mais, existe uma rivalidade entre Uganda e Ruanda na questão dos gorilas e não sabemos como funcionam os melindres.

— O mais simples é aceitarmos o segundo convite. Será uma boa oportunidade para comparar as duas operações — afirma Mikael. — Afinal, só passamos uma hora com os gorilas em Uganda. Uma segunda hora de fotos não é má ideia.

Como o país é pequeno — podemos atravessar Ruanda em um dia —, decidimos passar o fim de semana no norte e ir, na segunda-feira cedo, a Kigali para encontrar Werabe e obter a permissão para visitar os gorilas.

Enquanto Mikael dirige, procuro o que há de interessante na região. Leio no *Lonely Planet* que Gisenyi é uma cidade de veraneio, com resorts e praias às margens do lago Kivu. Também aprendo que o lago é um lugar potencialmente perigoso. Por estar em uma falha vulcânica, o fundo libera gases, como CO_2 e metano, que sobem à superfície. São as chamadas erupções límnicas, que podem asfixiar pessoas e animais. Kivu nunca passou por uma grande explosão, apenas existem casos esporádicos de sufocação. Já em Camarões, o lago Nyos explodiu em 1986 e os gases mataram mais de 1.800 pessoas.

O potencial explosivo de Gisenyi não está apenas no lago. A cidade faz fronteira com Goma, na República Democrática do Congo, e, nas últimas décadas, o local viveu momentos terríveis durante a Guerra Civil, o genocídio de 1994 e as duas Guerras do Congo. Resumo toda a informação e passo para Mikael.

— Estamos tão pertinho do Congo? — pergunta ele.

— Sim, o guia diz que é fácil passar a fronteira. Aqueles que querem visitar os gorilas no Congo fazem esse percurso. Do lado congolês, Goma é a Pompeia africana: metade da cidade foi tragada pela lava de um vulcão em 2002.

— Estamos a 2 quilômetros do Congo e você vai deixar de conhecer um novo país? Haroldo, por favor, não me decepcione! — exclama Mikael.

— Você leu meu pensamento: vamos passar o domingo no Congo!

Congo em um dia

Aproveitamos o sábado para passear às margens do lago Kivu e fazer compras. No mercado de Gisenyi pergunto onde posso comprar queijo. Como os belgas ocuparam o país de 1923 a 1962, imagino que alguma tradição queijeira tenha sido bem-sucedida nas terras montanhosas. Minha intuição está certa. As indicações me levam a uma padaria-queijaria, onde encontro uma preciosidade: um queijo produzido na região do lago Kivu, redondo e bem curado. Compro uma peça inteira de um quilo e abro para provar um pedaço. O sabor é apetitoso, com a medida certa de sal. O queijo tem uma boa textura e seu interior é levemente amarelo; deve ter passado por um processo de maturação de várias semanas. Após duas mordidas, meu veredicto é irrefutável:

— É o melhor queijo da viagem! Ganha de todos os da África do Sul e até mesmo do provolone-mozarela da Etiópia. Vamos levar cinco. Teremos queijo até o final da expedição.

O preço também é convidativo: o quilo custa 1.800 francos ruandenses, alto para o poder aquisitivo local, mas apenas 5,50 reais para nós.

Deixamos a Nandi no estacionamento do Hotel Ubumwe. Congo será o terceiro país ao qual ela não nos acompanha. Fomos a Botsuana de bote, quando cruzamos o rio Cuando, e ao Zimbábue de van, para visitar as Cataratas Vitória. Agora, vamos a pé até a fronteira, a 500 metros do hotel.

Sair de Ruanda é fácil. Sem um veículo, é ainda mais rápido. Entrar no Congo, apesar da péssima reputação, também. Pagamos os 35 dólares (61 reais) pelo visto e continuamos o caminho a pé, rumo a Goma.

A avenida que dá acesso à cidade é longa, poeirenta e quente. Como é domingo, o comércio está fechado. Dá para sentir, pelos prédios em mau estado, que a cidade passou por crises.

— Estamos no centro — diz Mika, ao ver uma rotatória e um quarteirão com mais movimento à frente. — Qual é o programa, além de termos um país novo no nosso currículo de viajologia?

— Vale a pena ver o mar de lava que invadiu a cidade, perto do aeroporto, culpa daquele sujeito ali — digo, apontando para o cume do vulcão Nyiragongo.

Dois motoqueiros param a nosso lado e perguntam, em francês, o idioma nacional, se queremos ir a algum lugar.

— A que distância está o campo de lava vulcânica? — indago.

— De moto, apenas dez minutos. É no final da pista do aeroporto — responde um deles.

Combinamos o preço, cada um sobe na garupa de uma moto e partimos em disparada. Capacete para os caronas, nem pensar e quase perco meu boné na arrancada.

No final da avenida principal, antes de chegar ao bairro popular do mercado, vejo uma praça com uma escultura dourada. Totalmente dourada. Dou uma batidinha no ombro do motoqueiro, pedindo para ele ir mais devagar. Ele prefere parar.

— É o Chuckadu, símbolo de Goma. A escultura celebra os 50 anos da independência do Congo.

Quando atravessamos o mercado, descubro vários chuckadus, não dourados, mas feitos de madeira. O chuckadu está mais para uma patinete do que para uma bicicleta. O veículo de carga, muito comum na região, é o resultado da mente criativa africana, que juntou tábuas, duas rodas pequenas de madeira e tiras de pneus usados como suspensão. Na vida real, o chuckadu carrega enormes cestos de produtos agrícolas — as terras vulcânicas são férteis — mas a patinete dourada da praça transporta o globo terrestre.

Na zona do aeroporto, atrás de uma alta cerca de arame farpado, vejo tropas da ONU. É o contingente da Monusco, a Missão Estabilizadora das Nações Unidas na República Democrática do Congo, criada em 1999 para monitorar o processo de paz depois da Guerra do Congo e de diversos conflitos. Um grupo de soldados, além de seus usuais capacetes azuis, também hasteia no acampamento uma bandeira azul-celeste e branca. Demoro dois segundos para entender que o pavilhão, com um sol amarelo ao centro, é o do Uruguai.

Nosso ponto final é uma massa negra disforme que escorreu do vulcão Nyiragongo no dia 17 de janeiro de 2002. Como a lava veio devagar, os residentes tiveram tempo de escapar, mas as cinzas chegaram a dois metros de altura na cidade. Salto da moto e ando sobre o mineral queimado. O som de meus passos é agudo, parece que caminho sobre placas de material vitrificado. As formas tomadas pela lava desafiam a imaginação. Evocam tubos ocos, mechas de cabelo, placas espinhosas ou estalagmites. Em algumas frestas, uma semente conseguiu germinar e tufos de samambaia aparecem. O contraste do verde com o negro inerte lembra que a vida sempre renasce — das cinzas ou das lavas.

Regressamos ao centro, passando novamente pelo chuckadu dourado. Quem terá tido a ideia de homenagear a patinete rural? Pergunto ao motoqueiro onde posso comprar pão e os rapazes nos deixam em frente ao único supermercado aberto.

— Talvez encontremos delícias belgas — sugiro.

Não sei se é o aroma sutil da padaria do supermercado ou a intuição refinada de viajante, mas meu palpite estava certo. A bela vendedora congolesa nos oferece baguetes quentinhas, *croissants* deliciosos e um monte de *pâtisseries*, doces pecaminosos. A visão dilata o apetite e decidimos provar um pouco de tudo. O pão é tão gostoso e os *croissants* tão suaves que levamos alguns de volta para Ruanda.

Na fronteira, pecamos. O pão e os *croissants* estão dentro de um saco de plástico, fato que passou despercebido na padaria. Ao passar pela alfândega, nosso "crime" é detetado pela funcionária. O saco de plástico fica detido. Os *croissants* são comidos ali mesmo.

Dor de cabeça em Kigali

Como o pernoite no Hotel Ubumwe é por pessoa, decidimos nos separar e dormir em dois quartos diferentes. Não ter aberto a barraca da Nandi foi uma medida sábia. De madrugada cai uma tempestade desmedida, com raios, trovões e muita água. Os ruídos assustadores transformam meus sonhos em pesadelos; imagens sensuais e eróticas se convertem em orgias dantescas, ao som de trovoadas.

Acordo cansado, sem energia e, pior, com a cabeça doendo. Parece ser apenas o sintoma de uma noite insensata, como se eu tivesse me consumido com farra, sexo e bebida. Preciso estar bem, o dia será longo.

Saímos cedo para Kigali, em busca de Werabe. Por SMS, eu havia avisado a ele que estávamos em território ruandês. Mikael dirige a primeira hora, eu pego a segunda, incluindo a chegada à capital.

A primeira impressão de Kigali é excelente: a cidade é admiravelmente limpa. Não vejo nenhum papel jogado nas avenidas. Penso na frase do ex-presidente Lula, quando ele visitou Windhoek, na Namíbia, em 2003 e disse que "é tão limpa que nem parece um país africano". Aqui também não é a "África de Lula". As avenidas são amplas e os prédios modernos. O último sábado de cada mês é o Dia Nacional da Limpeza e todos os habitantes saem às ruas para cuidar de seus bairros. Dizem que até o presidente Paul Kagame, para dar exemplo, participa do mutirão. É difícil imaginar que o país, há tão pouco tempo — apenas em 1994 —, foi palco de um genocídio de quase um milhão de pessoas, quando os Hutu massacraram os Tutsi.

O prédio do Conselho de Desenvolvimento de Ruanda (RDB, sigla do nome em inglês) é um dos mais suntuosos da cidade, com uma entrada pomposa e um batalhão de salas luminosas. Emmanoel Werabe trabalha no primeiro andar e subimos uma ampla escadaria para o encontro marcado.

O ritual de apresentação é a versão completa, com direito a cartas, revistas e slideshow no iPhone. Mikael toma a liderança e convence Werabe. O pedido é aceito verbalmente, mas uma carta formal, assinada por Rica Rwigamba, chefe de Turismo e Conservação do RDB, é fundamental.

Começa mais um chá de cadeira. Minha dor de cabeça matinal aumenta e um mal-estar geral toma conta do corpo. Sinto que ossos e ombros estão doloridos. Passo a mão na testa e percebo que está quente. Fico sentadinho na cadeira de espera e só tenho vontade de fechar os olhos e de descansar.

Mikael, sentindo meu estado febril, pilota a operação. Ele providencia os documentos necessários para a carta oficial e pensa onde vamos almoçar. A melhor opção é encontrar seu amigo Edwin Sabuhoro, um jovem líder africano na área de ecoturismo que ele conhecera na Malásia em 2007.

Edwin possui uma experiência invejável, com um pé na África e outro no mundo ocidental. Estudou na Universidade George Washington (a mesma que Mikael) e completou seu mestrado em conservação e turismo na Universidade de Kent, na Inglaterra. Como ruandense, quis conhecer o problema dos gorilas-das-montanhas de perto e foi, por dois anos, o administrador de turismo do Parque Nacional dos Vulcões — ao qual estamos pleiteando nossa visita.

— Vamos, pai, você vai gostar de conhecer Edwin.

— Mika, acho que estou pegando uma gripe ou uma virose das bravas. Me sinto todo mole. Mas, já que não posso dormir em nenhum lugar, vou com você.

— Não se preocupe: relaxe e descanse. Eu dirijo e, quando estivermos no restaurante, você não precisa fazer cerimônia. O cara é gente fina — explica Mikael.

Africa Heaven é um restaurante desenhado para almoços executivos. O bufê de pratos típicos inclui deliciosas opções vegetarianas. Mesmo que meu apetite esteja fraco, como uma salada e um pouco de legumes refogados. Mikael está contente em rever seu colega e discutem sobre sustentabilidade, parques e proteção dos gorilas. Meu corpo está cansado e, apesar de o assunto me interessar, só consigo captar algumas frases, muitas repetindo um nome estranho, Iby'Iwacu.

— Quando vocês partem para o Parque Nacional dos Vulcões? — pergunta Edwin.

— Assim que o RDB entregar a carta autorizando a visita aos gorilas. Se sair hoje, antes das 17h, partiremos em seguida — explica Mikael.

— Gostaria que vocês conhecessem Iby'Iwacu. Logo que a carta estiver em suas mãos, me ligue para que eu avise à equipe que vocês dormirão lá hoje ou amanhã — afirma Edwin.

— Excelente. Iby'Iwacu é um bom exemplo de conscientização ambiental, uma história positiva que queremos contar.

À medida que a conversa entra em detalhes técnicos sobre os desafios e sucessos de Iby'Iwacu, minha mente divaga até chegar a um estado apático, no qual meu único desejo é fechar os olhos.

Mikael paga a conta, promete ligar para Edwin e me leva para o carro. Ele nunca me viu em uma condição tão letárgica, mas ainda não está preocupado:

— Sua energia baixou mesmo. Mas, vamos lá, uma boa noite de sono vai fazer bem. Amanhã você estará novo para um trekking atrás dos gorilas — diz ele, para manter o astral elevado.

Respondo com palavras curtas, para que a mente não precise fazer esforço.

Mikael entra no estacionamento do RDB e subimos juntos. Os carboidratos e as proteínas da refeição me dão um pouco mais de energia e consigo fazer um sorriso charmoso para a secretária, implorando que a carta seja assinada ainda hoje.

— Precisamos sair para o Parque Nacional dos Vulcões antes do final da tarde, pois uma de nossas regras é não viajar à noite — diz Mikael à secretária.

— A carta está na impressora e a diretora vai autorizar. Não se preocupe — diz a secretária. — Mas, antes de sair de Kigali, não se esqueça de ir ao escritório dos Parques Nacionais. Com a carta nas mãos, vocês terão direito de comprar os tíquetes na tarifa de visitantes nacionais.

Meia hora antes de a Agência Ruandesa de Turismo e dos Parques Nacionais (ORTPN) fechar as portas, entramos com a carta na mão. Se o RDB emite as permissões, é a ORTPN que administra as visitas ao campo, checando se há espaço disponível e recebendo o fluxo de dólares. Graças ao esforço de Werabe, pagamos a tarifa nacional de 20 mil francos ruandenses, equivalente a 34 dólares (60 reais), e não o preço estrangeiro de mil dólares para duas pessoas. A sensação de que vamos ver novamente os gorilas-das-montanhas me dá um impulso energético. Mikael avisa a Edwin que passaremos a noite em Iby'Iwacu.

Quando a moça pergunta a data da visita, Mikael responde com toda a convicção, como se meu mal-estar já fosse coisa do passado:

— Amanhã mesmo. Saímos agora para o Parque Nacional dos Vulcões.

Ainda me sinto fraco e peço que Mikael dirija. Depois de 100 quilômetros, chegamos a Ruhengeri, capital do distrito de Musanze, a região mais montanhosa do país. É em Musanze que está a maior parte do Parque Nacional dos Vulcões e cinco dos oito vulcões das Montanhas Virunga.

Mikael pergunta como estou. Respondo apenas que tenho frio. Escurece, uma neblina aparece subitamente e já está escuro quando ele mal vê a placa indicando Iby'Iwacu. Poucos minutos depois, somos recebidos pelos membros da comunidade, que esperavam ansiosos na escuridão por nossa chegada.

Quando Mikael abre a porta do carro, uma corrente de ar frio me envolve e sinto que sou transportado, sem escala, para o Ártico. Começo a ranger os dentes incessantemente e não posso controlar o movimento. Bato molares e caninos uns contra os outros, com tanta aflição que chega a fazer barulho. Enquanto Mikael está concentrado em responder aos votos de boas-vindas, procuro, irrequieto, um casaco. Visto o agasalho de imediato, mas o ranger dos dentes e os arrepios desagradáveis continuam tomando conta de mim.

Os tremores de frio aumentam minha angústia e passam a ser estremecimentos de medo. Penso na opção de que esses sejam um sintoma grave, uma péssima notícia. Prefiro não assustar Mikael, mas os tremeliques podem anunciar o pior desafio africano.

Não tenho a menor vontade de conversar com ninguém. Só quero me meter embaixo de uma coberta, encontrar um canto quentinho, fechar os olhos e dormir. Saio de fininho, com a mala de roupa, a bolsa de toalete e uma lanterna nas mãos, sabendo que Mikael trancará as portas.

Sigo as indicações de um anfitrião e alcanço a cabana onde dormiremos. Circular, ela tem paredes de barro e teto de palha como as habitações locais. Ainda não entendo se Iby'Iwacu é um vilarejo ou uma pousada. Mas não importa, o que preciso agora é de repouso e calor. Entro na palhoça; no centro há um espaço para queimar madeira, provavelmente para esquentar o ambiente. Nos três lados, vejo nichos com camas. Escolho a da direita, que já possui três pesadas cobertas, e largo meus pertences em outra. A cama é simples: um colchão de palha sobre um estrado primitivo feito de galhos retos, a meio metro do solo. Coloco um gorro preto para cobrir as orelhas e entro, de roupa e tudo, embaixo das cobertas. Olho meu altímetro no relógio de pulso: estou a 2.520 metros de altitude. Uma boa explicação para o frio, mas não para o ranger dos dentes. Tomo dois comprimidos de paracetamol, fecho os olhos e adormeço.

Grupo Sabyinyo

Acordo com o barulho de uma pessoa dentro da cabana. Quando também vejo Mikael, fico mais tranquilo, embora eu demore a entender onde estou.

— Ele trouxe brasas para manter o quarto quentinho. Até eu estou com frio — diz Mikael. — E você, como vai? Será que vai dar para fazer a caminhada amanhã cedo?

— Descansei um pouco agora, estava exausto. Vamos decidir sobre a caminhada quando a gente acordar. Se me sentir bem, eu vou — respondo, com otimismo. — Mika, me faça um favor. Sei que está tarde, mas dê um pulo na Nandi, abra a caixa da Farmácia e traga um saco de chá que o Robby deu, chamado Cancer Bush.

Mikael faz uma careta. Nossa farmácia, por ser pouco utilizada, é a terceira, no fundo. Para abrir é necessário retirar duas caixas de cima. Mas, além dos comprimidos de paracetamol ou ibuprofeno, insisto que esse é o único método natural que tenho para combater as dores e diminuir a febre. Na África do Sul o chá é conhecido pelo nome de Moita do Câncer por ter curado, segundo os locais, câncer e Aids. Robby garantiu que era um excelente produto, feito com as folhas e as flores secas da planta ornamental *Sutherlandia frutescens*.

Com os ingredientes na mão, Mikael prepara a infusão. No primeiro gole, torço o nariz e faço cara feia. É tão amargo que algum efeito deve fazer. Tomo, no segundo gole, meia xícara. De estômago vazio, o resultado deve ser ainda maior.

— Pai, de 1 a 10, como você se sente?

Respiro fundo, como se precisasse da pausa para acessar o conjunto de fatores que me fazem estar bem ou não:

— Devo estar com 5. Na hora dos tremores, era 3.

Peço que ele complete a xícara e decido que só volto a dormir quando terminar o chá. Penso, com fé, que vou adormecer profundamente e acordar em plena forma.

De madrugada, desperto assustado. Foi um pesadelo, mas não me lembro de nenhuma imagem, apenas da sensação desagradável. Minha camiseta está encharcada de suor. Em compensação, a febre diminuiu.

Mikael acorda e observa que estou sentado na cama e pergunta se preciso de ajuda. Peço que ele encontre uma camiseta seca na mala. Também estou louco para fazer xixi, depois de ter bebido tanto chá. Levanto e, cambaleando, calço os tênis como se fossem chinelos. Uma porta lateral me leva ao banheiro, um anexo do quarto. A luz fraca de um lampião ilumina a latrina e consigo acertar o alvo. Mas o barulho assusta dois roedores que saem em disparada. Vejo apenas formas e sombras. Ratos? Camundongos? Não importa.

Antes de voltar a deitar, engulo dois comprimidos analgésicos e mais uma xícara do poderoso chá *Sutherlandia*. Preciso estar bem em algumas horas para não decepcionar Mikael: a visita aos gorilas vai acontecer.

Acordo às 6h, com o despertador. A primeira vontade é continuar na cama, mas o desejo de entrar no mato para encontrar os gorilas é maior. Não estou com febre e tenho apetite: uma banana com granola cai bem.

— Então, pai, como você está? Dá para encarar a caminhada? Qual é a nota?

— Acho que, se não for uma subida de duas horas e meia, como em Bwindi, posso ir, sim. Minha nota agora é 7. Descansei, mesmo que a mente estivesse agitada, com sonhos estranhos — respondo.

— Se você preferir, ficaremos. Quem sabe podemos transferir o passeio para amanhã? Além do mais, já vimos os gorilas uma vez e já tenho meus pontos de viajologia. Essa segunda visita era mais para curtir. Diga com sinceridade — pede Mikael.

— Vamos, sim. Também quero ver os gorilas e aguento a caminhada. Vou pedir ao chefe dos guarda-parques que nos escale para um grupo próximo.

Tomo dois comprimidos efervescentes de vitamina C, visto um casaco impermeável e estou pronto para o desafio. Nota 7,5.

Estamos na sede do Parque Nacional dos Vulcões antes da 7h, a hora marcada. Sou o primeiro a ser atendido e entrego cópia da carta e o bilhete de entrada. Todos são gentis. Peço para falar com o administrador de turismo, cargo que Edwin ocupou há alguns anos. Anaclete está reunido com uma dúzia de guarda-parques, dando as instruções do dia.

Logo que ele se desocupa, me aproximo e me apresento como jornalista, mostrando a carta do RDB:

— Anaclete, preciso de dois favores seus. O primeiro é que você reserve o grupo de gorilas mais perto do acampamento para nós. Dormi mal, estou cansado e gostaria de caminhar menos de uma hora para chegar até eles — solicito com humildade, mas sem demonstrar que estou doente, pois Anaclete poderia impedir minha ida ao mato.

— Compreendo. Nesse caso, seria o grupo Sabyinyo o mais próximo. Hoje deve estar a 45 ou 50 minutos de caminhada — responde Anaclete. — E o segundo favor?

— Como existem outros turistas, gostaríamos de estar sozinhos para não atrapalhar os visitantes com nossas câmeras. Seria possível? — pergunto.

Anaclete confere seu bloco de notas. Ele precisa dividir os 24 visitantes do dia em grupos que não separem amigos e casais. Ao mesmo tempo, é necessário otimizar a operação, pois cada grupo de gorila visitado demanda ao menos cinco homens.

Ele pede licença e conversa com dois guarda-parques em idioma Kinyarwanda. Regressa com a resposta:

— Teremos quatro grupos de excursionistas. Aqueles oito jovens vão visitar o grupo Susa, que está hoje a três horas de caminhada.

Outros dois grupos de sete pessoas irão conhecer o Amahoro e o Grupo 13. Vocês ficarão com Sabyinyo, sozinhos. Mais alguma coisa?

Agradeço a Anaclete com um sorriso e dou uma piscada de olho para o Mikael:

— Não estou tão doente assim, não é? Excelente esquema para nós — comento. — Dá para notar que a visita aqui em Ruanda é mais organizada. Uma das vantagens é que todos os grupos saem do mesmo lugar, o que não acontece em Uganda.

— E que nota você tem agora?

— Nota 8. Na verdade, estou cada vez melhor. Acho que o pior já passou. Deve ter sido uma virose passageira.

Pappi Mukunzi, guarda-parque de 24 anos, é quem nos acompanha. Ele entra na Nandi. Para ganhar tempo, iremos estacionar o carro a 4 quilômetros da sede, em um local mais perto do ponto de saída da caminhada. Pergunto se ele gosta do trabalho dele.

— Sempre foi meu sonho, desde criança, trabalhar com os gorilas. Quando eu tinha 10 anos, meu pai, motorista de caminhão, conseguiu uma cópia do filme *Gorillas in the mist* (*Nas montanhas dos gorilas*). Fiquei apaixonado pela história da naturalista Dian Fossey, que aconteceu aqui mesmo nessas montanhas — conta Mukunzi. — Estudei dois anos na universidade para ser zoólogo e, quando abriram um concurso para guarda-parque há três anos, fiz o teste e passei. Resolvi começar a trabalhar de uma vez.

— Você está me dizendo que foi um filme de Hollywood que inspirou você a proteger os gorilas de Ruanda? — pergunta Mikael.

— O primeiro chamado ocorreu com o filme, sim. Mas agora aprendi muito mais. São criaturas especiais, muito sensíveis e bem perto dos humanos.

Trancamos o carro, pedimos a um local que sirva como guardador e contratamos mais um membro da comunidade vizinha como carregador, para levar meu equipamento. Se tiver alguma subida pela frente, prefiro estar com as mãos livres e sem a câmera no pescoço.

Decido levar apenas uma câmera, com o canhão de 150-500 milimetros. Afinal, estaremos a sete metros dos animais. Para que uma grande- angular?

Cruzamos um campo agrícola. A terra vulcânica é negra, muito fértil. As plantações chegam até o muro de pedra de um metro de altura que separa o Parque Nacional dos Vulcões das terras comunitárias. Antes de entrar na área protegida, vejo um forno artesanal que produz carvão. É um buraco na terra, preenchido com milhares de pedaços de troncos, coberto por uma camada de lama, agora seca. Por ter uma quantidade pequena de oxigênio no interior, a combustão é lenta e a madeira não desaparece em cinzas, mas se transforma em carvão. A pergunta é: qual lenha está sendo queimada? A madeira de fora do parque, quase inexistente? Ou os troncos trazidos ilegalmente pelos camponeses? Por alguma razão, o forno está apenas a 2 metros do limite do parque.

São 9h50 quando pulo o muro, construído com pedras vulcânicas. Bebo um gole de água e penetramos no mato por uma trilha que dá para apenas uma pessoa. A subida é suave e estou tranquilo. Tenho menos fôlego do que há alguns dias, mas consigo ir adiante.

Não sinto o tempo passar. São 10h30 quando encontramos os três batedores. Não me assusto quando eles aparecem do mato, como aconteceu em Uganda. Um deles porta um AK-47, ícone da África. Outro leva um facão, para abrir caminho. Encontrar os guarda-parques que saíram na frente significa que os animais estão perto.

Agora a mata é diferente e estamos rodeados por bambuzais, um dos alimentos preferidos dos gorilas, segundo Mukunzi. Um dos batedores assume a liderança. Subimos uma ribanceira, cruzamos um túnel formado por tufos de bambus e caímos em uma clareira. O guarda-parque faz sinal de silêncio com o dedo e depois aponta para a direita. Vejo uma figura escura por trás da folhagem.

— É Guhonda, o *silver back*, o dorso prateado, do grupo Sabyinyo. Ele tem 38 anos e pesa uns 250 quilos. É o maior gorila-das-montanhas macho do mundo — cochicha Mukunzi.

— Ele pode viver até que idade? — pergunto.

— Um *silver back* pode chegar a 40 ou 45 anos.

Guhonda sabe que estamos ali, mas seus olhos castanhos estão mais interessados em selecionar qual será o próximo galho a ser mordido. Ele não faz contato conosco.

— Os gorilas gostam das folhas tenras das trepadeiras e também dos brotos de bambu — murmura Mukunzi. — Guhonda come 30 quilos de plantas por dia.

O gorila macho toma um galho em uma das mãos, rompe com cuidado e mastiga as folhas. Algumas vezes ele passa um ramo de bambu pela boca, em um movimento horizontal, fazendo com que as folhas sejam agarradas pelos dentes. Também usa as mãos para retirar as folhinhas.

De dentro da moita dos bambus, sai outro gorila, menor.

— Seu nome é Big Ben, é um juvenil. É fácil de ser identificado, pois está perdendo pelo no topo da cabeça, é o único gorila careca — avisa Mukunzi. — O grupo é formado por nove gorilas. Guhonda, o macho dominante; um *black back*, macho adulto; um macho subadulto; três fêmeas; dois juvenis e um bebê, chamado Sacola.

Como estamos em uma clareira apertada, a distância entre nós e os dois gorilas é bem menor do que os 7 metros solicitados. Calculo estar a 4 metros de Big Ben e a 5 metros de Guhonda. O juvenil, cansado das folhas que come, resolve mudar de espaço. Agachado, andando de quatro, passa entre Guhonda e nós e segue a trilha. Por alguns segundos, ficamos a um metro do animal, que nem sequer nos olha.

Logo depois, ouvimos gritos de gorilas adultos.

— São duas fêmeas brigando — explica Mukunzi.

Guhonda presta atenção na algazarra e, como chefe, precisa saber o que está acontecendo. Ele levanta o tronco, leva as mãos ao chão e começa a caminhar em nossa direção. Mukunzi faz um sinal, com o braço esticado, para que fiquemos imóveis. Guhonda, o maior gorila do planeta, passa aos nossos pés, em um espaço de meio metro entre Mikael e eu. São dois segundos de excitação e de total incredulidade.

Meus olhos acompanham o dorso prateado que passa raspando por minha calça e entra na mata. Mikael e eu trocamos um silencioso "uau"!

— Já se passaram 40 minutos e só restam 20 de visita. Vamos ver aonde os dois gorilas foram — diz Mukunzi.

Sigo os passos dos guarda-parques e penetro na mata fechada novamente. Caminho com a cabeça abaixada e um enorme bambuzal aparece à frente. Reencontro Guhonda, sentado, com uma mão levantada, segurando um galho horizontal de bambu, como se estivesse viajando de ônibus. Big Ben brinca com Sacola, um filhote bem menor do que ele. Os dois rolam no chão, trocando mordidas. Uma fêmea adulta observa as cambalhotas das crianças. Bela cena de família.

O espaço está mais apertado do que antes e não posso recuar para manter a distância requerida. Muzunki faz sinal para que eu não me preocupe, mas olha o relógio. Nosso tempo está por terminar. Checo na lente da câmera e a fêmea adulta, que troca um olhar doce comigo, está apenas a 3 metros de distância.

A família de quatro gorilas fica alguns minutos sentada, de coluna erguida. Guhonda e a fêmea contemplam o infinito, mas Big Ben não fica quieto. Mais uma vez, caminha em nossa direção e começa a escalar uma touceira de bambu. Mãos e pés seguram firme o grosso caule oco. Agora está apenas a 2 metros de distância. Sem sequer nos dar adeus, sobe até o topo do bambuzal e, de lá, desaparece no mato.

Guhonda, Sacola e sua mãe também se metem mata adentro e somem. Parece que tudo foi cronometrado: Mukunzi avisa que passamos dois minutos da hora. Valeu!

Parada em Ruhengeri

O caminho de volta é mais rápido. O que demorou 45 minutos na ida descemos em meia hora. O guardador da Nandi está na mesma posição, com um semblante responsável, mostrando que sua missão foi cumprida cabalmente. Outros membros da comunidade aparecem. Um menino de 10 anos mostra o desenho de um gorila, feito no caderno de escola. Adolescentes oferecem pequenas esculturas dos primatas em madeira negra e insistem que é ébano. Dou uma mordida na pata do gorila e vejo que a estatueta é feita de madeira branca e leve, não de madeira nobre. Posso comprar sem sentir que estou desmatando a reserva.

Sobre o capô da Nandi, um jovem estende camisetas verde-musgo com os dizeres "*Mountain Gorillas — Sabyinyo Group — Rwanda*". Produzida na vizinha Tanzânia, a camiseta leva o desenho de uma família de primatas, do *silver back* ao filhote na garupa da mãe. Não hesito em comprar duas: é a prova de que logrei vencer o desafio. A camiseta vem se juntar à que adquiri em Uganda.

Tomo um gole de suco de fruta — preciso de açúcar no sangue — e sinto que o cansaço quer voltar. Mas a caminhada foi leve e o desgaste pequeno.

Poucos minutos depois, o bem-estar aparente de que eu gozara durante as últimas quatro horas desaparece como água recolhida em duas mãos juntas.

— Mikael, o efeito da adrenalina está terminando — digo, relutando. — O corpo parece dolorido.

— Agora você precisa descansar. Vamos voltar a Iby'Iwacu?

Agradecemos a Mukunzi, aos batedores e, na sede do parque, a Anaclete. Em poucos minutos estamos em Kiningi, o vilarejo onde os guias e guarda-parques moram; deixamos Mukunzi no entroncamento. Se viramos à direita, retornamos a Iby'Iwacu. À esquerda, vamos à cidade de Ruhengeri, a 12 quilômetros.

— Direita ou esquerda? — pergunta Mikael.

— Quero resolver o mistério de uma vez. Vamos para o Hospital de Ruhengeri fazer um exame para saber o que tenho — decido.

Não é difícil encontrar o hospital em uma cidade cuja avenida central acolhe todos os prédios administrativos. O estacionamento é amplo e vamos a pé até a recepção. O hospital público é composto por quatro edificações de três andares. Os jardins e a grama são bem cuidados. Caminhos de pedra conectam os diversos setores. São 14h e ainda tenho energia para, na recepção, solicitar um exame de sangue.

O primeiro passo é ver um médico de plantão. Pagamos a consulta — 3.750 francos (11,50 reais) —, subimos ao segundo andar e nos sentamos no sofá de espera. Tudo é bem mais limpo do que eu imaginava. Os únicos sujos ali somos nós. Estamos com a mesma roupa da caminhada dos gorilas e com barro nos sapatos e nas calças. Trocamos apenas a camisa suada e lançamos jatos de desodorante embaixo do braço. Mas ainda fedemos a mato.

O médico ruandense aparece na porta e pede para que eu entre. Peço desculpa pelos trajes ("fomos ver os gorilas hoje de manhã") e explico as dores de cabeça, o mal-estar e a tremedeira da véspera.

— A noite foi péssima, mas de manhã eu estava melhor. Agora à tarde, o mal-estar retornou. Gostaria de fazer um exame de sangue — peço.

O médico faz uma série de perguntas de praxe, sobre alimentação, urina, fezes e doenças anteriores. Ele acredita que a tremedeira e a febre podem significar a presença do parasita da malária no sangue. Assina o pedido de exame e me entrega.

Vamos ao caixa novamente, pagamos 9.300 francos (28 reais) e me dirijo ao laboratório. A coleta é feita com agulha descartável, em um ambiente asseado e limpo. Nem parece África, diria Lula.

— Retorne para pegar o resultado em 40 minutos — pede a enfermeira.

Ao regressar à Nandi, Mikael pergunta qual é a nota de meu estado de saúde.

— Durante a hora que passamos com os gorilas, me esqueci de que estava mal. Seria uma nota 8, mas agora voltei para 6 ou 5 — respondo.

Na hora marcada, regressamos ao laboratório. O resultado do exame está pronto. Ao mesmo tempo em que a enfermeira me entrega o papel, ela anuncia:

— Boas notícias: o senhor não tem malária!

A primeira reação é positiva. Um exame de sangue não é uma loteria. Não estar com malária é, de fato, uma boa notícia. Mikael festeja com um sorriso.

Mas o segundo pensamento traz mais dúvidas.

— Se não estou com malária, Mika, então por que estou me sentindo tão mal? Apenas uma gripe? — pergunto.

— Veremos o que o médico tem a dizer — afirma o filho.

O médico não elucida o enigma. Ele responde que pode ser uma virose e receita um antibiótico de amplo espectro.

— Se amanhã vocês estiverem aqui, regressem ao hospital para um novo exame. Algumas vezes o parasita não aparece no primeiro.

O mal-estar, como na véspera, cresce depois das 17h. No caminho para Iby'Iwacu, sinto que a febre toma o corpo e que a dor se expande pelas juntas. Bichado, estou. Só não sei qual é o vírus, a bactéria ou o parasita.

Os anfitriões de Iby'Iwacu, ao avistar a Nandi, correm em nossa direção. Estão preocupados porque, depois da visita aos gorilas, não aparecemos no vilarejo. Mikael explica que tivemos uma urgência e fomos ao hospital fazer exame de sangue. Não, ninguém tem malária.

O chefe da comunidade — ao qual não fui apresentado ontem, pois me escondi na cabana de tanta indisposição —, diz que tem uma surpresa para nós.

— Eles prepararam uma dança para nós. Edwin mencionou que o vilarejo sempre recebe os visitantes com um espetáculo — avisa Mikael.

— Desta vez, não posso escapar. Nem a desculpa da malária tenho — digo.

Vamos até o portão de entrada, onde somos recebidos por oito guerreiros. Estão vestidos com um saiote azul e carregam nas mãos um escudo de madeira e uma lança. Todos têm uma vasta cabeleira confeccionada com longos fios de palha que caem até a cintura.

Quando movimentam a cabeça de cima para baixo, os "cabelos" de palha vão para trás e para a frente, de forma frenética. Nos pés, levam chocalhos e os passos marcam o compasso da música e da dança, chamada Intore. Quatro homens, vestidos de verde e amarelo, tocam robustos atabaques de pele de cabra. Mais quatro tocam instrumentos de som feitos com um longo colmo de bambu.

Além dos 16 homens que fazem parte da dança de boas-vindas, reparo na presença de uma mulher e de um senhor mais idoso, coberto com uma pele de cabra. Começo a entender que Iby'Iwacu é uma comunidade onde moram duas dúzias de pessoas e que elas também cuidam das cabanas onde dormimos.

O ambiente é alegre, mas, depois de fotografar durante 40 minutos, estou exausto. Aviso a Mikael que desisto e que preciso de repouso:

— Meu gás chegou ao fim. Vou sair de fininho e me deitar um pouco.

— Pai, vou ficar um pouco mais. Enquanto a luz do dia não desaparecer, eles vão dançar e cantar. Vão ficar decepcionados se um de nós não fotografar até o final do espetáculo — assinala Mikael.

Entro nas cobertas ainda com a roupa suja da caminhada para ver os gorilas e adormeço.

Saída de Iby'Iwacu

Acordo quando tudo está escuro. Ouço um ruído e vejo Mikael andando no quarto. Não sei quanto tempo dormi, perdi completamente a noção.

— Você dormiu muito. Das seis da tarde até agora, onze da noite. Vim vê-lo várias vezes, mas, como parecia tranquilo, deixei você descansar — conta Mikael. — Como está se sentindo?

— Sei lá, nota 5. Preciso beber água, tomar aquele chá do Robby e engolir a segunda dose do antibiótico que o médico deu.

— Beba um pouco d'água e tome o remédio. Você quer jantar, comer alguma coisa? O ideal seria ingerir um pedacinho de banana para não deixar o antibiótico sozinho no estômago — sugere Mikael. — Amanhã, depois de tomar os remédios, você vai ficar melhor. O bom é que você não tem malária! Seria mais complicado. Uma virose a gente resolve.

— Ainda não estou convencido disso. Mas veremos isso amanhã — respondo, voltando a sentir frio. — O que aconteceu depois da dança, nas cinco horas até agora?

— Muita coisa. Participei de uma conversa sóbria, quase um ritual, dentro da Cabana dos Homens. O ambiente era arrepiante. Mas não vou falar sobre isso agora, porque você pode ter pesadelos. Amanhã ou depois eu conto — relata Mikael.

Bebo mais uma xícara de *Sutherlandia*, engulo o antibiótico, como meia banana e faço xixi. Volto para dentro das cobertas. Graças às brasas trazidas, o quarto está quente. O dia foi cheio, com eventos que não acontecem em um dia normal de viagem: a visita aos gorilas, a ida ao hospital e a festa de recepção da comunidade. Mikael também resolve dormir de roupa.

Começo a pegar no sono quando ouço um movimento brusco com as cobertas do Mika e um grito surdo. Levanto a cabeça, meio atordoado.

— Senti que algo pulou em cima de mim; depois essa coisa começou a andar sobre as cobertas. Quando me dei conta de que poderia ser um bicho, fiz um movimento brusco e vi um animal voando. Pelo tamanho do rabo, era um rato.

— Deve ser um dos ratos que vi no banheiro — suspiro.

A noite se transforma em um delírio. Tenho pesadelos dos mais variados, passando por imagens incongruentes do tipo em que cada gol de uma partida de futebol equivale a 100 quilômetros rodados na Nandi. Ou que estou preso em um círculo imaginário do qual não consigo me libertar. Ou que sacolas de plástico, quando mudam de cor, passam a ser proibidas.

Troco de camiseta no meio da madrugada — a anterior está encharcada pelo calor da coberta e pela febre. O colchão de palha sobre o estrado de pedaços de paus é desconfortável e minhas costas não encontram um lugar cômodo. O fogo consumiu as brasas e o ar que penetra na cabana está frio, com cheiro de medo e sabor de incerteza. Quero acordar do pesadelo, mas não consigo. Quero voltar à semana passada ou pular para o futuro, dentro de cinco dias. O presente está ruim.

Às 7h desperto com apenas uma vontade:

— Mikael, vamos sair daqui. Não aguento mais — determino. — Vamos pegar a estrada e dormir em um hotel hoje à noite. Ficar em pousadas em vilarejos tradicionais só funciona quando estamos com boa saúde.

Mikael também não descansou.

— Passei uma noite horrorosa, estava nervoso — diz. — Você falou muito de madrugada, depois que trocou de camiseta. Não dava para entender nada, eram palavras louquíssimas, pensamentos sem nenhum nexo. Fiquei com medo também. Vou me despedir do chefe da comunidade e vamos embora.

Estou bem pior do que no dia anterior. Pelo menos o trekking para ver os gorilas tinha me dado uma faísca de motivação. Hoje estou péssimo. Pelo visto, os antibióticos que tomei a cada oito horas não funcionaram. Sinto que estou mais fraco. Na véspera, consegui comer apenas granola com banana de manhã. Depois dos gorilas, estava cansado para almoçar e, depois do hospital, nem pensei em jantar.

Mikael sabe que não tenho cabeça nem forças para dirigir em uma estrada cheia de curvas. Passamos por Ruhengeri, não entramos no hospital e vamos em direção ao sul do país.

Na primeira hora da viagem ainda tento agir como copiloto, avisando quando aparece um caminhão ou surge uma curva fechada. Mas na segunda hora minha atenção começa a vagar e meus olhos fecham. Mikael me acorda quando cruzamos um rio e temos um entroncamento à frente:

— Pai, vou colocar diesel aqui no posto e precisamos tomar uma decisão. À esquerda, entramos em Kigali, que está a 5 quilômetros. À direita, vamos para Butare, a segunda cidade do país.

— Não quero ficar em Kigali, não gosto de capitais — respondo, com uma voz beirando um bêbado com sono.

Mikael checa o *Lonely Planet* e as informações de Odé:

— Butare está a 100 quilômetros, deve ser uma cidade mais fácil para se locomover. É sede da Universidade Nacional de Ruanda e tem um hospital universitário. Você aguenta chegar lá? — pergunta.

— Chegar à universidade? — respondo, sem ter entendido a frase. Depois complemento: — Vamos para Butare, sim. Quanto mais longe melhor. Precisamos chegar à Tanzânia.

Nesse momento Mikael se dá conta de que já não pode contar com respostas objetivas da minha parte. Tanzânia? Precisamos antes passar por Burundi...

Quando parávamos em qualquer posto de combustível, eu sempre saía do carro para me certificar de que o processo estava sendo realizado sem engodos. Depois, marcava no caderno de bordo a data, o local, a quilometragem, os litros, o preço pago e o consumo quilômetro/litro. Desta vez não saio do carro, não faço o pagamento e não escrevo nada no caderno preto. Estou *off-line*. Nota 3.

Tratamento em Butare

Durante os 90 minutos do trajeto do trevo de Kigali até Butare, não consigo falar uma palavra. Minha mente está perdida em pensamentos desconexos e meus olhos buscam um horizonte vazio. Mikael se preocupa seriamente com meu estado de saúde e decide ir ao Centro Hospitalar Universitário Butare.

Quando desembarco, mal consigo andar até o atendimento. No consultório, só penso em uma cama para me deitar. Dr. Edgar Gasana abre a porta de acesso a uma saleta e me oferece o leito. Deito e apago.

Mikael faz um breve relato dos sintomas dos últimos três dias, incluindo o resultado negativo do exame no Hospital de Ruhengeri. Dr. Edgar pede uma nova análise do sangue. Se no dia anterior eu tinha forças para ir a outro prédio, hoje isso é impossível. Uma enfermeira vem colher meu sangue para fazer o teste da gota espessa, um método rápido, eficaz e de baixo custo para diagnóstico da malária através da visualização do parasita no microscópio. Continuo *off-line*, sem nenhuma conexão, com febre alta. Nota 2.

Enquanto meu filho espera longos minutos pelo resultado do exame, envia um e-mail para Flavia, com cópia para Mayra, sem nenhum texto, mas com cinco palavras no assunto: "Papai tá doente, me liga." São 14h40 em Ruanda e 9h40 de uma quarta-feira em Campinas. Flavia está acordada.

O resultado chega às mãos de Dr. Edgar em 20 minutos:

— Seu pai está com malária — diz o doutor, de forma direta. — O exame mostra a presença de trofozoítos do parasita *Plasmodium falciparum*, com 53 mil plaquetas por milímetro cúbico.

Um calafrio percorre o corpo do Mikael. O pouco que ele leu a respeito — no Wikipedia, pelo iPhone e no *Lonely Planet* — confirma que, das quatro espécies de *Plasmodium* que entram no corpo humano pela mordida do mosquito fêmea *Anopheles*, a mais drástica é a *P. falciparum*. As outras três — *P. vivax*, *P. malariae* e *P. ovale* — são consideradas brandas, se é que existe malária branda.

A malária causada pelo *falciparum*, chamada de maligna, é a "mais perigosa de todas as infecções", podendo levar ao coma e à morte. Na África, 90% das mortes causadas pela malária são devidos ao *falciparum*. Os piores casos acontecem quando os trofozoítos do *falciparum* impedem a oxigenação do cérebro, provocando inconsciência, convulsões, supressão do sistema imune e coma.

— O que devemos fazer? — pergunta Mikael ao médico.

— Você vai à farmácia do hospital com esta receita para comprar um medicamento chamado Coartem. É uma nova droga, muito eficiente. Funciona em 97% dos casos — afirma Dr. Edgar — Vou fazer uma segunda receita para você também, Mikael, pois vocês dormiam juntos na mesma barraca, pelo que entendi.

— O que é o Coartem?

— O Coartem é um dos medicamentos da terapia combinada à base de artemisinina. Ele associa um produto derivado da artemisinina, o artemeter, que ataca rapidamente o parasita, com a lumefantrina, que ajuda a não deixar resquícios no organismo. Fique tranquilo, seu pai ficará bom em quatro dias — afirma o médico.

A caminho da farmácia, Mikael aproveita para saber mais sobre o medicamento na internet. A artemisinina foi isolada da planta *Artemisia annua*, mencionada na medicina chinesa há mais de dois milênios. Na década de 1970, cientistas chineses comprovaram que a artemisinina tinha um efeito fulminante contra os parasitas da malária, mas mantiveram a descoberta em segredo, pois não queriam que os países ocidentais copiassem e comercializassem o produto.

Mikael chega à farmácia, põe a mão no bolso e repara que, depois de pagar a consulta e o exame de sangue, só tem 2.600 francos ruandenses (8 reais) na carteira. O medicamento deve custar mais. Sair do hospital para trocar dólares vai atrasar o início do tratamento. Esse pensamento o deixa apreensivo. Agora é uma questão de tempo, quase de vida ou morte.

Suando frio, ele mostra as duas receitas e pergunta quanto custa. A enfermeira entrega as duas cartelas — com 24 comprimidos cada — e pede 700 francos. Mikael fica surpreendido com o preço baixo — e aliviado por não perder tempo para trocar dinheiro. Ele calcula o preço de cada medicamento: 61 centavos de dólar ou 1,07 real.

Mikael regressa à sala do Dr. Edgar com uma garrafinha de água mineral e a cartela de medicamentos. Ele me acorda com a primeira dose de quatro comprimidos na palma da mão:

— Pai, você está com malária. Já comprei o remédio e aqui está a primeira dose. A próxima será dentro de 12 horas.

— Bom saber que tenho malária — respondo, engolindo os comprimidos amarelos. — Pelo menos vou ser medicado.

Volto a deixar o corpo cair na cama.

Mikael continua a pesquisa sobre o remédio. Coloca o nome Coartem no Google e confirma o que ele lê na cartela: o medicamento é produzido pelo laboratório suíço Novartis, sob licença da República Popular da China. O fabricante forneceu, nos últimos nove anos, a preço de custo, 340 milhões de tratamentos a 60 países onde a malária é endêmica. A estratégia explica o baixo valor do Coartem em Ruanda. Em uma farmácia nos Estados Unidos, o medicamento custa 70 dólares (123 reais), 115 vezes mais caro.

A pesquisa é interrompida por uma chamada. É Flavia, querendo notícias. Mikael tenta disfarçar seu nervosismo e conta que estou com a malária *falciparum*, mas já medicado:

— Infelizmente perdemos um dia de tratamento, pois o exame da véspera não acusou nada. Para essa doença, um dia pode significar muita coisa — desabafa. — Ainda estamos no hospital de Butare, mas vamos para um hotel daqui a pouco.

Eu me levanto com a ajuda de Mikael, agradeço ao Dr. Edgar as duas horas do leito do consultório e ando, como um velho, pelo corredor que leva ao estacionamento. O caminho passa por um pavilhão, de portas abertas, de doentes terminais: gente com Aids, tuberculose, câncer e outras doenças fatais.

— Tive que passar por aqui umas seis ou oito vezes. Essa cena é barra-pesada — avisa meu filho.

O quarto do hotel é melhor do que eu esperava. Tem bastante luz e as paredes são creme. As camas, as mesinhas de cabeceira e o armário são de madeira clara. As cortinas vermelhas combinam com as colchas. A água quente funciona e o banheiro é limpo. Como vamos ficar aqui no mínimo três dias, bom que seja confortável.

Resolvo tomar uma ducha para entrar asseado na cama. Consigo me manter de pé, mas não por muito tempo. Mas o prazer de entrar em lençóis brancos recompensa o esforço do banho.

Saber que estou com malária traz um misto de sensações. Combato pensamentos de medo e de ficar com sequelas da doença. Meu peito aperta quando imagino que Mikael possa ter contraído o parasita, pois dormimos em um mesmo espaço de 3 metros quadrados: teremos algumas semanas de suspense pela frente. Com Russell Mittermeier, parceiro de várias viagens, conversamos muitas vezes sobre qual de nós seria o primeiro a pegar a maldita. Ganhei a aposta, com a pior delas.

Fecho os olhos novamente. À meia-noite estou, mais uma vez, encharcado com o calor da febre. O consumo de camisetas secas é grande. Tento comer alguma coisa, mas não consigo. Se insistir, posso vomitar.

Durante a madrugada, com a segunda dose de Coartem entrando no sangue, sinto que meu corpo é um campo de batalha entre as forças da aliança da artemisinina e os trofozoítos do *Plasmodium falciparum*. Plantas lutam contra parasitas. É a pior noite de todas. Nota 1.

Os pesadelos se transformam em alucinações. Estou com um grupo de pessoas em uma caverna, totalmente acuado, cuidando de uma pequena fogueira, o fogo da vida. Aparecem seres quase humanos, menores em tamanho, maiores em número. Eles querem nos capturar. Seus corpos não têm pelos, apenas tatuagens. Cada ser possui uma pintura diferente, parte da própria pele. Vejo uma fêmea com tons vermelhos e os machos são azuis e verdes, todos possuem uma cauda, como a de um rato. Preciso proteger o fogo.

Assustado, abro os olhos e peço água para o Mikael:

— Cara, esta noite está uma loucura. Parece que tomei um LSD. Só vejo coisas bizarras.

— Você não para de suar. A febre está alta. Vamos tomar um paracetamol e trocar de camiseta — indica Mikael, de forma quase maternal.

— É como se meu corpo tivesse sido tomado por seres estranhos, protozoários com cara de rato. Nunca passei tão mal. A embolia em Washington foi pinto perto deste inferno — digo, ofegante e cansado. — Mika, você se lembra daquele tecido que Flavia nos deu para ser usado em caso de doença? Está numa caixinha quadrada de plástico na frente do carro. Pegue lá para mim.

Depois de me dar o comprimido antifebril e me ajudar a trocar a camiseta, Mikael vai até a Nandi e traz o amuleto, que me trará conforto na guerra contra os parasitas.

— Outra coisa, sabe a pedrinha que está no meu chaveiro? É aquele *lingam* indiano que o Pavitra do grupo Ungambikkula me deu. Quero segurá-lo também. Os dois vão me ajudar.

Adormeço com um talismã em cada mão.

No segundo dia do tratamento — quarto dia da malária — acordo um pouco menos abatido. Às 10h tomo a terceira dose. Estou na metade da medicação. O Coartem continua seu ataque frontal aos parasitas. Passo o dia na cama, sem vontade de fazer nada. Não consigo ler, escrever ou checar e-mails. Mas a nota sobe para 3 e sei que estou vivo.

O apetite parece querer voltar na hora do jantar e peço uma massa. Mikael traz do restaurante um espaguete com molho de tomate. Só consigo comer um pouco, mas já é algo para quem não ingere uma refeição há três dias. Tomo a quarta dose do Coartem. Essa será um tremendo golpe contra os parasitas.

No terceiro e último dia de tratamento, depois de uma noite sem alucinações e sem perseguições de monstros, acordo mais lúcido. Sinto que, embora ferido e exausto, o pior já passou. As tropas inimigas, que haviam tomado meu fígado e meus glóbulos vermelhos, estão perdendo a guerra, prestes a ser arrasadas.

Depois de tomar a quinta dose do medicamento, visto uma calça e a camiseta dos gorilas de Bwindi, saio do quarto e peço para Mikael tirar uma foto. Preciso guardar alguma lembrança do desafio, o maior da viagem até agora. Seguro a cartela de Coartem na mão direita, ainda com a sexta dose lacrada, faço uma cara engraçada de tartaruga doente e Mikael clica, avisando que vai colocar a foto no Facebook.

— Vamos sair de Ruanda? Já estou pronto para viajar — declaro.

— Calma, pai. Antes de sair, precisamos conversar com o Dr. Edgar para tirar as dúvidas que temos sobre sua recuperação.

— E o tour na Tanzânia? Esqueci completamente do assunto durante os últimos dias. Você enviou alguma mensagem para Scholastica? — pergunto, afobado.

— Cuidei de tudo. Avisei a Scholastica que você estava com malária e pedi que ela ajustasse o programa. Precisamos chegar a Klein's Camp, no Parque Nacional Serengeti, daqui a três dias — diz ele, tratando de me sossegar.

— Ótimo, em três dias estarei pronto para fotografar. Por enquanto, vou pegar leve.

Na página Luzes da África do Facebook, Mikael coloca minha foto, com cara de tartaruga, com o resumo da história:

Estamos em Butare, Ruanda. Mais uma surpresa na África. Haroldo pegou malária. Febre alta, calafrios e alucinações. Já está medicado.

As respostas, pelo Facebook e por e-mail, começam a pipocar. Na mesma tarde, ambos sentados sobre a cama, admiramos as fotos dos gorilas de Ruanda. Sem grandes discursos, agradeço profundamente a proteção que tive nesses dias e dou um forte abraço no filho. Duas lágrimas escorrem pelo rosto. Ele se transformou em um arcanjo, me cuidando com amor e carinho. Soube segurar a barra, ter cabeça fria e levar o barco até um porto seguro.

Capítulo 20

Encontros selvagens na Tanzânia

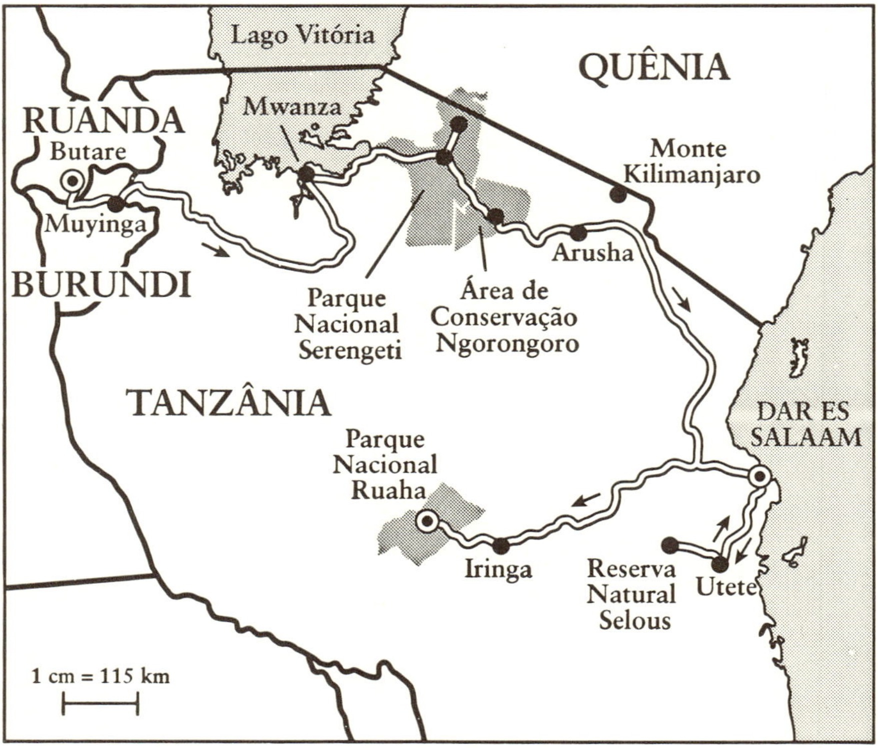
Lago Vitória
QUÊNIA
RUANDA
Butare
Mwanza
Monte
Kilimanjaro
Muyinga
Arusha
BURUNDI
Parque
Nacional
Serengeti
Área de
Conservação
Ngorongoro
TANZÂNIA
DAR ES
SALAAM
Parque
Nacional
Ruaha
Iringa
Reserva
Natural
Selous
Utete
1 cm = 115 km

Histórias de caçadores

No final da tarde, visitamos o Dr. Edgar Gasana no Centro Hospitalar Universitário de Butare. Nossa comunicação é ora em francês, ora em inglês — Ruanda é bilíngue. Minha lista de perguntas sobre a malária é respondida com atenção. Sim, as alucinações fazem parte do quadro. Sim, é normal fazer xixi amarelo-escuro nesses dias, tem relação com o fígado. Não, não precisa ter cuidado especial com sol, calor ou frio.

Além de eu ter perdido peso, minhas pernas estão flácidas. Parecem as de um octogenário. Para quem foi apelidado no ginásio como "belas coxas" e teve orgulho de ouvir frases como "suas pernas são tão fortes", sentir a massa lânguida de músculos frouxos é uma decepção. Isso tudo graças a um protozoário alojado em um mosquito fêmea, sedenta de sangue para colocar seus ovos.

Espantoso como um ser unicelular microscópico pode fazer um estrago tão grande. A malária contamina mais de 240 milhões de pessoas por ano, causando 863 mil mortes, 85% delas na África. A boa notícia é que, nos últimos anos, graças à nova geração dos remédios e sua distribuição a preço de custo, a malária pode ser curada com menos dificuldade.

Seis dias depois do ataque frontal do *falciparum*, tendo terminado de tomar o Coartem, acordo no sábado com vontade de viajar. Posso, sem receio, cantar vitória: a batalha contra os protozoários está ganha. Agora é ir devagar, evitar qualquer recaída e ter uma vida saudável.

Estamos a 33 quilômetros da fronteira com Burundi. De Butare é mais fácil chegar à Tanzânia passando pelo pequeno país. Os três dias parados em Butare nos obrigam a modificar o itinerário e a visita planejada à capital de Burundi é cancelada. Agora é mais importante chegar a tempo à Tanzânia.

Em Burundi, entre a fronteira da entrada e a da saída, rodamos 160 quilômetros cravados. Passamos apenas quatro horas no país, tempo de comprar frutas no mercado de Ngozi e abastecer em Muyinga. Às 12h30 já estamos na Tanzânia. O chip tanzaniano, mesmo depois de nossa ausência de três meses, volta a funcionar. Para mostrar que não estou tão prostrado, faço questão de dirigir 60 minutos, aproveitando as terras planas, próximas ao lago Vitória.

— Mika, você nunca me contou o que aconteceu naquela noite em Iby'Iwacu — puxo conversa. — Você tinha ficado impressionado com o ambiente.

— Verdade. Depois entramos na crise da malária, bastavam suas alucinações — responde Mikael.

Ele refresca minha memória dizendo que Iby'Iwacu é um projeto criado por seu amigo Edwin Sabuhoro, um vilarejo onde trabalham duas dúzias de pessoas, quase todas homens.

— O mais interessante é que todos foram caçadores ilegais. Alguns chegaram a matar dezenas de gorilas — diz Mikael. — Edwin criou o vilarejo como uma alternativa de vida, transformando caçadores perigosos em empreendedores de ecoturismo. Realmente, um belo trabalho.

— Mas o que aconteceu na Cabana dos Homens? — pergunto.

— Estávamos sentados no chão ao redor da fogueira, nossas caras iluminadas apenas pelas chamas em movimento. Cada um se levantava e contava o que fazia quando era caçador. As histórias eram fortes — relata Mikael.

— Do tipo?

— Um deles era um baixinho, sem quatro dentes, que dançava se contorcendo e fazendo caretas, você se lembra dele? Seu nome é Leonidas Bararo.

— Sim, me lembro, ele era muito expressivo. Ele me disse que tinha 66 anos e que era pigmeu, por isso era menor do que os outros.

— Esse mesmo. Anotei alguns depoimentos no bloco de notas. Vou ler os do Leônidas — diz Mikael, abrindo as páginas. — É excelente: "Caçar animais sempre fez parte de minha vida e da herança familiar. Aprendi com meu pai e ele aprendeu com meu avô. Eu era um bom caçador e podia sustentar minha família. Na mata, armava armadilhas e laços para agarrar antílopes e búfalos. Algumas vezes, encontrávamos um gorila preso na armadilha. Eu ficava muito irritado, porque tínhamos capturado o animal errado. Não podíamos comer, pois ele parece muito com os humanos, nem vender o gorila. Tinha perdido meu tempo. Então, matávamos o gorila para armar novamente a armadilha e esperávamos ter mais sorte da próxima vez. Antes um gorila era inútil; hoje, com nossa aldeia, o gorila vivo é meu sustento."

— Que loucura! Chocante a frase "capturamos o animal errado" — afirmo.

— Quando perguntei a Leônidas quantos gorilas ele já tinha eliminado, ele respondeu "devo ter matado mais gorilas do que eu mesmo possa me lembrar!" — diz Mikael. — Contando isso no carro, de dia, é simples. Mas na Cabana dos Homens, com apenas a luz da fogueira, todos os homens bebendo cerveja de sorgo, o ambiente era impressionante.

— Imagino. Todos eram caçadores?

— Todos, sem exceção. Tem outro depoimento, de Rwabahiriza Damsen, de 28 anos. Ele disse: "Meu pai era caçador ilegal e eu entrava no parque com ele. Depois de matar os animais, tínhamos carne para a família e vendíamos o resto no mercado. Em 1993, meu pai topou com um búfalo. O animal atacou meu pai com uma chifrada. Ele morreu. Depois disso, não tínhamos mais dinheiro, nem para ir à escola nem para comer. Éramos mais miseráveis do que os pobres. Continuei a caçar, era a única solução. Em 2004, encontrei Edwin, que queria converter caçadores em agricultores. Aceitei a proposta dele e participei deste vilarejo desde o início. Se não fosse por Edwin, eu já teria sido morto por um búfalo na floresta, como aconteceu com meu pai."

— Edwin fez um belo trabalho com os caçadores, não é? — indago.

— Quando ele estava no Parque Nacional dos Vulcões, teve um papel importante na educação ambiental das pessoas que moravam ao redor da reserva. Hoje a caça ilegal foi reduzida de maneira drástica e a população de gorilas não sofre tanta pressão como antes — explica Mikael. — O cara merece os prêmios internacionais que andou colecionando.

Luxo no Klein's Camp

Embora apenas oito dias tenham se passado, o episódio da malária virou troféu de viajante. Minhas coxas continuam flácidas, mas me alimento normalmente. Em qualquer conversa com locais, minha primeira frase começa, invariavelmente, com a pergunta "você já teve malária?"

O mais marcante é não ter recebido, até agora, nenhuma resposta negativa à pergunta. Desde que saí de Butare, não encontrei ninguém em Ruanda, Burundi e Tanzânia que não tivesse sido contaminado. A resposta à segunda pergunta "quantas vezes você teve malária?" varia. A média fica entre duas e quatro infecções, mas algumas pessoas me responderam oito ou dez.

Passamos a segunda noite na Tanzânia na entrada do Parque Nacional Serengeti. Estamos prontos para começar uma maratona pelas reservas mais belas do país, graças ao itinerário que montamos com Scholastica Ponera. Durante os últimos três meses, ela conseguiu apoio da instituição Parques Nacionais da Tanzânia (Tanapa) e do Conselho de Turismo da Tanzânia. No celular, temos cópia das autorizações para ingressar nas áreas protegidas e dos vouchers para as pousadas.

O primeiro parque é o Serengeti, palco de um dos espetáculos naturais mais impressionantes do planeta: a migração anual. Manadas de até 1,3 milhão de gnus, de 200 mil zebras e de 500 mil gazelas realizam um percurso circular de 700 quilômetros, para buscar as pastagens tenras e esverdeadas pela chuva. O movimento intuitivo dos animais transcende fronteiras e entre agosto e outubro eles deixam a Tanzânia e entram na reserva Maasai Mara do Quênia. Não há cercas que possam deter dois milhões de mamíferos à procura de alimento.

— Onde estão os gnus agora? — pergunto ao guarda-parque responsável pelo portão de entrada Ndabaka.

— Estão a algumas dezenas de quilômetros ao sul da estrada em que vocês vão trafegar. Vocês vão ver alguns grupos de gnus, mas não as grandes manadas. Elas estão ainda dentro da floresta — responde. — Voltem daqui a um mês, em junho, quando os animais deverão cruzar a pista e o rio Grumeti, rumo ao norte.

Hoje temos 210 quilômetros de chão. É a primeira terra depois da malária. Uma estrada não asfaltada significa um trajeto longo, poeirento e cansativo. O corpo sacode muito. Se estivesse em perfeita forma física, aguentaria com prazer. Resolvemos rodar devagar, a uma média de 30 quilômetros por hora, admirando as planícies do Serengeti.

Os primeiros animais que avistamos são os gnus. Aqui, a subespécie é chamada de gnu-de-barba-branca, a mais escura das cinco que existem. É um animal desengonçado, como se fosse o resultado de um cruzamento híbrido entre um cavalo e um boi — na verdade, o gnu é um bovídeo. Seu corpo musculoso é a refeição predileta dos leões e das hienas. Mas são os crocodilos que levam a fama de devorar gnus. No processo anual da migração, eles precisam cruzar diferentes rios e os crocodilos só têm o trabalho de esperar.

A pista vai em direção ao leste até encontrar o entroncamento perto da sede da reserva, onde tomamos o rumo norte. A paisagem continua sendo a de vastas planícies, sempre com algumas montanhas ao fundo. A pastagem muda conforme o solo e a quantidade de chuva recebida e vai do verde-claro ao amarelo-palha. Observamos avestruzes, abutres-de-dorso-branco, babuínos, girafas e zebras-da-savana. Menos frequente é o topi, um elegante antílope, de pelo avermelhado e com uma mancha escura, quase violeta, na parte alta das quatro pernas. O topi não é presa fácil: ele corre a 70 quilômetros por hora e apenas o guepardo é páreo para ele.

Um ingrediente vital em um safári é a hospedagem. A localização e a qualidade do staff de uma pousada de luxo são fatores essenciais para o sucesso do empreendimento. Os lodges estão situados dentro de parques nacionais ou em terras adjacentes às reservas; o que, na prática, faz pouca diferença, pois os animais transitam livremente.

Para nossa estada em Serengeti fomos convidados a ficar no Klein's Camp, da operadora de safáris &Beyond. Gosto da ideia de passar alguns dias no luxo. A pousada fica na encosta das montanhas Kuka e sua sala de estar tem uma vista espetacular da savana e dos montes. Possui uma situação privilegiada, dentro de uma concessão de 10 mil hectares cedida pela comunidade Maasai, entre o Parque Nacional Serengeti na Tanzânia e a Reserva Nacional Maasai Mara no Quênia.

Depois de sete horas de viagem, chegamos atrasados para o almoço. Mas em um lodge de qualidade quem faz o horário é o cliente e, como havíamos avisado que éramos vegetarianos, fomos contemplados com uma salada completa, um delicioso prato de vegetais e uma sobremesa requintada. Meu apetite volta na hora certa.

Até as 16h, quando a luminosidade ainda é ruim e os animais preferem descansar na sombra, minha opção é conversar com os guias de safári, os embaixadores da natureza. Entre eles está o sul-africano Anthony Tranter, por uma semana em Klein's Camp para fortalecer o treinamento dos guias locais.

— Você já deve ter a fórmula para formar um bom guia, não é? — pergunto.

— Além do conhecimento sobre conservação e biologia, é preciso saber se comunicar com as pessoas. Nossos clientes viajam pelo mundo e são muito exigentes — afirma Anthony. — O fundamental é ter paixão pela natureza. É isso que vai fazer o guia manter o foco e descobrir os animais no meio do mato.

Ouvi palavras semelhantes de Dale Geldenhuys, durante o curso em Rukinga, Quênia, há três meses. Meus pensamentos voam até o tanzaniano Emmanoel Amnaai. Ele é de Arusha e estou perto de sua terra. Terá ele conseguido um bom emprego como guia de safári?

O calor diminui e saímos para nosso primeiro *game drive*. Nandi fica no estacionamento e vamos em um Land Cruiser aberto, com uma visão de 360°. Sob a suave luz vespertina, consigo boas imagens. Meus olhos tentam acompanhar os de Anthony, mas ele sempre consegue antes de mim apontar o animal observado e dizer o nome dele.

No final da tarde, no momento em que o sol desaparece, encontramos um guepardo rondando um grupo de zebras. O felino não consegue diminuir a distância entre ele e as possíveis presas. As zebras partem em galope cada vez que o guepardo se aproxima. Ele tenta outra técnica: se deita na relva verde e espera que um animal desprevenido chegue perto. Preferimos sair do local para não gorar seu jantar. Com sua face com duas linhas negras que vão dos olhos à mandíbula, os guepardos são um dos animais mais elegantes das estepes africanas.

Antes de regressar à pousada, somos agraciados com outra surpresa. O motorista nos leva ao topo de um morro, em direção a uma luz estranha. Ao chegar, encontro uma longa mesa adornada com garrafas e cadeiras colocadas em volta de uma aconchegante fogueira. Como a temperatura começa a baixar, encontramos em cada cadeira uma coberta vermelha, daquelas que os Maasai usam para se cobrir. Após um dia de aventura, nada mais confortável do que se sentar ao redor de um fogo e rememorar os grandes momentos na savana. Mais uma vez, agradeço por estar vivo e com boa saúde.

Tamino, meu filho nova-iorquino, ao saber que estamos em Serengeti envia links de uma notícia alarmante. Um projeto do governo tanzaniano pode interferir na circulação, até agora irrestrita, dos gnus e de seus companheiros da jornada anual. Uma nova rodovia entre Arusha e Musoma cruzaria 55 quilômetros do parque, perto da fronteira com o Quênia.

Para o governo, a estrada significa desenvolvimento para a região de Musoma, ilhada entre o Parque Nacional e o lago Vitória. Mas, para o setor turístico e os conservacionistas, o plano é um desastre ecológico. A construção da rodovia fragmentaria o ecossistema e interferiria na migração anual, uma vez que a estrada cortaria o percurso dos animais em dois pontos. Poucas pessoas sabem sobre o assunto em Klein's Camp e as que ouviram algo preferem não falar. Como a barragem Gilbel Gibe 3, no vale do Omo, precisarei acompanhar esse assunto da rodovia com atenção.

Embora o Parque Nacional Serengeti seja o carro-chefe do turismo de natureza na Tanzânia, o país possui outros tesouros. Ao lado de Serengeti, está a Área de Conservação Ngorongoro, outro Patrimônio Mundial da Unesco. Para chegar até lá, atravessamos o Parque Nacional de norte a sul.

A planície é tão extensa que, sem informações detalhadas, é praticamente impossível encontrar animais. É como buscar um palito de fósforo em um monte de palha. Ao chegar à sede do parque em Seronera, onde as camionetes de safári fazem uma parada obrigatória para o xixi dos visitantes, converso com alguns motoristas. A informação mais recente é que um grupo de leoas foi avistado a poucos quilômetros. Tomo a direção da Nandi e sigo a poeira levantada por uma camionete. Descobrimos cinco leoas deitadas no pasto; as felinas dormem preguiçosamente, em pleno sol.

Seguimos a pista estreita por mais um quilômetro até encontrar uma manada de uma dúzia de elefantes. Esses, sim, estão acordados, em movimento e comendo muito. Um elefante adulto pode consumir, diariamente, entre 150 e 250 quilos de folhas, frutas e gramíneas. Como o animal passa 16 horas do dia se alimentando, a principal estratégia dele é caminhar para encontrar alimentos frescos pelo campo. Resolvemos acompanhar o grupo.

Lentamente, os elefantes ganham terreno e se aproximam de onde as cinco leoas dormem. O que acontecerá? Os elefantes continuarão a seguir a mesma direção quando descobrirem as leoas?

Mudamos de posição e vamos para perto das leoas. Elas estão ainda deitadas, mas o som de uma fêmea elefanta, uma aliá, faz com que uma felina levante a cabeça. As outras fazem o mesmo. A aliá matriarca que abre o cortejo para de caminhar e levanta a tromba para entender melhor o ambiente. Como um periscópio, ela sente o odor dos felinos. Lentamente, sem estresse ou sobressalto, prefere guiar seu grupo por outro caminho e muda o trajeto, tratando de manter distância dos predadores. Mesmo se uma aliá adulta pode encarar o ataque de uma leoa, o grupo contém vários filhotes vulneráveis.

A próxima surpresa ocorre duas horas depois do encontro entre leoas e elefantes. Quando passamos por uma manada de mais de 200 zebras, ouvimos um som estranho. A direção puxa para um lado: furamos um pneu! O primeiro furo da Nandi, depois de 28 mil quilômetros rodados, acontece no meio das zebras. Se estivéssemos no meio da planície deserta, os perigos poderiam ser maiores e um de nós deveria ficar de olho nas redondezas. Cercados por tantas zebras — que pastam com tranquilidade —, não existe a menor possibilidade de que um predador chegue perto sem antes ter causado uma comoção nos animais que nos rodeiam. Uma boa zebra!

Estou à beira de uma imensa cratera circular de quase 20 quilômetros de diâmetro. A vista aqui de cima é surpreendente: o interior do vulcão é um enorme buraco, com 600 metros de desnível. No centro, um lago natural fornece água aos animais. Há dois ou três milhões de anos, o vulcão Ngorongoro teria explodido e seu cone colapsado sobre si mesmo. A caldeira criada formou um ecossistema particular. É a maior e mais completa caldeira existente no mundo, cercada pelas paredes quase intactas do antigo vulcão. Dentro dessa área espontaneamente protegida proliferam mais de 25 mil mamíferos selvagens.

Entrar nesse paraíso reservado tem um custo alto — 200 dólares (350 reais) por veículo — mas a contribuição de milhões de dólares anuais trazida pelos turistas sustenta os trabalhos de conservação de Ngorongoro. O preço elevado também inibe um número maior de visitantes, diminuindo o impacto ambiental em um ambiente frágil. Na prática, é impossível para um mochileiro ir a Ngorongoro por conta própria. É um paraíso apenas para ricos.

Descemos a estrada que beira uma das paredes da cratera. Meu primeiro encontro é com um elefante, o maior macho da espécie dentro da cratera. Na verdade, o maior elefante que já vi na vida! Sua presa mede quase dois metros e o marfim chega a raspar o solo. Como as presas nunca param de crescer, é fácil concluir que ele é o mais idoso.

Depois de alguns minutos, descubro outra particularidade do animal: o tamanho de seu pênis. De longe, calculo que deve medir mais de um metro. Como uma demonstração de sua virilidade, o elefante balança o membro com vigor, o qual toma a forma de uma serpente gorda. Uma cena assustadora, mas quase cômica.

Observo meia dúzia de carros indo para a mesma direção, levantando poeira. Deduzo que algum animal deva ser o ponto magnético. Seguimos o fluxo. No local, todos os olhos, binóculos, câmeras e filmadoras convergem para um guepardo. O felino, o animal terrestre mais veloz do planeta, com picos que atingem 120 quilômetros por hora, está sentado sobre suas patas traseiras e esquadrinha o horizonte em busca de alguma presa. O guepardo não muda de posição e os carros continuam chegando.

Olho ao redor e fico chocado. Conto 16 veículos, com um mínimo de quatro passageiros em cada. Ninguém desobedece à regra: todos estão na estrada principal e não entram na savana. Mas os carros formam uma muralha e cortam metade do campo de visão do animal.

— Mikael, isso parece um circo. Com tantos veículos em volta do guepardo, como ele vai caçar?

Mesmo que o guepardo tenha a mesma aceleração de uma Ferrari (chega a 100 quilômetros por hora em apenas três segundos), qualquer perseguição demanda um elevado custo de energia. O guepardo só investe em uma arrancada quando está certo de que conseguirá a presa. Cansado de tantos olhares indiscretos, o guepardo se levanta e caminha em direção contrária à manada de jipes. Vai jejuar por mais algumas horas.

— O turismo de natureza precisa ter normas que considerem a sustentabilidade do lugar. O número de vans dentro da cratera precisa ser limitado para evitar isso — responde Mikael.

Continuamos dando a volta ao redor do lago Makadi, ponto central da cratera, e encontramos duas leoas dormindo na savana. Decidimos esperar para ver se elas se levantam. Noto, por duas vezes, que uma delas acorda, boceja, dá uma olhada ao redor e depois volta a encontrar o conforto da relva para dormir. Marcamos o lugar no GPS.

Os leões de Ngorongoro possuem uma história particular e nem sempre saudável. Há algumas décadas, devido aos cruzamentos entre o grupo fechado de animais, isolados de seus parentes do parque Serengeti, os leões passaram a nascer com problemas de consanguinidade. Devido à baixa diversidade genética, houve redução na qualidade do esperma e na taxa de reprodução, assim como diminuição da vitalidade e do sistema imunológico, abrindo portas para diversas doenças.

Além disso, a população foi vítima de ataques cíclicos de moscas *Stomoxys*. Em 1962, a população de 70 leões dentro da cratera foi reduzida a apenas 10. Em 2001, um novo surto matou uma dezena de animais. A população, hoje, estaria entre 60 e 80 leões, mas os problemas genéticos ainda não foram resolvidos. Curiosamente, os leões de Ngorongoro são maiores do que a média. A explicação: dentro da cratera, a comida é farta e fácil.

São 16h quando voltamos pela terceira vez ao local das leoas. Elas ainda dormem. Duas manchas amarelas jazem sobre a savana. O campo tem uma leve coloração violeta, devido a flores silvestres.

— Se as leoas levantassem a cabeça, eu teria uma foto bonita, no meio da vegetação — afirma Mikael. — A Nandi é muito baixa. Vou subir no teto para conseguir um ângulo melhor.

Sem colocar o pé no chão — ato proibido na reserva — Mikael, em uma prática de contorcionismo, sai pela janela e chega ao topo do carro. Lá de cima, a vista é quase perfeita.

— Elas continuam dormindo — reclama. — Vou ver se consigo acordar uma delas.

No teto da camionete Mikael encontra algumas sementes que ficaram no bagageiro. São redondas e do tamanho de uma pequena bola de gude. Ele olha ao redor para ver se há algum carro.

— É apenas uma semente. Não quero acertar, só fazer um barulho para ela acordar — justifica o filho sapeca.

— Olha lá, Mikael. Podemos ser expulsos do parque — pondero.

— Não vai dar uma de pai responsável. Aprendi isso com você — responde.

Mikael arremessa a primeira bolinha, mas, por ter pouco peso, ela nem chega perto. A segunda tentativa é um pouco mais certeira, mas o projétil cai a dois metros do animal, que nem abre o olho. Para a última tentativa, ele se levanta, toma um maior impulso e faz força. A semente voa. E ele também. Pela janela, vejo Mikael de cabeça para baixo e, um segundo depois, ouço o som da queda do corpo no chão.

Penso na leoa. Se ela acordar e chegar perto do carro agora? Mikael se levanta com agilidade, abre a porta e entra no carro.

— Cara, que susto! Perdi o equilíbrio — conta ele. — A bainha do jeans ficou presa em um gancho do bagageiro e fiquei pendurado, quase de cabeça para baixo, durante um instante. Aí a bainha rasgou e eu aterrissei.

— Você se machucou? Pernas, braços, mãos? Dê uma geral para ver se está tudo bem.

Mikael se apalpa e aproveita para tirar a palha que ficou grudada na calça e na camisa.

— Está tudo bem. Mas não vou mais atirar sementes em animais! — diz.

— Mesmo se eram sementes inofensivas, a Deusa Protetora do Parque não gostou da atitude e resolveu dar uma lição — arremato. — Acho melhor a gente sair da cratera agora, antes que ela fique realmente brava conosco.

Rumo ao sul

Uma de minhas criações foi o teste de viajologia. Dependendo do número de pontos obtidos, o viajólogo obtém um diploma que vai do jardim de infância ao pós-doutorado. Três variáveis são consideradas: o número de países visitados, o número de países "íntimos" — lugar de nascimento, países de residência e as nações visitadas mais de seis vezes — e os lances de viajologia. A lista dos 150 lances vai de monumentos da antiguidade a contatos com a natureza. Nesse quesito, estão os gorilas e o monte Kilimanjaro.

Em Arusha, aos pés do maior pico africano, o tempo está tão nublado que não conseguimos sequer ver a montanha. A esperança é que, no dia seguinte, a neblina possa se dissipar.

Mas, 12 horas depois, a montanha continua fechada. O lance de viajologia fica para a próxima.

— Nem podemos esperar mais 24 horas, pois precisamos chegar a Dar as Salaam à noite para um jantar com Scholastica — diz meu filho. — Ela me mandou dois SMS confirmando que precisamos chegar cedo, pois ela convidou o embaixador do Brasil, Francisco Soares Luz, e o treinador da seleção de futebol da Tanzânia, Márcio Máximo, outro brasileiro.

— Scholastica parece um tufão, de tanto vento que cria ao redor — respondo. — Mas não podemos reclamar, ela é eficiente e nosso tour no norte da Tanzânia está dando certo.

Com 650 quilômetros de asfalto e um jantar de gala pela frente, esquecemos as neves no cume do Kilimanjaro e partimos rumo ao sul. Uma das vantagens de rodar em uma estrada de qualidade é poder ouvir música. Colocamos, mais uma vez, *Fala sagrada* e *O rastro do canto*, do grupo Ungambikkula. Conseguimos tocar a música mágica deles em todos os países pelos quais passamos com a Nandi, 11 até agora. Ungambikkula se tornou a trilha sonora da viagem. Mikael não chegou a ver nenhum espetáculo em Barão Geraldo e conhece pouco o grupo de nove artistas:

— E esse nome estranho, Ungambikkula?

— Eles se inspiraram na lenda australiana dos Ungambikkulas, as divindades ancestrais que moldaram os seres humanos quando ainda eram seres disformes. Pavitra e o grupo montaram um show que mistura sons aborígines, celtas, iorubás e hindus. Cantam em aramaico, hebraico, latim, tupi-guarani, espanhol, francês, inglês e português. É incrível, algo do calibre do Cirque du Soleil. Adorei quando vi.

— Gosto muito de uma música com o refrão *ojo ibi orixá reô*. Deve ser em iorubá — diz Mikael, embarcando na viagem Ungambikkula.

Embora exaustos com a jornada, vamos, depois de uma boa ducha no hotel, ao restaurante para o jantar oferecido por Scholastica. O embaixador Francisco Soares Luz comparece, trocamos boas informações e ele diz que havia recebido um comunicado do Itamaraty avisando sobre nossa expedição. Mikael e eu ficamos surpresos com que nossa viagem seja assunto de notas do Ministério das Relações Exteriores. Também presente está Aloyce Nzuki, diretor do Conselho de Turismo da Tanzânia, que apoiou a jornada. O grande ausente é o técnico brasileiro da seleção local, Taifa Stars. Pensava fazer uma entrevista com ele para o blog, mas nada feito. A estrela do jantar é Scholastica, com uma presença e uma desenvoltura que impõem respeito e com um humor e uma leveza que a tornam querida.

No final do jantar, depois de despedidas e fotos, Scholastica senta conosco na imensa mesa já vazia e avisa que há pequenas mudanças na programação do dia seguinte:

— Vocês viajam amanhã cedo em uma das camionetes da Pongo Safáris. Podem deixar a Land Rover na garagem de casa. Vou cuidar bem dela — diz. — Vocês serão cinco: além do motorista, meu sobrinho Hans e meu caçula Kenneth aproveitarão a viagem para conhecer a reserva Selous. Gostaria muito de ir também, mas minha agenda está cheia.

Não há como discordar de Scholastica Mama África. Como a Nandi descansa na garagem, a notícia é boa.

Para Scholastica, o sul da Tanzânia é o futuro da indústria turística. Com os problemas de Serengeti e os congestionamentos crescentes na cratera de Ngorongoro, a magia da observação de animais selvagens se translada para áreas intocáveis e de acesso difícil.

— Para quem conhece o tour tradicional no norte e quer vivenciar uma verdadeira comunhão com a natureza africana, as reservas Selous e Ruaha são a melhor opção — afirma Mama África. — Vocês vão concordar comigo.

Selous e sua Deusa Protetora

A mata na Reserva Natural Selous é mais fechada do que a das savanas do norte e o campo de visão é reduzido. Nas primeiras duas horas em busca de animais, vejo apenas girafas e impalas. À medida que rodamos dentro do parque, minha frustração aumenta. Depois de tantos meses na África, o que quero fotografar são animais icônicos, como leopardos, guepardos e leões, ou aqueles que ainda não encontramos.

— Rodamos horas em uma estrada de terra cheia de buracos para chegar até aqui. E tudo isso apenas para ver mais uma girafa? — cochicho com Mikael, em português, para que ninguém nos entenda.

— Acho que estamos começando a ficar com a tal da Canseira Safári. Do tipo "que chato, mais um elefante na nossa frente" — ele comenta. — Só não podemos ficar de mau humor por estar vendo "apenas impalas"...

Isso mesmo, nada de ficar rabugento. Resolvo mudar de tática. Fecho os olhos e, aproveitando o balanço da camionete, me concentro em um pedido mental, que beira uma súplica:

"Querida Deusa Protetora de Selous, estou em suas terras para descobrir as riquezas e para divulgar as belezas no Brasil. Se você insistir em me mostrar apenas girafas e impalas, nada poderei contar sobre seus tesouros naturais. Assim, imploro que você me revele o que você tem de mais valioso! *Asante sana.*"

Mando o e-mail mental para deusa@selous.tz e regresso à realidade da pista na reserva. Abro os olhos e vejo... mais um grupo de impalas.

Passam 20 minutos e minha lassidão é quebrada por uma freada.

Olho para a frente e, no meio da estrada, descubro um animal deitado perto de uma poça de lama, lambuzado. É um cachorro-selvagem-africano, uma espécie rara e difícil de ser avistada! Com tantas viagens e safáris na bagagem, nunca tinha visto o animal na natureza!

O cachorro-selvagem-africano é um canídeo ameaçado de extinção, que já desapareceu da África do Oeste. Existiriam entre 3 mil e 5.500 animais no mundo, distribuídos em três locais específicos, no Parque Nacional Kruger (África do Sul), no delta do Okavango (Botsuana) e aqui em Selous.

Minutos depois, mais cachorros aparecem na estrada. Eles passam ao lado do veículo e vão beber água em uma poça. Cada cachorro selvagem possui um desenho individual de manchas e pintas, mas as cores são sempre as mesmas: branco, preto e castanho. O mato continua desovando cachorros e a estrada logo se torna o ponto de encontro da matilha. Consigo contar 15 cães.

— É a primeira vez que vejo tantos animais juntos — diz Hans. — Eu sabia que existe um grupo de 25 cachorros-selvagens nesta parte de Selous, mas encontrar tantos no meio da estrada é muita sorte.

Sorte? Não, desta vez não foi um mero acaso. Tenho certeza de que a responsável por essa produção foi a Deusa Protetora de Selous, a que organiza os movimentos de todos os animais da reserva. Ela ouviu minhas preces e colocou um cachorro no meio do caminho para que não pudéssemos passar sem ver o animal. A Deusa atendeu a meu pedido. Obrigado!

Regressamos à pousada, às margens do Rufiji, uma das principais artérias fluviais da região. Sentado em um banco de madeira, com a vista para as águas plácidas barrentas, conto para o Mikael a história da Deusa Protetora de Selous.

— Só agora, quando já estamos no fim da viagem, você descobre que cada reserva tinha uma deusa? Precisaríamos ter tido acesso a elas bem antes! — diz ele.

A frase lembra que os dias correm e que, depois de Selous, temos apenas mais um parque na Tanzânia. O tempo parece estar mais acelerado no final da viagem do que no início.

Hans e Kenneth aparecem e nos convidam para um passeio fluvial de fim de tarde. Entramos no bote de alumínio e, em um barranco do rio, de três metros de altura, iluminado pela cor quente do sol que se põe, vejo dezenas de buracos redondos feitos no barro.

— São os ninhos dos abelheiros-de-frente-branca, um pássaro monogâmico. O adulto sempre tem sua companheira ao lado — revela Kenneth Ponera, falando sobre sua nova paixão, a ornitologia. — As aves conseguem agarrar insetos em pleno voo.

Avisto um casal pousado em um galho. É um dos pássaros mais coloridos que já vi. O bico negro é longo, fino e curvo para agarrar as presas no ar. Como se o bico fosse ainda maior, uma listra negra continua pela cabeça, como uma máscara sobre os olhos. O topo da cabeça é branco e a fêmea tem um ligeiro reflexo turquesa. O pescoço é vermelho sangue e o ventre marrom dourado. O dorso das asas é verde-esmeralda, o interior é azul e a cauda é preta embaixo e verde por cima. No total são sete cores.

Somente quando o bote se afasta da borda do rio é que me dou conta da força da correnteza. O Rufiji é um rio totalmente tanzaniano e suas águas fluem até um delta no oceano Índico para formar um dos maiores manguezais do continente. Nesta hora amena, quando o calor tropical e úmido já não é avassalador, até os locais, da etnia Ndengereko, aproveitam o momento para navegar com canoas feitas de um só tronco de árvore.

O sol está em seus últimos raios, mas temos tempo para subir de bote até uma área onde os bancos de areia dominam o rio. Grandes vultos negros, como se fossem rochas, aparecem e desaparecem em segundos. São hipopótamos. Como estamos contra a luz do sol, o reflexo do céu na água cria um tom salmão. Lentamente, nos aproximamos do grupo de animais. Um macho desses "cavalos de rio" parece não gostar de nossa presença e, com um rugido amedrontador, abre a enorme boca.

— Os hipopótamos e os Castros têm algo em comum — diz Hans, com humor, deixando uma pausa.

— Somos todos vegetarianos — assinala Mikael.

— Mas os dois caninos inferiores que eles possuem são uma arma perigosa, usados para brigas entre machos ou para atacar outro animal.

O hipopótamo abre a boca uma segunda vez, advertindo que somos *persona non grata* em seu território. Peço para retroceder, melhor não abusar, pois estou em dívida com a Deusa Protetora do parque.

O Parque Nacional Ruaha é a maior área protegida da Tanzânia, com mais de 20 mil quilômetros quadrados, quase do tamanho de Sergipe. Desde 2008, quando a reserva Usangu foi anexada ao território de Ruaha, o parque passou a ser o campeão nacional, desbancando Serengeti do título.

No sudoeste do país, o parque está fora das rotas turísticas. É preciso ir até lá e voltar. De Dar es Salaam são mais de 600 quilômetros por uma estrada perigosa e em constantes obras de manutenção.

Nosso caso é diferente, pois a rodovia é nossa rota original. Precisamos repassar pela estrada que conhecemos no caminho de ida, para chegar ao Malawi. Ao contrário de há quatro meses, agora, depois das chuvas, o céu está limpo, as pistas transitáveis e a vegetação nos recebe com um alegre verde. Melhor ainda, somos convidados especiais.

Por ser tão distante de Dar, os visitantes estrangeiros chegam de avião e aterrissam na pista de pouso da sede do parque. Nossa aproximação por terra revela paisagens maravilhosas. A estrela da festa é um ícone da África, o milenar baobá. A árvore, capaz de guardar em seu interior milhares de litros de água, encontrou um solo perfeito em Ruaha.

O guarda-parque no portão de entrada estima que exista meio milhão dessas árvores em Ruaha. A partir do momento em que entramos na reserva, conto um baobá a cada 100 ou 200 metros. Estão por toda parte. Os gigantes parecem ter sido plantados de "cabeça para baixo". Durante os nove meses em que o baobá não possui folhas, seus galhos secos e tortuosos se assemelham a um emaranhado de raízes olhando para o céu.

Da ponte do rio Ruaha Grande — um dos afluentes do rio Rufiji de Selous — vemos que uma família de cinco elefantes atravessa, passo a passo, as águas azuis e rasas do rio. A matriarca vai à frente e seu filhote mais jovem, bem pequeno, logo atrás. A fila indiana avança como uma peregrinação.

Embaixo da ponte, um crocodilo está de boca aberta, totalmente imóvel, em uma cascata de meio metro de água do Ruaha Grande.

Qualquer peixe que passar por sua boca fará com que suas mandíbulas se fechem imediatamente, como se acionadas por um raio laser. Mikael se esmera: coloca a Nikon no tripé e usa uma velocidade baixa. Como o crocodilo não se mexe, o foco não está comprometido. É a cachoeira a única que se move, criando um belo efeito de cortina contínua de água.

— A foto ficou ótima — digo, depois de ver a do crocodilo. — Acho que a Deusa Protetora de Ruaha está ajudando a gente, colocando os animais nos melhores lugares.

— Então, vamos pedir um leopardo para ela? É um animal emblemático, do qual não temos fotos. Vimos um rapidinho em Nakuru e só — adianta Mikael. — Faça a solicitação logo.

— Querida Deusa Protetora de Ruaha — começo minha rogação com respeito e em voz alta — Ruaha é nosso último safári da Tanzânia. Gostaríamos que você nos mostrasse, nos próximos dias, onde se escondem seus leopardos para que possamos realizar uma reportagem impactante sobre as terras de Ruaha.

Mal termina a prece e ouvimos o ronco de uma camionete. Como Nandi está no meio da ponte estreita, precisamos dar passagem. Resolvemos ir diretamente à pousada que nos espera, Ruaha River Lodge.

No jantar, conversamos com um jovem sul-africano que trabalha como piloto do pequeno avião que leva e traz clientes. Ele dorme várias noites por semana no lodge, mas raramente tem tempo de participar de um safári.

— Pelo que ouço no avião, quando os turistas regressam, Ruaha é o melhor parque do país. Todos saem fascinados — diz o piloto.

O combinado, durante os dois dias completos na pousada, é que utilizaremos os veículos do lodge, com maior visibilidade, para os *game drives* matutinos e vespertinos. Mas na manhã seguinte problemas logísticos nos afetam. Concordo em dividir a maçã pela metade: ficamos com o carro da pousada até o almoço e, à tarde, saímos com a Nandi.

No primeiro dia, o safári começa cedo. Ainda não são 7h30 e estamos observando hipopótamos na beira do Ruaha Grande. O rio está baixo e metade do corpo deles está fora d'água. Geralmente os animais ficam submersos e apenas as pontas das orelhas aparecem.

— Os hipopótamos têm a pele um pouco rosada. O pigmento é criado por uma secreção que protege a pele contra os raios solares e que também ajuda a eliminar as bactérias — explica o guia Dotto, cujo nome é reservado para o mais jovem dos irmãos gêmeos.

Já temos duas horas de safári. A luz matinal fica mais esbranquiçada e as paisagens começam a perder contraste. Está na hora de encontrarmos o leopardo. Faço mais uma súplica mental à Deusa Protetora de Ruaha para que ela coloque um belo felino à nossa frente.

Meu pedido parece ser aceito, quando avisto um felino manchado saindo de uma moita. Antes de gritar "leopardo" noto que as pintas são apenas pretas (as do leopardo são pretas e marrons), que a cabeça do felino é pequena e que — prova final — existe um traço negro que desce do final do olho até o final da boca. É um guepardo.

— Querida Deusa de Ruaha, guepardos já vimos muitos, em Serengeti e em Ngorongoro — digo em voz alta. — Você não quer mostrar um leopardo para nós?

O guia não entende português, mas entende meu tom *blasé*, não demonstrando entusiasmo pela descoberta do guepardo. Ele pede a Ndanzi, o motorista, para entrar na savana e seguir o animal — mesmo que, para isso, desrespeite as regras do parque.

O guepardo caminha algumas centenas de metros, ascende a um pequeno montículo e, com um melhor ângulo, observa se há alguma presa por perto. Depois, segue em direção a um imenso baobá e, como se obedecesse à Deusa de Ruaha, se senta sobre as patas traseiras, mantendo as dianteiras esticadas, de pé. Em nenhum momento olha diretamente para o veículo. Um espetáculo sem precedentes. Acompanhamos o guepardo por quase meia hora.

— Mikael, entendi o que está acontecendo. A Deusa Protetora de Ruaha quer desbancar as deusas dos outros parques! — digo, tentando explicar a surpresa.

Ele sorri das minhas elucubrações, sempre tentando explicar a vida cotidiana, real e concreta, com uma explicação mágica ou sobrenatural.

— O guepardo com o baobá foi legal — diz ele. — Mas talvez a Deusa ainda possa arrumar um leopardo para nós, não é?

No caminho de regresso à pousada para o almoço, ainda descobrimos um grupo de leões à beira de um riacho seco. Os nove animais estão deitados na areia, sob uma sombra. A luz pálida do meio-dia e a falta de ação não nos entusiasmam e a proposta de comer, beber e descansar parece ser mais saborosa. Mesmo sem ter encontrado o leopardo, voltamos com a sensação gostosa de missão cumprida.

O segundo dia começa com uma cena surpreendente. O guia consegue identificar um casal de leões dentro de uma moita, a dez metros da estrada. Ela está deitada e ele rondando, de pé.

— Eles estão acasalando — confirma Dotto. — A cada 20 minutos ele monta em cima da fêmea, penetra durante meio minuto, ejacula e dá um rugido.

Esperamos um pouco e o ritual acontece. Tudo ocorre com rapidez e se encerra com o rugido dele. Dessa vez, com o dela também.

Resolvemos esperar mais um ciclo para ver se Dotto está correto. Ele acerta: 21 minutos depois, o leão se empenha em outra tentativa e ouvimos mais rugidos fechando a cerimônia.

Vinte minutos adicionais de espera são muito para os 20 segundos de sexo explícito. Saímos para ver zebras bebendo água em uma poça, uma macaca-vervet tirando piolhos do macho, um pássaro calau-terrícola engolindo um gafanhoto, hipopótamos tomando sol na areia, elefantes expulsando os hipopótamos que estavam na areia (só para mostrar que são mais fortes) e centenas de baobás.

Chamo a Deusa Protetora de Ruaha novamente:

— Última chance, este é nosso último dia de safári. Amanhã saímos do parque. Se você não quiser mostrar seu leopardo, então mostre outra coisa espetacular! — imploro.

Durante os dias em que transitamos pelas pistas de Ruaha, não cruzamos com nenhuma camionete 4×4 com outros passageiros. Estamos sozinhos no lugar, uma sensação radicalmente oposta àquela testemunhada em Ngorongoro. Aqui, o homem é uma peça insignificante e quem manda é a natureza.

O guia conta que o número de elefantes é 100 vezes maior do que o dos seres humanos que vivem no parque. Mais de 10 mil paquidermes se aglomeram nas terras do baobá, fazendo de Ruaha o parque com a maior população de elefantes da África do Leste.

São 11h30, o calor aumenta e a luz piora. Melhor começarmos o longo trajeto de volta à pousada. Hoje fizemos um circuito diferente, mais extenso e estamos a uma hora do lodge.

Mesmo se Dotto é o primeiro a querer retornar à base, ele descobre um novo bando de leões e quer nos mostrar os animais, antes de partirmos. Ele pede que Ndanzi entre no mato com o carro, com cuidado, para não assustar os felinos.

Essa é a hora mais desconfortável do dia, quando o sol está a pino. Os leões estão jogados no solo, como trapos sujos. Os pelos longos da juba do macho parecem um desconfortável cachecol usado a uma temperatura acima de 30° C. Pior, cheio de carrapatos.

De dentro do veículo, chego a cinco metros do soberano das savanas, mas nem uma batidinha com meus dedos na lataria do veículo faz o animal abrir os olhos. Parece estar morto, mesmo que apenas de cansaço e de calor. Do outro lado do veículo, cinco leoas também estão deitadas sobre a relva, entregues ao chão, extenuadas com a secura.

Mais por instinto do que por lógica, Dotto olha para a traseira do carro e vê, a apenas 20 metros, uma impala perdida de seu bando. Ele tem tempo apenas para balbuciar algumas palavras:

— Uma impala se aproxima, atrás do carro!

Em uma fração de segundo, o leão macho sente o cheiro, acorda, rosna, se levanta e corre ao encontro da gazela. Pega de surpresa, ela escolhe a rota de fuga errada e, em vez de regressar pelo caminho de vinda, vai em direção ao antro das leoas. As fêmeas, exímias caçadoras, despertadas pelo rugido do macho, recebem a impala de bocas abertas. Uma agarra o cangote, outra o flanco. Outras duas surgem e seguram as pernas. O macho também quer sua parte: ele arranca a cabeça. Em dez segundos, a impala é esquartejada pelos felinos que pareciam lerdos e dorminhocos.

A cena foi chocante — afinal, um antílope foi despedaçado — mas única. Com dezenas de viagens à África e anos de vivência no continente, nunca havia visto, ao vivo, o instante vital de uma caçada. E consegui fotografar!

— Grande Deusa Protetora de Ruaha, obrigado por ter sacrificado uma impala para mostrar a força dos leões de suas terras! — digo, lançando minhas palavras ao vento.

Para Mikael, quase cochichando, sou mais específico:

— A Deusa de Ruaha arrasou. Não só ela queria o prêmio de Melhor Guepardo, mas abocanhou também o de Melhor Leão e o de Melhor Caçada. Depois disso, ela nem precisa mostrar o leopardo.

Capítulo 21

Sonhos em Moçambique

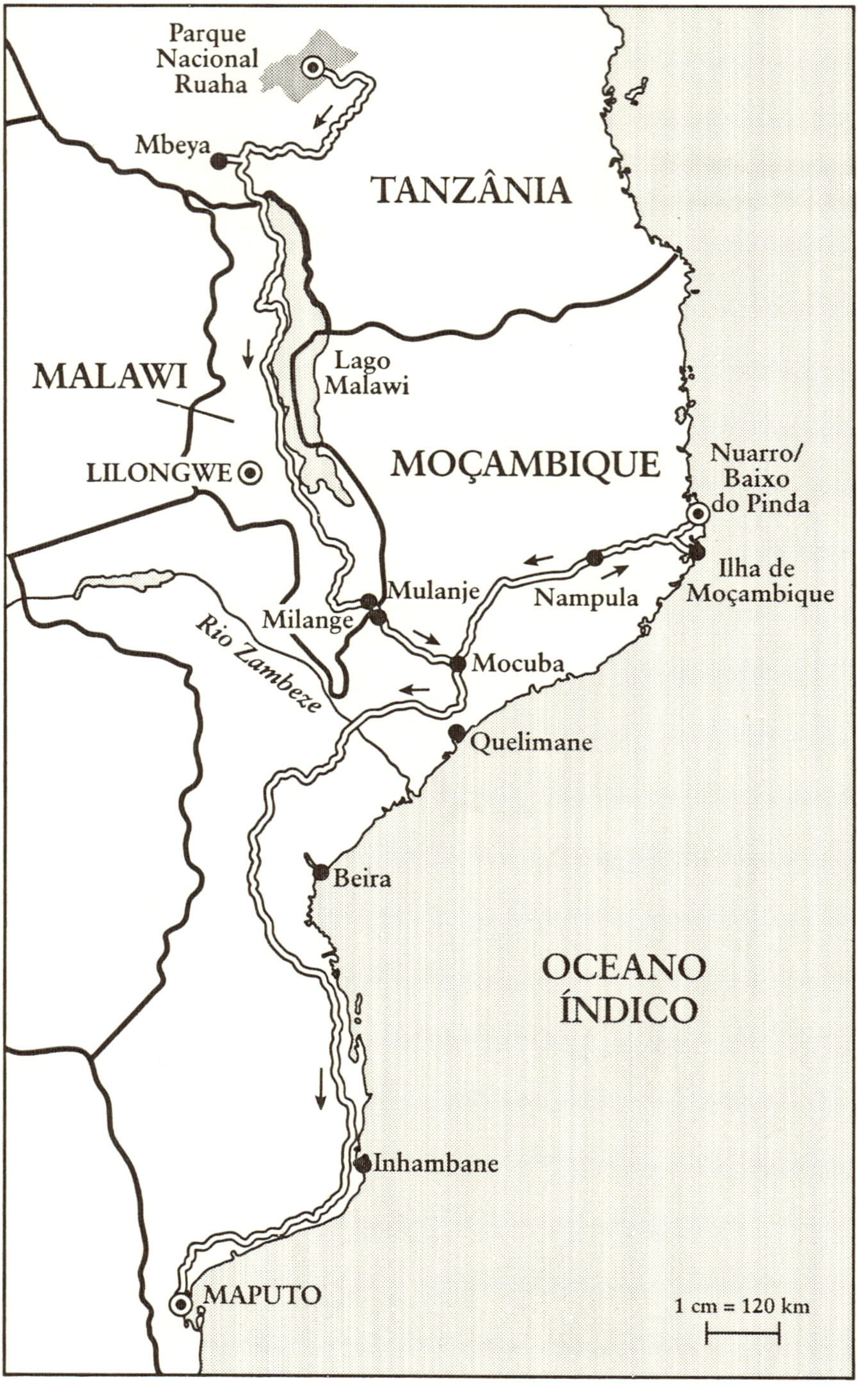

Parque
Nacional
Ruaha
Mbeya
TANZÂNIA
MALAWI
Lago
Malawi
LILONGWE
MOÇAMBIQUE
Nuarro/
Baixo
do Pinda
Ilha de
Moçambique
Nampula
Mulanje
Milange
Rio Zambeze
Mocuba
Quelimane
Beira
OCEANO
ÍNDICO
Inhambane
MAPUTO
1 cm = 120 km

Mudança de rota

Na pousada Ruaha, não presto atenção na comida; passo o almoço revendo, ainda no visor da câmera, as imagens das leoas. Tirei 22 fotos em 12 segundos com as duas câmeras. Dessas, quatro são expressivas. Na melhor imagem, a leoa que morde o dorso da impala aparece com os olhos arregalados, perdidos no horizonte, sem nenhuma emoção. Um olhar de dar medo de tão frio que é. O momento da morte causa assombro.

Para celebrar a qualidade das imagens, saímos à tarde na Nandi com o compromisso de apenas fotografar formosos baobás ao entardecer. O perfil das árvores, cujos ramos secos parecem raízes, enriquece qualquer céu multicolorido.

À beira do rio Grande Ruaha, avisto um jabiru-africano, uma cegonha de bico vermelho e preto, com uma protuberância amarela entre os olhos. Saio do carro com a teleobjetiva, aponto, clico... e não acontece nada. Faço alguns testes, troco de câmera e a lente não dá sinal de vida. Morreu.

— Não acredito, Mika. A teleobjetiva de 500 milímetros não funciona mais! — exclamo. — Acho que é um sinal: a viagem está terminando.

— Pai, essa é a terceira lente que perdemos, sem contar o roubo da câmera. Nunca pensei que a viagem iria consumir tanto equipamento — meu filho completa.

*

Não apenas as câmeras sofreram com a poeira e o clima. O radiador da Nandi apresenta um minúsculo furo por onde pingam gotas periódicas. O líquido verde brilhante parece uma hemorragia. Precisamos resolver o problema.

Sete horas e 500 quilômetros depois, entramos em Mbeya, a cidade onde Patrick consertou o motor de arranque. Dos dois lados da avenida poeirenta vejo lojas coloridas oferecendo todo tipo de serviço e produtos para veículos. Entro em uma oficina, mas está no final do expediente. Imploro para o mecânico olhar o radiador. Ele mergulha embaixo do carro, verifica conexões, procura por vazamentos, mas não encontra nada de anormal. Compramos duas garrafas de líquido para radiador e seguimos para o Malawi, o país estreito que borda a margem oriental do lago Malawi, de 560 quilômetros de comprimento.

— Mikael, agora que os safáris acabaram, sabe qual é meu sonho? — faço uma pausa e continuo: — Quero férias. Estamos na estrada há quase cinco meses, sem sábados, domingos e feriados. Não paramos em nenhum momento — suspiro. — Mesmo depois da malária, 12 horas depois da última dose do Coartem, já estávamos na rodovia.

— A viagem está sendo maravilhosa, mas não descansamos nenhum instante — confirma Mikael. — E o que você quer para suas férias?

— Recebemos na semana passada um e-mail de uma brasileira que leu nossa reportagem na *Época* sobre as pousadas ecológicas. Ela tem uma pousada, chamada Nuarro, no norte de Moçambique, e disse que poderíamos passar por lá — explico. — Que tal uma semana de praia para eu curar de vez minha malária? Preciso correr na areia para fortalecer minhas pernas flácidas.

Enquanto estou na direção, Mikael encontra a mensagem do convite, checa a localização e faz as contas usando o mapa e o Odé. A pousada está a quase 500 quilômetros ao norte, fora da estrada.

— Pai, ir e voltar da pousada significa fazer um desvio de 1.000 quilômetros. A estrada é razoável, com trechos de terra e de asfalto novo — afirma.

— Vamos deixar nas mãos do destino. Vou enviar um e-mail aceitando o convite — resolvo. — Se recebermos uma resposta positiva, vamos a Nuarro. Se ela não responder ou se a pousada estiver cheia, seguimos para Maputo, no sul.

Está na hora da troca de motorista. Estaciono na beira da estrada. Dou uma volta ao redor da Nandi, faço meus alongamentos e bebo água, agradecendo a Ocaia por nunca mais ter dado nenhum problema.

De volta ao carro, escrevo a mensagem para Laura Carneiro: desculpe a demora em responder, estava com malária; estamos a caminho de Malawi; vai ser ótimo conhecer Nuarro, podemos chegar em quatro dias; somos uma equipe de pai e filho; mande as coordenadas. Clico no *send* e a mensagem parte.

Em menos de uma hora — ainda como copiloto — recebo resposta da Laura Carneiro. Leio em voz alta para Mikael:

> Será um grande prazer receber vocês aqui em Nuarro. Estamos ao norte de Nacala, na baía de Memba, o litoral mais lindo de Moçambique! As coordenadas GPS são Sul 14°12,20′ Leste 40°40,67′. Temos um mergulho fantástico, snorkeling, passeios de caiaque, de barco a vela e de bicicleta, visita à comunidade Makua e trilhas ecológicas. Nuarro possui uma área de 600 ha de conservação terrestre e uma reserva marinha na baía de Nanatha. Sejam bem-vindos ao paraíso!

— Oba, temos nossos dias de praia! — festejo.

Malawi em dois dias

Em uma jornada como esta, estamos sempre fazendo escolhas. Limitados pelo tempo e pelo espaço, não podemos realizar tudo. Adoraria ter dado uma volta completa pela África, mas precisaria de muitos meses. Durante uma viagem ao redor do mundo, o casal gaúcho de viajantes Roy e Michele Rudnick deu uma volta circular pela África de agosto de 2008 a julho de 2009 com uma Land Rover brasileira. Pelo que vi no site deles, foi uma viagem cheia de aventura, mas bem corrida.

Aqui entra a discussão que tive na Mongólia com Jan Wigsten, sobre *slow travel* ou viajar sem pressa. Quanto mais quilômetros você rodar, menos tempo você vai ter para saborear os lugares por onde passar. Por outro lado, investir sete meses apenas na África do Sul não era o que eu buscava.

No périplo pelo sul e pelo leste do continente, tivemos de abrir mão de algumas coisas — no caso, de países. Malawi é um deles. Um dos jornalistas que conheci em Viterbo, junto com o sudanês Khalid Aziz, foi Raphael Mweninguwe. Planejamos um encontro na capital Lilongwe, pois eu pensava fazer uma reportagem sobre o lago Malawi, fonte de renda e de proteínas para a população nacional. Mas agora o tempo está curto e a vontade de ir para a praia é maior do que qualquer objetivo profissional.

Os 1.012 quilômetros em Malawi — com a vista do lago na janela esquerda — são percorridos em dois dias. A paisagem mais marcante é a das montanhas Mulanje, no sul, uma cadeia de blocos de granito que segue a estrada durante 30 quilômetros.

O nome Mulanje lembra a triste história do economista franco-brasileiro Gabriel Buchman, que desapareceu em julho de 2009 ao tentar escalar sozinho a montanha mais alta da serra, o pico Sapitwa, a 3.002 metros de altitude. Ele teria conseguido chegar ao cume, mas depois se perdeu. Uma onda de frio invadiu o lugar, provocando a morte do aventureiro por hipotermia. Por mais contraditório que pareça, é possível morrer de frio em um país tropical africano.

Os locais respeitam Mulanje e avisam que a trilha não deve ser feita sozinha. Uma lenda conta que a montanha devora os visitantes que tentam vencê-la por si sós. Antes do brasileiro, uma enfermeira holandesa que vivia na região tentou ascender e desapareceu em setembro de 2003; seu corpo jamais foi encontrado.

Aos pés das montanhas que engolem humanos desavisados, o ambiente é mais harmonioso. Uma planície ondulada, a 600 metros de altitude, se transforma em um mar verde de folhas de chá. Mesmo querendo alcançar a fronteira com Moçambique antes do pôr do sol, não posso passar pelas plantações apenas olhando pela janela do carro. Estaciono a Nandi e caminho ao encontro de um grupo de homens e mulheres que trabalham entre os arbustos.

Uma senhora idosa leva um cesto de palha trançada nas costas. Cada vez que ela colhe, com suas mãos, as folhas jovens e tenras, ela as atira dentro do cesto. É um trabalho árduo e cansativo, mal pago (menos de 1,50 real por dia). Um senhor possui um instrumento rudimentar, porém mais eficiente. Uma caixa quadrada de plástico se encaixa nas lâminas de um tesourão. As folhas cortadas permanecem no recipiente; quando esse está repleto, o produto é lançado no cesto às costas.

As montanhas Mulanje receberam as primeiras plantações de chá nos anos 1880 — as sementes vieram da Índia — e Malawi foi o primeiro país africano a produzir chá em escala comercial. Hoje a região de Mulanje é a segunda produtora da África, só perdendo para o planalto do Quênia.

Nossa passagem pelo país é tão rápida que não tive tempo de gastar todas as kwachas malawianas que trocamos. Mesmo que o diesel seja mais barato em Moçambique, abastecemos antes da fronteira, pois exportar kwachas sem autorização dá prisão.

Missionários em Milange

Entramos em Moçambique, contentes de voltar a falar português, conscientes de que, como língua dos colonizadores, ela é falada apenas por 27% da população, a casta urbana e profissional. Quem mora no campo continua se comunicando nos idiomas nativos — realidade para quase todos os países pelos quais passamos na África.

Se de um lado da fronteira as montanhas se chamam Mulanje, do outro Milange é o nome da primeira cidade moçambicana. A 10 minutos da divisa, entro em uma larga avenida de pista dupla de mais de um quilômetro de extensão. Sinto na arquitetura uma pitada de influência portuguesa. No final avisto a escadaria de um prédio público que domina a cidade; na ponta oposta está uma igreja católica. Os extremos simbolizam os dois poderes da colônia: o religioso e o político. De carro, subimos a avenida devagar, damos a volta em frente à municipalidade e descemos. Em baixa velocidade, conseguimos identificar o posto de combustível e o banco, duas escalas necessárias.

A estas horas o estabelecimento já está fechado, mas o caixa eletrônico do Banco Millennium funciona, mesmo que estejamos em uma das áreas mais isoladas do país. Consigo retirar apenas 3 mil meticais (155 reais), mas é o suficiente para hoje.

Ao regressar ao carro sou abordado por um senhor branco, alto e forte. Ele se dirige a mim em um idioma que não entendo. Demoro alguns segundos para identificar que fala africâner. Tem toda a pinta de um sul-africano, com a pele rosada tostada pelo sol tropical.

— Perdão, como vi que o carro é sul-africano, falei em africâner — diz ele, estendendo a mão. — Meu nome é John Roux. Reconheci as letras da placa. Vocês são de Hermanus?

— Somos brasileiros, compramos o veículo em Somerset West, mas nossa residência na África do Sul é em Hermanus, onde mora um amigo — respondo, em inglês.

— Somerset West? Temos uma casa lá. Quando deixar Milange, em breve voltaremos a Somerset West, lindo lugar!

A conversa, na beira da avenida principal de Milange, engrena e ele nos convida a segui-lo até a chácara onde mora, a cinco minutos dali. Topamos: não temos nenhum plano e nem sabemos onde dormir. Estacionar embaixo de uma árvore e usar o banheiro de John Roux parece ser uma excelente opção.

Somos recebidos por sua esposa, Stephanie. Se John é amável, sua mulher parece uma santa prestativa. Ela insiste em oferecer um quarto de uma pequena casa, ao lado da residência deles. Explico que temos tudo na Land Rover e que é mais fácil dormir na barraca no teto do carro.

— Mas vocês não têm banheiro no carro. Assim, usem a ducha, temos água quente — diz ela, entregando duas toalhas, que aceitamos sem cerimônia. — Depois venham jantar conosco.

Cruzamos o Malawi sem tomar banho, a ducha chega na hora certa.

— Devem ser pastores de uma igreja protestante — comento, depois que o casal se afasta. — Gente hospitaleira; parecem um pouco com Robby e Christelle.

— Vamos levar um pouco de nosso queijo de Ruanda para eles? Sendo sul-africanos, eles vão gostar — propõe Mikael.

Corto uma boa fatia e levo algumas frutas. Bom chegar com algo nas mãos.

A residência dos Roux é simples. A porta de entrada dá diretamente na cozinha, com a pia e o fogão à esquerda. Quem lava a louça vê, pela janela, tudo que acontece no quintal. A geladeira está encostada na parede lateral, ao lado de um grande móvel de madeira que guarda pratos e copos. No centro do espaço, que serve de cozinha e de sala, está uma mesa de madeira pesada. John mostra onde devemos nos sentar.

— Trouxemos um pouco de queijo de Ruanda. Acho que vocês vão gostar — digo.

— Ótimo, acabo de preparar um pão caseiro. Ele está quentinho — diz a esposa. — Também temos uma sopa de verduras. John me disse que vocês são vegetarianos.

Antes de iniciar a refeição, John propõe que nos demos as mãos para agradecer o alimento. O ambiente é acolhedor, sem pieguice. Uma viagem como esta nos obriga a apreciar pessoas de todos os credos, seja um sudanês muçulmano, um etíope ortodoxo, um nativo de religião tribal ou um branco protestante.

John pergunta qual é nosso itinerário, completando que para quem entra em Moçambique só existe uma possibilidade:

— Amanhã, vocês percorrerão a estrada de Milange a Mocuba. São 200 quilômetros de terra até encontrar o asfalto. Na época das chuvas, é um pesadelo. Mas agora o caminho está bom. O problema é a poeira, pois a terra é muito fina — avisa John; ele olha para meus cabelos brancos e completa: — Não se espante, sua cabeça vai ficar alaranjada no final do dia.

Pergunto qual das operadoras é a melhor no país. John recomenda a estatal M-cel, pois tem maior cobertura:

— Interessante ver como o celular, que já chegou às áreas rurais, está transformando a tradição popular. Como você sabe, quando duas pessoas se encontram aqui na África, as saudações são sempre longas. São perguntas, dos dois lados, sobre a saúde, os filhos, os pais e a família. As saudações são importantes para manter boas relações, demonstram respeito e valores — conta John. — Pois bem, depois do extenso cumprimento pelo telefone, acabava o crédito dos que conversavam. Devido às limitações econômicas, a cortesia que existia na vida cotidiana sofreu uma drástica redução. Agora, os que possuem celulares vão diretamente ao objetivo. Até mesmo as saudações nas ruas estão ficando mais curtas.

Ouvimos com interesse. Por seu trabalho com as comunidades rurais, John tem contato diário com os agricultores da região:

— Nosso foco é a educação, um problema grave em uma província tão isolada como esta. Nossa igreja criou 21 escolas rurais, com cerca de 2.700 alunos, onde desenvolvemos um método para que as crianças possam aprender a ler com agilidade e, depois, manter o hábito da leitura — relata John. — Comparamos nossa metodologia com as usadas nas escolas católicas e nas escolas públicas: nossos resultados foram excelentes. O plano é trabalharmos todos juntos em Milange para melhorar o grau de alfabetização.

— Como isso acontece? — pergunto.

— Seguimos o currículo do governo, mas com uma diferença. A sociedade africana é oral, as informações são captadas pela memória através da audição. No mundo ocidental, as crianças aprendem a ler com um apoio visual. Aqui, damos ênfase à leitura através do oral, contando histórias — conta John.

— A Bíblia faz parte do repertório? — pergunto.

— Nossa Igreja Reformada pretende ensinar as crianças a ler para que, um dia, possam entender a palavra de Deus. Mas, para mim, o importante é que saibam ler e escrever. Essa é a grande mudança que precisa acontecer no meio rural.

De volta à Nandi, Mikael e eu conversamos, antes de fechar os olhos, sobre o papel das igrejas na África. Tema complexo — impossível chegar a uma conclusão.

— Pelo menos a igreja do John está focada na educação. Metade do país ainda precisa ser alfabetizada — afirmo.

— Encontrei um site que diz que a população rural em Moçambique é de 62% — acrescenta Mikael. — E que duas de cada três mulheres ainda não sabem ler e escrever.

A caminho de Nuarro

Saímos cedo da casa de John Roux, agradecendo a hospitalidade. O sol ainda está baixo quando atacamos a pista. Com a luz do alvorecer, a terra flameja. A poeira vermelha que a Nandi levanta chega a ser bonita, embora manche o verde que borda o caminho. Não existem savanas, mas planícies com longas e suaves ondulações, salpicadas com variadas árvores que ultrapassam 10 metros de altura. Tudo está mais verde do que na Tanzânia e sinto calor. Deixamos o planalto africano, acima dos mil metros de altitude, e baixamos rumo ao litoral do oceano Índico.

Percebo dezenas de bicicletas na direção contrária. Os homens carregam dois ou três sacos brancos na garupa. Diminuímos a velocidade para saudar os camponeses.

— Bom dia — me apresento a um grupo de três que caminham ao lado da bicicleta, chegando ao topo da colina que não conseguiram vencer só na perna. — Aonde vão com essa carga toda?

— Bom dia, senhor. Vocês são da África do Sul? — pergunta o mais extrovertido, percebendo que somos estrangeiros. Ele também é o mais bem-vestido: calça um tênis surrado e veste uma calça social marrom, camisa azul e blusão escuro.

— Não, somos brasileiros. Falamos português, como vocês. E o que transportam dentro dos sacos brancos? Não é pesado? — volto ao assunto de interesse.

— Não é pesado, não. É carvão. Transportamos três sacos em cada bicicleta. Vamos vender o produto no mercado de Milange para ganhar um dinheirinho — explica.

— E como vocês fazem o carvão? — pergunto, como se não soubesse.

— Entramos no mato e cortamos as árvores em pedaços pequenos. Colocamos em um forno durante três dias — explica o agricultor. — É a única maneira para conseguir meticais e comprar o que preciso.

Penso no dilema da pobreza e, depois de perguntar o preço do saco do produto, me despeço, triste de ver as florestas africanas transformadas em pedaços de carvão.

A indústria caseira do carvão está presente em toda a África. Da Zâmbia à Etiópia, não houve um dia de estrada em que eu não tenha visto sacos brancos de plástico trançado na beira da estrada à espera de um comprador. Os tamanhos variam — de 40 a 100 quilos — e os preços também. Um saco de 50 quilos custa entre 4 e 5 reais. Cerca de 80% da população africana usam madeira e carvão como principal combustível.

Como as populações rurais precisam cozinhar seus alimentos, várias tentativas surgiram para diminuir o consumo. Uma das soluções é usar um fogão desenhado para otimizar o calor do carvão queimado. A panela toma todo o espaço útil e pouca energia é perdida no processo. Encontramos também alternativas como os tijolos de combustível feitos com uma pasta de estrume de vaca, sobras de papel e água e secos ao sol. Ou ainda os briquetes, blocos confeccionados com restos de produtos agrícolas — como pés de milho, cascas de bananeira e serragem de madeira. Cada região, dependendo do produto cultivado, tem sua receita local para confeccionar os briquetes, que são 30% mais eficazes do que o carvão.

À medida que o poder aquisitivo das populações rurais cresce, a madeira é substituída pelo carvão e, em seguida, o carvão é trocado pelo querosene e outros derivados de petróleo. O ideal é que as tecnologias mais sustentáveis cheguem aos lugares isolados. Enquanto isso não acontece, as bicicletas continuarão levando centenas de sacos de árvores carbonizadas para Milange.

Nunca desejei tanto estar em uma praia, mas, para alcançar Nuarro, precisamos de dois dias. Passamos a noite em Nampula, a terceira cidade de Moçambique, a Capital do Norte. Alguns prédios modernos povoam um centro bem urbano, desenhado por avenidas e ruas perpendiculares, formando quarteirões retangulares. Os colonizadores portugueses entenderam a importância da localização estratégica e a transformaram em base militar. Entre 1970 e 1980 — a independência ocorreu em 1975 — a população explodiu e sextuplicou: de 23 mil habitantes passou a 145 mil. Hoje, Nampula tem meio milhão de pessoas.

Para dormir, optamos pela alternativa etíope: encontrar um hotel com restaurante e dormir no estacionamento. No Hotel Bamboo, comemos uma comidinha com sabor caseiro e uma salada temperada com azeite português. O tempero adicional inesperado é a internet wi-fi. Meu primeiro e-mail é para avisar a Laura que estamos próximos, a menos de 300 quilômetros de Nuarro. Dentro de poucas horas estarei boiando nas águas mornas do oceano Índico.

Chegada ao paraíso

Graças às coordenadas GPS, chegamos a tempo para o almoço em Nuarro. Laura é a primeira a vir a nosso encontro. Ela nos espera em um areal que serve de estacionamento:

— Bem-vindos ao paraíso, eu sou Lóla — afirma, orgulhosa do lugar e contente de receber dois brasileiros.

— Essa deve ser sua frase predileta aqui em Nuarro — respondo, dando dois beijos e um caloroso abraço na atraente carioca, disfarçada de curitibana.

— Venham almoçar, estávamos esperando vocês.

Subimos uma trilha de lajotas de pedra, construída sobre uma duna. De cima, tenho a vista do paraíso que tanto cobiçava: uma praia de areia branca, com pouco mais de um quilômetro de extensão, em forma de lua crescente. A cor da água vai do azul-claro e turquesa ao azul-marinho: uma convocação para um mergulho. Será que consigo me esquivar do almoço?

— Sei que a água é uma tentação, Haroldo, mas gostaria que pudéssemos almoçar juntos — diz Laura, vendo meus olhos admirados com a praia. — Venha conhecer minha irmã Heloísa e meu sócio Steve.

No restaurante aberto, com vista para o éden, uma mesa para cinco pessoas está posta e as apresentações são informais. Ao sentar, abro um imenso sorriso e, depois de um grande suspiro, murmuro ao Mikael:

— Valeu rodar 2 mil quilômetros em quatro dias para chegar aqui. É exatamente disso que preciso. Vou correr na praia todas as manhãs.

Como avisamos que somos vegetarianos, Lucas, o *chef* brasileiro recém-chegado, preparou uma salada multicolorida tropical, com manga, abacate, alface da horta, couve e *inhewa*, uma verdura local. A minha primeira pergunta é óbvia: como Laura encontrou o lugar?

— A história é longa. Saí de Curitiba aos 23 anos para descobrir o mundo. Estudei artes plásticas no sul da França, fiz vários cursos na Inglaterra e acabei sendo instrutora de mergulho no mar Vermelho, no Egito. Minha paixão pelo mundo marinho cresceu, resolvi aprender a velejar e fui para a África do Sul — conta Laura, fazendo uma pausa para comer um pouco da salada, enquanto todos ficam em silêncio esperando a continuação da biografia. — A África me pegou pelos cabelos e me chacoalhou. Não foi uma opção, foi um chamado. Por isso, resolvi fincar raízes nesta parte do mundo.

— E você, Steve, como chegou à África do Sul?

— Estudei engenharia na Inglaterra e tinha um emprego excelente na Rolls-Royce. Mas cansei daquela vida e, como Lóla, larguei tudo para ser instrutor de mergulho. Queria uma vida saudável e ao ar livre, não em uma fábrica de automóveis.

Lóla continua sua jornada:

— Na verdade, eu buscava uma missão, sem saber exatamente onde isso aconteceria. Queria encontrar algum lugar mágico no litoral da África onde pudesse criar um projeto de turismo ecológico, sustentável e justo. Quando conheci Steve, vi nele uma alma gêmea. Em 2005, decidimos viajar para conhecer o litoral moçambicano. Estávamos começando a buscar nosso éden.

— Percorremos as mais belas praias de Moçambique. Foram 12 mil quilômetros de estrada para conhecer os 2.500 quilômetros de litoral, da fronteira com a África do Sul até a Tanzânia, no norte — interrompe Steve. — Acampávamos uma noite na areia embaixo de uma casuarina, dormíamos a seguinte rodeados de crianças em um vilarejo Makua e a próxima em uma pousada cinco estrelas.

— Um dia chegamos a Baixo do Pinda, aqui pertinho, e foi amor à primeira vista — retoma Lóla. — A 3 quilômetros do farol, encontramos esta praia deserta e entramos em contato com as autoridades do vilarejo.

Lóla e Steve relatam que as reuniões com os líderes comunitários aconteceram à sombra de um frondoso cajueiro, no coração da pequena vila Nangata.

— Nosso projeto foi recebido com curiosidade e gerou um sentimento de esperança por um futuro melhor. Aos poucos, começamos a conquistar a confiança dos Makua — diz Lóla. — Depois de várias semanas de discussões, chegamos a um acordo para iniciar a construção da pousada.

Como parte do ideal de Laura e Steve, o lodge deveria ser o mais sustentável possível, a começar pelo material, que deveria ser da região. As paredes foram levantadas com barro, o teto é de folhas de coqueiro e a madeira é local.

— Para construir os bangalôs, escolhemos a técnica dos Makua e conseguimos empregar cerca de uma centena de pessoas que estavam com tempo ocioso — afirma Laura. — Para que a pousada pudesse estar à altura dos padrões internacionais, chamamos um arquiteto francês, radicado há anos em Moçambique, para finalizar a pousada com toques "cinco estrelas".

As tecnologias modernas de sustentabilidade também foram incluídas pelo casal. Toda a pousada funciona com eletricidade gerada por 50 painéis fotovoltaicos, um investimento alto no início, mas compensado em três anos.

— É raro usarmos o gerador movido a diesel. Precisamos de vários dias nublados para ter que recorrer a essa opção — afirma Steve.

— Teria sido mais fácil e mais barato construir uma pousada tradicional. Foi uma questão de ética que nos fez seguir o caminho da sustentabilidade — diz a brasileira. — Quero respeitar a vida, tanto a natureza como os habitantes.

Heloisa Carneiro, irmã de Lóla, não participou da história da fundação de Nuarro, mas, quando Lóla pediu ajuda na hora em que a pousada começou a funcionar, ela não hesitou em trocar Curitiba por Nangata.

— Vim com a cara e a coragem para ajudar minha irmãzinha. Está sendo uma experiência intensa, rica mesmo — diz Heloisa. — Com muitos desafios também. Na última estação das chuvas, peguei uma malária, da ruim.

A palavra malária chama minha atenção e passo a conversar com a charmosa brasileira — de cabelos curtos e fios grisalhos — e trocar figurinhas sobre nossa aventura comum. Falamos sobre o tratamento, as sensações e as particularidades do *Plasmodium falciparum*.

— O importante agora é você se recuperar, Haroldo. Você está no lugar perfeito para isso — diz Heloisa. — Como há pouco movimento neste mês, levarei vocês a alguns dos pontos interessantes da região.

No final da tarde, troco a bermuda oficial do viajante — gasta, suja e poeirenta — pela sunga. Aproveito a leve inclinação da praia e os 200 metros de areia para sair correndo, como que empurrado pela força da gravidade. Só paro quando mergulho em uma água translúcida, a uma temperatura ideal. Mikael vem atrás, com mais serenidade, mas também mergulha com vontade. Brinco na água como uma criança, dando pulos e jogando água no meu filho.

Do alto, na varanda do restaurante, Lóla e Heloisa acenam. Respondo efusivamente. Elas sabem que um lugar saudável gera alegria.

Quando saio da água, vejo Lóla descer as escadas do restaurante e atravessar a praia em minha direção. Deixo as gotas escorrerem pelo corpo, visto uma camiseta e a espero.

— Vamos até o final da praia? — convida Lóla. — São dez minutos até o vilarejo.

Nangata está no canto direito da praia. É uma vila Makua de 250 famílias, 1.500 pessoas. Somente as crianças que vão à escola e os adultos que costumam vender peixes nas cidades falam português. Quase nenhuma mulher entende o idioma do ex-colonizador.

Os Makua são muçulmanos, mas incluem em seus ritos as tradições nativas africanas. O curandeiro leva um Corão na mão. Enquanto caminhamos, Lóla conta como foi o relacionamento com a comunidade:

— Nada fácil no início. É um povo desconfiado. Foram explorados pelos colonizadores e sofreram durante a revolução. Então, qualquer branco é visto com suspeita — diz. — Felizmente, hoje observam os benefícios que a pousada traz na prática, não apenas nas palavras.

Lóla aponta para um conjunto de casas de barro com teto de folhas de palmeira:

— Vocês estão vendo aquelas casas com as paredes mais limpas? Então, lá moram funcionários nossos. Dos quase 100 empregados que temos, 60 vivem em Nangata. São 60 famílias que ganham um pouco mais do que um salário mínimo, entre 3 mil e 4 mil meticais.

Para quem vivia em um estado de miséria, essa entrada mensal faz uma boa diferença — afirma.

Lóla diz que um dos indicadores são os animais domésticos: as famílias de Nangata possuem cada vez mais cabritos e galinhas. Lóla acena para uma moça que, com o uniforme do hotel, entra em uma das casas.

— É uma das arrumadeiras. Como ela passa grande parte do dia na pousada, contratou uma ajudante para cuidar da casa dela. É um emprego indireto que ajudamos a criar.

— Qual é o maior problema deles? — pergunto.

— Saúde e educação — responde Lóla. — Estamos tentando mudar a situação da saúde, pois o governo só tem um posto em Baixo do Pinda, a 3 quilômetros. Em Nangata, temos um local onde voluntários ensinam noções de higiene, de nutrição, de planejamento familiar e de doenças infecciosas.

— E, na educação, vocês dão algum apoio? — pergunta Mikael.

— Construímos uma escola com duas salas de aula. No início foi complicado. Os pais não queriam deixar os filhos irem à escola, pois as crianças trabalham desde cedo. Ir à escola significava um braço a menos no trabalho. Com cinco ou seis anos, o menino traz água do poço e procura lenha, enquanto a menina cuida do bebê e ajuda a mãe — conta. — Agora, eles entenderam que a educação é vital e temos 320 crianças na escola. Todas serão alfabetizadas e aprenderão português, o que significa participar do mundo moderno de Moçambique.

Chegamos até o final da praia e vejo um grupo de quatro mulheres com uma rede de pescar, bem fina, dentro da água rasa.

— Esse é um exemplo da ignorância que precisa ser eliminada — mostra Lóla. — Os tecidos azuis são mosquiteiros que foram doados como parte de uma campanha de prevenção da malária. Não estão sendo usados para evitar a doença, mas como rede de pescar. É uma rede mortal: por ser fina, mata todos os filhotes — afirma.

*

A manhã seguinte é o dia da visita ao farol. Heloisa cumpre a promessa e, depois do café da manhã reforçado, propõe dois meios de transporte: bicicleta ou camionete. Prevendo que o caminho deve ser de areia fofa, é mais fácil andar do que pedalar. Com a desculpa de levar o equipamento fotográfico, prefiro a Nandi. Heloisa e Mikael vão de bicicleta.

O trajeto é curto. Construído pelos portugueses nos anos 1920 sobre uma elevação hexagonal, o farol branco, decorado com cinco faixas horizontais negras, domina o vilarejo Pinda. O gigante exerce um magnetismo sobre as crianças e os jovens que rodeiam o local.

Meu primeiro instinto é verificar se a porta de acesso à escada interna está aberta. Não está. Identifico um jovem um pouco mais bem-vestido, com calça e camisa. Ele deve saber quem tem a chave da portinhola.

— Bom dia, gostaria de subir no topo do farol para tirar fotos da paisagem — explico.

— Bom dia, sou o faroleiro, Ramadhani é meu nome — diz; aproveitando a oportunidade, completa: — É preciso pagar 200 meticais para subir ao farol.

— Ramadhani, você sabe que não existe uma taxa para isso — respondo rindo, pois ouvi comentários de Heloisa de que o gajo era malandro.

— Tenho fome, senhor. Aqui somos todos muito pobres. Deixe algo.

Volto à Nandi, abro o gavetão de comida na traseira do veículo e encontro duas latas de verduras. Estamos no fim da viagem, com preguiça de cozinhar. As conservas serão mais bem utilizadas pela família de Ramadhani do que por nós.

— Se estás com fome, vais gostar das ervilhas e dos legumes em *curry* — digo.

O faroleiro recebe as conservas com certa suspeita — capto seu pensamento indagando se o conteúdo das latas não está estragado. Ao encontrar a data de vencimento, ele agradece. Levanta em câmera lenta, como se estivesse fazendo um esforço sobrenatural para sair do tronco de árvore onde estava sentado. Caminha e abre a porta do farol. Pergunto se ele nos acompanha e ele responde com um gesto negativo de indolência.

A escada interna em forma de espiral é ampla. As entranhas do farol são bem iluminadas por janelinhas que deixam passar a luz e alguns pássaros. Calculo que a subida tem entre 20 e 25 metros.

Quando dou os últimos passos e coloco a cabeça do lado de fora, meus olhos caem em uma paisagem de dupla página de revista — o que antes chamávamos de perfeito cartão-postal. Na faixa de 800 metros de continente até a linha da praia, descubro uma terra bege coberta por grama seca e salpicada por coqueiros e cajueiros. Dois enormes baobás, sem folhas, estão no primeiro plano, quase em baixo do farol. Centenas de casas quadradas com paredes de barro vermelho e tetos de palha se espalham pelo litoral. Em frente às cabanas, sempre há um terreiro limpo e vazio. Uma intrincada teia de caminhos une as casas entre elas.

Quando o continente toca a água, começa o espetáculo dos tons azuis. Os enormes bancos de areia desenham curvas e elipses harmoniosas. Alguns ainda estão fora d'água e são brancos. Quando a maré sobe — como acontece agora — os bancos de areia ganham um rico *dégradé* turquesa, que vai do mais claro ao mais escuro, conforme a profundidade da água.

— Esse é o Baixo do Pinda, um extenso banco de areia que tem 7 quilômetros de largura por 10 quilômetros de extensão — explica Heloisa. — Sempre foi um perigo para as embarcações. Steve, Lóla e outros mergulhadores identificaram restos de vários barcos, até mesmo de uma caravela portuguesa.

— Essa deve ter sido a razão principal para construir o farol — deduzo.

— Também para avisar que Nacala está perto. A entrada do porto, o cânion Fernão Veloso, está a 15 quilômetros daqui, em linha reta — diz. — A borda externa do banco de areia criou um paredão de recifes de corais. Foi por causa desse paredão que Lóla e Steve se apaixonaram pelo lugar. O mergulho é maravilhoso e desce a 60, 80, 100 metros de profundidade.

Dou a volta na estreita passarela que rodeia o topo do farol e descubro os espelhos responsáveis por emitir o aviso luminoso.

— O mecanismo ótico é francês e ainda funciona — conta Heloisa. — Antes usavam gás, hoje é energia solar.

Lembro-me da vista do alto do farol de Chumbe, na Tanzânia, que garantiu uma linda imagem para a reportagem sobre as pousadas ecológicas. A foto do Baixo do Pinda é tão linda quanto.

Passar uma semana em Nuarro ajudou a armazenar forças suficientes para encarar a realidade: este é o sétimo e último mês na estrada e a viagem, que parecia infinita, atemporal e tão longa, está próxima ao fim. Quando passamos por um pesadelo, acordar é sempre um alívio. Não acontece o mesmo quando estamos nos braços da pessoa amada ou em um sonho delicioso, voando e feliz. Romper um estado de contentamento é sempre um momento de prova.

Até agora a expedição Luzes da África não poderia ter sido melhor — os momentos difíceis pelos quais passamos foram resolvidos, sem sequelas — e pensar que a jornada está prestes a terminar me deixa, no mínimo, com saudades antecipadas. Entendo melhor os viajantes alemães que disseram que só irão encerrar a viagem quando acabar o dinheiro ou mesmo aqueles que deixam o carro na África e retornam anualmente para um novo semestre de aventuras.

Mikael passa pelo mesma sensação. Em menos de dois meses, ele estará em Washington, de volta a seu apartamento em Bethesda e aos braços de Samanta.

— Com duas diferenças: não tenho emprego e não tenho a menor ideia do que vou fazer da minha vida — ressalta.

— E o mestrado que você queria fazer? Pode ser um bom momento agora, não acha? — pergunto.

*

Rumo a Maputo, decidimos realizar mais uma maratona rodoviária: 2.600 quilômetros em cinco dias. Final de viagem tem essas incongruências: não queremos que ela acabe, mas apressamos o passo para chegar ao destino. Passamos por belíssimas praias, por extensas plantações de cajueiros (compramos quilos de castanhas), por vilarejos que se tornam cada vez mais populosos e por um cabrito amarrado ao bagageiro de um ônibus. Quando cruzamos um número crescente de Rovers e de Cruisers com placas sul-africanas, subindo a costa moçambicana em busca de férias ensolaradas, estamos certos de que nosso destino final está mais perto do que imaginávamos.

Capítulo 22

A mandala da viagem

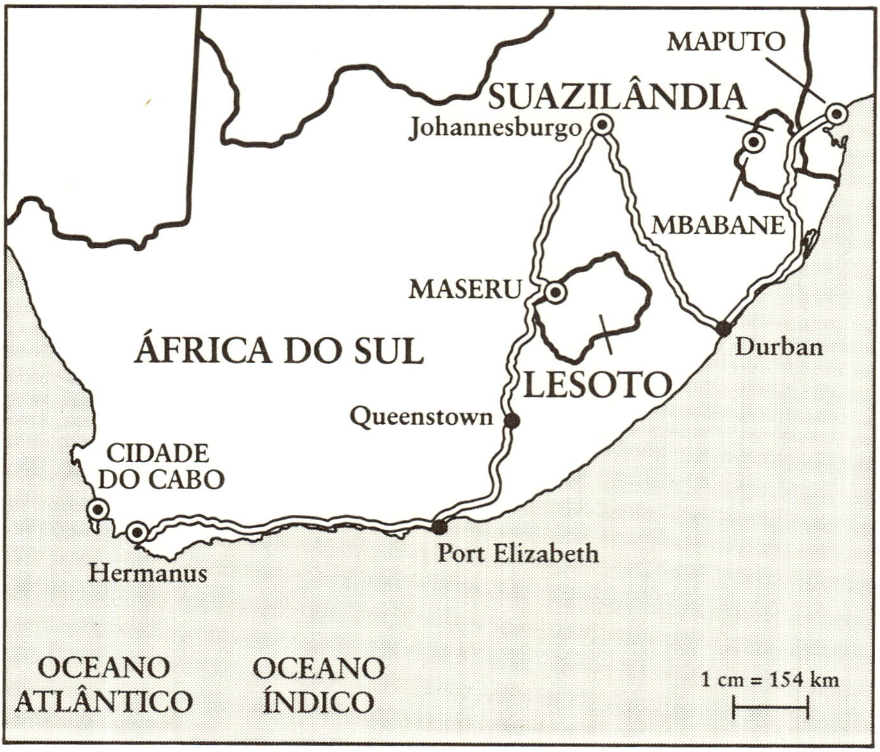
MAPUTO
SUAZILÂNDIA
Johannesburgo
MBABANE
MASERU
ÁFRICA DO SUL
Durban
LESOTO
Queenstown
CIDADE
DO CABO
Hermanus
Port Elizabeth
OCEANO
ATLÂNTICO
OCEANO
ÍNDICO
1 cm = 154 km

O retorno à África do Sul

De Moçambique, poderíamos ter entrado diretamente na África do Sul, mas preferimos fazer um rápido desvio e ir à Suazilândia. Em 1995, nossa família passou alguns dias no diminuto reino e uma experiência marcara minha vida equestre. Na ocasião, fui convencido por meus filhos e por um guia a realizar um safári a cavalo. O principal argumento era que, montado, chegaríamos mais perto dos grandes mamíferos, sem amedrontá-los ou correr perigo. Fazia sentido. Concordei com a brincadeira, esperando que as fotos e o vídeo familiar tivessem cenas curiosas.

Tudo corria bem e os cavalos caminhavam com serenidade pela savana. Vimos antílopes ao longe e pescoços de girafas no meio de uma moita. Inesperadamente, apenas dando um relincho como aviso, meu cavalo disparou. No primeiro instante, pensei que poderia controlar o animal nas rédeas e no cabresto. Nada. O alazão estava decidido a fugir, a qualquer custo. Teria ele ficado assustado com a presença de um predador? Meu pânico aumentava à medida que o animal ganhava velocidade. As duas câmeras que eu levava no pescoço saltavam no compasso do galope, se chocando uma contra a outra. Meu cóccix padecia com as pancadas. Eu queria possuir quatro mãos para segurar os equipamentos, as rédeas, a crina e a sela, tudo ao mesmo tempo. A única solução foi me deitar sobre o pescoço do cavalo e pedir que ele se acalmasse. Ele só me ouviu depois de uma disparada de centenas de metros. Os minutos a galope criaram um trauma: saí com as nádegas doloridas e, depois daquele dia, nunca mais subi em um cavalo.

Mikael e eu, de volta ao país do safári equestre, rimos com a aventura do passado. Lembrar histórias engraçadas é uma boa forma de passar o tempo e fazer avançar o odômetro da Nandi. Durante a longa volta até a Cidade do Cabo, teremos tempo para analisar a jornada pela África.

Decidimos passar por Joburg (diminutivo da metrópole sul-africana) por uma boa razão: nossa conta bancária em Hermanus está quase zerada. Ao cruzar a fronteira entre a Suazilândia e a África do Sul, cumprimos nosso trato com a Associação Automobilística da África do Sul (AASA). O Carnê de Passagem em Alfândegas, que dera tanta dor de cabeça na preparação da viagem, está concluído. Os canhotos das 13 páginas utilizadas, da Tanzânia a Moçambique, contêm os carimbos de entrada e de saída de cada país. Quanto antes entregarmos o documento à AASA, mais cedo a caução feita há oito meses será liberada. Resolvo apresentá-lo pessoalmente na sede da organização, dentro do famoso circuito automobilístico Kyalami.

Meliza e Odette, personagens que me deixaram insano com os trâmites burocráticos da AASA, ganham, finalmente, um rosto. Meliza, de sobrenome holandês, é branca e africâner. Ela se senta à mesa principal da sala onde os carnês são preparados. Odette, sua fiel assistente, de sobrenome africano Pombo, é aberta e risonha. Ela recebe meu documento e confere os canhotos. Enquanto prepara um recibo, confirmando a entrega regularizada do carnê, vejo, em uma mesa ao lado, um cartão amarelo, com o selo holográfico Comesa (Mercado Comum do Sul e do Leste da África). Mostro o documento a Mikael e sorrimos. O seguro que havíamos comprado na fronteira da Tanzânia era uma péssima imitação do original e o selinho prateado tanzaniano pretendia imitar a marca holográfica de segurança.

— Enviarei um e-mail avisando ao banco FNB que vocês devolveram o carnê e que a caução pode ser liberada — conclui Odette.

Mesmo sabendo que o banco vai enrolar durante alguns dias, a notícia é boa. Mas saio cabisbaixo da AASA: a entrega do carnê significa que não posso ter um impulso louco e dizer "vamos continuar a viagem e ir para a África do Oeste". A longa jornada termina e um vazio começa a tomar conta de minha alma.

— Ainda bem que temos mais de 70 mil fotografias e uma centena de horas de gravações de vídeo para lembrar que a viagem aconteceu — digo, ao entrar na Nandi. — Quando uma jornada acaba, tudo parece ter sido apenas um sonho.

Um sonho. Será nossa própria existência apenas um sonho? O que guardamos depois de uma aventura como esta? Teremos algumas dezenas de horas no asfalto para processar o assunto.

A última prova

Mesmo sem o carnê, saímos mais uma vez da África do Sul para conhecer outro pequeno reino, o do Lesoto. Pouco maior do que a Suazilândia, a terra do povo Basotho é um país de montanhas, sem acesso ao mar. Neste início de inverno, é um lugar frio e as pessoas se protegem com pesados casacos e cobertores. Como todo o território está acima de 1.400 metros, Lesoto é o país de maior altitude mínima no planeta. Mais de 80% da nação estão acima de 1.800 metros. O mito da África tórrida é quebrado mais uma vez por lugares de ventos e neve.

Passamos um meio dia na capital Maseru. Gostaria de ter ficado mais tempo: uma boa semana perambulando pelas montanhas e descobrindo trilhas e paisagens. Mas sinto que o gás que move nosso espírito exploratório termina. O botijão está quase vazio. Colecionadores inveterados de países, fizemos o desvio apenas para marcar o 18° destino de Luzes da África. Como nem Mikael e eu havíamos colocado antes os pés na nação montanhosa, esse foi o último esforço para marcar mais alguns pontinhos no teste de viajologia. Esta é a 28ª e última passagem de fronteira da expedição.

*

Após a visita meteórica a Lesoto, nos aproximamos de Sterkstroom. Odé informa que o camping Valschfontein está 10 quilômetros antes da cidade. O proprietário Pieter Jordaan nos recebe no portão. É um fazendeiro africâner que resolveu aumentar sua renda alocando um gramado aos visitantes de passagem. O negócio deu certo e ele construiu dois bangalôs.

— Aqui é um dos lugares mais frios do país. Estamos a 1.500 metros de altitude. Há duas semanas, tivemos neve — afirma Pieter. — Seria mais confortável se vocês dormissem no bangalô. Talvez eu tenha um livre. Ele foi reservado, mas não me ligaram ainda para confirmar.

Ao desligar o motor da Nandi, ouço um ruído diferente, como se algo estivesse solto no motor. Pieter e Mikael percebem o barulho estranho e pedem que eu abra o capô. Giro a chave e alguma coisa está fora do lugar. Pieter, que tem uma Land Rover, olha a ventoinha, a hélice que resfria o radiador. Ela está bamba.

— Não tenho ferramentas para desmontar a ventoinha. Como você sabe, nas Land Rovers tudo é complicado — diz Pieter. — Amanhã darei o endereço de uma oficina em Queenstown que poderá ajudar você.

Pieter recebe uma chamada no celular. Seria ótimo que fosse o viajante esperado desmarcando a reserva. Assim, poderíamos dormir no interior do bangalô, bem quentinho. O vento do final de tarde promete esfriar a noite. Meu palpite está, em parte, correto:

— Era o casal que eu esperava. Eles chegarão um pouco atrasados, mas estarão aqui — explica Pieter. — Sinto muito.

Além da dor de cabeça com a Nandi, teremos de passar a noite na barraca gelada. Pieter observa nossa cara de frustração e oferece:

— Naquele prédio temos a sala do café da manhã, um banheiro com chuveiro quente e uma despensa — diz Pieter, apontando para a construção. — Dentro do armário da despensa, vocês encontrarão vários edredons quentes. Usem quantos quiserem para não se congelar.

*

Quando acordo, com um gorro de lã cobrindo a cabeça e as orelhas, um cachecol estrangulando o pescoço e vestido com três camadas de roupa, me dou conta de que essa foi, de verdade, a noite mais fria da viagem, mais do que aquela em Iby'Iwacu, no Parque Nacional dos Vulcões, na véspera de saber que estava com malária. A temperatura ao amanhecer é de 2° C!

De pé, constato que o barulho da Nandi não era um pesadelo: ele existe. Apostamos que ela pode completar os 60 quilômetros até Queenstown, onde encontraremos uma oficina. Saímos do camping e estou ao volante. Dirijo com atenção redobrada, como se estivesse rodando sobre um campo minado. Mantenho velocidade constante, sem solavancos ou mudanças bruscas. Os pedidos para que Omega Megog nos leve a um porto seguro aumentam. Há risco de ficarmos parados no meio da rodovia? Poderá a ventoinha se romper e pedaços da hélice perfurarem o radiador?

Como toda oficina em uma sexta-feira, a Union Diesel está em polvorosa. Precisa entregar vários caminhões e camionetes no final do expediente e os mecânicos correm de uma tarefa a outra. A aterrissagem de dois visitantes brasileiros com um pepino adicional não ganha espaço na lista de prioridades. As duas primeiras horas são de espera. Ninguém tem tempo para se ocupar de ventoinhas.

Com o apoio de Penélope, a recepcionista-secretária-telefonista que faz malabarismos para manter todos com bom astral, consigo a atenção de um dos chefes mecânicos. Jacobus é um africâner com um físico de jogador de rúgbi. Fala pouco inglês e prefere desmontar enormes motores de caminhões ou de ônibus do que tratar de veículos de passageiros. Ele se debruça sobre o radiador e solicita a um assistente algumas ferramentas, como um cirurgião requisita um bisturi. Com autoridade, desparafusa as peças que envolvem o radiador. São necessários 15 minutos para que ele entenda que os rolimãs da ventoinha, causa do ruído inquietante, estão detonados.

— Vocês tiveram sorte de chegar até aqui. Se as pás do ventilador tivessem rompido, o estrago seria muito maior e o radiador estaria furado — afirma Jacobus. — Vocês precisam de uma peça completa, nova. Não podemos simplesmente trocar os rolamentos.

O mecânico não tem uma ventoinha completa de Land Rover em estoque e diz que não encontrarei a peça em nenhuma oficina em Queenstown. Apenas em Port Elizabeth, a 350 quilômetros dali.

— Se pedirmos uma peça nova, ela vai demorar muito — diz Jacobus. — Se vocês não quiserem ficar parados aqui, a solução é levar o carro até Port Elizabeth com um guincho.

Com um guincho? Não acredito que estamos paralisados! Pela primeira vez a Nandi nos deixou na mão.

Mais uma tarefa para Penélope: orçar o trajeto de cinco horas com as empresas de guincho da cidade. Duas chamadas e ela nos passa o melhor preço: 7.200 rands (1.800 reais). Olho para o Mikael com uma cara de injustiça:

— Faltavam mil e poucos quilômetros para terminar a viagem e a Nandi foi quebrar logo agora?! — exclamo. — Esse guincho vai estourar nosso orçamento!

— Bem que a Nandi poderia ter aguentado até o final. Poderíamos ter esse problema em Hermanus, onde Peter Wood resolveria isso em um dia — responde Mikael.

— Por outro lado, já imaginou se isso tivesse acontecido em Moçambique? — pergunto, contente de já estar na África do Sul, onde tudo é mais fácil.

Explico a Penélope que o preço é alto para nós. Ela responde que os guinchos de Queenstown cobram uma tarifa semelhante. Ela pede mais cinco minutos para outro telefonema.

Voltamos ao pátio onde está Nandi, inerte, ainda de capô levantado. Tenho uma sensação mista de ternura e decepção. Por que você foi falhar logo agora? Não sei se faço um carinho na carroceria ou se dou um chute na lateral.

Penélope faz sinal e me aproximo a passos rápidos:

— Encontrei uma tarifa excelente. Liguei para um guincho de Port Elizabeth e o preço deles é quase a metade, 3.800 rands (950 reais)

— diz a supersecretária, aliviada. — Você precisa decidir agora, pois o caminhão leva cinco horas para chegar até aqui.

Entre ficar na incerteza da espera de uma peça e manter o planejamento da volta, digo que aceito:

— Muito obrigado, Penélope. Você caiu do céu.

— Gosto de ajudar os outros. Vocês estão em apuros e minha religião pede que eu auxilie o próximo. Sigo o ensinamento ao pé da letra — responde. — Agora, tratem de ir ao centro, a uns cinco quarteirões daqui, para comer alguma coisa, pois o guincho só vai chegar à noite.

Saímos da oficina, sabendo que as próximas horas serão longas. A irritação com a ventoinha quebrada é substituída por uma sensação mais nobre:

— As pessoas foram tão gentis conosco — digo. — Mesmo na confusão de uma sexta-feira agitada, elas identificaram o problema e Penélope foi um anjo.

— Não sei o que teríamos feito sem ela — afirma meu filho. — O pessoal da Union Diesel poderia ter simplesmente dito "perdão, não podemos fazer nada por vocês".

— Eles não cobraram nada; a gentileza da Penélope foi gratuita, mesmo.

Passando por uma loja no centro da cidade, vejo na vitrine um bolo de chocolate. Entro e compro: uma maneira simpática de agradecer. Regressamos à Union Diesel com o bolo nas mãos e o entregamos a Penélope. Radiante, ela chama seu chefe e seus colegas de trabalho. Não fica nenhuma fatia para nós, mas sobraram sorrisos.

Lições da ventoinha

Já é noite quando o guincho chega à oficina. Tomamos o cuidado de manobrar a Nandi e deixá-la pronta para ser içada pelo caminhão. Não preciso ser um matemático para concluir que chegaremos a Port

Elizabeth à 1h. James, o motorista, diz que não podemos ficar dentro da Nandi e devemos viajar na cabine do caminhão. Pergunto se ele pode nos indicar onde dormir, uma vez que nossa casa é a Land Rover. James liga para Marius, o dono da empresa, e explica a situação.

— Marius respondeu que vai resolver o problema. Iremos direto à casa dele — informa James.

Confio na proposta.

Cinco horas depois, estamos no portão de um terreno de 500 metros quadrados, em leve declive, com uma casa de classe média, pintada de branco. O caminhão entra de marcha a ré e James descarrega o veículo.

— Acho que vamos dormir aqui na garagem do Marius — observo.

— O problema é que não há espaço plano aqui — responde Mikael. — Como não estamos no deserto, não podemos escavar a grama do Marius para nivelar o carro.

Marius, um quarentão com uma generosa pança de cerveja e poucos cabelos, aparece com cara de sono, arrastando seus chinelos. Conversa com o motorista, indica a que horas ele deve regressar para buscar o veículo e caminha em nossa direção:

— Boa noite, sinto muito pelo problema que vocês tiveram — diz. — Amanhã isso será resolvido durante o dia. Agora vamos descansar.

— Obrigado por sua hospitalidade, Marius. Dormiremos bem na barraca do carro. Aqui em Port Elizabeth a temperatura é mais amena — respondo.

— Não, vocês não vão dormir dentro da Land Rover, o veículo está muito inclinado — diz ele, zombando da ideia. — Assim que James explicou a situação, preparamos uma cama para vocês em casa.

Entramos fazendo um pouco de cerimônia e falando baixo. Na sala, encontramos a esposa de Marius com uma menina de 2 anos no colo.

— Vocês vão dormir no quarto de nossa filha. Não reparem na bagunça. Ela vai ficar conosco, na nossa cama — diz Marius.

Tento fazer uma cara de "não queremos invadir sua casa", mas estou contente com a solução. Entramos no quarto de paredes rosadas, decorado com bonecas, brinquedos e bichos de pelúcia. A cama é quase um leito infantil, o espaço é bem menor do que o da barraca da Nandi.

— A cavalo dado não se olham os dentes, dizia seu avô Armando. Vamos dormir aqui, mesmo se a cama é estreita — afirmo. — O mais importante é a hospitalidade do Marius.

— Eles chegaram a tirar a menininha da cama dela para nos receber! — exclama Mikael. — Poderíamos ter dormido no sofá da sala.

Foram poucas as horas de sono na caminha de lençóis violáceos. Às 6h já estávamos de pé para acompanhar o carro até a oficina Land Rover. A poucas quadras da autorizada, descubro um gigante de concreto armado, o estádio Nelson Mandela. Foi o palco de um dos maiores vexames futebolísticos da seleção brasileira, quando o time de Robinho perdeu de 2×1 para a fúria holandesa na Copa do Mundo.

— Espero que o bairro não nos dê azar — digo.

Na oficina Land Rover, sou o primeiro a ser atendido e, para minha surpresa, a recepção já conhece o caso:

— Recebemos informação de Queenstown de que o senhor estaria aqui de manhã cedo. Já sabemos que o senhor precisa de uma ventoinha. Ontem à tarde fizemos o pedido da peça que deverá chegar hoje, antes das 10h — diz a recepcionista. — Tudo está sob controle. Seu carro estará pronto à tarde. Agora vocês podem relaxar e conhecer nossa cidade.

A gentileza sul-africana ataca outra vez.

— Penélope fez uma excelente produção. Ela pediu ontem mesmo à Land Rover para comprar a peça, sabendo que eles poderiam não ter a ventoinha em estoque — afirmo.

— O telefonema dela preparando o terreno vai permitir que a gente possa dormir na Nandi hoje à noite. Se ela não tivesse tomado essa providência, estaríamos sem teto — conclui Mikael.

*

A história da ventoinha e do guincho da Nandi me faz pensar. A vida é um festival de mudanças. Tudo pode estar sossegado e, de repente, por um mínimo detalhe — no caso, uma bolinha de aço do rolamento que faz girar o ventilador do radiador —, o cotidiano vira um caos. Deixamos de ter acesso a nossa casa, não sabemos onde dormir, tudo fica empacado.

É nessas horas que é preciso manter a calma, a simpatia e a humildade. Foi graças a um estado de espírito positivo, de "vamos lá, vamos conseguir sair da enrascada" — e não de mau humor — que cruzamos com pessoas generosas, dispostas a nos apoiar sem restrições, pelo simples prazer de praticar a bondade.

Muitas vezes a aparente sorte depende de pequenos detalhes, frutos de um esforço adicional imperceptível. Isso aconteceu quando Penélope ligou para as empresas de guinchos fora da cidade, encontrando um melhor preço e viabilizando o transporte. Ou quando ela mesma telefonou para a oficina aqui em Port Elizabeth avisando que chegaríamos no dia seguinte e que precisaríamos de uma ventoinha nova.

As atitudes de Penélope — claramente fora de sua obrigação profissional — mostram como alguns seres gostam de cuidar do próximo, de resolver problemas e de aliviar dores. Embora o bolo de chocolate tenha traduzido nosso apreço a Penélope, hoje eu teria presenteado a eficiente secretária com muito mais — e com um caloroso abraço.

Marius também deu uma lição de hospitalidade ao receber dois estrangeiros de outro continente, sem questionamentos. Ele abriu sua casa para nós e deixou que dois marmanjos cheirando a diesel usassem a cama de sua filhinha. É gostoso ver que a bondade está presente nos corações de tantos indivíduos.

Outro ponto que inquieta minha mente é a relação com o tempo. Por que um episódio acontece hoje, e não ontem ou amanhã? Nesse caso particular, qualquer "ontem" significaria um desafio maior. Quebrar a ventoinha no meio de uma reserva na Tanzânia ou quando eu estava com malária em Ruanda teria representado um golpe financeiro e uma rasteira drástica no programa da viagem. Os piores cenários chegam a dar medo.

Por outro lado, qualquer "amanhã" poderia ter evitado a dose de estresse pelo qual passamos. Ficar com o carro imobilizado depois de nossa chegada a Hermanus representaria um problema bem menor.

Que tipo de controle temos sobre os acontecimentos da vida? Que domínio sobre uma bolinha de aço que estoura dentro de um rolamento? Podemos adiantar ou atrasar eventos para que eles possam ser menos desafiantes e mais harmoniosos? Não sei a resposta. Gostaria tanto de entender melhor a teia do carma que tecemos.

Na verdade, temos, em nossas mãos, apenas o controle de nossa reação frente ao desafio. Se reagirmos de forma positiva, certamente essa energia atrairá outros componentes positivos. O episódio da ventoinha — com a ajuda de Penélope, Marius e outros coadjuvantes — comprova que o importante é manter o bom humor e ter fé na solução.

A reta final

Nandi ficou pronta no horário e não somos mais viajantes sem teto. Encontramos um camping 15 quilômetros ao sul de Port Elizabeth e resolvemos passar duas noites à beira-mar. Calculo a quilometragem que nos falta: apenas 700 quilômetros. Essa é a última parada antes do ponto final Hermanus. Quando penso que estamos a poucas horas da chegada, não consigo acreditar que a viagem esteja terminando. Mikael interrompe meus pensamentos:

— Não me conformo com o fato de que a ventoinha quebrou tão perto da linha de chegada — Mikael desabafa, passando pelo mesmo questionamento que eu havia vivido em silêncio. — Não poderia ter esperado alguns dias?

— Vá lá saber qual é o momento certo de as coisas acontecerem — respondo. — Mas, dos sustos com a Nandi, o maior de todos não aconteceu: o computador de bordo conseguiu dar uma volta pela

África e não pifar. Já imaginou a confusão que seria ter uma pane geral no meio das montanhas da Etiópia ou das areias do Sudão? Em Hermanus, irei ao mar para fazer um ritual de agradecimento. Escapamos de tantos perigos que nem imaginamos.

Com o iPod nas mãos, saio pensativo em busca de um rochedo com vista para o oceano. Encontro as músicas do grupo Ungambikkula e coloco uma de minhas preferidas, a que saúda os criadores do mundo segundo a tradição aborígene australiana. Fecho os olhos e deixo a letra do refrão *niamah, niamah, mabaô, niamah* invadir minha alma. A música tem 10 minutos. É suave, um pouco melancólica. Não emana tristeza, mas uma nostalgia carinhosa. Conecto-me com a sensação ambígua da saudade. A viagem ainda não acabou, mas morro de saudades dela. Meus olhos se umedecem — *ilanamabaô, ilanamabaí* — e escuto a música duas, três vezes. Duro chegar ao fim de uma jornada tão luminosa. Haja desapego.

O dia amanhece ensolarado e o vento frio do oceano varre o litoral. As águas são de um nobre azul real, mas geladas para um banho de mar. Tenho a impressão de ver jatos de água saindo de algumas ondas, a quilômetros de distância. Serão os espirros das baleias-francas?

O horizonte marítimo me ajuda a enfrentar a realidade. Preferiria não pensar nisso, mas tenho apenas duas semanas para resolver o que fazer com a Nandi.

— Mikael, me ajude a colocar a Nandi à venda. Quanto antes começarmos, melhor. Dê uma olhada se existem alguns sites aqui na África do Sul — digo, com a garganta apertada, sabendo que o processo de perder a casa-carro será penoso.

Ele aproveita a conexão wi-fi do camping, encontra algumas respostas e logo entende o sistema:

— Pai, precisamos preparar uma lista completa dos acessórios do carro e do material de camping que vamos vender. Pelo que vi nos sites, essa informação é essencial.

— Ótimo, vamos dar uma geral na Nandi e aprontar a relação.

*

Com a lista detalhada, Mikael faz o upload de três anúncios. Eu envio dois e-mails. O primeiro a Lydia Ellis, a antiga proprietária, que havia pedido que eu a avisasse antes de vender a Nandi; o outro para Scholastica Ponera, da Tanzânia, que dissera, antes de nossa saída de Dar es Salaam, que gostaria de ter uma Land Rover como a nossa na frota de carros de safáris da Pongo.

E se eu não conseguir vender o carro? Posso sempre guardá-lo durante um ano na chácara do Robby Gass e recomeçar, um dia, tudo outra vez... Pensando em Robby, envio um SMS avisando que estamos em Port Elizabeth e que chegaremos a Hermanus amanhã — sim, amanhã à tarde.

O amanhã passa a ser hoje. Acordo pela última vez na barraca da Nandi com a esperança de abrir os olhos e ainda estar no Sudão ou na Etiópia, com metade da viagem pela frente. Nunca pensei que sofreria tanto ao me defrontar com o fim de uma jornada. Um banho de chuveiro pode me ajudar a cair na real. De preferência, frio.

Com a última banana amassada com granola na barriga, enfrentamos a estrada. A pista asfaltada não demanda plena atenção. Podemos ouvir música e conversar.

— Hoje concluímos o último capítulo de Luzes da África. Fiz as contas, foram 201 dias de estrada — inicio o diálogo.

— Vivemos alguns desafios, como o roubo e a malária, mas saímos ilesos. Mesmo se a Nandi fraquejou a dois dias da reta final, ela se comportou bem — diz Mika.

— No quesito segurança, demos azar na Zâmbia. Mas nunca tivemos de enfrentar o bandido do AK-47 — afirmo.

Fazemos uma pausa para a troca de motorista. Pego a direção.

— Diga a verdade, Mika, depois de quase nove meses juntos, como foi viajar com seu pai?

— Gosto de harmonia e evito conflitos. Para uma boa convivência, tive que ceder algumas vezes, mas foram coisas pequenas. Nas horas de divergência, sempre senti você confiante, o que me deixava tranquilo. Você é intenso, conheço sua personalidade, mas soubemos equilibrar o ritmo — responde Mikael.

— Você teria um ritmo diferente?

— Acho que sim. Seria um passo mais lento, para assimilar a cultura de cada lugar com calma. Teria me aprofundado em temas como conservação e turismo sustentável. Mas sua experiência em viagens faz com que você processe tudo com mais velocidade. Preciso de mais tempo. Mas talvez eu não conseguisse chegar até o Sudão e aí teria perdido um dos pontos altos da viagem, não é?

— E a diferença de idade?

— Tivemos uma convivência completa: pai e filho, colegas de trabalho, companheiros de aventura. Não foi nada monótono. Mas notei uma coisa: antes da viagem, eu chamava você de Haroldo. E agora chamo de pai. Nossa relação pai-filho ficou mais forte.

Minha mente se translada imediatamente ao momento do abraço que trocamos no último dia da malária, quando agradeci o cuidado e o carinho recebidos.

— Mika, para mim, você foi um companheiro perfeito. Todo pai sonha em realizar uma viagem como esta com seu filho. E o destino fez com que nós dois pudéssemos concretizar essa vontade — afirmo.

— Aqui na África, entendi que a viagem sempre será uma parte fundamental da minha vida. Não tem jeito, é prioridade mesmo. Está no sangue.

— E o que você aprendeu?

— Tanta coisa! Primeiro, fotografia. No primeiro mês, eu seguia seus passos, seus ângulos, sacando como você conseguia boas imagens. Depois, quando senti mais firmeza, decidi buscar meu próprio estilo. As fotos de pouca luz, com o tripé, ajudaram. A do crocodilo em Ruaha, com a água borrada ao fundo, é uma imagem que criei sozinho, da concepção à realização.

— E na edição de vídeo também — assinalo.

— Antes de sair, tive boas conversas com Tamino, que me deu excelentes dicas, mas eu nunca tinha editado. Assumi que iria dar certo e que não havia outra solução. Você tinha tanta coisa para escrever que não teria tido tempo para editar. Em Nairóbi, quando preparei os cinco primeiros vídeos, fiquei muito estimulado. Foi bom sacar que eu estava desenvolvendo uma nova habilidade.

— E a África? — continuo.

— Não sou mais um simples ignorante sobre o continente, repetindo clichês. Não vou conseguir ouvir a palavra África sem prestar atenção e compartilhar minha experiência. Os preconceitos que eu tinha foram desmanchados.

— Salto quântico?

— Aprendi, na prática, a viajar melhor, a procurar a informação, a assimilar as culturas. Entendi mais seu estilo de viagem jornalística, sempre fazendo perguntas, interagindo com as pessoas, brincando com elas. Sem barreiras, sem constrangimentos. No início, eu era mais tímido, mas depois entendi que esses diálogos incessantes trazem muitos conhecimentos, alguns até que eu nem procurava. Meu mestrado em viajologia foi merecido.

— Falando em mestrado, alguma novidade?

— Ontem, lá no camping, entrei no website da Universidade George Washington. Eles oferecem um mestrado em administração de turismo, com foco em sustentabilidade. Tenho até o final do mês para enviar as cartas de recomendação. Seria bom chegar a Washington com um objetivo claro. Um mestrado, depois da viagem, parece o passo perfeito.

Penso na afirmação de Mikael. Ele está preparando seu regresso à vida cotidiana de forma inteligente. Do meu lado, preciso evitar a síndrome de depressão pós-parto da jornada.

Mais uma troca de motorista, Mikael dirige; as horas e os quilômetros passam.

— Pai, uma das boas sacadas que você teve foi a escolha do lema da viagem, Luzes da África. Acabamos atraindo coisas boas durante a viagem.

— Não levo todo o crédito. Acho que dezenas de Deusas Protetoras africanas entraram em algum sonho meu e fizeram minha cabeça. E, depois, elas nos protegeram.

— Você se lembra daquela promessa que fiz sobre Lalibela? — recorda Mikael. — Na verdade, gostaria de levar um filho ou uma filha não apenas a Lalibela, mas a muitos outros lugares. Como será regressar dentro de 25 anos ao vilarejo Kolcho às margens do rio Omo? Ou visitar uma Angola sem feridas? Ou encontrar o bebê-gorila Sacola já adulto?

A mandala de areia

A conversa é tão gostosa que, quando o sol começa a desaparecer no horizonte, nem sinto a chegada em Hermanus. Reconheço as ruas, os cruzamentos e a casa de Robby em uma esquina. Estaciono a Nandi na grama da calçada. Desligo o motor, olho para o Mikael e, em silêncio, apertamos as mãos. Não há mais o que dizer.

Robby, que distingue o barulho de uma Land Rover de longe, abre a porta da casa.

— Bem-vindos, aventureiros. Vocês chegaram na hora de uma deliciosa sopa que Christelle preparou. Entrem logo.

Deixamos tudo no carro, não é momento de invadir o casal com malas. Só levo comigo o presente que compramos para eles.

— Queremos saber tudo sobre a expedição. Nandi se comportou bem? — pergunta Robby.

— Vocês estão com uma cara boa e até bronzeados — assinala Chris. — Foram os dias de praia em Moçambique?

Bombardeados por perguntas, Mikael responde algumas, eu outras. Malária? Parques nacionais? Pirâmides no Sudão? Igrejas escavadas na rocha? Para acalmar os ânimos, Robby traz uma garrafa de Four Cousins:

— Está frio para tomar um vinho *rosé* espumante. Vamos abrir um tinto para celebrar o fim da viagem e por vocês estarem com saúde.

Com os quatro copos cheios, faço um brinde agradecendo de antemão a hospitalidade das duas próximas semanas.

— Robby, quando saímos, você nos deu um Novo Testamento, você se lembra? Agora devolvemos o presente — digo, entregando um livro pequeno, com capa de couro de cabra, todo feito à mão e repleto de desenhos coloridos. — É uma Bíblia Ortodoxa da Etiópia; as pinturas seguem o estilo dos afrescos que estão nas paredes das igrejas e dos monastérios. Está escrito em *ge'ez*, o idioma litúrgico.

Robby e Chris se debruçam sobre o livro miúdo, que cabe em uma mão. Folheiam com cuidado, como se fosse um manuscrito raro e antigo.

— Lindo presente, muito significativo — diz Chris, emocionada.

Depois da sopa quente, tomamos posse do quarto de hóspedes. Sete meses se passaram e nada mudou ali. Trazemos para dentro da casa apenas documentos, câmeras e aparelhos eletrônicos. O resto ainda pode dormir na Nandi.

A manhã seguinte é de partir meu coração. Nandi precisa passar por uma lavagem geral — dentro, fora, embaixo, motor — para parecer nova para o futuro proprietário. Devolvemos a barraca ao Robby e recebemos de volta o bagageiro original, menor. Antes da sessão de limpeza, retiramos malas, caixas, geladeira e a despensa. Várias idas e vindas entulham o quarto de hóspedes e a garagem.

Robby vem ao posto comigo e solicita a lavagem mais completa. Custa 600 rands (150 reais), mas o carro regressa sem nenhuma mancha.

— Retirem todos os adesivos — Robby toma a iniciativa e orienta o frentista. — Guardem apenas estes dois emblemas na lateral — ele mostra os símbolos de Omega Megog e dá uma piscada de olho para mim.

Interessante ver que o evangélico radical, avesso a insígnias que não sejam as cristãs, queira manter a imagem da divindade da viajologia na carroceria.

Oito horas mais tarde, encontro uma Land Rover impecável. A carroceria volta a ser branca, as rodas cromadas e o painel de direção sem poeira. Os dois logos Luzes da África desapareceram das portas. Nem marcas consigo encontrar. O veículo está bonito, ganha milhares de rands no valor de revenda. Mas Nandi deixou de existir.

O desmantelamento da Nandi e o final da viagem me remetem a um ritual do budismo tibetano a que assisti no Butão em 2008. Durante mais de uma semana, com oito horas por dia de dedicação, dois monges criam uma mandala de areia colorida de quase dois metros de diâmetro. Desenhar a estrutura geométrica dos círculos e preencher os espaços com o pó fino de pedra é uma tarefa que demanda disciplina, habilidade artística e conhecimento da simbologia. Os grãos de areia escoam por um minúsculo buraco do instrumento metálico cônico chamado *chakpu*. Ao friccionar dois *chakpus*, como se fossem minúsculos reco-recos, o monge direciona o delicado fio de areia ao lugar exato, controlando perfeitamente o fluxo. A preparação de uma mandala de areia serve como uma meditação e é um notável exemplo de paciência.

A lição da mandala não termina quando a obra é concluída. O maior ensinamento acontece imediatamente após — momento esse que presenciei. Envolvido por orações e mantras, o monge corta a mandala em oito gomos e todo o precioso resultado de uma centena de horas de trabalho é destruído solenemente, sem dó, sem dor. As diferentes areias coloridas são misturadas e se tornam uma massa disforme acinzentada. Mas por que destroçar obra de arte tão harmoniosa, capaz de ser exposta pelos melhores museus europeus? Fico triste, aturdido, quase exasperado. Mas não há nada a fazer; em poucos minutos, a mandala de areia é desmantelada, deixa de existir. Ainda me lembro das palavras do monge:

— O principal ensinamento da mandala é mostrar a impermanência de nossa existência e lembrar que tudo tem um ciclo de nascimento, morte e renascimento. O desmantelamento da mandala reproduz a vida.

Depois de ser nossa companheira de viagem por oito meses, Nandi é desmanchada.

Gratidão

Pelo blog, espalho a notícia de que chegamos a Hermanus e que fechamos o ciclo. A jornada de 40 mil quilômetros por 18 países termina. Compilo e publico as primeiras estatísticas. Foram 89 noites na barraca, 51 em pousadas como convidados, 38 na casa de amigos e 23 em hotéis econômicos. Clicamos juntos 77 mil fotos e o país mais fotografado foi a Tanzânia. Avistamos 68 espécies de mamíferos e visitamos 27 parques e reservas e 14 Patrimônios Mundiais da Unesco. Durante as 675 horas que passamos ao volante, consumimos 4.705 litros de diesel.

Recebemos centenas de mensagens de boas-vindas por e-mail e de comentários no Facebook e no blog. A mensagem da amiga Neuza Àrbocz vem com um puxão de orelha:

> Parabéns por terem realizado o sonho. Fiquei impressionada com os números. Vocês rodaram 40 mil km e consumiram 4.705 litros de diesel! Vocês já pensaram como vão compensar o impacto de carbono?

Mostro ao Mikael a mensagem da jornalista. Havíamos conversado sobre o assunto, mas agora Neuza — também chamada de Safira pela cor de seus olhos — nos cobra uma atitude. Mikael encontra em um site a fórmula do cálculo e chegamos a um resultado: precisamos plantar 94 árvores para zerar nossa emissão de gases.

No site da SOS Mata Atlântica, descubro que a organização ambiental promove uma campanha de compensação de carbono. Envio uma mensagem à amiga Márcia Hirota, diretora da ONG, explicando a situação e meu desejo de plantar as árvores. Alguns dias depois recebo a resposta:

> Haroldo, a SOS Mata Atlântica terá um imenso prazer de plantar, aqui no estado de São Paulo, essas 94 mudas de árvores nativas em nome do projeto Luzes da África. Será próximo ao nosso Centro de Experimentos Florestais, em Itu. Mesmo que a emissão tenha sido realizada do outro lado do Atlântico, as mudanças climáticas são globais e a atmosfera é a mesma para todo o planeta.

Os dias passam. Fotografo detalhes da Land Rover e envio para alguns compradores potenciais exigentes. Lydia gostaria de reaver seu carro, mas o preço que peço, que inclui geladeira e vários acessórios adquiridos, está alto para ela. Já Scholastica, da Tanzânia, demonstra um interesse cada dia maior. Para mim, seria mais fácil vender o veículo a um residente da África do Sul, mas Scholastica me abarrota de e-mails. Resolvemos definir o trato por telefone:

— Haroldo, desde que vi a Nandi, quando vocês a deixaram na minha garagem por três dias, fiquei apaixonada por ela. Esse é o carro de que preciso para o novo projeto no Parque Nacional Ruaha, onde estou construindo um acampamento de luxo.

— Mas não será complicado comprar o carro aqui e levar até a Tanzânia? São 6 mil quilômetros da Cidade do Cabo até Dar es Salaam — replico. — Como você pensa em fazer?

— Não se preocupe. Minha filha Maureen mora em Pretória. Vou pedir a ela que passe um dia com você aí em Hermanus para preparar os papéis. Fechamos negócio?

— *Ndiyo*, sim. Cuide bem da Nandi — respondo.

— Quando você vier à Tanzânia, poderá usá-la. Farei uma transferência bancária ainda hoje.

Os dois dias de silêncio são quebrados por um bip no iPhone. É um SMS de meu banco avisando que 115 mil rands acabam de entrar na minha conta. A Land Rover já não é mais minha, é de Scholastica Ponera, Mama África.

Faltam 40 horas para voltar para o Brasil. Nos últimos dias Mikael tem se dedicado a preencher os formulários de candidatura ao mestrado de administração de turismo. Ele já definiu quais serão seus passos. Quando não organizo as malas, reviso as fotos e preparo uma apresentação — já marcada para o Rio e para Barão Geraldo.

Robby e Chris estão na igreja e Mikael navega pela internet. O dia chuvoso e o vento invernal pedem que eu fique em casa, mas resolvo passear na beira do oceano para uma última reflexão. Dou uma olhada no saquinho de amuletos, escolho três e os enfio no bolso. Desço a rua que me leva até o litoral. Saltando sobre rochedos molhados pela chuva e pela maré alta, chego até uma minúscula piscina natural de água do mar. Estou sozinho, não há ninguém à minha volta. Sinto uma imensa necessidade interior de agradecer por tudo que recebi nos últimos noves meses aqui na África.

Retiro um dos amuletos do bolso do casaco, me agacho e o deposito na água. Ele afunda lentamente, até chegar a uma pedra decorada de musgos. Penso no continente africano:

— Agradeço com alegria esta viagem preciosa que me fez descobrir tantos aspectos positivos do continente. Obrigado pela proteção recebida — sussurro.

Coloco o segundo amuleto na água e agradeço a todos os africanos, das mais diversas raças, crenças e idades, que encontrei pelo caminho:

— Com respeito e devoção, agradeço a confiança que todos vocês tiveram em mim, em Mikael e em Luzes da África — declaro em voz baixa.

O terceiro e último talismã é para celebrar aqueles que viajaram comigo — amigas, amigos, parentes, colegas de trabalho e desconhecidos — e que me enviaram tanto amor e tanta energia durante a jornada:

— Que nossos caminhos sejam sempre de luz. Que Omega Megog ajude vocês a viajar bem.

Mal termino de proferir a última palavra, vejo uma onda maior se aproximar e encher a piscina natural. A espuma e a correnteza levam os três amuletos. Os agradecimentos são despachados.

Meu pensamento viaja até o monastério Khamar, no deserto do Gobi, na Mongólia. Reflito na pergunta que fiz às pedras dos Fantasmas Famintos, cuja resposta recebi naquele mesmo dia, ao entardecer. Aqui, nos rochedos na ponta do continente, reformulo a questão: Por onde me levará a próxima viagem? África novamente? Mongólia? Ou Rússia?

Palavras finais e Agradecimentos

Há poucos dias encontrei a mala que usei para regressar da África do Sul ao Brasil, depois de terminada a expedição. Ela ainda guardava, na alça, a etiqueta da companhia aérea, com as letras do trajeto CPT/JHB/GRU. Com uma tesoura, cortei delicadamente o papel plastificado marcado pelos meses e guardei o troféu em uma gaveta.

Desde meu retorno ao Brasil, qualquer menção da palavra África tem chamado minha atenção. Segui, apreensivo, as notícias tristes da fome na Somália e no norte do Quênia, angustiei-me com os conflitos políticos pós-divisão do Sudão e acompanhei alguns dos prognósticos sobre a economia do continente. Muitos outros eventos transtornarão e transformarão a África nesta segunda década do século XXI e a paixão que estabeleci com o continente continuará por muito tempo. Este livro é uma mostra do vínculo agora inabalável.

Outra conexão estabelecida é a relação sincera com pessoas excepcionais que encontramos pelos caminhos africanos. O sudanês Samir Rahamtalla veio ao Brasil e, para retribuir as horas inesquecíveis que passamos no ritual sufi em Cartum, levei-o, vestido com uma elegante túnica branca, a um ritual de umbanda. Skype, Facebook e e-mails têm ajudado a encurtar distâncias, mas eu não esperava uma mensagem do etíope Adimas Gabayo Genebo felicitando meu filho Mikael pelo casamento com Samanta (sim, ela aguentou as saudades e eles estão juntos agora). Também tenho trocado e-mails com a tanzaniana Scholastica Ponera, a Mama África que comprou a Nandi.

Demorou alguns meses, mas nossa ex-casa cruzou fronteiras e hoje vive dentro do belo Parque Nacional Ruaha, aquele da foto das leoas agarrando uma gazela.

Na lista de agradecimentos, dois casais — Robby e Christelle Gass e Peter Munyi e Sheila — merecem uma reverência particular. Eles foram nossos arcanjos africanos no início, no meio e no fim da viagem. Em Hermanus e em Nairóbi, nos sentimos em casa quando passamos semanas com os sul-africanos Gass e os quenianos Munyi. Não teríamos trabalhado com tanta eficiência sem o apoio incondicional deles. *Dankie, asante sana.*

Dezenas de outros anjos* nos acolheram em suas casas, abriram portas, apoiaram nosso objetivo e iluminaram o trajeto. Eles foram mencionados com carinho durante a viagem, à medida que as sinergias aconteceram. Meus agradecimentos a todos, mesmo sabendo que raros lerão estas linhas em português.

Mikael e eu também devemos um reconhecimento especial a dezenas de instituições** que nos receberam em seus parques, em suas pousadas e em seus monumentos. Nosso orçamento não afundou no vermelho graças à generosidade destas organizações.

Durante o retiro de seis meses para criar o livro, Flavia Castro e Neuza Árbocz (Safira) leram o manuscrito à medida que ele era gera-

*Glynn e Gillian O'Leary, Mike Rumble, Patrícia Bastos, Keith Sproule, Rob Moffett, Pauline Lindeque, Miguel Gullander, Marc Harris, Hans Warburg, James Kinyaga, Kamal Omer, Khalid Aziz, Hitesh Mehta, Donna Piera, Edwin Sabuhoro, Dr. Edgar Gasana, Maria Luísa Rodrigues e Laura Carneiro.

****África do Sul**: SANPark, !Xaus Lodge, Rovertec, Garmin RSA, Zizamele Indigenous Farming; **Namíbia**: Wilderness Safaris, WWF-Namibia, Namibia Wildlife Resorts, Ministry of Environment & Tourism, Grootberg Lodge, Damaraland Lodge; **Zâmbia**: Toka Leya; **Tanzânia**: Pongo Safaris, Tanapa (Tanzania National Parks), Tanzania Tourism Board, Ngorongoro Conservation Area, Selous Game Reserve, Klein's Camp, Selous Mbega Lodge, Slipway Dar Hotel, Arusha African Tulip Hotel, Rhino Lodge Ngorongoro, Chumbe Island Coral Park, Ruaha River Lodge; **Quênia**: Sisule Munyi Kilonzo & Associates, Il Ngwesi Lodge, Uniglobe Kenya Lets Go Travel, EcoTraining; **Sudão**: Blue Nile Sailing Club, Al Sudani; **Etiópia**: Black Lion Tours; **Uganda**: Uganda Wildlife Authority, Red Chilli Lodge, Ziwa Sanctuary, Adrift Adventures, Budongo Forest, Wild Frontiers; **Ruanda**: Rwanda Development Board, Iby'Iwacu Village, Parc National des Volcans; **Moçambique**: Nuarro Lodge; **Internacional**: The Ecotourism International Society, International League of Conservation Photographers, United Nations Convention on Biological Diversity e International Union for Conservation of Nature.

do. Não pouparam elogios — nem riscos vermelhos. Também contei com o apoio de amigos que receberam trechos e enviaram críticas construtivas. No final do processo, criei a iniciativa "Um capítulo para cada amigo" e distribuí os 21 capítulos prontos (o último ainda estava no forno) a 21 pessoas queridas* que quisessem comentar, sugerir mudanças ou ajustar frases. Foram dias estimulantes, e a cada mensagem recebida eu tinha mais certeza de que o livro seguia na boa direção.

Já na fase de produção do livro, minha vontade de que outros (fora de meu círculo de amizades) participassem de *Luzes da África* levou-me a conceber um concurso no qual os leitores do blog Viajologia pudessem escolher a foto da capa do livro. Dos mais de 360 comentários, cerca de metade dos leitores escolheram a capa que está em suas mãos. O mesmo aconteceu com as quatro frases na contracapa: elas foram selecionadas por 200 seguidores que deixaram sua marca no livro. Obrigado por compartilhar.

Enfim, agradeço àqueles que acreditaram nas luzes africanas desde o início do projeto, como os diretores Helio Gurovitz, Liana John e Lúcia Araújo, que publicaram nosso material jornalístico.

Que o livro rasgue seus medos e convide você a cruzar o Atlântico sul!

Haroldo Castro
20 de março de 2012

---

*Ana Celina Tibúrcio, Ana Zinger, Antonio Herculano Lopes, Clarissa Carvalho, Gisela Bezerra de Mello, Heloísa Carneiro, Laura Uplinger, Liana John, Lucia Simas, Luciana Whitaker, Luzia Castañeda, Mara Regina de Barros, Maria Elena Bernardes, Maria Elisa Paciornik, Mayara de Castro Caminha, Regina Diehl, Roberto Cooper, Rosário Lopes, Rosi Cheque, Sandra Sinicco e Simone Sussekind. E mais: Andrea Margit, Catarina Menucci, Daiani Mistieri, Fatima Azeredo, Luis Pellegrini, Paulo Nogueira e Peter Moon.

Apêndice

FAUNA E FLORA: Nomes científicos

Plantas

hoodia = *Hoodia gordonii*
kokerboom = *Aloe dichotoma*
welwitschia = *Welwitschia mirabilis*
baobá = *Adansonia digitata*
gerânio umckaloabo = *Pelargonium sidoides*
cereal teff = *Eragrostis tef*
moita do câncer ou cancer bush = *Sutherlandia frutescens*

Mamíferos marinhos

baleia-franca-austral = *Eubalaena australis*
foca-do-cabo = *Arctocephalus pusillus*

Mamíferos terrestres

órix = *Oryx gazella*
cabra-de-leque ou springbok = *Antidorcas marsupialis*
gnu-azul = *Connochaetes taurinus*
gnu-de-barba-branca = *Connochaetes taurinus mearnsi*
topi = *Damaliscus korrigum*
guepardo ou chita = *Acinonyx jubatus*

leão = *Panthera leo*
cachorro-selvagem-africano = *Lycaon pictus*
hiena-pintada = *Crocuta crocuta*
rinoceronte-negro ou rinoceronte-de-lábios-pontudos = *Diceros bicornis*
rinoceronte-branco ou rinoceronte-de-lábios-grandes = *Ceratotherium simum*
elefantes-de-savana = *Loxodonta africana*
hipopótamo = *Hippopotamus amphibius*
búfalo-africano = *Syncerus caffer*
babuíno = *Papio cynocephalus*
girafa = *Giraffa camelopardalis*
zebra-da-savana = *Equus burchelli*
gorila-das-montanhas = *Gorilla beringei beringei*
chimpanzé = *Pan troglodytes*

Outros

avestruz = *Struthio camelus*
abutre-de-dorso-branco = *Gyps africanus*
flamingo-pequeno = *Phoenicopterus minor*
flamingo-rosado = *Phoenicopterus roseus*
abelheiros-de-frente-branca = *Merops bullockoides*
caranguejo-dos-coqueiros = *Birgus latro*
crocodilo-do-nilo = *Crocodylus niloticus*

O texto deste livro foi composto em Sabon, desenho tipográfico de Jan Tschichold de 1964 baseado nos estudos de Claude Garamond e Jacques Sabon no século XVI, em corpo 11/16. Para títulos e destaques, foi utilizada a tipografia Frutiger, desenhada por Adrian Frutiger em 1975.

A impressão se deu sobre papel off-white 80g/m² pelo Sistema Cameron da Divisão Gráfica da Distribuidora Record.